农民几何

凉水河畔谈中国"三农"

何兰生 著

人民出版社

责任编辑:孔 欢 刘江波
装帧设计:汪 阳
责任校对:梅记周
插图设计:刘 念

图书在版编目(CIP)数据

农民几何:凉水河畔谈中国"三农"/何兰生 著. —北京:人民出版社,
  2023.3
ISBN 978－7－01－025286－5

Ⅰ.①农… Ⅱ.①何… Ⅲ.①三农问题-研究-中国 Ⅳ.①F32

中国版本图书馆 CIP 数据核字(2022)第 222572 号

农民几何

NONGMIN JIHE
——凉水河畔谈中国"三农"

何兰生 著

人民出版社 出版发行
(100706 北京市东城区隆福寺街 99 号)

中煤(北京)印务有限公司印刷 新华书店经销

2023 年 3 月第 1 版 2023 年 3 月北京第 1 次印刷
开本:710 毫米×1000 毫米 1/16 印张:27.5
字数:378 千字 印数:00,001-10,000 册

ISBN 978－7－01－025286－5 定价:99.00 元

邮购地址 100706 北京市东城区隆福寺街 99 号
人民东方图书销售中心 电话 (010)65250042 65289539

何兰生

农民几何

第二辑　乡村何处

序一

真理与常识

——读何兰生的《农民几何》

刘震云

我和兰生在农民日报社同事多年,他也是我大学的师弟。后来我离开了农民日报,兰生自大学毕业,一直在农民日报社工作,从一个普通的记者和编辑,成长为社长兼总编辑,算是把青春和汗水都贡献给了报社,贡献给了对农村、农业和农民问题的研究和报道上。

现在兰生把他一部分研究心得和感想,汇成这本书,叫《农民几何》。

这本书是有立场的。兰生的立场是,在农村做任何工作,都要考虑农民的立场。立场的根基,就是利益。譬如讲信任,信任是相互的,"持续透支农民的朴实、朴素和朴诚,农民的信任也会打折扣。不是农民不再信任,而是农民对自己的信任能力不再信任。"农民关心利益,是"因为农民最缺少利益"。"对于农民,触及利益大于触及灵魂。在利益面前,除了生死,他们什么都会干的。"反过来讲,利益也是撬动农民问题的杠杆;照顾农民的利益,是推动农村工作的支点。这些道理虽然质朴,但很深刻。换言之,深刻的道理都是质朴的。

这本书是有感情的。感情除了跟认识有关,也跟兰生出身农村、对农村的感同身受有关。城市一些知识分子,对农家小院有固化的理想,庭院中有菜地、水井瓜架、柴锅石碾等,这就是田园风光;但兰生说,没在农村生活过的人,不知道老式农院的不便,没有抽水马桶,南方农村遇到梅雨季节,床上的被子都长毛。提倡农民进城是对的,但事物的辩证法是,农民进了城,还是城市的穷人。一些地方的领导,为了"新农村建设",把农民赶上楼,对农民的房子说扒就扒,这是不对的,因为这房子"是一个家庭的脸面,是一个家族的象征,是一户人立在这里、活在当下板上钉钉的存在,是其命运升腾、家族兴旺的标志和明证"。帮助农民致富,也不能强迫命令,要深信中国农民自主的致富能力和创富能力,只要给他一滴水,他就可以反射太阳的光辉;只要给他一个杠杆,他就可以撬起财富的地球。为了什么? 为了自己的家庭和亲人。

这本书是有思索的。有些地方的干部,为什么急于把农民赶到楼房里去? 一个重要原因,是腾出的宅基地复垦后又可以转化为城市建设用地指标,而价格差,在土地市场上可以翻几个跟斗。一些地方,为什么老有"大跃进"? 本来该十年、二十年实现的事,非一两年干成,可是地方财力不支,农民实力不逮,社会发展不及,文化建设不达,最后成了烂摊子;原因只是个别领导为了个人的政绩,为了早日升官。给老百姓讲三十年、五十年、一百年之后的幸福生活当然好,更重要的还要给老百姓创造当下的利益。这是远水和近渴的关系。提倡农民进城当然好,"减少农民才能富裕农民",但农民进城会给城市带来无序;而兰生认为,适当的无序,恰恰是城市的一种活力。有人恐惧资本下乡,兰生认为,资本下乡恰恰能推动农村各方面的改变。对于目前的疫情,大家有过度的恐惧;兰生认为,恰恰是过度的恐惧,更让人恐惧。对时常产生的丑恶社会事件,兰生从新闻工作者的敏感,在许多篇章里,都毫不留情地进行了批判和鞭挞。对李子柒、丁真的网红现象,他也由表及里地分析了"红"的时代原因并还原了事情的本相。

兰生能说出这些有见识的话,写出这些有见地的文章,源于他深厚的理论根基和实践根基。文中还流动着这样一个道理,许多人在农村、农业和农民问题上犯错误,往往来不及到真理的地步,全在常识的层面,纠正起来不难;但正因为在常识层面,纠正起来又非常困难;这也是一个真理。

兰生姓何,书的名字叫《农民几何》,文中的各个篇章"农民何谓""乡村何处""疫中何想""农思何语""时光何在",都与他的姓有关,让人会心一笑,也是他见识的一种幽默感吧。

兰生还是个重感情的人,在"时光何在"篇章中,深情地回忆了他与家乡、亲人的往日时光,以及他在北大和农民日报社的经历,这是一个人与时间的关系,也是一代人与时光的碰撞,读来也让人感慨系之。

推荐大家读一读这本书,其收获,决不只在"三农"问题上。

2022 年 6 月 2 日

（作者系著名作家、茅盾文学奖获得者、中国人民大学教授）

序二

仿佛是写我，又仿佛是我写

吴曼青

同样的经历，一样的味道，兰生兄以深沉的情怀、独特的视角、练达的文字，作出了不一样的表达，读后让我情难自已。

兰生兄多次跟我说，让我为他的作品写点什么。说实话，要我一个工科出身的科技工作者，为北大中文系毕业的大家写文章，我心里还是犯怵的。当看到《农民几何——凉水河畔谈中国"三农"》这个书名，因为曾经的"农民"身份和经历，也因为我还始终怀着"农民"的情结，我这才有了动笔的勇气。

拿到皇皇五辑、30万言的书稿后，我迅速浏览了目录。《最是风骨忆桐城》这个标题首先吸引了我，那里是我们共同的故乡，镌刻着共同的记忆。于是，我几乎是坐着不动、一口气读完了书中第五辑——《时光何在》的十篇文章。兰生兄行云流水的文字，不断向我心底投射出共情的光芒，让我时而慨叹于曾经的心酸，时而迸发出感情的合奏，时而涌出精神的共鸣。掩卷的那一刻，我的思绪回到了少年时代的转弯处，回到了几回梦里的桐溪塥，恍惚中又一次注视着"高峰入云、清流见底"的石碑，又一次凝望到"勉成国器"的校匾……

我和兰生兄的相识相伴，源自父辈们乡邻乡亲的熟稔。我们在同一所初中和高中上学，初三还是同班同学，踏入社会之前有着几乎一模一样的人生经历，都是从祖祖辈辈的农民，考上了大学、走出了农村。他所描写的那些场景，让我仿佛一下子就穿越到了那难以忘却的青葱岁月，都是深深刻在我脑海里的记忆，也是我一直想写却写不出来的经历和感受。比如，上大学的行李，兰生兄带了母亲当年陪嫁的朱红色木箱和两床新弹好的棉被，而我则是一条扁担挑起了大嫂陪嫁的朱红色木箱和两床新被子，虽然这么多年过去了，这木箱还一直跟着我们。再比如，刚出门的乡愁百结、被忧郁压倒的憧憬和出发时那拥挤的"倒车"，以及看到窗外熟悉的田野、村庄往车后疾逝时，那刚刚因为挤车而忘却、刹那再上心头的乡愁，还有长辈们那句"过年回来我不晓得还在不在"的叮咛，让我一瞬间再一次想念起故去的奶奶和高考前不曾见到最后一面的父亲。还比如，每年夏天的"双抢"，我和兰生兄都干过全套的活，在我研究生毕业之前每年都回去参加，以至于时至今日我还有一种冲动，就是再一次回到那块土地上参加一次"双抢"，展示一下那些娴熟的农把式，体味一下那苦中有乐的感受……

因为经过，所以懂得。三十多年来，兰生兄不改侠义之风、豪爽之气，从农民想、帮农民想、为农民想，紧贴"三农"时事，评析"三农"话题，探讨"三农"难点，直接为农民鼓与呼。比如，在喧哗中打捞沉没的声音，呼吁任何时候都不要忘记农民，让农民说话，对农民多一点耐心；比如，在现代化的历史进程中捍卫农业和农民的价值，提出农业工业化、农业信息化、农业市场化、农业组织化、农业绿色化、农民职业化的"六化"路径构想；比如，新冠疫情下断想粮食安全，警示饿肚子是除了死亡之外最可怕的事。"文章合为时而著，歌诗合为事而作。"兰生兄的文章旁征博引、纵横捭阖，可以看清大时代的旋律、大历史的脉络，可以感受大智慧的涌现、大情怀的温暖。

如果说我和兰生兄有什么不同，那就是专业和职业的差异。他因为学习成绩优异，以安徽省名列前茅的分数被北京大学中文系录取，而我则考上了国防科技大学的雷达专业；他成为农民日报社的知名记者和报社的党委书记、社长、总编辑，而我成为国防工业战线上的一名科技工作者。一样的人生经历，不一样的职业选择，浸润着桐城文化的氤氲，坚守着家国同构的情怀，守望着民族复兴的梦想，我们在不同的领域，各自亲身参与了、见证了我们国家从站起来到富起来、强起来的伟大飞跃，我们自己也在这伟大的时代，证得了人生的正解。

兰生兄坚持走进农村、走近农民，把文章写在了祖国的大地上，从而有了今天出版的这部大作品。作为一名国防科技工作者，我也一直坚守着科技自立自强的梦想，把论文写在祖国的大地上，把科技成果应用在实现现代化的伟大事业中。

仔细咀嚼这部作品，感觉这文字就像是从我自己心底流出，仿佛是写我，又仿佛是我写，让我不仅从中读到了自己，也读到一种责任、读到一种精神、读到一种境界、读到一种情怀。

这算是我的读后感，送给兰生吧。

2022 年 6 月 1 日

（作者系中国工程院副院长、中国工程院院士）

第一辑
农民何谓

一定要相信农民！

不要透支农民的信任

跟农民打交道，信任最重要。有什么事，不管农民懂不懂，只要农民信任了，那就不是事。

但对农民的这种信任，不能饕餮，不能透支。某地早年曾经急如星火地要发展蚕桑经济，一纸通知要求农民把山上松树都砍掉，把林间坟地都移走。真的很感佩当地农民！虽然不情愿，但为当地经济发展，他们也在短暂的反对后，无条件地服从了要求，把松树砍了，用陶罐把祖先的骨殖迁葬到更高的山上。

桑树倒是很快种上了，原先密匝匝的松林也变成了稀拉拉的桑地，但蚕桑经济并没有搞起来，原因固然是当地农民没养过蚕，但主要还是没有市场竞争力。于是，过了几年，领导换了，又把桑树砍了，种回松树。经过这一番拉锯反复，画的饼、吹的泡都散了、破了，农民除了落下两次砍树的柴火，白费了工夫和力气就不说了，还惊动、折腾了祖先。本来农民对迁坟的事就很敏感、很忌讳，但为发展付出了迁坟的代价，却最终没有获得发展。其情其景，何以堪！

事实上，农民是有大局观的，为了自己和子孙后代的福祉，为了地方的发展，拆自己的房子、征自己的地、迁祖先的坟，都不是不可以，也是愿意作出牺牲的。农民也是好说话的，只要他信任你，相信你是为他好、为大家好,就什么都好说。因为他从内心里就觉得政府没自己的利益,政府的利益就是农民的利益,只不过政府不仅考虑具体每一个农民的利益,还更多考虑农民的整体利益和长远利益,所以,哪怕补偿不能得偿所值,哪怕吃一点亏,但只要不过分,只要自己还承受得起,农民都是好说话的。

　　就说某地之前的合村并居吧。应该说,从大方向上看是历史趋势,从长远上看对农民和农村也是有利的,但该地有地方搞一刀切,搞急躁冒进的那一套,安居房没建好就拆农民的房子,给的补偿款也不够买房子,农民恨不得都还要往里添不少,这"不少"是多少?是少则几万元多则十几万元,这几万和十几万,意味着什么?一个农民一亩地能挣几百元?一个农民打一年工能挣几万元?前提还是种地没遭灾、打工有事做、工资没拖欠。总之是所有积蓄要全搭进去,有的还不够,去亲朋好友借?家家都要上楼,都没有钱借。而且,有不少被拆的房子是全家奋斗多少年刚建不久,之前几乎倾其所有了,现在一声令下要拆,多好的房子、多好的院子啊!就这么拆了?多浪费啊!以致出现这样的情景:一些被拆迁的农户,由于安居房没建好,只得住简易临时住所,生活水平"哗啦"一下,下了一大截。能没有怨声吗?前些日子,当地一些人因为形式主义、官僚主义被处分,一些错误做法也被叫停。这无疑是积极的并值得肯定。

　　尘埃落定后,经验该总结就总结,教训需吸取必吸取,这是毋庸置疑的。但目前,更需要关注和重视那些被"闪"在半道上的农民,就是那些已经上楼、已经合了村并了居的农民,当初承给他们的诺、许给他们的愿,答应他们的新生活,是不是不能打折扣?是不是还要千方百计去落实?反正是不能把这些农民撂在那里不管,不能把信任你的农民"闪"在半道上!要不然,叫农民今后怎么相信你!还有,那些住在临时简易住所的农民,他们的安居房建设怎么样了?工程的进度和质量如何?反正也不能让他们长期在"周转"中度日如年!

一定要珍惜农民的信任,不能挥霍农民的信任。农民的信任很坚固,那是经过了长时间的交互才形成的,是有了很多次的过事才积累的,是许许多多成功的实例和掏心窝子的心灵激荡才铸就的。这信任,来自历史的记忆,来自亲人的口述,来自实践的见证。农民的信任也很脆弱,一次两次的失信,农民会因为信任和大局观而体谅,但持续透支农民的朴实、朴素和朴诚,农民的信任也会打折扣。不是农民不再信任,而是农民对自己的信任能力不再信任。而我们该做的就是,千方百计呵护农民的信任,千方百计培护农民的信任能力。

用实在的利益吸引农民

从来黄白动人心。意思是,黄的金白的银,总是能让人心动。人的利益需求,是人的主体性的一个证明。只要活着,人都有利益驱动,有获得利益的诉求。虽然我们强调淡化个人利益,但合理合法的个人利益,不仅是得到保护的,而且这利益还是社会进步的重要驱动力。

所以,我们不会排斥利益,而且还会鼓励合理合法利益。对农民来说,利益更是重中之重。因为农民最缺少利益。农民的收入水平低,农村的生活条件差,农民享受的公共服务少,农民对利益很敏感,对利益很在乎,对利益很渴求。一件事做不做,农民关心它有没有利益;一个工作好不好,农民首先问工钱是多少;子女有没有前途,农民在乎的是能不能挣大钱。不要嘲笑农民掉钱眼里了,因为农民最缺钱,农民最需要钱,农民又最难挣钱;农民是苦怕了,是穷怕了,是难怕了。对农民来说,没有钱,是活不下去的问题,是房子盖不了的问题,是媳妇娶不回来的问题,是一世人的脸面问题,归根结底是自己的存在价值问题。

所以,农村发展也好,推动一项农村工作也好,首先就应该考虑农民的利益问题。农民的利益问题是我们农村一切工作的出发点和落脚点。凡事应先问对农民有没有利好、利好有多大? 这利好是眼前的还是长远的? 眼前的有多大、长远的又有多大? 这眼前是不是立竿见影、长远又有多长? 都要做到心中有数,也要让农民心中有数。真正的善治,特别要处理好农民的眼前利益和长远利益、个体利益和整体利益的关系。我们很多时候更关心农民的长远利益和根本利益,更重视农民的整体利益和长远整体利益。这跟我们的文化理念相关,中华民族五千年历经艰难困苦,危机意识、苦难记忆、集体思维是我们在忧患中累积的基本经验,为了民族的生存、特别是长远生存,是考虑一切问题的终极目的。但我们不能因此忽视农民的个体和眼前利益,因为,正是这具体而微的眼前利益,铸就了长远利益的坚实根基;正是一个个零碎散落的个体利益,筑成了整体利益的大厦。可以说,是否重视农民眼前和个体利益,是衡量我们落没落实好以人民为中心的发展思想的一个标尺;也是检验我们学没学好唯物辩证法的一个试剂盒。因为世界总是由小和微组成的,我们看世界也是由近及远、由小到大的。

但看一看中华民族一路跋涉的历史大势,现在应该可以看出,复兴的大势正在昂头向上,我们已经度过为了生存而捉襟见肘的历史阶段,正在进入一个大发展的历史区间。在这个历史区间,发展是第一的,让发展中的人享受发展也是第一的,尤其是补偿在大发展准备阶段作出牺牲的人更是第一的。所以,我们的伟大复兴首先瞄准的是脱贫攻坚,聚焦的是全面小康;我们也明白,为什么乡村振兴会成为伟大复兴的重要标志和标的。农民曾经被历史长期亏欠,农民曾经为历史作出巨大贡献,农民应该被历史深情眷念,历史到了对农民倾斜的时候了!

让农民获得感幸福感安全感更加有感,是施政的基本目标。这有感,既是总体的、整体的,也是具体的、个体的。当前尤其要让每一个具体的农民有感，"不落下一个"既是坚定意志的宣示，也是实实在在的要求。

让农民教育农民

农民需要教育，我们每一个人都需要教育。因为这个世界变化快，不学习就会落伍。但对农民的教育，不能简单理解为知识更新，它有它的学问。

有人可能对这个话题有意见，既然每个人都需要教育，你提出教育农民问题本身就是对农民的歧视。但我还真不是歧视农民，老实说，对有农民情结、"三农"情怀的人，我向来很尊重、很敬仰，也心向往之。之所以提出教育农民问题，而没有提出教育其他人群问题，是因为教育其他人群问题不是我关心的课题。就这么简单。

回到教育农民话题。我认为，农民需要教育，但我不赞成这种教育由外向内，尤其不赞成那种居高临下的、教师爷式的，那种认为农民这不行、那不行式的，认为农民离了他、就啥也干不成式的，甚至从骨子里对农民歧视、瞧不起式的。农民是文化不高，是见识不足，是经验不多，但农民不笨，不但不笨，而且很务实，对认准的东西会坚定不移，对未经检验的东西十分清醒，他们珍惜机遇，也会规避风险。但农民确实是对外来的教育信任度不够，这不够有外面的因素，也有农民的因素。外面的因素是，外来的教育未必符合农民的实际，未必顾及农民的心理，未必与农民将心比心；这农民的因素是，农民对外来教育者信任不足，对外来教育者与自己没有利益连接方面认识又很足。所以，对农民最好的教育，应该是让这种教育在农民内部进行。

教育农民要靠乡"长"。农耕文明是人们在与大自然的交互交流中生长出来的，对经验有一种与生俱来的敬服。而农村德高望重的长者，不仅经历的人和事多,经验丰富,而且有一种伦理优势和道德高点,他们在农民中间天然地就有感召力,在农村做一件事,取得这些乡"长"的支持,甚至通过他们来推动,比外来者直接号召效果更好。一些地方在实践中,推动一项创新工作往往受到这些乡"长"的阻挠,排除这项工作确实不符合实际不说,很有可能就是因为没有预先取得乡"长"的理解和支持。所以从这个角度来说,教育农民得先教育乡"长",把当地年望、族望、德望高的长者工作做通了,争取他们来教育其他人,这事就好办了。这就是乡"长"的感召力。

教育农民要靠乡"贤"。这乡"贤",重点是指从当地农村走出去的、如今在城里"混"得有头有脸的人,如老师、医生、公务员、企业家等。农耕文明重视经验,这些从农村脱颖而出的人,就是一个个活生生的成功经验,对还在农村的人就是人生榜样。这些人回来说一句话,效果就是实实在在、立竿见影的。当前,恢复高考后考出去的前几批大学生都进入了退休年龄,这些人对农村有感情,也了解农村,工作几十年也积累了一些资源和人脉,不少人乐于回馈家乡,也有意在乡村生活中享受告老还乡的感觉,或者愿意像候鸟一样,在城乡之间穿梭。这是乡"贤"中的宝贵资源。在农村改革发展中,善用这一资源,由他们来教育他的亲人、族人和乡人,势必事半功倍。这就是乡"贤"的号召力。

教育农民要靠乡"能"。本土崛起的能人,既包括在本地办厂经商的老板,也包括种田大户、经纪人,还包括这些年返乡创业的农民工、农民商,这些人都是农村的高收入人群,他们以自己创业发展的事实,证明了自己的能干和成功,他们是农民特别是农村年轻人学习和追赶的目标,他们的言行很自然地就成为人们关注的焦点。如果要推动一项改革,他们的支持,对大多数农民来说,就意味着这事靠谱,这就是乡"能"的影响力。

让农民教育农民，其实就是唤醒农民的求学欲，激发农民的上进心。实际上，就是农民的自我教育、自我学习。

根子上要对农民有信心

做农村工作，根子上还是要相信农民，对农民有信心。要相信农民的决策，相信农民的判断能力，相信农民一定能把自己的日子过好。农民不是不需要教育，不是不需要引导，但农民确实不需要强加的教育、虚浮的教育，确实不需要不尊重的、乱作为的引导。那不是教育，那不是引导，那是对农民没信心，本质上也是瞧不起农民。

为什么宁愿相信农民犹豫不决后的决策，也不相信一些"拍脑袋"的决策呢？按说不应该啊，以农民的文化水平和那些"拍脑袋"决策者相比，农民怎么着也不是个儿啊。那为什么呢？我想，根子上还在于决策的风险承受底线不一样。具体说就是，农民的决策关乎一家老小的生存，决策对了，全家经济实力会有大的增加，但农民更重视的是决策错了风险是什么。决策错了，轻则蒙受经济损失，重则家底要输光，甚至身家性命堪忧，所以，农民的决策就更多的是如君子占卜，是"问凶不问吉"。决策与自身的获得感幸福感尤其是安全感紧密相连，能不谨慎、能不犹豫吗？相比来说，"拍脑袋"决策者，虽然与自己的利益也有关系，但断不会影响自己和家人的生存和生活，断不会沦落到卖房子还债的地步，最多是交点"学费"，拍拍屁股走人，留下一个烂摊子。幸亏这些年有了追责机制，对这些乱作为、乱决策者有巨大压力。所以，一旦农民犹豫不决后还是决策要干的事，肯定是经过农民心中无数遍"沙盘推演"，其信心指数肯定比拍一下脑袋就决定的事来得可靠。

一件事是不是好事，值不值得干，相信农民是有这个判断力的。没吃过猪肉也见过猪跑,农民虽然还没亲身干这件事,但以自己和别人的经验,对这件事的基本判断还是有的。农民都想过上好生活,都想把日子过红火,对一件有可能大幅改善他们生活的好事,他们不会让它从自己身边轻易溜走的。这一点,你问问当年小岗村的农民,大包干好不好,他们一眼就看出来了;你也可以问一问当年温州的个体户,市场经济好不好,他们用行动表现出来了;你当然还可以问问你身边的快递小哥,问问打工仔、打工妹们,问问乡村的经纪人,问问奔走城乡的生意人,问问电商,问问民宿农家乐,城市化时代好不好,他们的存在就已经显示出来了。人人都想过上好生活,人人都有权过上好生活,人人都知道什么是好生活,这就是最原始的动力,也是最根本的动力。而农民,对好生活的渴望最强烈,对过上好生活的动力最强劲,这个时代也为他们得偿所愿,支持力最强大。

相信农民一定能把自己的日子过好,农民也一定能过上如期的好日子。农民就是打不死的"小强",再大的困难,只要不是生死,都不在话下,都是扛扛就过去了的事,只要明天太阳还能升起,就一定是一个新天地,往日种种就成往日,今日一切,一如新生。这就是农民的强大生命力,是一万年风雨雷电洗礼而来!是与数万里大地江河共生而来!他们是山崖上的松树,是绝壁上的雪莲,是在乡间大石头底下都能发芽、是在城市马路砖缝里都能摇曳生姿的无名小草,他们柔韧,他们顽强,活着的每一天都向着阳光,不管下一刻下一秒会咋样,他们的目标始终是在阳光下向上生长。

过上好日子,过好日子,是农民不息的梦想。

我们相信农民,我们相信时代。

(2020 年 10 月 9 日)

严重的问题是不要折腾农民！

农民上楼问题为什么又发酵了？

农民上楼问题最近又成为舆论的一个热点,这回靶心是某地的合村并居。所谓合村并居,说得直白点,就是把村庄拆了,让农民住到楼房里去。能住楼房? 听起来是不是还不错? 但且慢高兴,楼房不是白住,补偿款根本不够买楼,每家还要往里添不少。

当地的解释是这样的:村庄数量多、规模小,带来的"三高两难"制约了农村发展。所谓"三高",就是村级组织运转成本高、空心村比例高、基础设施建设成本高;所谓"两难",是村级管理水平低,带领群众增收致富难,民主管理难。

但有多位教授严词批评这一做法。有说是,"像着魔一样非得花费巨额财力去合村并居,拆农民房子建社区";有斥责说,"有点责任感好不好";还有说,应当谨慎推进并村拆宅城市化。

当地农民反应又怎样呢? 有地方因部分村民拒不签字,村子拆了大半就被迫中止,已经拆迁的农户离村租房,他们的安置房现在也已停工。而已经上楼的农民,也面临着一些新的问题,诸如生活圈子不同、就业困难、生活成本增加等,还有房屋质量不尽人意、农具没地方搁、下地干活路远等烦恼。

农村的"三高两难"问题是不是事实呢? 确实是事实,但解决这个问题与合村并居有什么直接关系吗？村庄数量多固然造成村级组织运转经费多，但小村合为大村进而合成大社区，数量看起来是少了，但大的村、大的社区，事务和管理难度势必也要增加，里外里，未必就能减少运转成本。

至于空心村问题，这要辩证地来看。空心村固然因为没人住而出现空置现象，但只要房子还在那里，地就跑不了，不存在土地流失问题。而空心村和空置农房，从一个角度看是浪费和衰败，但从另一个角度来说，那是农民的不动产，是农民的大后方，是农民的根，是农民的最后退路，而且，空心村和空置农房，改造一下就是很好的农旅资源，可以整体流转给农旅公司，孵化农村的一二三产融合产业，既为农民带来新增收、新就业，还能为当地农产品创造新销售。这方面不少地方已经有成功经验可学。发展不是只有一条路，结合自己优势特点的是最近的路，何必一定要大规模地拆、拆、拆呢？也许多年以后，我们会后悔，当初不拆就好了！

散落的小村庄基础设施建设成本高也是事实。这个问题也是个老大难问题。让所有人都能过上现代生活，不落下一户、一人是基本要求，但公平问题后面确实也有个效率问题需要考虑。不当家的往往不知道柴米贵，为几十户人家修几十里公路、拉几十里电线、铺几十里水管、燃气管，成本不能不考虑，毕竟钱不是大风刮来的，都是纳税人一分一毫攒出来的，如果能让几十里的公路、电线、管道为几百户、几千户服务，是不是公共服务的成本就降低了、效率就提升了？是不是还会给用户带来更好的服务？这笔账算得是对的。但理想很丰满，骨感的现实不可能都如我们的意。有些事情不是急得来的，有些事情也不是算出来的，它一定是人心与人心的交互碰撞而来的，可以试一试，可以看一看，可以等一等，可以慢一慢；你可以示范，可以引导，但要让农民自己选择，让市场自然导流，让事实影响现实，这就是水到渠成的道理。水在流动过程中顺着地形高低凹凸，会自动选择形成一条渠，善治者当效水到渠成，因时因势借力，不可不顾地形、甚至逆势大开大挖。逆为者，其费力必大，其效果也微。

至于"两难"，与合村并居关系很牵强。村级组织管理水平低，带领群众致富难？民主管理难？管理水平低跟村庄大小关系不大，水平低的人管理不了小村庄，又能管理好大村庄？当然，大村可以配备水平高的人，但小村就不能配备高水平的人？对，水平高的人没有那么多，得集约使用，但大村的管理难度更大，大村人多事更杂，原先不同村庄、不同宗族、不同发展水平的村庄合成一村，从几百人到几千人的人口算术级增加，而管理难度和致富难度恐怕会是几何级增长。"两难"还是"两难"，不会因合村并居而改变。

那么，合村并居的原因到底是什么呢？土地占补平衡增减挂钩政策带来的市场机会，可能提供了一个分析问题的入口。国家为了确保粮食安全，确立了耕地红线，要求城市化进程中，城市建设用地指标的增加，一定要与土地复垦相配套。也就是说，占一补一，占补平衡，你在城郊占一亩地盖房子，你得复垦一亩地来种庄稼，这之中，占优补劣、占近补远、占平原补山区，都是另一个话题了。就说这占补平衡吧，一些地方就瞅准了机会，开始打农民的宅基地主意。农民基本上都住着小院，面积不小，有的还一户多宅，如果把农民都集中上楼，那得腾出多少宅基地！这些腾出的宅基地复垦后又可以转化为多少城市建设用地指标！何况增减挂钩和占补平衡还可以跨区域调剂！农民宅基地和城市建设用地，虽然都是地，用来种地理论上没差别，但在土地市场上可就有几个跟头的差别！撇除土地交易中的腐败因素，就从城市财政角度来说，农民腾出的宅基地怎么说都是一个诱人的大蛋糕，都让人忍不住要切一块来尝尝。

这就是农民上楼问题过一段时间就成为热点的根本原因。只不过这回发酵的是合村并居。

农民真的不愿意上楼吗？

这么说起来，是不是农民都不愿意上楼呢？一些地方的反映是，农民对此有怨言甚至民怨强烈。但其实，农民对上楼本身是不排斥的，甚至是期盼的。

城市的一些知识分子，甚至一些对农村有感情的知识分子，往往把自己对农村的记忆和理想固化，认为农村就该是一家一户有一个小院子，农民就该住在平房小院子里，最好有鸡鸭猪鹅，庭院中有小菜地，有水井瓜架，如果有柴锅石碾、炊烟袅袅更好。这听起来、看起来确实不错，符合我们传统对乡村的美学认知，也是很多城市知识分子挥之不去的乡村梦。

但我们考没考虑生活在其中的农民的感受呢？问没问他们喜不喜欢呢？"楼上楼下、电灯电话"，是曾许给农民的一个愿景，也曾是萦绕农民的一个梦景。所以，四十多年来，农民有点钱就要盖房，开始钱不多，就盖大瓦房；后来钱多了点，就盖楼房，虽然是火柴盒一样的两层楼三层楼，毕竟承载了农民几代人的梦想。如今，农民对楼房的梦想又有了新延伸，有不少都转到镇上、县里甚至市里的商品房，特别是年轻人。

农民怎么会不喜欢楼房呢？没理由啊。他们真真是住够了老式农房！没在农村生活过的人，不知道老式农房的不便。就说上厕所吧，传统农房没有抽水马桶，厕所是露天的，往往在院子的一角，晚上起夜怎么办？要么屋里放个便桶，气味就久而不闻其味了；要么深更半夜披衣走到院子里，冷不防还惊动了谁家的狗，如果是冬天还打你几个激灵。不过最难熬的还是夏天！露天茅坑，绿头苍蝇嗡嗡，白色蛆虫蠕动，蹲在那里恨不得捂鼻闭眼屏气。如果是雨天，上面往下滴雨，下面雨水、污水横流，那情景，不敢想，不堪言。至于房屋漏雨问题、潮湿问题，更是小儿科了，是基本"配备"，屋外下大雨、屋里下小雨，地面上还往外渗水。遇到南方梅雨季节，连续的阴雨天，床上被子都长"毛"，屋里地上一脚踩下还有可能打滑。这么多年过去了，我对梅雨季节想起来还没有好感，眼前浮现的都是牛毛细雨，是泥泞的土路，是胶靴，是屋里脸盆、碗碟的接雨声。虽然有时候也恍惚闻见栀子花的香味，想起灶火明亮的光芒，仿佛听见泥泞土路上的脚步声，那是下雨天来客人了，但总敌不过一个潮湿对回忆的杀伤力。那时候，多想住到楼房里！什么时候，下雨天地是干的、被子不湿、屋里不漏雨！什么时候，冬天不用出门上厕所，夏天不看绿头蝇！什么时候，不用穿胶靴，水泥路直到家！这些曾经的梦想，曾经是农民的心结，都随着楼房逐渐实现了，你说农民不愿意上楼，我不信，农民也笑了。

农民不是不愿意上楼，谁不愿意过城市的现代生活！农民渴望上楼，但农民不愿意被强迫上楼，更不愿意利益受损地上楼。你试试，你把农民的宅基地权益保障够了，把补偿到位了，把楼房质量保证了，不用花多少钱就能住进楼，没有土地的解决好就业，有土地的农具有地方搁，最好大家楼前屋后都能有块小菜地，千方百计把他们的生活成本降低点，再把公共物业和社区经济发展起来，给上楼农民提供新就业岗位外，集体经济还有点收入，也能为上楼农民多提供些福利，等等。到那时候，你再看看，农民愿不愿意上楼，喜不喜欢上楼？

所以说，农民上楼问题是一个伪命题，上楼不是问题，怎么上楼才是问题。而这就触及到比灵魂还难的利益问题。没有钱，什么也做不了，但钱多做钱多的事，钱少就做钱少的事，千万不能没有钱也要做大事，更不能还想在做大事中挣钱！农民上楼本来就是一个花钱的事，你还想从中挣钱，那让谁吃亏呢？吃亏是福？你享受一下这"福"试试！反正农民不要这"福"！

在农村做事,怎样才能做对?

由此,我想,衡量一件事对农民是不是好事,判断一件事该不该做,不能光听一听,还需要想一想、看一看,需要综合统筹研判。我们要问,这件事的大方向对不对? 这件事的结果好不好? 农民是不是最大受益者? 过程中,方法对不对? 有没有衍生伤害和潜在风险? 所以,在对一件事有争议时,我们就要看方向、看结果、看过程。

怎么看方向? 有人可能说,这简单,农民的愿望就是大方向,问农民就是了。是要问农民,做任何事一定要农民愿意,要农民来参与,要农民受益,这是毋庸置疑的,是做农村工作必须遵守不渝的。但,有些事,迟做早做、迟早要做的那些事,特别是涉及长远的事,涉及农民利益的事,涉及暂时还见不了效益的事,农民未必愿意,未必参加,不支持甚至会反对,怎么办? 做还是不做? 我们反对强迫农民的乱作为,但也不赞成甘做群众"尾巴"的不作为。就说农民上楼问题吧,从大方向来看,城市化是历史趋势,农村人口逐渐减少,年轻人逐渐向城市集中,城市文化和价值逐渐占据高地,是不可逆转的。这就产生两个问题:一个是人口逐渐减少的村庄,公共服务的渠道成本不会减少,但服务获得的收入会减少,服务的集约化利用是市场要求;一个是农村留下的人口也有权享受更好的公共服务。效率问题和权利问题都指向一个问题:适当的集中居住,既可以提高公共服务效率,也能提供更好的公共服务。这就是大方向,所以说,适当的集中居住,本身不是问题。

但我们更要看结果。这件事结果农民是不是受益? 是不是最大受益者? 如果结果是对勾,那就对了;如果结果是叉号,或者是半对,那就得好好反思。比如,农民上楼,就得看农民是不是受益? 当然你会说农民上楼了,生活水平提高了,当然是受益者,但如果把这件事深入分析一下,换一个角度再问,问一下农民有没有受损,受损跟受益哪个大,问题就清楚了。某地的合村并居把农民宅基地腾出的土地指标转化为城市建设用地指标,中间收益是翻了几个跟头的,利益的大头没有给农民。所以看起来农民住进楼房了,生活水准有所提高,但农民损失的是祖祖辈辈留下的独门独院,是几倍几十倍的土地收益,是一家子的所有积蓄甚至还要背债。这之中最核心的是土地收益的流失,如果土地增值收益大头归农民,农民这个收益得到保障,那其他的问题都不是什么问题。所以,看结果最终要看农民的物质权益得没得到维护和发展。

方向对了,结果也好,过程也不能忽视。方法对不对?做法好不好?有没有发生突发意外?有没有造成衍生和次生伤害?都需要认真对待。好心做坏事、好事办坏了,有时候跟做事的态度有关,跟做事的方法相连,人不是机器,虽然有理性,但毕竟还是感性动物,一个情绪,一个眼神,一个语气,可以成一件事,也可以坏一件事。这就是"一言兴邦、一言丧邦"的道理。做农村工作,与农民打交道,不能不懂农民。要为农民说话,还要让农民说话,更要说农民的话。只有在与农民的心灵交流、情感呼应中,获得认同,获得回应,你做的事才会得到农民的支持和配合。

在农村做事,该做不该做,方向要对,结果要好,方法还要巧。看起来难,用心了就不难。

为农民办事,如何才能办成?

农为天下本,为农民办事,最考验一个人的能力和水平,也最能检验一个人的格局和品性。为什么呢?农村工作难做,水平不高的人还真犯难;为农民做事见效慢,没有情怀的人还真做不好。但再难再苦再复杂,抓住三个关键词,事情就成了大半。

第一个词是尊重。按说,尊重是做人做事的底线,但对农民,更需要尊重。不是说农民有颗玻璃心,而是因为农民太值得尊重,农民更在乎尊重。说农民值得尊重,理由不必细说,贡献和牺牲有目共睹。就从基本生存来说吧,端起碗来吃肉吃饭,都有农民的辛劳,不能对一个给你食物的人不敬,是不是?!为什么说农民更在乎尊重呢?还不是因为农民曾经长期没有得到该得的尊重,他们的贡献和牺牲曾经没有得到同等的回报和补偿,在二元结构的框架中,农民曾经长期是低人一等的代名词,是弱势、弱质、弱小的同义词,在一些人的心目中,甚至沦为价值鄙视链的最底层。但更令人悲怆的是,农民又是这个社会最淳朴、最厚道、最重感情的群体,他们对尊严最重视、最渴望,在尊重别人的同时又最希望获得尊重和尊严。这就是农民!他不在意对这个社会涌出汩汩甘泉,只期待有一滴水的回馈,因为这不是普通的一滴水,那里面映着太阳的光泽。所以,对农民,做任何事,牢记"尊重"这个词就好办了,你尊重农民的尊严,尊重农民的权利,你放心,农民会为你风里来、雨里去。

第二个词是利农。说了半天的尊重,但我们不能暴殄农民的深情,虽然农民因为我们的尊重而把一颗心掏给我们,但我们不能糟践农民的心,不能让农民的权益牺牲。所以,保障农民的物质利益、尊重农民的民主权利,是我们四十多年来一以贯之的宗旨,也是四十多年农村大发展的一条重要经验,什么时候,我们弱化了利农,农村改革发展就出现困难;什么时候,我们强调了利农,农村工作就是一番新气象。所以,做任何一项农村决策,在农村做任何一件事,都离不开"利农"一词,都不能在利农上有什么闪失,一旦没了利农,我们不仅丢掉了工作的初心,我们的工作也不会顺利,农村发展也会停滞。就像农民上楼,农民是不是最大受益者,就该成为我们决策的核心。如果搞合村并居时,即使瞄准的是占补平衡增减挂钩的政策利基，但如果我们把土地增值收益全部或者较大部分留在农村，让农利归农，那会是怎样的一副局面？让农民也像城市拆迁户一样，又有楼房又有现金，你看看农民会不会反对，不睡着笑醒了才怪！如果拆迁的农民在住进楼房时还有不菲的土地补偿金，有了第一桶金的农民，就会成为城镇和城市的新增资本，那又会产生怎样的资本效应呢？会带动多大的就业呢？可惜，合村并居者的"雨"不在这片云彩。

第三个词是稳慎。做任何事，稳字为先，慎字要紧。一件事再重要、再好，失去了稳慎，也会鸡飞蛋打。越是重要的、越是好事，就越要稳、越要慎。稳扎稳打，稳步推进，稳慎前行，是做一件大事的基本素养。对于上楼这件攸关农民福祉、攸关农村发展大局、甚至攸关经济社会全局的大事，岂有一纸通知就要全面推开的理！有没有经过多区域、多层次的试验试点？有没有更大范围、更深程度的论证咨询？经没经过群众的讨论商量？是否取得大部分群众的同意？有没有考虑到少数群众的意见和情绪？甚至有没有给群众一定的犹豫期、思考期、反复期，给没给不同意见群众的意见表达权、申诉权？只有在获得绝大多数民意支持、少数不支持民意的合法权益也得到维护的基础上，统筹考虑自己的家底和实力，才可以量力而行、尽力而为。这之中，还得要为突发和不确定因素留有余地、打出富余量。如此，我们要做的事，才能如我们预期般实现。

尊重、利农、稳慎，做好农民的事，心里就有底了。

在农村，有哪些事永远不能做？

现在全国农村都在学浙江，特别是浙江农村以"千万工程"为突破点的改革发展经验。但不知道我们学没学到浙江的久久为功和一张蓝图画到底？浙江的实践和农村四十多年改革发展的历程告诉我们：不折腾农民、不忽悠农民、不伤害农民，值得我们永远铭记。

农民害怕折腾，农民不经折腾。我们曾经以改革开放之前的曲折证明了这一点，不折腾农民应该成为我们的共识。但有的地方却习惯于折腾农民，其表面上是政绩驱动，是 GDP 狂热，但骨子里还是折腾农民的冲动。一任领导吹一个调，一任领导画一张图，你搞万亩果园，我要十万亩花海；你搞十里环廊，我多建几个开发区，总之是，你搞的我不认，难不成我为你脸上贴金？我搞的，后来者接不接，我也管不着。只要我在位时有我的盆景、有我的亮点、上面来人有地方带看就行了。可是神仙打架，吃亏的是农民，你动不动就万亩、十里的，是不是都得要动农民的地、动农民的家？你有那么多钱给农民补偿吗？画出的饼、吹起的泡，换不来实实在在的票子。

严重的问题是不要折腾农民！我不能说这些地方是成心折腾农民，我们当然坚决反对成心害农民的行为，但我们也要警惕好心好事没办好的"三好"危险。切忌摊大饼、翻烧饼、贴饼子，防止一阵风、一窝蜂、一刀切，要不得刮大风、大拨轰、下饺子，更不能水饺改蒸饺再改煎饺，饺子改包子再改肉饼。治农事也如烹小鲜，大火猛烧不行，来回翻腾更不行。农民不能折腾！折腾多了、久了，小鲜会烂，农民也会散架。

农民不能忽悠，农民不该忽悠。我们可以给农民说愿景，给农民画蓝图，但不能让农民为实现不了的愿景付钱，为你不切实际的蓝图埋单。做任何事都要以农民的福祉为依归，以农民的物质利益增加为基准。不是农民对精神的东西没追求，只因为农民在物质利益上太贫穷了。对一个贫穷太久的农民而言，即使他们脱了贫、奔了小康，但在相当长时间内，物质利益还是其核心诉求。对这一点，我们都市 90 后、00 后可能难以理解，一碗肉、一碗饭算得了什么？但我们的算不得什么，对有些贫困农民来说,可能还是过年的"牙祭"！我们知道一个河南老太太对太后娘娘的羡慕是什么吗？不是她的权势,而是她左边一碗白糖,右边一碗红糖,想吃哪个就吃哪个。这当然是段子,但多多少少也是来源于生活！我们知道陕北农民曾经的现世愿景是什么吗？是吃饱饭,是想吃细粮就吃细粮,还能经常吃肉,他们对未来的憧憬也始终与物质紧紧联系在一起。这可是真实的回忆！

对农民来说,物质就是生存的一切,是生存的一,其余都是二和三。所以,做农村工作,为农民做事,要真的为农民好,要想得到农民的支持,把好农民的物质利益就成了。让农民物质利益增加了,把农民的物质利益守住了,你就是对的,你也就能得到农民的拥护。

农民不能伤害,农民不忍伤害。任何时候不能剥夺农民,不能强迫农民,不能粗暴对待农民。农民最辛苦,农民最可怜,农民的牺牲和贡献又最大,谁忍心欺负农民,谁就对不起自己的父老乡亲。对涉及农民利益的土地问题,这是农民最大的、最核心的财产,不仅要在法律制度上予以保护,还要在实际工作中点对点地精准维护。绝不能让农民失地,绝不能让农民在土地征占中权益受损、绝不能让失地农民社保没保障、就业没着落、生活没希望。对涉及农民在教育、医疗、养老等方面的权益,要落实城乡公共服务一体化要求,让公共财政的阳光一体沐泽城乡,让农民在村有权利,在城也有权利,对他们在城市务工经商、对他们子女在城市就学就业、对他们参与城市社区政治、文化、社会活动,都要秉持一体化精神,同城同权,予以帮助、包容、接纳和融合。在这过程中,他们可能有些笨拙,有些踉跄,有些胆怯,但我们相信时间,相信未来,农民一定能在这历史的大开大合中找到自己的合适位置。而我们,要记住一点:千万不要伤害农民！

农民不能折腾,农民不能忽悠,农民不能伤害。农民是我们的衣食父母,是我们的父老乡亲,是我们最朴实最沉默的大多数,是我们社会最坚实的基础支撑。为农民做再多的好事,都是应该的,都是本分的,都是不值得夸耀的。

（2020 年 6 月 24 日）

城市该不该有小商小贩的存在？

从宋代城市化想起

电视剧《清平乐》里有一个情节，年轻的宋仁宗赵祯在梁家蜜饯铺子，目睹了恶霸欺凌商家的现场，也与打抱不平的韩琦有了一个不愉快的开场。微服出行的赵祯强烈要求韩琦报官，韩琦则直言官府黑暗，报官只会使梁家铺子死得更快。韩琦为什么这样说呢？这来源于当时的坊市分开制度。

所谓坊市分开制度，即，坊是坊，市是市，坊、市隔开，住民居住在坊内，坊内不许营商；店铺集中在市内，市内不可住人，早晚还要关门。这项制度起于西周，盛于汉唐，在宋代逐渐式微。在《清平乐》中，梁家因为要照顾生病的家人，不能去市内营商，只能偷偷地在自己家里做起前店后厂的生意。这在当时还是违法行为，也正因为此，梁家才默默忍受恶霸的欺凌而不敢报官，而恶霸也看准了这一点，所以才如此嚣张。

陈寅恪认为，宋代是中国传统文化"造极"之时，但宋代也是传统中国的工商业的高位开始。至今，我们在《清明上河图》上，不仅看到东京汴梁的梦华，也看到城市商业的繁荣；在"并刀如水，吴盐胜雪，纤手破新橙"的情景中，不仅感受到宋徽宗赵佶与李师师的风流蕴藉，也了解到各地产品在都市的辐辏云集；在"有井水处皆能歌柳词"和话本说唱中，不仅感怀勾栏瓦肆的热闹和繁华，也感受到市民社会的胚芽初生；从杨志卖刀和武大卖饼的故事中，从《清平乐》中大臣动不动就上酒楼宴集、内侍入股矾楼的情节中，不仅凸显了小商小贩已经成为城市贫民谋生的重要工具，也投射了宋代手工业、工商业、餐饮娱乐业的欣欣向荣。

话回到《清平乐》，在宋仁宗时代，宋代商业市民社会的发育已经开始冲破旧有的限制，因循数千年的宵禁制度取消，夜市开始出现，经常是夜市刚闭不久，早市又开。词人辛弃疾的"东风夜放花千树，更吹落，星如雨""众里寻他千百度。蓦然回首，那人却在，灯火阑珊处"，写的就是元宵节灯市的一时盛景。坊市分开也有了松动，电视剧中梁家铺子后来也可以在居民区营业。

如果，我是说如果，没有后来的北方游牧民族的狂飙，发轫于宋代的中国市民资本主义，说不定就把中国的城市化提前了六百年，那恐怕就没有后来的船坚炮利与大刀长矛的不对称比拼，中华民族的命运恐怕就是另一番局面。

由此，我想到中国的城市化建设，我们在学习世界城市化经验的同时，是不是也该接续到传统中国本土城市化的历史脉络呢？把被游牧狂飙和船坚炮利粗暴打断的历史链条，重新环环相扣起来？在如何建设中国特色的城市化，如何对待城市的人与产业，如何营造城市的品味、品质和品格上，不让赵宋专美于前，营造出我们这个时代的《清明上河图》，交上我们的《东京梦华录》，用我们的答卷写出新型城市化的中国风、中国味。这恐怕是我们这个时代必须回答和实践的课题。

城市该是什么样子？

城市该是什么样子？有人想到大衙门、大建筑、大马路，有人想起小街区、小市场、小巷子，这都没问题，都是城市的要素。只不过一个倾向于城，一个集中在市，合在一起还是城市。在中国古代，城市作为官府的驻地而存在，是先有城，官府需要服务的人群和产业，随之有了市，那时的城市是先城后市，城重市轻；在西方，现代城市是从产业和人群的集聚开始，是先有市，市民需要管理和服务的机构，也就派生了城，他们的城市是先市后城，市重城轻。很难说，这两种城市哪个好，哪个差，只是建立在不同文化背景上。理想的城市化应该是统筹城与市，既要城的治理效率，也要市的产业活力，不重城轻市，也不偏市废城。城市化一定是既要管理治理，也要活力经济。

城市不能是单一的，这个单一，不只是说大，也是说小，单一的大不行，单一的小也不行，她一定是多样的。就像一座森林，是一个包容的生态系统。一座森林，不可能光有大树，当然，她必须以大树为主体，体现森林的高度和力度，但光有大树，高度和力度是有了，但厚度和韧度不够，也很单调。她一定还有灌木，有小草，甚至苔藓，生物多样性让每一个生物都有自己独立的作用，都有不可替代的意义，相生相克，相制相长。大树挺拔有高度，灌木丛生有厚度，小草柔软有韧度，苔藓则是森林湿润的一角，各有各的角色，各有各的存在，共同构成森林的生态系统。正是由于森林的这种多样性，才体现了森林的博大、包容、深邃和生机。

城市也如森林，人与产业、生存与生活，相互竞争又相互生长，共同形成一个生命系统，构成一个命运共同体。正是这种多样性的共生共存，成就了一个城市的品味、品质和品格，从而实现城市让生活更美好、让人生更精彩，最终也让城市自己更伟大。

具体地说，城市应该是一种多圈层共处的存在。大马路大建筑可以有，小街道小民房也不能少；大酒店尽管挥金如土，小饭馆不妨锱铢必较；五陵年少自去追星捧月，贫贱夫妻还要柴米油盐；大公司、大老板可以因为1个亿的小目标没实现而夜不能寐，路口的红薯摊、隔壁的王二却为凑

25

够了孩子的学费而呼呼大睡;大街上的门脸新近换上了整齐的新招牌,过街桥下流动商贩一块纸板就标明了价格;有人为税多税少算来算去,有人为薄利多销见利就走;有人怕审计,找能人把账目做得天衣无缝,只为了自己兜里那点私利,有人见城管撒丫子就跑,却为了要养一家子的日子营生,还兼顾畅想着孩子的前途。各有各的活法,各有各的难处,也各有各的快乐与痛苦、幸运与不幸,但不管怎么样,天黑总要睡觉,睡着了烦恼都会消失;太阳每天都升起,新的一天说不定就有新的机会。

我想,这就是多样性的生活、多样性的人生、多样性的城市。这才是城市该有的样子,一如生活与人生,一如世界本来的样子。

适当的无序是城市的一种活力

世间很多东西,好与不好,有时候不取决于东西本身,而在于看待东西的人,特别是人的角度。就像鲁迅先生所言如何看待《红楼梦》,经学家看见《易》、道学家看见淫、才子看见缠绵、革命家看见排满、流言家看见宫闱秘事,角度不同所看就大不同。

又比如,在如何看待城市的一些无序现象,具体地说,如何看待城市的小商小贩、地摊经济,城管看到的当然是混乱;税务看到的是不交税;站在大建筑落地玻璃前看的人,可能看到的是市容不美。但路人看到的可能是可以买到便宜货;下班的市民看到的是购物的便捷;城市的当家人看到的是小商小贩有了就业和收入,多多少少可以减轻自己的压力;经济学家看到的是经济毛细血管的畅通,哲学家看到的无序与有序的辩证关系,文化学家看到的是城市的烟火气与文化品味,历史学家看到的是历史脉络的情景重现,而我则从中看到的是生活与城市该有的样子。

如何对待城市的这种无序呢? 一味排斥显然不对,凡是存在的,都有其合理性。以铁腕手段根除它，就像用火来烧野草，一时效果明显，果然是火到草尽，但一遇春风春雨，还是一番草色撩人。既然无序没有到不可收拾的地步，不如换个态度面对它，说不定看到的就是别样的风景。

一种观点认为，这种无序是不好，但我们大人大量，容下它吧。这是包容派。小商小贩的无序是暂时的，局部的，只要我们经济主体的大江大河浩荡有序、是高大上的，那就不必在意这小溪小沟的浪花与涟漪，泰山不捐细土，大海何惧细流，包容它改变不了我们主体的性质，也无损主体的风范，反而因为我们的大度还获得包容的美誉。所以，虽然它不上档次，容下它也没什么。

一种看法觉得，这种无序没有什么好与不好，既然有了，我们就接受它吧，这是接受派。经济本来就是五彩缤纷的，存在即合理，既来之则安之，已经发生的就不要强行去除，牛不喝水强按头，说不定哪里不小心，还会伤筋动骨，到时候酿成反噬反而不美。何况小商小贩靠此谋生多年，砸人饭碗何必呢。

一种想法更跳脱，适度的无序不是坏事，反而是城市活力的一块土壤，我们应该大力支持，这是支持派。小商小贩靠流动就业为政府分忧，自己就业养活自己和家庭，搞活了经济的毛细血管，促进了流通和消费，形成了自己的生产链和供应链，是宏观经济的底层土壤，是城市活力的原发地。看一个经济体有没有韧性，小商小贩就是最好的检验剂。只要看小商小贩有没有活路、有没有活力，就知道这个经济体有没有后劲，有没有韧性。

实际上，看待小商小贩的无序和混乱，需要拨云见日的思维。认为小商小贩的无序和混乱，完全是看问题的态度和视角造成的。这种无序和混乱对大局有何不利影响吗？街区和马路牙子上摆个地摊，从排斥的角度看是乱，从接受的角度看是热闹，从民生的角度看是便民利民、是保就业。是的,从表面上看市容是有点脏乱差,但从根本来看,市容不能用负面思维来看待,这样的所谓"脏乱差",其实是城市的人气和生活的气息,只要我们做好环境卫生的服务,搞好管理和自理,即使是环境实实在在的脏乱差,也都可以妥善解决。

所以说,这一时的、局部的、适度的无序,是形式上、表面上的,不但不是真的混乱,而是真的活力,是形乱神不乱。即使把话往回说说,就算城市的市容因为小商小贩而有一些面子不美,何况从文化的角度看,这不美不但不是真的不美,而是有温度的美、有品味的美,但我们就牺牲一点微不足道的面子,换来千千万万穷人的就业和民生,换来社区的和谐平安,整个社会是不是赚了? 放下小面子,赚了大里子,值不值? 太值了!

还是要提倡穷人经济学

曾经一段时间,不少城市排斥穷人,地摊不让摆,农民瓜车不让进城,不但断了穷人和农民的财路,还让市民尤其是城市低收入人群生活不便、生活成本上升。在当前经济下行压力之下,这种现象有所收敛,一些城市对小商小贩的包容度有所上升。这是一个积极的现象,希望不是权宜之计,希望不要在经济压力减轻后又故态复萌,仍然是一副拒农民、拒穷人于千里之外的态度——生怕穷人碍了自己的眼,毁了自己的高端生活。

其实,我们应该对自己有个清醒的认识,不要被人忽悠了,以为自己真的是富人。我们在相当长时期里都还是穷人,这一点不因我们的较快发展而短期内改变。我们虽然 GDP 世界第二,40 多年的发展成就也堪称经济史上的奇迹,这一点是毋庸置疑的,也是值得骄傲的。但自豪和骄傲不应占据我们心灵的全部,我们还是要把心灵的大部分交给清醒,毕竟,"认识你自己"是哲人的明训,也是人最难克服的心理障碍。我们有

14亿人口,有7亿农民,前些年有句话说,"一个很小的问题,乘以13亿,都会变成一个大问题;一个很大的总量,除以13亿,都会变成一个小数目",何况现在这个13亿变成14亿了。

就说脱贫攻坚吧,我们从上世纪80年代开始,这些年更是举国同心同力,连续攻坚克难,我们才有望在2020年彻底解决绝对贫困问题。这当然是人类史上的浓重一笔,是怎么强调也不为过的壮举,但历史评价我们完全可以交给历史学家,也相信时间是最公正的评价人,历史自有客观的评判,我们是有这个信心的,这也是我们这个时代对历史最大的贡献之一。

但我要说的重点,还不在于如何评价这一即将成为历史的行为,我要说的是,在完成这一历史的书写之后,还有更艰巨的任务在等着我们。且不说,这绝对贫困消除之后还有返贫的风险问题、还有长期的相对贫困问题,就说数亿站在城市的入口、等待进入城市的农民问题,就够我们心头一凛,压力骤增。这些等待进城的农民,即使他们能够带着农村的财产权利进城,其单个财力也是微不足道的,不可能支撑他们迅速成为城市的新增资本,也就是说,他们进城了也还是城市的穷人,也就是说,城市未来还会增加数亿穷人。这就是城市的处境,也是我们的现实困境,是我们必须打足精神来应对的大问题。

既然我们在相当长时期里总体上还都是穷人,那我们就得有穷人思维,而不应以富人自居,以暴发户的心态看待自己、看待穷人。还是要低头搞建设,不管外面如何聒噪,我自埋头抓发展,绝不被干扰带节奏,也不因外面因素而改变自己既定之策,任何因素都改变不了我们坚定发展的决心和意志,任何干扰都不能打乱我们坚定发展的步伐和节奏,任何压力都不能让我们放弃我们坚持有年的发展之路。

当然,对一些聒噪、干扰和压力,我们总体上是保持不理,急了烦了,也可以像用蒲扇赶蚊子一样挥一挥,但绝不可以为了一只蚊子追出去半里地,忘记了自己原来在干什么。这只蚊子正是干扰者的诱敌之计、拖刀之计,我们无论如何不能上当。每到这个时候,我们就要问一下自己:我们干什么来了?对!我们是为发展而来,除了发展,其他的都可以放一放;等发展好了,有什么问题不好办?那都还是事儿?但现在,我们还是穷人,我们还有很多穷人,一切都要为让穷人过上好日子让路。把更多的穷人搞富,是我们压倒一切的头等大事。

这之中,在城市施政上就有个就业优先问题,特别是穷人的就业,更是优先中的优先。对穷人的自我谋生、自我就业,城市举双手赞成、感谢还来不及,该给他们送锦旗、发奖状才是,怎么能去嫌弃、反对甚至驱赶呢?城市该做的是鼓励穷人通过小商小贩、地摊经济、游商经济、早市夜市经济等,主观为自己、客观为社会地实现更多就业创业,千方百计地养活自己和小家庭,包括自己的希望与梦想。这是一举多得的大好事啊!不仅为城市就业工作分了忧,促进了城市的和谐,增加了城市的烟火气、生活气,还提高了城市的人情温度和人文厚度。

所以,只要有利于穷人福祉的增加,有利于穷人数量的日渐减少,有利于穷人命运的改变,城市都应该理直气壮,都应该全力以赴,都应该身体力行。这是我们这个时代的使命,也是城市的一份责任。

天下之大,利归穷人;社会之广,想着穷人。所以,我们要提倡穷人经济学,提倡穷人思维、穷人意识,提倡以穷人的视角来看待我们的社会。至于支持鼓励小商小贩,那当然是穷人经济学的应有之义,也是城市为穷人该做的事。

(2020 年 6 月 10 日)

有些事应该成为一种禁忌

扒房子、铲麦子——不能做就是不能做

有些事情不能做，打死也不能做。做了就是怨，做了就是恶，做了还是蠢！

比如没征得农民同意，就要扒人家房子，不让扒，就断水断电断路；又比如，再过个把月麦子就黄了，没得到农民允许，就把挖掘机往人家地里一开，三下五除二，把人家麦子铲了。可能，其行为有种种理由，甚至还是拿得出手的理由，以至于被舆论和上级批评后，他们还很委屈。

其实，他们不该委屈，被批评甚至被处分，都是该得的。只要不合农民的意愿，没有得到农民的同意，你做啥都是错，扒房子、铲麦子就更是从里到外的错，是错中错、错上错。为什么？你不知道吗？那房子不仅仅是房子，那麦子也不仅仅是麦子。

农民的房子是什么？当然是一堆砖瓦水泥的组合品，是一堆物质。但对农民来说，这房子是他最大的财富，是其一辈子的身家，甚至凝聚了几代人的血汗。想想，从我们记事开始，农民是不是有点钱就开始盖房子？改革开放40多年来，农民的房子也盖了三四茬了。农民一家子几十年东奔西走、吃苦受累，全家人合着劲儿勒紧裤腰带，攒的钱都投到房子上了。不仅仅是儿子结婚要有婚房，也不仅仅是老房子要倒只能盖新的，而是那房子是一个家庭的脸面，是一个家族的象征，是一户人立在这里、

31

活在当下板上钉钉的存在！是其命运升腾、家族兴旺的标志和明证。

所以，如果他不同意的话，如果不是他心甘情愿的话，你扒的就不是简简单单的房子，你扒的就是他的脸，拆的就是他的希望，塌倒的就不是墙垣，而是他的家园，是他的根脉、他的情感、他的寄托。那一刻，甚至他的梦想，都随着他最大的财富成为瓦砾而化为齑粉、化为尘埃。尤其令人叹息的是，这些年来，经过新农村建设、美丽乡村建设和农村人居环境整治，农民房子的建设质量和水平有了很大的提高，这个时候，你来拆他的房子，你叫他情何以堪？你扒的是他家的房子，也扒的是他取得的发展成果！如果你在他房子破败时拆的话，说不定农民还很高兴，但你在他新房子盖了没几年就来拆，而且补偿还不分新旧，你说他能高兴吗？他能同意吗？他能不怨吗？

铲麦子就更具视觉和情感冲击力了！什么事那么急？就不能等一个月？等麦子熟了收回来就不行？眼睁睁、一点不心疼地把灌满浆的麦子铲到土里，这同把白嫩嫩的大馒头扔到泥里有什么区别？想想都造孽啊！要开工搞工程？急如星火？等些天工程就不可逆转地黄了吗？就算工程很急，工程也很重要，但既然是那么重要的工程，恐怕也不是一两个月就能完工的吧？恐怕也不是就在这一块麦田施工的吧？可不可以先做别的项目、先干别的环节？大不了等麦子收了后，赶一下工期，甚至日夜轮轴转、歇人不歇机器，怎么着也能不误工期。何必一上来就把挖掘机往麦田里一开，不管三七二十一，就把待熟的麦子铲到泥土里？这麦子是什么？是粮食，是白面馒头，是活命的食物！是生民的天！没饿过肚子的人不知道粮食意味着什么！可能在他们眼里，粮食不过是拿钱买来的商品，只要有钱，什么买不来！铲掉的麦子不过是损失一点钱，同耽误工程工期比，这损失就是毛毛雨！早完成工期、早日投产，多挣的钱可以买多少麦子？这笔账都不会算？没有经济头脑！

但在我看来,这笔账还真的不能这么算!头脑也不能只装经济!那粮食,就不全是钱的事!那粮食,是一种政治,是一种精神,是一种情感,甚至可以说,如何看待粮食,如何对待粮食,可以看出一个民族的底线和前程,看出一个民族能不能生生不息的运势。因为,只有视生存大于天的民族,才能永远生存!"天倾西北,地陷东南"怎么样?"汤汤洪水滔天,浩浩怀山襄陵"又如何?只要我们有一口吃的,我们就能活!而且还活出一个世界唯一不灭的文明!中华民族始终不渝的重粮文化,过去、现在、未来,都是我们立于不败之地永远的私房秘籍。

扒房子、铲麦子,不能简单地看作施工。其行为造成的物质损失固然令人痛心,但更大的损失是对世道人心的打击,特别是通过画面和视频的传播,让这种痛心之极,刺痛着每一个凝视的眼球,在人们心里翻起巨浪。这是什么行为?这绝不是经济账的不同算法问题,也不是政绩账的如何算问题,这是典型的形式主义官僚主义!如果说这种行为与以人民为中心的发展思想背道而驰,恐怕也不为过。

可不可以这样说,扒房子、铲麦子,就该成为一种禁忌,不能做、不能碰,甚至不能想!

强迫命令——最后肯定是一地鸡毛

一些人可能觉得,跟农民商量着办事,这事十有八九办不成。那么多的农民,参差不齐的,怎么统一认识?农民又爱算小九九,利益诉求千差万别,又如何能合起力来做事?农民做事爱瞻前顾后,等他们都想通,猴年马月了。所以,一些干部就认为,为了农民的整体利益和长远利益,强迫命令最简单。逼农民上楼、逼农民致富,种种做法、说法都出来了,还都说是为农民好,之所以要这样,一是因为农民见识不足,二是因为时间就是金钱、时间就是生命，没有必要耗费"金钱和生命"与农民磨嘴皮子。

我这里且不说强迫命令该不该的问题，只说强迫命令到底行不行的问题。排除为强迫命令而强迫命令的特例外，很多的强迫命令也都是想尽快办成一件事，其动机和初心都是非恶意的。但结果往往事与愿违，非恶意的动机因为强迫命令的风行草偃，结出的果实大概率是无果。

为什么这样说呢？

强迫命令必然是人心不服。

人心这东西，说起来可能很虚，不好把握，也被有些人认为迂腐。但其实，人心是很实的，它是一件事成败的决定性因素。大道理就不讲了，你强迫命令别人做一件事，如果他们心里不愿意，你这件事还能办成、办好？他们不从中作梗使坏就不错了，坐等你出纰漏、盼着你出问题、眼看你要出错也不言语，是他们的共同心声。如果你强迫命令不只是伤及他们的自尊，还触及了他们的利益，他们会怎么干？你知道，触及利益大于触及灵魂，在利益面前，除了生死，他们什么都会干的。你强迫命令拆他们的房子、占他们的土地、铲他们的麦子，他们会怎样？每个人的脸上都刻着一个"不服"，每个人的眼睛里都喷射着"不服"，你这事还能办成？你不能只手遮天不是？你不怕人心不服，但你的上级和政府是坚持人心为本，是坚持以人民为中心的发展，你的强迫命令在人心面前，说到底还是苍白的。到那时候，你说你的强迫命令是为了农民好，就更苍白了。

话又说回来，即使你的初衷是为农民好，你做的事也是为了一方经济发展，长期看也会给农民带来些福祉，但好的初衷加上方法不当的话，也结不出好果子，长远的福祉一时看不见，但眼前的伤害却已形成，你叫农民怎么可能给你的强迫命令埋单？怎么可能仅仅以工作方式方法不当来理解消化你的错误？所以，强迫命令绝不仅仅是工作方式方法问题，是根子上没有把强迫命令的对象，看作一个平等的社会和市场主体，是根子上认为自己比强迫命令的对象更高明。强迫命令要不得,不仅强迫命令做错的事、做错了事是错的,强迫命令做对的事、做对了事也是错的,凡事一沾强迫命令就错了,即使一时成功了、侥幸办成了,其成功也抵不了其危害,特别是其潜在的、衍生的、不确定的危害,不知道什么时候就突然爆发。到那时候,即使要追踪原因,恐怕也追踪不到当初的强迫命令头上。这种不确定最让人担心。

强迫命令必然是麻醉自己。

这话听起来有点费解,但仔细想一想,也不难理解。怎么说呢?强迫命令一旦畅通无阻,就必然形成路径依赖。说一句话,不管对错,下面人和农民都照办,不说对其官僚主义的虚荣和瘾力是多大的满足,就说对其工作的推进力度和速度,也是一种明示和暗示。就这么干!就在这儿干!这么干错不了!不仅这件事可以强迫命令,所有事都可以!而且,假以时日,不仅我习惯了,对象们也习惯了!到那时候,甚至不需要强迫,也不需要命令,我的一句话,甚至一个表情,甚至没有表情、没有态度,都会成为下面人做事的准则。久而久之,我甚至对自己产生自恋,觉得自己确实高明,比老百姓高明,比下级高明,比同僚高明,甚至悄悄地觉得,自己比上级还高明。这就是智昏了。强迫命令从追求工作效率始,路径依赖后必然是麻醉自己,认为自己就是路径,甚至是最高明的路径。但结果呢?依赖、麻醉加自恋,你的决策哪还有什么科学?你肯定听不进不同意见,进而不会听不生动的赞成意见,甚至不会听意见本身、省却听意见这道工序。

说起这个,插一个小故事,说一说地方领导干部自恋的可怕、自恋的疯狂。从这几年揭露的案例中,我们知道一个姓"火"的很有名,这个人打骂下属成习惯,伸手打、用脚踹,即使是表扬也以戏谑形式进行。听说他曾经因为副手跟他打牌时一张牌没出到他手上,就马上要求副手面墙磕额头 20 下自罚,众目睽睽之下,这副手竟然真的磕了 20 下。还有一次,一起进电梯时,一位干部闪进电梯准备为他按着电梯门,但被他会错了意,以为这位干部抢他前面,当即飞起一脚把这位干部踹出电梯。

这样的强霸作风,是可忍孰不可忍!但当事人都忍了!当地都忍了!当事人能忍、当地能忍,但天理不忍、国法不忍!这自作孽的"邪火"终究被"正水"所浇灭。试想,在生活琐事上都能这样"强迫命令",被"强迫命令"的对象也能这样"雷厉风行""风行草偃",足见他的作风又岂是"强迫命令"所能形容!

这还仅仅是在生活上!在工作中的"强迫命令",对他来说,就更加名正言顺、更加师出有名、更加家常便饭。但这可能还是会错了他的意,对他来说,不需要什么"名正言顺",不需要什么"师出有名",老子就是理,老子想咋样就咋样!踹一脚、磕脑袋,那都是栽培你,是你小子的造化!有人可能还为之缓颊,说他还办了些好事,暂且不说他是不是办了些好事,但他办的坏事,其恶劣影响、其对世道人心的伤害,恐怕是他做多少好事也抵消不了的。

强迫命令最后必然是稀里哗啦。

强迫命令看起来是能办成事,也确实在一段时间内看起来把事办成了,也形成了气候。但这种"办成",这种"气候",是表象的,是脆弱的。强迫命令办的事不牢靠。老百姓在被强迫的情况下,做事心不甘情不愿,干出的活不会体现出责任心,往往是驴粪蛋表面光;强迫命令做的事,往往是拍脑袋决策的,上上下下明知道做不好,但又不得不做,而且还要说决策英明,怎么办?只能上上下下一起来糊弄,只求糊弄住强迫命令的官僚就行了,还管什么事情做得怎么样;强迫命令做的事多是"强迫命令工程",不是社会和市场自然形成的工程,随着强迫命令者兴趣的不断转移,强迫命令你做这件事后,很可能很快就强迫命令你做别的事,之前的

"强迫命令工程"很可能很快就搁置废弃;强迫命令做的事,随着大气候和小气候的变化,随着强迫命令者强迫命令的无效,而会瞬间土崩瓦解,甚至出现逆向反弹。

强迫命令做成的事,不管它在一段时间内如何看起来牢不可破,如何风光了得,但都禁不起时间的考验,一定是人在政在、人走政息。试看,一些地方搞的名目繁多的拍脑袋工程,有多少能够真正活下来? 而那些没能活下来的工程,当初有几个是符合市场规律的? 又有几个是尊重农民意愿的? 时间和实践证明,不符合市场规律的、不尊重农民主体地位的、不维护农民权益的,大都逃不出"六拍"的逻辑:拍脑袋、拍胸脯、拍桌子、拍屁股、拍板子、一拍散。怎么讲? 拍脑袋决策后,自然要向领导拍胸脯保证,干的过程肯定要拍桌子强迫命令,干不成就得拍屁股走人,弄不好还要拍板子受处分,最后是工程一拍而散,留下一个烂摊子。

如果事情到此为止也就算了,就当交学费了,但最怕后来者也重复犯同样的错误,换一种形式和方式搞官僚主义的这一套工序。在这过程中,难免要打农民土地的主意,拨农民宅基地的算盘,你想,土地和宅基地是农民最大的财富,农民看得多紧啊! 你要按市场规律来交易,农民当然高兴,但你未必有那么多银子来交易,而你又非常想要农民的那点地,怎么办? 除了拿你畅想的远景来忽悠农民外,你还有什么手段吗? 但农民只相信实实在在的东西,远景虽好,但我拿出的是实实在在的地,一定得有实实在在的银子来换才行。这就是农民的逻辑,也是市场的逻辑。但你没有这个逻辑来支撑自己,又要农民来认你的远景,就只剩下强迫命令了。但农民禁不起这样的强迫命令,禁不起这样的折腾。

与农民打交道,在农村做事,需要抵御强迫命令的诱惑,避免对强迫命令的依赖,千方百计防止"六拍"的流程。一句话,一件事不跟农民商量着办,百分百办不成。即使暂时成了,也长不了。

急躁冒进——好事也会办坏

其实,中国传统文化最强调"稳",最反对"急"。重视"稳"的词很多,如稳扎稳打、稳步推进、稳中求进、稳如磐石、稳如泰山等;关于"急"的词句多含负面含义,如急功近利、急躁冒进、急火攻心、心急吃不了热豆腐等;而反对"急"的词就成了好词,如戒急用忍等。由此可见,中国传统文化最忌"盲动",最反对"大跃进"式的"冒进"。

为什么这样说呢? 中国传统文化是强调"中"的文化,凡事适"中"最好,"中"最稳定、最公平,脱离了"中",就会不稳、不公、不平。脱离了"中",往哪个方向倾倒,都会失去稳、失去公、失去平。但文化本身需要进取,社会需要前进,所以,"稳"本身不是目的,"稳"的目标还是要"进"。这就天然地让"进"具备了道德制高点,"进"总是好的、总是对的,总是积极。正因为"进"具有的天然优势地位,"进"有可能成为脱缰之马,所以圣贤为"进"准备了辔头,以确保在"进"的同时,防止"进"走急、走偏,甚至走向反面。这辔头就是"稳"。我们要"进",但要"稳"之下的"进";任何"进",都不能妨碍"稳",也只有"稳"的"进",才是真正的"进",才是好的"进",才是我们需要的"进"。所以,盲动的"进"、冒的"进"、急躁的"进",都是不受欢迎的,也是不好的"进",是妨碍"稳"的"进",是会带来危害和危险的"进",这种"进"是要不得的。

比如说,从历史发展规律来看,城市化是大势所趋,更多的人口,尤其是年轻人更多集中于城市,即使是留在农村的人口,也会有很大部分集中于小城镇,这应该是基本共识吧。传统村落会持续衰败下去,农民生活逐步向城市看齐,这也该是基本共识吧。为农民提供更多现代生活公共服务,也是没有什么争议的吧。按照市场规律整合农村的资源,以小集镇和中心村的形式聚集农村的人口,也是一种正在进行的历史性脉动吧。

但这是不是意味着,这些趋势、这些脉动,一定要在短时间内变成现实呢? 是不是意味着,牛不喝水需要强按头呢? 当然,顺应市场和社会自生力量,加以适当的助力,让市场和社会主体自主选择更顺滑一点,是必要的。但如果大力道地强扭,不顾当地实际地强推,不管农民意愿地强迫,搞所谓"提前进步 20 年"之类的急躁冒进,搞"再造一个新某某"式的贪大求洋,其结果就会走向反面,本来该 10 年、20 年实现的事,企图一两年干成,可是地方财力不支、农民实力不逮、社会发展不及、文化建设不达,最后必然闹成烂摊子、一团糟,闹成一个欲速不达的活典型,让老百姓深受其害,地方发展的精气神也蔫了。

还比如,为农民提供集约化的公共服务,让农民享受到城市化时代的社会福祉,进一步提高农民的生活水平,需要农民适当地集中居住,这是经济聚集效应的自然选择。但这是一个市场的过程,是一个选择的过程,是一个时间的过程,是一个吸引的过程,而绝不是一个强迫命令的过程,绝不是一个急于求成的过程,绝不是一个官僚主义发作的过程,它一定是一个对农民有利也要让农民感到有利的过程,一定是市场驱动、政府引导、榜样吸引的过程,一定是允许农民冲动、犹豫、反复的过程,这就是历史的耐心。什么是历史的耐心? 不是一两个月、一两年的耐心,是 10 年、20 年甚至更长时间的耐心。

这就是"功成不必在我、功成必定有我"的气概,一种历史的情怀、历史的思维、历史的耐心。如果我们失去这份情怀、这份思维、这份耐心,再好的事也会办坏。

替民做主——往往吃力不讨好

"当官不为民做主，不如回家卖红薯"，这是戏曲里面的唱词。有些地方一些干部也有一种"替民做主"的思维，甚至还有"逼民致富"的说法。言下之意，农民需要"被做主""被逼"，才能过上好日子。如果真能如所说，农民"被做主""被逼"后，真的过上了好日子，虽然主体地位有了"被"的折扣，但好歹生活水平有提高，也还差强人意。但事情往往没有那么简单，农民付出"被"的代价，并没有获得"被"后的回报，甚至利益也被"被"了。

"被"的背面是"替"。为什么要"替"呢？无非是认为农民水平低。农民文化水平总体上肯定是比城里人低，比领导干部更低，农民的知识、视野，特别是关于市场经济的素养，确实不高，但这与需不需要"替"没有多大关系，不说农民自有其主体地位和权利，就说市场原则吧，农民请求你"替"了吗？你主动要求"替"，起码要问一下农民是否愿意吧？好吧，你认为问农民，农民也回答不出一个所以然，你就代表农民同意由你来"替"，但你是懂市场经济的，你认为你具备农民不具备的市场经济素养，所以，虽然农民没提要求，你得保证你的"替"是对农民有好处的，起码不能让农民受损失，这是不言自明的吧。可是，有的地方"替"了之后，不但没有兑现"替"时许下的目标，反而让农民利益受损，这就明显违反了市场法则，显然不是比农民市场经济素养高一大截的人所应该做的。

还有一种说法是，之所以要"替"农民做主，是因为农民爱算小账、算眼前账。而我们是有长远目标、是算大账的。问题是，你的"替"没有同自身利益挂钩，那你的"替"自然不会算自身小账，也就是说，你"替"的好坏，对自己的利益不会构成损失。当然，你的"替"对你自己的官声政绩是有影响的,但断不至于减你的工资、要你赔偿。但农民就不同了,他不算账不行啊!你所说的小账、眼前账,对他来说是大账、是生存账,一次决策失误,很可能全部家当都赔进去了。农民交不起你说的"学费",交一次"学费"就意味着"退市",很难再有翻盘机会。这还是自己决策,自己决策自己承担没问题。但如果你非要"替"他决策呢?农民的小账、眼前账,你又不放在眼里,你手指缝里随便漏一点,很可能就把农民一年的收入漏掉了,你交一次"学费",可能真的就是学费,但农民也要陪你一起交"学费",他们这"学费"交得可真冤,"被"决策、"被"做主,却要莫须有地"被"交"学费"。"学费"交得冤,心里自然怨,农民今后能不远离你吗?

当然,你会说,我的"替",是为农民好。肯定得为农民好,如果你本意不是为农民好,你怎么可能在这个位置呢?但不是初心是好的、动机是善的,就一定能把事情办好、对农民有利。不管怎么说,"替"肯定不好,即使"替"后成功了,帮农民增加了一些福祉,也是一种偶然性,反而可能因为你一次两次"替"成功了,助长你的骄气,为你形式主义、官僚主义的滋长增加助力,以为自己无所不能,以为自己真的比农民高明一万倍。如果真的这样,这一次两次的成功,也就埋下了今后出大纰漏的思想根源。

要帮助,不要包办;要带动,不要代替;要民主,不要做主。充分尊重农民的主体地位,充分尊重农民的意愿。一句话,一切与农民商量,让农民自己决策,你可以帮、可以助,可以导、可以引,但就是不要"替"、不要"代"!

(2020 年 7 月 21 日)

让农民说话,什么时候都是对的!

　　周末小聚,朋友友农君一改"愤青"形象,喜形于色地说:农业农村部人居办征集农村改厕问题线索了,还连问了"五个有没有",有没有厕所改了不愿用的? 有没有厕所改了没法用的? 有没有厕所改了用不上的? 有没有厕所坏了找不到地方修的? 有没有厕所粪污满了找不到人清掏的? 真是太好了,太接地气了! 这才是把好事办实的招数。我看你们"@农民日报",也第一时间推了。这就对了嘛,"农民日报"就得坚持"三话":"为农民说话,让农民说话,说农民的话"。

　　难得友农君如此鼓励!

　　说改厕之前,我先说点别的。我们在城里住的人,应该大多数都接受了"用户是上帝"的理念,即使不知道这个理念,起码总装修过房子吧! 房子装修后,你作为业主都是要验收一下吧! 干得不好的,扣钱也应该是天经地义的吧! 估计你还要提出保修多长时间的要求吧! 这些,装修队、施工公司也都是默认的。事情办得怎么样? 用户是唯一评判人和验收人。这话也没问题吧? 同理,给农民做的事,就是要让农民来说话,让农民这个唯一的评判人和验收人来一锤定音! 这话到什么时候都不会错吧? 既然如此,农村的改厕问题,就得听农民的!

　　但是,农民关心什么呢? 他有什么诉求呢? 具体来说,还有什么不满意呢? 这次问题征集,就是在期待农民竹筒倒豆子,把所有问题都找出来,把所有诉求都提出来,把所有建议都说出来。看来,有关部门是千方百计,无论如何,不管怎么着,都要把这件好事办好、办瓷实了!

现在征集才开始,问题估计会陆续反映上来。但友农君提醒我的几个问题,还是很值得注意的。

一个是有机肥利用问题。以前一家一个茅坑,人畜粪便都集中在茅坑里。确实臭气熏天,苍蝇蚊子开大会,成为影响农村人居环境的一大痛点。现在厕所革命一声炮响,苍蝇蚊子面临大饥荒。但正如友农君所言,希望好事再上一层楼,能不能把农家肥留下来?以前茅坑是臭,但好处是每家还有一坑农家肥啊,用来浇菜肥田,菜长得快长得绿,田地里用了农家肥,跟化肥比,少花钱,效果不错还实惠。现在城里人不是都喜欢有机农产品吗?这有机农产品得用大粪浇啊!不少地方统筹改厕和沼气,既解决了粪污和能源问题,又为农民减支增收,值得大力提倡。但也有具体问题,沼气冬天效果不好,不仅提供能源上有不足和效率两个问题,随时有可能卡停,农民不能完全指着它,而且用肥问题涉及多个家庭,谁用肥,用多少,都还有扯皮。改厕中的有机肥综合利用问题需要解决好,得找到"两头甜"的办法。

一个是粪污处理问题。改厕中的粪污处理是重点。不能像有的地方,装了抽水马桶,没解决粪污处理问题,还是随水冲,顺水流,污染池塘,还是一个个是"屋里现代化,屋外脏乱差",村头沟旁,粪污点点,传播疾病不说,有碍环境是真的。这个问题不解决好,还提什么美好生活、美丽乡村?还搞什么乡村旅游?又怎么吸引城里人来?到你这个地方来玩?来吃饭?来住下?还买你的东西?想什么呢?看都看饱了,想起就恶心。解决这个问题不能指望一家一户,需要集体统一来干。建一个粪污处理设施也花不了多少钱,干湿分离,干的部分通过无害化、除臭化处理,做成有机肥,农民可以自己用,卖给城里人做花肥也能挣钱,湿的部分净化为二级水自然排出。这个需要有政府支持。想起农村粪污问题解决得既有城市水准，又有农村特点，真是让人开心不已。为此，友农君兴奋地题了一副对联，上联：茅坑换马桶，苍蝇蚊子滚一边。下联：大小皆有机，青菜萝卜喜开颜。横批：方便方便！

一个是费用问题。说起花钱，友农君脸上笑容马上收了点。用了抽水马桶，自来水总是要花钱的，粪便都集中处理了，农家肥没了，庄稼就全指着化肥了，这都需要钱。某地建了农民新村，村民都住到楼上，用了抽水马桶，生活质量提高了一大截。坊间传闻，某年元旦，有大领导来考察慰问，问农民楼房住得怎么样？农民说，好啊！好是好，就是每天早上一起来上厕所，一拉绳，"哗"，5分钱没了，"哗"，5分钱又没了。是啊，5分钱是没多少，但不要看只有5分钱，架不住一年365天啊，一家好几口人啊，每人每天"哗"一下，每天要"哗"掉多少个5分钱啊。农民的顾虑还是有道理的，在没有创造新的收入之前，这是绕不开的现实问题，还是眼前一个不小的问题。所以，说一千道一万，还是要创造就业，发展创业，把环境改好了，建设美丽经济。等到乡村旅游、生态农业搞起来了，农民收入有了显著提高，也就不愁这"哗"一下、"哗"一下了。

一个是结合各地实际问题。改厕肯定是好事实事，是必须干的事。但全国各地千差万别，不可能一个标准、一个做法，一定要把国家的德政与本地的情况结合好。这该是政策落实中应有之义吧。你看，北方与南方就不能一样，旱区与非旱区也该有别，发达地区与欠发达地区，要分出层次，家卫与公厕自然也要区别开来。还要考虑到，农村与城市在基础设施、公共服务、生活习惯乃至文化理念方面，多多少少有些差异，显然不能简单搬用城市的经验和做法。一位叫阿牛哥的粉丝朋友在转发我的《头一炮为什么是她》一文时，反映的一个情况就值得注意："何总的关注点真是小切口、大问题。去年，我咬着牙在乡下家里修了个还算不错的冲水厕所，两个卫生间两个淋浴间，每个卫生间都同时配有马桶和蹲坑，因为本地客人喜欢蹲坑，外地来的客人更喜欢马桶。但是，用了不到几个月问题百出，最头疼的就是进水管道泥沙堆积，因为乡下的自来水每次暴雨或者管道维修后都会有泥沙进入进水管道。这是全国普遍现象。另外还有文中提到的排污问题。"阿牛哥提醒得好。旱厕有臭味问题，水厕有冬天结冰问题，露天自来水管冬天有冻裂问题，还有泥沙、铁锈堵塞进水管问题，等等，都与各地气候、地理、文化和发展水平相关联，都需要引起足够重视。

当然，观念问题、意识问题也在影响着我们正在做的事。毕竟多少年来，大家都认为厕所问题不能登大雅之堂，方便之事不方便说。何况，一直以来，我们高度关注上面的问题，操心"进"的问题，现在好不容易才在"进"的问题上有了巨大建树，下面的问题，"出"的问题，一时半刻还顾不过来，还有点不好意思说。但是，再不好意思，再文质彬彬，也不能只进不出做貔貅啊！有进有出，进出平衡，虽是平常小事，却是千古不易之理。

厕所革命，此其时也！

改厕问题广纳农民意见，把所有问题都暴露出来，是把好事实事办好、办实的硬招。

任何时候，让农民说话总没错！

（2019年6月24日）

为什么说农民的获得感比
获得本身还重要？

为什么吃肉骂娘？

"端起碗来吃肉，放下碗来骂娘"，这句话是用来形容不知感恩的社会现象。从传播学角度说，这句话很形象，也很有穿透力，很精准地刺向一些人的忘本。但对这句话的理解，我一直有些疑惑。

这"骂娘"指的是什么？是骂母亲吗？还是泛泛地骂人？如果是前者，一个人骂母亲，怎么着都是错，没有任何理由。何况还是在吃着母亲亲手烹制的肉，吃饱喝足了，就马上骂母亲，这就是典型的大逆不道，是不错，孰错？但若是后者呢？这"骂娘"不是指骂母亲，只是泛指骂人。酒足饭饱，心满意足，发发牢骚，对隔壁老王、对村长、对国际流氓的甩锅，骂几句娘，发一个嘴狠，过一下嘴瘾，就像阿Q背地里说自己比赵秀才还长一辈之类的，这样的"骂娘"，也没什么吧？跟忘本和不知感恩风马牛不相及吧？当然，骂人总是不好，素养不高，但老百姓没那么讲究，要骂"他妈的"，绝不会文绉绉地说"他母亲的"，不过现在网络流行语将它装潢为TMD、TNND。但在口语中，在相骂无好言时，老百姓还是麻利快地直接骂娘。

具体到"端起碗来吃肉，放下碗来骂娘"的文本，我更愿意相信，这句话的"骂娘"不是骂母亲，而是泛指骂人。我提起这句话的初衷，不是为了探讨吃肉和骂娘是不是一个人的权利问题这样的大题目，也不是为了在吃肉和骂娘有没有对应关系上争出个子丑寅卯的大讨论，只是想说一说，这个人吃肉后为什么骂娘。他是什么心理？是肉的数量不足？是肉的品质不好？是肉的部位不合预期？是肉烹调得不够味？总之是让他吃了这顿肉后觉得物不所值，忍不住生气要骂娘。或者是，他不喜欢吃猪肉？他今天根本不想吃肉？所以，让他吃了肉后心情不佳，要骂人发泄负面情绪。又或者，他就是因为吃肉后心情愉快，自信心爆棚，让他社会人格爆发，故急切切要针砭人群、社会和国际时事？跟肉八竿子打不着，就是高兴了，要指点江山、点评国际时事。

应该说，这些情况可能都存在。问题不是重点，重点是如何对待。一种办法是云淡风轻的浪漫主义：不理它、不解决，骂娘由他骂，牢骚由他发，只要不犯法，管他呢！让社会情绪有一个宣泄的出口也不错，毕竟"和"字从"禾"从"口"，有吃有说才能和。另一种办法是气沉丹田的现实主义：重视它、解决它，民间有怨声，自当木铎求之，段子笑话都可能是社会心理的形象反映和曲线反应，必须深入研究，立行立改。不能说哪个好，哪个不好，也不存在哪个更好，两种办法各有其合理性，都从不同层面体现了安民固本之心，只是侧重点不同，关注角度有异，最好是统筹运用、分类施策、精准发力，针对不同时机、不同情势，对症下药。

为什么获得重在"感"？

现在都强调让老百姓有获得感，而且是实实在在的、直接的获得感。可以说抓住了社会心理的脆弱点。我们中国文化向来崇尚务实，只做不说，先做后说，多做少说，尤其是在为老百姓做实事上，更有一种公道自在人心、老百姓心里有杆秤的思维。这当然都是对的，也是一种美德，但在现代信息社会,这种美德我们在内心里坚持就好了,但在实践中还是要与时俱进。互联网时代,信息传播快,信息流会很快汇为舆情流,很容易导致虚拟对现实的倒灌和倒逼。如果我们置之不理,或者我行我素,很有可能就被舆情淹没,被舆情"带节奏",从而迟钝变被动,被动变不动。这就要求我们既要做好,也要说好,更要把"做和说",第一时间连接到老百姓的"感"官上。因为,这个"感"是民声的源头。

我们通常认为让老百姓获得最重要。从本源上说,获得当然最重要,这也符合唯物主义,毕竟让老百姓得到是前提。但我要说的是,为什么有时候为老百姓做了很多,老百姓也得到很多,但还有人没有感觉?不能简单认为这些人不知感恩,是白眼儿狼,道德评价固然是对社会的反映,但重要的不是评价社会,而是解释社会。这里面有没有什么环节或链条的缺损?这种现象值得我们深入探讨。

我们需要精细研究老百姓的"感"受、精准施力老百姓的"感""软"部位。老百姓是一个个的普通人,是柴米油盐的一家人,不会有那么多的家国情怀,也没有那么大的宏大使命,吃好喝好、家人平安,日子有奔头、孩子有前途,就是其最大的情怀和使命。他们当然也会做梦,也向往宏大愿景,但那只是想想,他们更在意的还是自己的小确幸。他们的有感无感,不仅跟自己过去比,更跟别人比,隔壁老王比我获得多,村长家里获得更多,村长的七大姑八大姨都过得油滋滋,还可能跟城里人、外地人比,跟国外比。这不比不知道,一比就比出问题了,比的结果经常是让自己的那一点点获得变得黯然失色,不值得一提,刚获得时的兴奋劲就霜打茄子,立马蔫了,更严重的还会扭曲为嫉妒、不平、甚至愤怒。

有感无感还跟自己对获得的认知相关。获得感不强,或者是获得的数量不值得有感,或者是获得的质量不值得恭维,还可能是获得的结构不平衡不充分,也可能是对获得的要求提高得快。所以,我们对老百姓获得感不强的问题要有个分析。对缺肉的谈饭管够，对不愁吃穿的讲吃饱穿暖，对有政治、文化等精神诉求的说收入水平，都是"获得"的供给上的一种结构性匮乏和贫血，这样的供给配置错位，必然反映在有感无感的扭曲上，这是"获得"的供给侧不平衡的问题，也是市场化程度不高的问题，导致我们向老百姓供给了那么多"获得"，却没有充分显示在老百姓的"感"上。在某种程度上这也是一种资源浪费。当然，浪费也是浪费在老百姓的锅里，但如果更精细、更精准点，是不是效果更好些呢？

有感无感还跟我们有时候过多考虑老百姓的长远利益相关。为老百姓的长远利益和根本利益打算，是为政的要紧之处。设想未来30年、50年，甚至100年后老百姓过上的生活，想想也激动，也为我们今天的拼搏而倍感值得和自豪。这当然好，我们给子孙后代打下一个好生活的基础，但我们有没有为我们这代老百姓多想一想呢？每一代老百姓都有权过上自己的幸福生活，我们可以要求先进者奉献，但不能要求哪一代老百姓过多地牺牲。是不是这个理儿？我们是不是要处理好每一代老百姓的长远利益和眼前利益的关系、具体利益和根本利益的关系？同样的是，老百姓的整体利益与个体利益的关系、远水和近火的关系、救急与救穷的关系、大远景和小确幸的关系，都需要我们把握好平衡和统筹。

让老百姓既获得又有感，不是为政的一件乐事幸事吗？而且，老百姓实实的获得和浓浓的获得感，还会转化为整个社会妥妥的幸福和勃勃的生机。

如何让农民获得还有感？

在基层工作的人可能有感觉，有时候，满足农民的感觉比满足农民的物质更有直接的政绩效应。这听起来有点唯心主义，但本质上与唯心主义无关。正是在满足农民不断转换的感觉之中,农民的获得感和精气神得以不断加强,农村也因此不断发展进步。当前,提高农民的获得感,需要聚焦农民的盼点、痛点和难点。这三方面问题解决好了,想要农民无感不可能,让农民弱感也很难。

要从农民最关心、最直接、最现实的利益问题上着眼。

这利益问题是承包地的权益问题,是宅基地的财产性质问题,是集体财产权益的分配问题,是征地补偿的增值和分配问题;这利益问题也是地里的收获卖没卖出好价钱,是外出打工挣没挣到钱,是乡村旅游赚不赚钱,是在家还是外出、是务农还是做工、是生产还是销售,哪一个更有钱可赚,哪一个更有前途;这利益问题,还是每一户村民从集体中得到多少的问题,是每一个成员的权益保障问题。

利益问题是最现实的,也是农民最关心的,处理不好也会是反弹最大、最强烈的问题。特别是在乡村振兴、城市化进程中,在涉及农民最核心财产的土地问题上,更是需要小心对待、精心守护。农民的"奶酪"谁也不能动,谁也不能打主意,一丝一毫也不行。动了它,就动了农村的根本。必须坚定不移保护农民的合法权益,必须千方百计维护农民的发展权益。这是农民获得感的核心源头。

要在农民反映最强烈、农村最突出、最迫切的问题上入手。

什么是反映最强烈的问题?城乡差距、城乡不平等问题,是多年积累的老大难问题,这些年虽然随着户籍制度改革和城乡一体化发展,城乡问题走上了解决之途,但解决的步伐和力度,与农民的期待和急切相比,还是不成比例,特别是在信息化时代,这种反差造成的冲击力在感受上就更直接、更猛烈,因此在农民反映最强烈的问题上取得突破和进展,对农民的有感就是实实在在、真真确确的加分、加高分!

什么是农村最突出的问题?农村发展中的问题很多,需要解决的难题也不少，但综合起来看，最突出的问题还是公共服务问题，这公共服务问题中又以人居环境脏乱差最集中。把"晴天一身土，雨天一身泥"问题解决了，把"垃圾靠风刮，污水靠蒸发"现象消除了，把"一个土坑两块板，三尺土墙围四边"的景象改变了，不仅农民的生活水平、幸福指数立竿见影地提高，也必将焕发农村发展的精气神，那是什么样的情景和感受？也许到那时候，农民就不会艳羡城里人的生活，乡村诗意的栖居还会成为城市化时代的神来之笔，乡村本身也会变成乡村发展的一大亮点和卖点。而农民的获得感就在这艳羡的翻转中积累，甚至情不自禁地流露出来。

什么是最迫切？恐怕就是脱贫了。2020年底就要收官，时间满打满算还有240天。其作始简，其毕也巨，圆满实现自不待言。但我们的目标不能停留于此，如何与乡村振兴有效衔接，如何持续发力相对贫困问题，如何把外力的加持与农民内力的修成圆融为一，这是让农民的"获得"有永续发展能力的基本路径，是农民获得感不竭的泉源，值得我们珍视。

谁能在农民最关心最直接最现实的利益问题上、在反映最强烈最突出最迫切的问题上，实现明显突破和进展，谁就能赢得农民的拥护，谁就能聚集农民人气、聚合农民心气、聚成农民士气，把最突出的变得不太突出，把最迫切的变得不太迫切，把最强烈的变得平和，让农民真正地对获得有感，深深地有感。这有感，是内入于心，外化为行，能提高农民的幸福度，能形成民气增加问题的解决度，能提高社会的和谐度。有了这"三度"，获得焉能无"感"？

获得很重要，获得感更重要。农民有感，农民才有力！

（2020年5月13日）

为什么说小民感度决定大国高度？

老家来电，本家有一位伯母，早上起来倒在了厕所，等发现时已然不治。生老病死原属自然之常，但伯母的突然撒手，还是让她的家人一时无法接受。毕竟年龄刚过70，头一天还在地里挑粪水种油菜。

说起来，伯母一辈子很要强、能吃苦，刚从县医院住了两个月院回来，住院虽然有新农合，但个人也花了不少钱，伯母想着就心疼，本想着自己种点油菜，明年吃油就不用买了。所以也就不顾大病初愈，还当自己是年轻的时候，又种又挑，苦挨死做。真的是：死做，死做，不死就要做；做到死，死不做。伯母的噩耗传出，村人无不叹息，又无可奈何。老头子只剩下一长串后悔：没有早一点发现，没有早一点劝她不要死做，没有早一点让她吃点好的，还能做什么呢？两个儿子从打工城市赶回来，除了把丧事料理得风光点，还能做什么呢？哦，他们还做了一件终身难忘的事。那天，兄弟俩发疯一样地跑到油菜地里，把母亲刚种下的油菜都拔了，哭嚷着："就是你这破油菜！就是你这破油菜！让我没有妈了！"

村里的医生检查时说，伯母的死是急性心肌梗塞。问题是，谁都不知道她有心脏病，包括她自己。如果早有检查，身边有急救药，也许能渡过这一劫。但是，哪有体检？农民也没有体检的习惯。农民是以感觉来对待自己的健康，不是身体实在吃不消、症状已经明显并直接影响干活的时候，断不会往医院跑。只要不要命，扛一扛就过去了，何必还搭那个工夫、费那个车钱？现在新农合住院能报销，农民住院的也多了，但更多的时候还是一个字：扛！为什么？怕花钱！习惯！怕花钱成习惯！习惯怕花钱！说起来，跟以前比，农村已经进步多了，伯母好歹还能住院治疗，当年她婆婆最后那几年，是在床上等着油尽灯枯的。据说，最后的时刻，是晚上下床方便时摔倒在地上走的，等到第二天被发现时，太阳穴上有一个血窟窿，是被老鼠咬的。那都是 25 年前的事了，至今想起来，悲凉之感还是让人感觉生命真的好无力。记得那时也是冬天，拜祭老太太时正赶上突下鹅毛大雪，瞬间天地皆白，纸灰与雪片混飞，我不由得想起我奶奶常说的一句话："一世人过了开！"言犹在耳，当年 40 多岁的伯母，如今又成了"过了开"的一世人。

这个冬天，刚刚又看过一位医生的日志，写他见到的医院故事。一位被子女带来医院看脚上"擦破皮"的"老人"，其实是糖尿病并发症，烂黑的脚趾里蠕蛹着蛆虫，因为要做截肢手术，又被子女原封不动地带回去了。为什么？手术不做了，手术费付不起，截肢后还可能会复发，回去尽量吃点好的，平静地等着那一天吧。一位不到 50 岁的父亲，因为 10 万元手术费，选择独自离开医院消失，等到找到时，儿子只能见到父亲的遗体。这些虽然都是个案，但读起来还是令人心酸不已。对城里人来说，这可能在基本认知范围之外；对医生来说，这些人间悲情，可能是见得多了；对农民来说，可能就是一声叹息。正如一味叫"如果"的后悔药所言，他们本来还可以多活些年。这"如果"，就是乡村的医疗条件，就是农民的收入水平。但"如果"毕竟是"如果"，世上是不会有"如果"的。在这个"如果"没有变成"果"的时候，单纯责怪农民抠门，批评农民不良的健康习惯，都是站着说话腰不痛。

可能有人感叹，改革开放 40 年了，怎么农村还有这样的事！但我要说，要不是改革开放，农村这样的事可能还会更多；要不是改革开放，这样的事发生了都可能不知道；要不是改革开放，发生这样的事也不会引起这么大的关注;要不是改革开放,农民的健康水平会更低。今日农民的生存现实,不管是从肯定成绩的角度,还是从反映不足来切入,都说明了,改革开放是关键抉择,是无比正确的,也是必须一直坚持下去的。中国农村的问题,根子上是发展不足的问题。只有发展才能解决农村的问题,发展力度小了还不行,一阵子、一个冲锋式的发展也不行,恐怕要有埋头苦干几十年、用几代人时间的韧劲,我们才能赶上发达国家目前农村的水平。但人家也不会在树底下睡大觉等我们追赶啊,人家也会不断发展啊,人家的发展基数高,一发展起来还可能有乘数效应,所以说,我们要有发展的加速度,起码农村是如此。所以说,"发展是硬道理",短短六个字,真的是警世通言、是醒世恒言、是喻世明言、是治世良言。这也是国家实施乡村振兴战略的大历史背景。

　　发展,发展,没有什么比发展对我们更重要的了,没有什么比发展对我们更急切的了,也没有什么比发展不够快、发展不充分、发展不均衡,让我们更感觉强烈的了。发展是煎熬整个民族的百年痛点和难点,也是始终萦绕在复兴梦想中的沸点和兴奋点。因为我们想发展已经想了一百年,想安安静静地发展已经想了一百年,也曾经因为发展屡次被打断而痛心了一百年。现在,老天眷顾,好不容易有了这样的历史际遇和机遇,怎么能不牢牢把握、好好珍惜、紧紧抓住呢?虽然我们加快发展了40年,人类历史上的奇迹我们都创造了,但这还不够,还远远不够,容不得我们有半点骄傲自满,如果我们为目前的成绩而自满,那无异于行至半山腰就折返,不但前功尽弃,还会招来祸尤。因为,尝到发展甜头的老百姓不会停止他们的梦想,竞争对手不会停止他们的竞争,世事如逆水行舟,不进则退。何况在我们这样的国度,我们的穷人太多了、摊子太大了、家底太薄了、资源太匮乏了!任何时候,我们都不能丢了发展,都不能耽误发展,都不能怠忽发展!这是我们的内在需求,也是弥足珍贵、需要永远铭记的历史经验。

要安安静静地发展,就要埋头苦干,就要一门心思,就不要管天上云卷云舒,我就做自己的事,把自己的事做好。当然,花开花落、云卷云舒,可能会影响我们的心情;刮风下雨、电闪雷鸣,还会对我们的生活有威胁。怎么办?我们是要应对,但不管怎么应对,都不能忘了我们的初心,都不能忘了我们的使命。任何时候,我们都要问自己,我们为什么出发?我们是干什么来的?还不是为了老百姓有个好日子!还不是要把我们太多的穷人搞富了,把我们的生活搞幸福了,把老祖宗交给我们的家园搞美丽了!所以,生什么闲气,管什么闲事,理什么闲人、浑人、坏人,看谁笑到最后。我们是要做大事的人,是要做堂堂正正的大事的人,犯不着跟宵小之辈比怒点,拉低自己的水准。5000 年来我们一直在这里,这就够了。当年那些汹涌而来的外敌呢?虎视眈眈的列强呢?还不是在历史的云烟中淡去了。

所以,金庸先生说得好:"他强由他强,清风拂山冈。他横任他横,明月照大江。他自狠来他自恶,我自一口真气在。"守住我们"真气",任何时候,都不能因为任何原因而让我们的发展被干扰!要知道,发展好了,自己的事情做好了,什么都好了。花开花落、云卷云舒,可能就只是一个风景,还会是让我们愉悦的诗意;刮风下雨、电闪雷鸣,怕什么?我们的房子结实着呢,听雨观景,吃我们的晚餐,不必担心屋子漏雨,不必担心房子塌了,也不用担心篱笆不牢进来野狗,看到邻人、路人有困难,我们还可以帮助、接济,我们可以尽一个达者兼济天下的责任,展现一个富而好仁的善者形象。

但发展本身,不是发展的目的。让发展惠及每一个老百姓,是发展的永恒宗旨,也是保持发展的根本动力。升斗小民的生存情况,他们的喜怒哀乐,他们的有"感"无"感"、好"感"恶"感",是衡量发展的决定性指标,是标示发展水平的最短的那一块木板。我们当然要重视大都市的高楼大厦和车水马龙,但我们真正的国力在乡村农舍最柔软的那一块,在每一个普通农民的幸福指数。什么时候,他们不用担心病了没钱医,不用担心老了没人管,不用担心孩子上不起学,不用担心权利受侵害了得不到伸张;什么时候,每一个人都认为幸福是一件理所当然的事,是自己天经地义的权利,是不值得大惊小怪的人生之常,我们的祖国才算真正崛起。大国的伟大,植根于小民生计,在于小民乐为小民。这也是伟大复兴始终不易的终极目标,是中国梦的应有之义。

从发展是硬道理、发展是第一要务,到科学发展、新发展理念,不变的始终是撸起袖子加油干,变化的则是对发展的要求越来越高,对发展的高质量越来越重视。这高质量,不仅在于发展的速度、程度和均衡度,也必然落实到每一个人的幸福生活,落细到每一个升斗小民的心头点滴。也许,街巷里间的民歌小调比音乐殿堂的宏大史诗,更能标注一段历史的高度,更能显示一个时代的温度。这才是我们念兹在兹的发展,这才是"一世人"该有的日子。

（2019 年 12 月 27 日）

我们为什么要对农民多一点耐心？

前些天，一位西北朋友来访，说起当地农村发展滞后时，举了一个听起来很极端的例子：那些年刚开始征地上楼的时候，不少农民都背着一袋一袋的土块进新家。上面下来的干部很纳闷，背土块干什么？一问才知道，这土块，是农民准备作"厕纸"用的。事情最后的结局是：在干部们的劝说下，农民把背进新房的土块扔了。

乍听之下，是不是觉得很荒唐？不相信？是不是想到"不文明""不卫生""太落后"等词？是不是还有一丝夹杂着瞧不起的悲悯和同情？相信不少人都会有这样的心理活动。都什么年代了，竟然落后到这种程度！我乍一听也是难以置信，但想起多年前在西北看过农民的"小院一角"，知道在那种恶劣的自然环境下，文明、尊严是一种多么奢侈的存在！这种情况不仅与城市不可同日而语，与东部、中部的农村也没法比。这差距，就是我们最大的国情、最现实的农情！这差距，呈现在我们广袤的国土上，不仅是大地河流、山梁沟壑的海拔起伏，是从阔叶林到针叶林的气候带变迁，更是经济社会发展水平的代际悬殊。这差距，足够我们埋头苦干30年、50年！

这差距当然也包括一些农民对发展的后感后觉、甚至无感无觉。我们是不是遇到过这样的情况：当我们找到一个致富好经验、好办法、好模式要急于推广时，农民却消极观望；当我们要求农民种一万亩这个、干一万亩那个时，农民却推三阻四；还有，当我们帮助农民脱贫时，有的农民却把扶贫当作我们的任务、坐在炕头等脱贫；当我们给农民送去扶贫羊、扶贫鸡时，个别农民却拿去换酒喝。面对这些，我们是不是很急、很气，甚至气急？但我们想过没有，农民为什么不响应、不积极？这其中，有多少是农民的问题？有多少是我们的原因？还有没有客观的无奈？有没有误解的因素？

农民的问题是不争的事实。我们理解基层干部的不容易，特别是扶贫干部，他们抛家舍业来到农村，很多之前还不是从事农村工作的，很多还是从小生活在城市的，一下子让他们整天在农村风里来雨里去，为贫困农民操心劳神忙脱贫，确实辛苦，确实难，也确实可敬。但难也好，辛苦也罢，都还不算什么，最难受的是不被理解，甚至被个别贫困户刁难。那心情，着急、气急、委屈，恨不得哭出声来。但怎么办呢？现实就是这样，农民的文化水平、见识视野，决定了他们不可能与城里来的干部一个样，不能要求他们对你的思路、你的办法一说就应，也不可能期待他们对你的要求一呼百应。其实，熟悉中国革命史的人都知道，跟农民讲大道理、说大学问、谈大构想，农民一则听不懂，二则没兴趣，农民相信眼见为实，待见实实在在，只对具体的东西感兴趣，虚的东西、远的东西、大的东西，哪怕是对他们好的，也相信你是好心的，他们也觉得不实用，觉得没用处。你给他们描绘美好远景，不如让他知道张家听你的做了这个，盖了新房；李家按你的办法干了那个，儿子娶上了媳妇；还有谁谁谁，都发了财。不用你说干了唾沫，他自然会有样学样。这就是"桃李不言，下自成蹊"的道理。这也是"山沟沟里的马克思主义"比"喝洋墨水的马克思主义"高明的原因。做农民工作，你得先熟悉农民，知道他们的 ABC。话说回来，正是因为农民的文化、见识、视野，与你有一段距离，你才有资格来做农民工作，才需要你来做农村的事，如果农民样样比你强，还需要你来干什么？所以，遇到农民种种不合你心意、不符你期待、甚至让你想不通的时候，不要急！正是需要你的时候，是你大显身手的时候。看一个干部的水平，不在其一呼百应的时候，恰恰在于他从没人听到众人从的过程。说到底，农民的问题成为问题，还是我们自己的问题。

我们的问题当然也不容置疑。我们有很多干部，对于改变农村面貌、改善农民生活，很急切、很急迫，甚至很急躁。这都能理解，毕竟农村发展太滞后了。但有的地方搞翻烧饼、摊大饼，搞一哄而上、大干快上，搞一刀切、一阵风，早年还有"逼民致富"的所谓"好经验"；有的地方动辄要农民种一万亩这个、一万亩那个，动不动就划这个园、那个区；还有的，招商引资时一拍脑袋，就许诺给批多少多少地，且都拍板在农民点头之前，不知道也不管农民同意不同意。这些做法，程序有没有问题？是不是合规合法？我们不能否认他们绝大多数的出发点是发展的长远心，但也不排除有政绩的功利心，甚至有个别的违法心。这都不说了，就说如果这样做的话，经济的、政治的、民生的、社会的，各种连带影响，是正向的还是负面的，考虑过没有？还有，一旦不虞，后果可否接受、能否承受？不能你大笔一挥，地征了，农民没活干了；园建了，农民没收益了；果种了，农民卖难了；商来了，农民失地了。特别是在一哄而上时，更容易失去理智，以致最后一哄而散，导致农民权益严重受损。即使事后通过各种善后，实现了软着陆，但付出的经济、政治、社会成本怎么算？即使处理了一些当事人，但对整个社会来说，还是很不合算、很不经济！经过这一番大折腾、过山车，农民的心理阴影很难短期消除，可能还会较长时间影响他们的选择。这里，我们的问题又转化为农民今后的问题！

当然，农民不听我们的，消极被动、不作为，也还有沟通上的问题。就是我们没有做到让农民说话，没有说农民的话。做农村和农民工作，光有为农民好的初心还不够，还得会做工作。让农民充分表达意见诉求，以真诚心、同理心、换位心听取农民的心声，再以农民听得懂、听得进的语言和方式,跟农民谈心,与农民交心,农民才会有感有应、善感善应。就如文章开头说的西北农民背土块上楼的故事,如果训斥农民、鄙视农民,那会是什么效果?! 欣慰的是,当地干部工作做得熨帖细腻,他们告诉农民,上楼了,不能再用土块了,楼房里抽水马桶扔进土块会堵的,到时候,新房子里马桶堵了,满屋臭气多不好;上楼了,不能像以前在乡下那样土块可以扔到地里当肥料,乱扔垃圾对环境不好;上楼了,讲卫生,学文明,就不能用土块了,要学城里人那样用纸。于是,农民在短暂的尴尬后,愉快地学会了上楼的新生活。这就是和风细雨的功效。现实中时有这样的事,我们满腔热忱地做一件事,却不被农民接受,不是这事不好,不是我们的出发点、落脚点出了问题,也不是我们的想法、办法、做法不对路,甚至与时机无关,但就是办不成。为什么? 事后一探究、一复盘,原来问题出在沟通环节上,出在说话小节上,出在情绪细节上。所以,充分理解农民的心理,小心呵护农民的敏感,积极鼓励农民的自信,是做好农村和农民工作的必要条件。

抱怨农民的不是,指责农民的问题,很容易,但不解决问题。因为,所有的问题最后都还要回到我们身上,变成我们的问题,要我们来解决。所以,对农村的发展滞后,我们应该着急,但又急不得。着急,是不忍心农民受苦、不甘心发展滞后;急不得,是因为急了可能生不了智,还会生乱、反复、误事。由此我想,面对超越我们想象力的城乡差距、区域差距,面对这代际之差、几何级之距的差距,面对"土块厕纸"这样的极端喻体,我们能理解干部们的急切心情。但是,越是急切的时候,越不能急躁。改变、追赶,就是一场马拉松,不要奢望一个冲锋、一次冲刺、一下铆足劲,就能跑到终点,它需要保持稳定速度,拼的是韧劲,看的是耐力,关键还不要中途出岔子。这场马拉松,要有速度,但重点不在高速度,快固然重要,但快得出了乱子就欲速不达,慢一点、匀速一点,只要不乱、不反复,平稳行进就是最好。对待农民,我们也要这样。农民的不积极、不响应、不支持,可能是农民的保守,是农民的不得已,甚至是农民的生存无奈,但也可能是我们的冲动,是我们的拍脑袋,甚至是我们的功利心,或者竟是因为我们没学会怎样与农民打交道。

所以,我们要有耐心,要有历史耐心。要允许农民犹豫,允许农民慢半拍,不要强迫,不要代替,不要抱怨,更不要鄙视、歧视。相信历史,相信农民,等一等,慢一慢,农民会跟上来的。

（2019 年 12 月 4 日）

我们为什么不应该教训农民？

云南一扶贫干部对贫困户发飙的视频，最近在网络上火了，得到不少网友点赞。

视频里，这位扶贫干部站在石料堆上对贫困户说："幸福不是张嘴要来的，不是伸手要来的，不是在家中跷着脚等来的！你看看那些开车、住大房子的人家，哪个是靠低保富起来的？不都是靠自己的双手奋斗出来的吗？"

这位扶贫干部说得没错，讲的也是实情，虽然言辞稍嫌激烈，但对农民的好心是毋庸置疑的，其对农民尽快脱贫的急切心情也是真实的。总之，用"爱之深责之切"来形容也不为过！这也正是网友一片点赞、舆论为之叫好的原因。但看完视频，我虽然也对大家的看法没有什么异议，但总觉得有什么地方还不够熨帖，总觉得好像还缺了点什么，有什么不对劲。

于是我反复看了几遍视频，甚至还反复听了几遍声音。终于发现我之所以心里不熨帖、若有所失的原因。那就是整个视频没有被发飙者的影像、没有被教育者的声音，他们当时是什么表情、什么态度？是惭愧？是麻木？还是不以为然？甚或是气愤？不得而知。及至今日，对于网络上的点赞叫好，他们知不知道？不知道也就罢了，如果知道了，又是什么态度？是惭愧？是麻木？还是不以为然？甚或是气愤？也不得而知。起码到现在为止，看到的、听到的，都是一方面的、单音道的，缺少另一方面的、农民的意见！这就是问题的症结！

这么想了一会儿，我也问自己，这么想是不是苛刻了、矫情了？扶贫干部多难啊！这样想他们、说他们，对他们是不是不太公平？于是，我自己往后退一步，开始说服自己同意那位扶贫干部的意见。这些年来，各地在扶贫工作上投入了大量人力物力财力，各级政府对贫困户那是真的没话说。用农民的话说，现在的扶贫，那是开天辟地头一回、自古以来都没有的。对此，农民也是感恩的，现在到农村走一走，农民都在说党好、说政府好。当然，现实中，也确实存在不知感恩的人，也还有一些习惯"等靠要"的，甚至还有难为扶贫干部的。这些现象，这些年陆续都有报道，也时有耳闻。我几乎要对自己说，这位扶贫干部教训得对！发飙发得好！骂得过瘾！恍惚中，我似乎还看到下面的贫困户被训得耷拉着脑袋的样子！

但是，就在这恍惚间，一想到被训的农民耷拉着脑袋的样子，一想起那位扶贫干部高分贝教训人的样子、声音，我刚刚几乎被说服了的感觉，马上又不对了。不对！那位干部还是不对！我没有被说服！那位干部说的话都对，出发点也对，但还是不对！为什么？态度不对！表情不对！她可以教育人，但不应该教训人；可以批评人，甚至骂人，但不能鄙视人。尤其是对农民、对贫困户这些弱者。

说起农民，说起这些被发飙的贫困户，我就想，他们的贫困真的是因为他们不努力、不肯干吗？真的是他们懒吗？他们中确实有懒人，但我相信，他们的贫困绝不是因为懒！他们的贫困主要是环境的产物，是综合效应下的结果，很多都是体制弊端和恶劣自然相互激荡下的受害者。虽然也有不少人的贫困来源于贫困者本身，但这本身的本身，也是环境造成的。每个人生来都是平等的，谁都想过上好日子，谁也不是天生的贱骨头，谁也不是生就的穷命！谁也不愿一辈子在贫困的泥沼中沦落！所以对他们,我们要从内心里同情。因此,对那位发飙的扶贫干部,我理解她的恨铁不成钢、理解她的急切心情,但还是有三个词要跟她说道说道。

第一个词是将心比心。所谓将心比心,就是要问问自己,如果有人这么教训我,这么斥责我,我会怎么想? 如果我本来就日子过得不好、境遇糟心,我的领导、同事也来这么一通指责,甚至在大庭广众之下狠狠教训,你会心悦诚服吗? 你就耷拉着脑袋自认晦气吗? 我想,以你的涵养,你肯定不会直接与之对骂,但你心里就不会回骂吗? 就算你心里不会回骂,但弱弱地为自己辩解一番,也是人之常情吧? 所以,将心比心,你觉得这么骂一群与你无冤无仇、而且还是你掏心掏肺要帮助的人,真的合适吗? 当然,你是真的为他们好,但人有脸,树有皮,农民本来就好面子,贫困户的心理本来就脆弱,让你这么一顿夹枪带棒,他们心里好受? 没有当场反弹,还不是因为你是上面来的人,看你是来帮助他们的,也看你还是个女同志,要是隔壁的老王老李,看看他们不马上脸红脖子粗!

第二个词是设身处地。凡事换位思考,好多矛盾就会得到化解。我想,这位干部如果多从农民、从贫困户的角度想想问题,可能就不会这么大嗓门了。政府既然有扶贫政策,谁都会希望多得到点实惠,这是人性本身决定的。要破除"等靠要"思想,根本上还是要靠规则和制度,不能苛责贫困户。责怪贫困户不奋斗也不全对,贫困并不完全是不奋斗造成的,有时候他们的不奋斗,也是一种无奈选择,或者竟是奋斗失败之后的应激反应。如果对机遇和风险认知错位或者不准,盲目奋斗反而会更糟。干部们今天来帮他们脱贫,督促他们奋斗,但干部们最终还是要走的,扶贫干部也不例外,只有农民是走不了的,他们能不慎重吗? 做事能不慢几拍吗? 没见到兔子,能撒鹰吗? 所以,你今天骂他们不争气、不奋斗,但你也要替他们想一想,把自己摆进去,把自己摆进农民的人生里去,设身处地为农民考虑,你还会"飙"这么高吗?

第三个词是悲天悯人。这一点之前也说过，农民，特别是贫困户，他们的不幸是多方面原因造成的，很多都不是他自身的原因。所以对他们，我们要从内心里同情，并千方百计帮助他们，这也是脱贫攻坚的初心，也是政府派我们扶贫干部来的目的。作为扶贫干部，我们要始终记住一点，我们是来帮助农民和贫困户的。我们很着急，我们压力大，这都能理解，但我们再不容易，能有他们难吗？我们只是短时间的压力山大、迟早还是要回去过自己的小康生活、幸福人生，他们苦了多少年了，即使脱贫了、小康了，跟我们肯定也没法比。所以，我们做扶贫工作，做这项积德行善的好事，得始终有悲天悯人的情怀。存善心、献爱心、有耐心！包容他们，引导他们，甚至鞭策他们，但不能居高临下，不能有道德优越感，更不能鄙视他们。他们已经很不幸了，贫困让他们尊严稀薄，我们不能以帮助他们摆脱贫困的名义，撕掉他们最后一点可怜的尊严。让他们有尊严地脱贫，让他们有尊严地生活，让他们和我们一起，有尊严地相处这一段不平凡的脱贫日子！

请真诚地帮助他们，请不要发飙！

我们不应该教训农民！

（2019 年 11 月 5 日）

重新认识农民,正确对待农民

　　1978年那个冬夜,在安徽凤阳县小岗村18个农民摁上红手印的瞬间,一个新时代就在不经意间开始了。如今,当我们回顾历史,不难发现,小岗村已经成为了一个清晰的历史坐标和时代分水岭。

　　小岗村故事的巨大意义在于它开启了一个大时代,在于它彰显了中国农民的旺盛创造力和中国民间的无穷智慧,更在于它告诉我们一个朴素的真理:中国的问题实质是农民问题,革命时期如此,建设时期如此,未来的发展依然如此。中国发展的钥匙在农村,在农民。在小岗村开启的农村改革30多年后的今天,"三农"已经成为中国改革发展最醒目的关键词。当前,"三农"是工作重点、社会热点和媒体焦点。作为主流媒体,在这个时候,要做好"三农"新闻宣传工作,我们需要重新认识农民,正确对待农民,心要贴近农民。

以新的视角看待农民

　　农民是一群什么样的人? 农民给人什么样的印象? 农民又应该是什么样? 对这些问题,1978年,我们很容易回答:农民就是种地的,是"面朝黄土背朝天"的苦命人。农民既是职业的一种,更是身份的标志,他们收入少,地位低,形象差,是一群被屏隔在城市之外的底层民众,是一个被禁锢在二元结构中的弱势群体。

今天，虽然二元结构还没有全部破除，城乡分割还没有彻底解体，但农民和农村已经与当年不可同日而语，他们的收入增加了几十倍，社会评价指数也有了很大改善。今天的农民还在种地，但种地的内容丰富多彩：他们可能在种粮食，也可能在种水果、种其他经济作物，在为龙头企业生产原材料，为城市超级市场提供新鲜果蔬，为别的国家供应食品；今天的农民还在农村，但他们在农村干的不再是单一的农业：他们在搞养殖、搞加工、搞流通、搞销售，他们在"做大"土地，在做强农业；今天的农民还在城市，但他们不是来走亲戚，也不是买东西：农民也洗脚进城了，在制造业、建筑业、服务业领域辛勤劳作，因为他们，无数的工业制成品销往世界各地，无数的高楼大厦拔地而起，城市的生活变得更便捷更舒服，城市也变得更流畅更富裕更人性化。在这个由农民开启的改革时代，农民自己也发生了巨大变化。他们不再是一个整齐划一的群体，他们的成分变复杂了，变丰富了，也变得更具活力了。

在新的历史起点上，推动农村改革发展，就必须重新认识农民。回顾农村改革发展的历程，我们发现，农民在改变自己命运的同时，也创造了改革发展的两个成功经验：不吃大锅饭，自己找饭碗。

农民"不吃大锅饭"，救了自己，也救了国家。"不吃大锅饭"是一个形象的比喻，当初小岗村 18 个农民偷偷"分地"，就是因为"大锅饭"越吃越少，吃得最后"锅"都空了，没得吃了，农民不得不"分地"自救。小岗村农民"包产到户"后，第一年粮食就获得了大丰收，总产量为上年的四倍。到 1981 年 7 月，发源于小岗村的家庭联产承包责任制的星星之火，终于成为燎原烈火，燃遍全国。中央连续出台了五个"一号文件"推广农民的创造、给农民吃"定心丸"。从人民公社体制束缚中解放出来的亿万农民，焕发出巨大的活力，而这种活力又转化成巨大的生产力，带来了中国农业连续六年的大丰收。丰收的农民盖新房、娶媳妇，过上喜气洋洋的幸福生活。在新时期,中央适应农村改革发展新形势,顺应农民群众需要,又连续下发了关于农村改革发展的 12 个"一号文件",农业实现了粮食生产创纪录的"十连增",粮食总产量连续多年稳定在一万亿斤以上,确保了国家的粮食安全。现在回过头看,正是农民那个朴素自发的举动,正是农民"不吃大锅饭"的创举,为国家改革发展大局打下了坚实的基础,促进、带动了经济社会的快速发展。

"自己找饭碗"同样也是农民对国家的一个贡献。因为没有"铁饭碗"可端,亿万农民不得不自己"找饭碗",在城乡之间迁徙穿梭,用自己顽强的意志和坚韧的双脚,形成气势磅礴的历史性的人口大流动,从而打破了经济社会的既有格局,使一成不变、一潭死水的二元结构被撕开了一个口子。如果说,"不吃大锅饭"是农民把自己从人民公社体制中解放出来,实现了自己的温饱,解决了国家的粮食安全问题,那么,农民的"自己找饭碗"则是农民把自己从土地上解放出来,富裕了自己,发展了国家。农民"自己找饭碗"的一大亮点就是搞乡镇企业。乡镇企业的发展不仅使农村改革积累下来的剩余劳动力有了非农的出路,也使农民大幅度增加了非农收入。乡镇企业让农村工业化的种子在全国遍地生长,并催生了"苏南模式""温州模式"等经济发展的一个个奇迹。农民"自己找饭碗"的另一大创造就是进城务工,这些没有"铁饭碗"的农民工,不仅每年给农村带回数千亿资金,而且为沿海经济发达地区提供了大量低成本高效率的劳动力,极大地提高了"中国制造"的竞争力,促进了市场经济的发展。完全可以说,对农民为改革发展作出的贡献,怎么估价都不为过。

以新的态度对待农民

正确对待农民,是执政理念所系,也是经济社会发展之需,是中国现代化进程和民族复兴的大势所趋。强农惠农不是施舍，惠及的直接对象是农民不假，这一方面是农民本应享受的权利；另一方面，惠及农民也是在惠及全体人民，惠及国家未来。

之所以提出"正确对待农民"的话题，是因为根深蒂固地存在对农民的很多不公平。从经济社会宏观格局来说，最突出的体制弊端就是二元结构。二元结构对农民的伤害主要表现在三个方面：一是农民不能享受与市民同等的公共服务，社会资源过度集中在城市，公共财政阳光未能普照农村；二是通过工农"剪刀差"抽吸农村各方面资源，使农村经济社会发展严重"贫血""失血"；三是对农民身份的禁锢，把农民排斥在城市之外，使之沦为社会弱势群体。应该说，随着现代化进程的加速，二元结构如今出现了摇摇欲坠的趋势，户籍制度改革已是大势所趋。

正确对待农民是国家发展的需要。中国 100 多年的现代化进程，在经历了艰难困苦和无数曲折之后，综合国力实现了巨大飞跃，成为世界第二大经济体，中国崛起的态势不可阻挡。但是，在经济快速发展的同时，我们的城乡、区域发展不平衡问题更加突出，转型期的利益碰撞、群体冲突汇成普遍性的社会焦躁，严重制约了经济社会的可持续发展。下一步，中国如何进一步发展、向哪里发展，不仅中国自己在思考，全世界都在看。中国要建设富强民主文明的社会主义现代化国家，这是中华民族的百年梦想，也是无数仁人志士殚精竭虑、抛洒热血的目标，但是，仅有城市的富强，不是全国的富强；决策的城市倾向，不能说是民主；歧视农民，更不是文明；二元结构的国家，绝不是现代化国家。冲破城乡二元结构，加快形成城乡一体化发展格局，使农民获得完整的"国民待遇"，享受与市民同样的均等化服务，这是建设富强民主文明的现代化国家的应有之义。

正确对待农民是构建和谐社会的需要。构建和谐社会是包括农民群众在内的全体人民的愿望和期待。和谐社会建设的重点和难点都在农村,当前和谐社会建设最突出的任务是保护和发展好农民的权益。但毋庸讳言的是,那些年,在不少地方,农民的权益受到严重损害,出现中央惠农政策被打折扣甚至在一定程度上被冲抵现象。这突出表现在三个方面:一是农民的土地权益流失问题。改革开放以来,农民的土地权益流失数万亿元,一些地方乱征滥征农民土地,造成了大量无土地、无工作、无保障的"三无"农民,这既是对农民权益的巨大侵害,也是国家粮食安全与和谐发展的巨大隐患。二是农民工权益保障问题。拖欠农民工工资问题久治不愈,农民工劳动保护和社会保障不健全,"血汗工厂"问题屡有报道,农民工在劳动力市场过分低廉的价格等等,不仅直接损害了农民工权益,也间接影响了农村经济社会的发展。三是农民的民主权利落实问题。农民的基层民主权利得到了较好的落实,但农民在参与国家政治生活方面还远远不足,农民作为公民的基本权利还没有完全实现。这些问题都对我们的永续发展与和谐社会建设构成挑战。为了和谐社会建设,必须正确对待农民。

正确对待农民是建设完备的市场经济的需要。我国经济快速发展,已经成为世界经济发展的重要引擎,但我们的市场经济发展也面临诸多新问题和新挑战。长期以来,我们的经济发展严重依赖投资和出口,特别是对出口的依赖,不仅造成贸易摩擦经常化,而且增加了经济发展的不确定性风险,把主动权交到了他国手上。2008年以来的国际金融危机对我们的冲击,强烈凸显了我们的消费不旺、内需不足问题。扩大内需,主要在农村;促进消费,重点在农民。农村有7亿人口,全世界都盯着我们的农村大市场,但我们的农村市场还只是一个潜在的市场。重要原因就是农民的收入太低、购买力不强。农村市场持续不旺,表明我们还不是一个完备的市场经济;建设完备的市场经济,就必须着力启动农村市场、激活农村市场、壮大农村市场。这就要求千方百计扩大农民增收,除了要挖掘农民在农业和农村内部的增收潜力外，更要加大农业和农村外部的支农力度，强化公共财政的强农惠农举措，扩大公共财政覆盖农村范围，发展农村社会事业，使广大农民学有所教、劳有所得、病有所医、老有所养、住有所居、穷有所济、难有所帮。让农村获得更多资金、农民获得更多实惠，有利于解决内需不足和消费不旺问题，给经济的长远发展提供强大动力。

农民推动了中国革命，农民又引发了中国改革。实践已经证明，在中国这样一个农民占人口绝大多数的国度，任何时候都不能不依靠农民，任何时候都不能不想着农民。什么时候我们善待了农民，革命和建设就兴旺；什么时候我们亏待了农民，革命和建设就停滞。正是由于正确对待了农民，认识了农民的力量，在1949年这个历史节点上，我们建立了新中国；在1978年这个时代拐点上，我们又开辟了改革开放的新征程；如今，在实现中华民族伟大复兴中国梦的新坐标上，时代和历史向我们发出了"正确对待农民"的呼唤。

以换位思考贴近农民

作为新闻媒体，在这个推进城乡一体化发展、致力于"三农"中国梦的新时代，不仅要重新认识农民、正确对待农民，心还要贴近农民。要"为农民说话"，始终与农民群众同呼吸、共命运，在尊重农民、信任农民的同时，为保护农民权益鼓与呼；要"让农民说话"，实现媒体与农民的互动，让农民群众在媒体上畅所欲言，不仅要让全社会听到我们为农民说的话，也要让全社会听见农民自己说的话；要"说农民的话"，新闻报道要通俗易懂，喜闻乐见，不搞弯弯绕，更要站在农民的角度说话，说农民想说的话、农民感觉对劲的话、说到农民心坎儿的话。

坚持"三贴近"，践行"走转改"，基础是"贴心"。做"三农"新闻工作，有一个感情和态度问题，对农民没有感情，甚至鄙夷瞧不起农民，张口"你真农民"，闭口"乡巴佬"，这样的人是做不好"三农"新闻工作的。那怎么叫对农民有感情呢？我们采访、编辑时，不妨换位思维一下：假如我是农民，我处在农民的处境，我怎么想、怎么做？或者说，如果这个农民是我的兄弟姐妹，是我的亲朋好友，我怎么对待他们？如果我们真的设身处地思考了，我们就对农民多了一分理解，多了一分同情，也多了一分感情。有的人理解不了：农民为什么要在"血汗工厂"透支生命？为什么明知小煤窑危险还要以生命为代价去挣那个钱？这是有钱的不知道没钱的苦，月月拿工资的人不知道有这顿没下顿的难。我们这个月工资用完了，下个月还有，有工资有奖金有医疗保险，老了还有退休金，但农民没有工资，这个月不干这个月就没有收入，没有城里人类似的医疗保险，也没有退休金，每天天一亮，就要为全家人吃饭操心。我们城里有多少人操过这个心？如果我们每个月没有工资，我们怎么办？这就是为什么小煤窑事故不断，农民却还要冒险下矿井的重要原因。农民的想法是：下井可能会死，但也可能不会死；但不下井肯定没收入，那还是下井跟死神搏一搏吧，侥幸不死，就可以多挣些钱。这些年，记者追矿难报道跟追星一样，对死了多少人，赔了多少钱，非常热衷，一听说没死人，报道劲头、报道力度就差多了。河南曾发生一起矿难，当地采取科学措施成功救出了井下矿工，但冲着矿难去的记者，就只报道事故死人不报道救人。当然，媒体报道的是新闻，死了人固然是新闻，但把人从阎王爷手上抢回来，不是更大的新闻吗？说轻了是新闻敏感的固化和钝化，说重了就是对农民没有感情。

维护公平正义是媒体的天职，炒作不是真正的社会责任感。在市场经济时代，媒体关注发行量、收视率是必要的，但在吸引读者眼球的同时，不能放弃社会责任感。当前，"三农"话题成为社会热点，这对提高"三农"问题的关注度和动员全社会力量支农惠农，无疑是有利的。但社会热点不断切换，而解决"三农"问题需要长期关注，需要持之以恒，三分钟热情，是解决不了"三农"问题的。媒体在报道"三农"问题时，需要理性，不需要炒作。重庆农妇熊德明替患矽肺农民工维权，当初媒体记者贴身采访，连续报道，新闻报道完了，记者发稿量有了，媒体眼球也吸引了，至于熊德明最后维权结果，根本就不在记者的关注之列。当初那些贴身采访的记者们，你们知不知道，那些患矽肺的农民工近况怎样了？湖北曾经发生一起城管涉嫌打死人事件，这是个令人发指的恶性事件，当然是大新闻，记者云集当地、报道连篇累牍，也是顺理成章的事。但令人困惑的是，一年后，该案正式开庭时，媒体报道寥寥无几，与之前形成强烈反差。为什么？对于那些热衷炒作和吸引眼球的媒体而言，很简单，热点不断变换，媒体的焦点和兴奋点也在不断变换，这个事件当初是热点，如今不再是热点。一句话，是媒体社会责任心的缺失。在三鹿奶粉事件报道中，有些媒体也是这样，他们不负责任地把板子都打到农民头上，他们没有看到农民流泪倒奶、伤心杀牛的辛酸场面。新闻产品要建立在社会责任和社会公义的基础上，那种一味追求轰动效应的炒作，并不是真正地维护社会公平正义。

时刻不忘"和谐"，始终以"和谐"的思维来引导舆论。"三农"问题是困扰我国发展的最大瓶颈，"三农"问题的积重难返也是当前最大的不和谐。对于"三农"新闻工作者，我们不担心他们对"三农"问题严重性认知不足，我们担心的是他们对解决"三农"问题过于急躁和急于求成，在"三农"报道中用情绪化的宣泄代替理性分析，因为感情用事而误事，想实现和谐却耽误了和谐。"三农"新闻工作者一定要长怀"和谐"之心，始终以"和谐"的思维直面"三农"内外矛盾，要时刻想着社会稳定，把"稳定是解决'三农'问题的前提"这个道理讲深讲透，着力引导舆论，化解分歧，绝不能扩大事态。对任何有利于"三农"的每一点进步，都要大张旗鼓地宣传,从而不断积累解决"三农"问题的正能量。这些年,一些地方干部,受错误发展观和政绩观影响,严重损害农民权益,一些地方以发展一方经济的名义,把农地甚至耕地和基本农田作为最直接的猎取目标;有的地方还以城镇化的名义,利用县改市的机会,借打破城乡壁垒,改革户籍制度的机会,扩大城镇规划规模,把大量农地纳入城镇规划范围,搞土地储备和土地"银行",经营城市,以地生财。那些年,围绕土地和拆迁发生了不少影响社会和谐的事件,如"铁本事件"和"嘉禾事件"。如何对待这些"猛料",也在考验媒体的水准和社会责任心。

作为为"三农"服务的"三农"新闻宣传,必须牢记自己的宗旨,坚持"四不四要":不回避,"鸵鸟"政策只会使媒体丧失公信力;不轻易下结论,草率会造成误判,使媒体失去水准;不炒作,跟风媚俗会使媒体失去稳健、理性作风;不推波助澜,扩大事态不但于事无补,反而影响社会稳定。要客观报道,要理性分析,要正确引导,要有效化解。"三农"新闻宣传应在掌握事实、弄清问题实质的基础上,做好舆论引导、信息反馈、矛盾化解等工作,为促进社会和谐,坚决负起媒体的责任,并在这过程中,检验和提升媒体引导舆论的水平。

(2015 年 10 月)

丰收节提醒全社会：千万不能忘记农民

　　第三个农民丰收节在秋分日如约而来。阳光灿烂，五谷登场，欢腾是这个季节该有的样子。但在 2020 这个特殊的庚子年，与往年一样的丰收，却有了不一样的价值、不一样的感觉。在经历了劫波风雨后，再来品尝彩虹和笑容，就更觉彩虹绚丽、笑容甘甜，也自然而然地，萌生了感恩与感激。

　　2020 年的丰收确实来之不易。想想年初的几个月，我们至今还有惊惶的余绪。我们为困在家里焦虑，但想一想农民，我们的情绪大可以放一放。我们不能出门，工资照发、生活不愁，农民呢？一日不返城，一日就没有收入，待在家里虽然可以享受天伦之乐，但每一天都在吃自己的老本。更严重的是，断路封路之下，地里的农产品运不出去，养殖的饲料、种植的肥料运不进来，小家小户最多是没有收入，大户和企业主则立马遭受灭顶之灾。好在有关部门及时行动，采取措施制止了种种非理性的阻隔市场行为，但还是有不少种植户、养殖户、经销户元气大伤，今后能不能缓过来也不得而知。

　　就算普通的小农，也一样要遭受灾难的波及，差不多大半年不能出门打工，有的侥幸进城了，又遭受"二次返乡"，虽然在家门口也能找到一些活干，当地也在为他们就近就业想办法，但这一年的打工收入减少是既成事实了。在家种田呢？避疫不能丢下生产是唯一选择，在不能出村的情况下，下田干活是随季节而来的惯性，农时不等人，农事在叫人，疫情汹洄,农民也没有耽误农时农事。单凭这份自觉,就值得人们敬佩!虽然说农民是为了自己的生活和收入,但谁又不是呢?正是每个人对自己职业的敬事尽责,我们的社会才在相互需要中各得其所。农民主观为自己,客观为大家,农民的"小主观"与"大客观"相比,其"小"何其小,其"大"何其大!

好不容易渡过了疫情,农民又遭受水灾、台风等自然灾害,眼看要到手的收成又面临危险。怎么办?抗吧!扛沙包、堵缺口、守大堤,抢收成、快烘干、忙补播,千方百计减损,千方百计补收。在困难面前,农民没倒下、没懈怠,疫情都过来了,还怕刮大风、下大雨、发大水?好在最后风停了、雨住了、水退了,还是一个金色的秋天!拼搏的回报是更值得回味的丰收!你说这个丰收容易吗?你说农民容易吗?

丰收节固然是欢庆丰收的节日,是体验农事的契机,也是传承农耕文明的载体,但丰收节最重要的意涵,还在于让全社会尽快形成关注农业、关心农村、关爱农民的氛围,进一步凝聚任何时候都不能忽视农业、忘记农民、淡漠农村的共识,不断获得重农、强农、惠农、富农的新动能。在当前和今后相当长历史时期,尤其需要对农业这个滋养生命的永恒生命产业再认识、再确认,对农村这个生存腹地、回旋空间和文化根基再定位、再强化,对农民这个贡献主体、帮扶群体和传承载体再理解、再深化。努力让丰收节成为一个符号,成为一个象征,成为一个动力,成为农民的吉祥物、幸运神!一句话,丰收节提醒全社会:千万不能忘记农民,不能忘记农民的贡献,不能忘记农民的不易!

中国农民丰收节,庆祝丰收,感恩农民——记得农民的苦,记得农民的累,记得农民最需要帮助!

(2020 年 9 月 22 日)

中国崛起的农民因素

一再崛起的基因密码

世界史上有一个奇特的现象,四大文明古国的古埃及、古巴比伦、古印度,辉煌之后都湮没在历史的烟尘里,时至如今,既不见其文明的延续,也不见其血族的绵延,除了一二遗迹,就像流星划过的夜空,瞬间闪耀之后,一切都还是原来的样子,就像流星从来没有来过一样。后起之秀中,古希腊完了就完了,古罗马亡了也就亡了。近代500年的大国崛起,帝国的多米诺骨牌,西班牙、葡萄牙、不列颠,其兴也勃,其亡也忽,一旦倒下就"泯然众人",没有一面骨牌还能再次立起来。

读史至此,不由得心生浩叹:历史的逻辑何其冷酷!

世界史上没有一个国家像中国这样奇特,5000年文明始终没有断绝。在陕西桥山点燃的火种,至今仍然在熊熊燃烧,薪尽火传,文明永续。在这块多灾多难的土地上,数千年王霸争夺,但不管是"你方唱罢我登场",还是"大浪淘尽英雄",王朝兴替寻常事,改姓易服不时有,但这块土地的主体长在,这块土地的生民永栖。"冕服华章曰华,大国曰夏",华夏民族虽迭经苦难,但每每都能跌倒后再爬起来,即使在历史的沼泽中几于没顶,往往都能奋起一跃,跳脱命运的苦海。"行到水穷处",不代表山穷水尽、穷途末路;"坐看云起时",竟然是别开生面、再造新天。难怪有人说,中国是一个"伪装"成国家的文明!中华民族5000年就是一个跌倒了、再站起来、跑起来的历程,再难、再苦、再没希望,也永不放弃、永不泄气,永远提着心头的一口真气。对于中华来说,崛起不是新闻,复兴更是历史的常态。世界史上只有我中华,即使短暂倒下,很快就能站起来。

再读史至此,心中的浩叹化为绵绵的感恩:上天对我中华何其厚也!

但是,"皇天无亲,惟德是辅",当真是上天对我中华独厚? 上天也好,历史也罢,不会无缘无故独厚一人,也不会莫名其妙独薄一国。为什么崛起的又是中国? 为什么中国能反复崛起? 为什么中国能再次复兴? 这里面有什么历史的密码、有什么文明的基因?

一定是有的。

是因为中国是一个农耕文明的国度,是创造农耕文明又为农耕文明所哺育的农民国度,是因为国家的主体是农民和农民的精神后裔。这话听起来好像有些费解,在漫长的农耕时代,当然是农耕文明鼎盛的农耕中国立于世界之巅,但为什么在农耕文明让位于工业文明之后,昔日的农耕中国又能崛起呢? 答案是,在于文明的深层因素或者说文明的基因逻辑在起作用。说白了,就是因为中国的庞大的农民。中国农民不但不是工业文明的包袱和阻力,而且还是市场经济静水深流的驱动力。中国农民有"野火烧不尽"的财富冲动,有生存能力极强的"盘根草"精神,有"大肚能容"的包容性格。中国农民的这三种特质,不仅是决定中国农耕文明特征的基因逻辑,也是其与现代市场经济文明相契合的活要素。正是这基因逻辑和活要素,让中国在市场经济时代又一次崛起了。

中国农耕文明的基因逻辑决定了,中国只要保持和平稳定,就一定会走向繁荣,找到自己曾经的位置。近代以来的历史演示了中国崛起和复兴的逻辑。想那180年前,鸦片战争的船坚炮利,开启了我们自巅峰跌落的百年惨淡历程。那种跌落,是像跌到无底洞的黑暗一样,是像跌到泥里、卑微到尘埃一样,是仿佛永无希望一样。但是,经历了百余年的煎熬和挣扎、不屈与奋起,世界又在惊呼,那个人又回来了!中国又要回到她本来的位置!

这就是中国的故事,是中国5000年多次发生的故事。中国崛起,就是中国的又一次复兴,就是中国文明的又一次自我修复、满血复活。这就是中国文明的力量,而中国农民,就是这文明的基石。

农民有根深蒂固的财富冲动

中国农民一辈子都在追求财富、寻找发财机会、不放过各种便宜,这是他们朴素的经济理性。在漫长的农耕时代,每一个农民都有"三十亩地一头牛"的梦想,都有买地当财主的憧憬。子孙无论是读书进学,还是经商发财,也无论是入仕致仕,在家乡盖房、买地,都是人生成就、家族荣耀的必选题。时至如今,这种经济理性,已经渗透到他们的日常生活之中,成为文明的一种惯性。

曾经看农民在田埂的较宽处向下挖出一块巴掌地,种下一两棵菜蔬;也曾在乡间小路边缘塌下的部分,看农民略作平整种下几棵瓜苗;甚至在久未开发的工地,看见有市民锄出了一畦畦菜地,用塑料桶从家里打自来水来浇菜;还看新闻说,中国父母去美国陪读,竟然在耶鲁大学校园的空地种上了菜,成了耶鲁的一景。对农民来说,这样做可能是为了瓜菜的收获,对市民和耶鲁的陪读父母来说,很难说是为了省下买菜的钱,它更有可能是一种文化习惯,是从根上带来的。不在于经济得失,而在于中国文化看不得资源被白白浪费,再小的资源也想着把它用起来。荒废的一小块土地、可以利用的小小空间,都是可以成为发财的契机,最不济也能贴补一点生活。这就是中国人的集体心理和中国文明的习惯。

就像一个农夫"一个鸡蛋的白日梦"一样。农夫手里拿着一个鸡蛋,一边走一边做着白日梦,他幻想着把这个鸡蛋孵出小鸡,小鸡长大了再下蛋,如此蛋生鸡、鸡生蛋,自己就有了大型养鸡场,养鸡致富了再买房子置地成为富豪,最后还娶了公主。农夫正沉浸在自己的白日梦之中,却被路上的一块石头绊了一跤,农夫手里的鸡蛋摔碎了,富豪梦想也破碎了。这个寓言虽然是嘲笑农夫的白日做梦、痴心妄想。但也折射了两个信息:一个是农民对财富的强烈冲动,这冲动几乎与欲望的冲动相类;一个是实现这种冲动,得通过"蛋生鸡、鸡生蛋"的踏踏实实和一步一个脚印的勤劳。这正是获得财富的健康途径。

只要给中国农民一个和平稳定的社会,只要勤劳致富不为社会打压,哪怕只要不禁止,中国农民都会把"一个鸡蛋的白日梦"做得如醉如痴,一辈子都在不同程度地朝着这一梦想前进。中国历史上的每一个盛世,都出现在天下承平之时,社会的主要矛盾集中到如何过上更好的生活上,各个阶层都在做着自己的"白日梦"。这"白日梦"在不同阶层可能诉求有别,但在让下一代比自己过得更好这一点上,是一致的。众多的"白日梦",有的实现了,有的没实现,还有的打了折扣,但汇集在一起,就成了盛世。

中国历史上虽然有重农抑商的传统,但抑商主要体现在贬抑商人的社会地位上,对商业本身还是很宽松的。历史上除了对盐铁实行公营、非许禁入外,所有行业都对私人开放,汉初甚至连铸币都可以私营,当时的首富邓通,就是靠在四川开采铜矿、铸铜钱发财的。重农抑商是一个硬币的两面,农与商相辅相成、相克相生,重农让农业休养生息,但农业发展后,商业就不可阻挡地繁荣起来;商业过度发展冲击农业,重农又成了当务之急。如此循环周流,就形成经济社会发展的一个个小周期。从另一个角度来看,一定是先有问题,后有应对和解决问题的理论。中国历史上之所以一再强调重农抑商,一定是针对商业繁荣对农业的冲击,一定是基于对中国人根深蒂固的商业和财富冲动的深刻洞察。

还是那句话,只要给农民以时间,给农民一个和平稳定的生存环境,农民一定会给你一个财富的传奇。这传奇可以在茶马古道的马蹄声中听到,在汴梁城勾栏瓦肆的市声中听到,在江南小镇织工的机杼声中听到。在今天,勤劳致富已成为社会主流价值,我们在苏锡常乡镇企业的工厂里,见证了中国农民的创富能力;也在温州农民"鸡毛飞上天"的作坊里,看到商业奇迹的丛生蜂起;我们当然还可以在快递业这"通"那"通"的家族故事中,品鉴中国农民财富聚集的声势。

中国农民用他们强烈的发财动力和锲而不舍的创富能力证明了,只要给他一滴水,他就可以反射太阳的光辉;只要给他一个杠杆,他可以撬起财富的地球。这是中国农耕文明最深层的力量,也是中国总是能站起来的根本力量。正是这力量,养育了中国人生生不息、永不言弃的丹田真气,守护了中华文明渡尽劫波、凛然不惧的浩然之气,也在今天激荡着中国崛起不可阻挡的虎虎生气。

农民是生存能力极强的"盘根草"

在乡间的田埂上、小路旁、荒坡沿,总是生长着一种草。这种草看不到哪儿是根,哪儿是叶,一簇簇、一簇簇地向外扩展,人家的草能在风中摇曳,但这种草不招风,只知道盘在土上、抱在一起,不怕旱,不怕湿,也不嫌贫瘠,只是一味地护着土皮顽强地生长。农民称它"盘根草"。其实,盘根草也是农民的写照,农民就是生存能力极强的盘根草。而这种能力和品格,正是中国崛起的基本支撑。

农民的抗逆性是中国崛起最倚重的性格。中国农民就如盘根草,具有超强的生存能力,不管放在哪儿都能活。说起中国农民对中国崛起的付出和承受,是惊讶为什么崛起的又是中国的那些人所难以理解的。看看南方夏天水田里劳作的农民,看看山西矿洞里挖矿的农民,看看城市建筑工地上挥汗如雨的农民工,看看东莞流水线上的女工,看看城市桥洞里做小生意的小摊小贩,看看夏天天桥底下倒地就睡的快递小哥,各行各业,哪里需要劳动力,哪里就有农民的身影。他们不在乎自己出多少力,不在乎自己流多少汗,也不在乎自己身上沾多少泥巴、蹭多少尘土,甚至不在乎别人嫌弃的眼神,只要能用力气换来钱,钱多当然好,钱少也胜似无,钱再少攒时间长了也会多起来,只要自己不放弃一个挣钱的机会,孩子的学费、老人的药费、给孩子盖房子娶媳妇的钱都会有的,一个人不行,全家一起上,一年不行,就多干几年。这就是中国农民,他们以维持基本生存的花费,积攒着家庭的财富。他们主观是为了儿女前途和家庭未来,客观上则浇铸了中国崛起的庞大底座。正是中国农民以世所罕见的、巨大的吃苦耐劳,才在短短40多年时间里,创造了世界第一制造业大国、第一贸易大国的奇迹。完全可以说,中国崛起,中国农民的抗逆性居功至伟。

农民的抱团性是中国崛起最宝贵的个性。很多人认为中国农民是一盘散沙,甚至是散在地上的马铃薯。但那是老黄历了。农民一旦离开熟悉的产业、熟悉的村社、熟悉的地域,进入新行业、新产业,进入城市,就展现了很强的抱团性。这种抱团,开始时是基于对陌生环境的应激反应,基于对家乡和熟人社会的信任,但在后来就是市场理性在起作用。只有抱团才能在竞争中取得有利位势,才能实现一加一大于二的利得。这种现象在一些行业的市场份额中可以看出,一个家族、一个地方甚至一个区域,往往是兄弟姐妹手拉手从事同一个行业,在经历了多少轮跌宕起伏的淘汰和逆袭后,往往某一个行业、某一个产业就为某个家族、某个地域的商人所掌控,在排除垄断外,这种抱团性就成为其财富增加和企业成长的关键变量。这种抱团性用一个词来表述就是合力。中国企业参与国际竞争，没有合力，单打独斗，只会在商业博弈中败下阵来。发展固然需要竞争，但只有合力才能在更大范围更好地竞争，尤其在自身还处于弱势的时候，更需要握指成拳抱团发展。这是乡土农民的智慧，也是中国崛起的经验。正如盘根草，生存环境本就恶劣，再不抱团，旱也旱死，涝也涝死，又没有营养，说不定哪天就完了。但只要盘在一起，合在一处，上接天光，下吸地气，自成一片绿色，不断地生长、扩展，盘根草也会有自己的春天。这就是中国农民的写照，虽然弱，但抱团，有韧性，任何困难都难不倒。

农民的正向性是中国崛起最鲜明的特色。具有抗逆性和抱团性，固然是很大的优点，但如果这种能力和品格，与社会的主流价值疏离甚至悖离，那就对社会具有危害性。所以，能力和品格一定要与社会主流价值一致和协同，这种优点才是正向的。正如盘根草，能护坡，对保护水土有益，对环境是正向的，也因此它得到农民认可。农民是这个社会主流价值的坚守者和实践者，在他们身上集中体现了中国农耕文明的特点、优点和亮点。他们身上自带的价值光环，照亮了市场经济的利益天空，农民的善良、信义、淳朴和实在，正是现代市场文明的核心价值所在。固然，市场经济是竞争的经济，谋略是必备的工具，但竞争的最高境界还在于价值的力量。一切皆是道场，最高的商道不在于财富本身，而在于通过财富的聚集实现善的布散，因为最高的商道就是在经商的过程中，让每一个人都能得到他所缺少的。很多人在财富聚集过程中迷失自我，就是失去了农民的善良、信义、淳朴和实在。中国崛起，农民的社会正向性价值标注了中国崛起的品格，养育了中国崛起的良心。

中国农民就是盘根草，盘根草就是中国农民。抗逆、抱团、正向是其最为高贵的品性，也是中国崛起的深层密码。

农民具有大肚能容的包容性

在古老的乡土社会,有信佛的,有信道的,有信巫婆神汉的,近代以来,也有信基督天主的,各种民间宗教也都有其信众。这一方面说明乡土文明的实用性,另一方面也折射了其包容性。中国传统农耕文明就如一块巨大的海绵,什么水都能吸进来,尽管吸进来的水来自各个方向,水质也不同,但挤出来的一定是同一种水。这就是中国农耕文明化异为一的能力、魅力和力量,先包容,再融合,在包容中自然合一。因为包容不一,因为不强求一,反而合而为一,融而成一。

中国农民的包容在于重视善良。农民最重视心地,衡量一个人好不好,就看这个人的心好不好,形容一个人好,就说这个人心肠好。如果农民说一个人心肠好,意思就是这个人是好人,值得交往,值得托付,是一个可以信任的人。如果说一个人心不好,那就给这个人投了否决票,意味着要离他远点儿。农民看人的标准不在他的地位,就看他是不是好人。"文革"期间,有很多落难的知识分子和干部下放农村,他们受到农民的关照,得到农民的帮助,在农民心目中,只要这些落难的城里人是他们认定的好人,农民就把他们当好人,才不管他们头上戴的这帽子那帽子。作家王蒙上个世纪50年代下放新疆的日子,当地老乡就不管他是不是什么右派,只把他当作北京来的客人。这就是中国农民的古道热肠,他们重视善良,也善良对人。

中国农民的包容在于重视知识。在乡土社会,对有本事的人都称之为先生,教书先生、郎中先生、风水先生,有知识的人在农民心里都有一块地方,都能得到农民的敬仰。在农村,逢年过节,谁家摆酒席,先生一定要请到,不管先生有没有帮助过自己,先生迟早都会帮助到自己,即使自己不求先生办事,儿女肯定会有求到先生的时候。这是农民在恶劣生存环境中形成的人生经验。所以,尊敬先生,只要他有本事就行了,至于先生是不是外乡人,是不是外族人,是不是右派,是不是下放的,都不要紧,只要他是好人,更重要的,他是先生,就够了,我们就得尊敬他。当然,先生如果真的不是好人,大不了我们离他远点儿,不跟他亲就是了,总之,对有本事的人,我们农民都包容他、接纳他。看看,农民就是这样实在。

农民的包容性是一种难得的优秀品德,也是现代文明最珍视的品格。中国成为富强民主文明和谐的现代化国家,物质成就的取得固然不易,但精神的建基更需要不懈的努力。这当然需要吸收人类各方面的思想精华,但来自中国乡土的实践成果,更具有针对性和兼容性。中国崛起,需要汲取农民的包容品格。这是我们宝贵的精神财富,也是整个民族继续前行的人文支撑。

中国崛起有农民,中国崛起靠农民。中国崛起,农民因素定成色。勿忘农民贡献,勿忘农民不易,扶农民一把最要紧!

（2020 年 12 月 2 日）

真正的崛起，是看他低眉的样子

有人说，衡量一个文明的高度，看他怎样对待弱者；也有人说，标示一个文明的善度，看他如何对待给他食物的人。是的，大国崛起，固然要看他勃然而兴、昂首阔步的气概，但更要看他低头的样子，看他愿不愿意为弱者俯首，看他善不善待养育他的人。"知否兴风狂啸者，回眸时看小於菟"，一个愿意为弱者低头的国家，一定是众生心向往之的乐土；一个善待提供食物者的文明，也一定是文明该有的样子。

中国自信，因为有农民

中国自古以来以农立国，农民积淀了文明的底色，也决定了历史的走向。且不说漫漫五千年，历朝历代，哪个不靠农民生、不靠农民养、不靠农民守？就说今朝，中国崛起，靠的是什么？中国自信，底气哪里来？当然，制度体制是前置条件，但再好的优势也要人来落实。大厦高耸入云，要紧处还在于深植地下的地基。而农民，就是大厦的地基，是这块土地最默默的支撑。

中国自信，来自农民贡献的资源。没有农民的粮食，中国靠谁养活？农民躬身大地、汗滴禾土，让中国吃饱了肚子，让新一代从此不知饥饿为何物，也让整个国家在吃饱后有力气在工业化城市化道上一骑绝尘。最近十余年，更是创造了连年丰收的佳绩。很难想象，如果粮食没有实现安全，我们怎么可能安心搞现代化？肚子瘪瘪，干啥也没劲！啥也干不了！中国自信，必定是吃饱了后的气定神闲！正因为农民解决了我们的吃饭问题，我们有更多的资源投向工业化城市化，这才有了中国崛起的基础。

不要小瞧了粮食的稳定供给。粮食的稳定供给，除了养活了中国14亿人口这一巨大贡献外，它还是中国经济稳定发展的压舱石、定海针。不要说粮食短缺，也不要说粮食供应链出了问题，就说粮食供应出现了传闻，即便是谣传，也会让市场吓一大跳，让人心浮动，甚至产生社会恐慌。新冠疫情期间，人们居家避疫，之所以没有出现社会恐慌，稳定的食品供应是大功一件！试想，如果粮食供应在此当口出现紧张，那简直不可想象！

而农民自己，在养活了自己和社会之后，自身也投入工业化城市化大潮之中。他们以自己的土地和劳动力，让中国的工业化城市化现代化在历史版图上拔地而起。改革开放至今，农民贡献了数万亿元的土地财富和每年数亿人次的劳动力，创造了城市的繁华，奠定了中国制造大国的地位。农民改变了中国、发展了中国、富裕了中国，也为强大中国打下了坚实的基础。中国自信靠农民，中国自信有农民！

中国自信，有赖于农民提供的空间。中国农民的贡献，不仅在于直接为中国现代化提供资源，而且在于为现代化创造空间。这空间就是7亿农村人口的市场，虽然这市场还未成熟，现在更多还是潜在的，但7亿人的消费市场，就是我们绵绵后劲的最大本钱。这是脱贫攻坚和乡村振兴的战略之眼所在，是我们可以不受制于人的战略主动所在，也是中国自信的巨大回旋空间所在。相信，只要我们心无旁骛地坚决走发展之路，扩大内需也好，走"以国内大循环为主体、国内国际双循环相互促进"之路也好，乡村和农民不仅始终是我们把心搁肚子里的大后方、是我们发展韧性和战略主动最坚实的支撑，而且，它一定是我们别开新局、再造新机的突破口。乡村和农民始终就如一个巨大的海绵和蓄水池，当我们高歌猛进时，它源源不断地提供能量；当前行遇到逆风时，它又把困难吸纳进去；而当大势转机时，它还能汩汩流出滋润的水流。想想 2008 年全球金融危机时，看看 2020 年新冠肺炎疫情期间，就知道乡村和农民，真的不仅仅是稳定的大后方，她还把城市的困难包容消化了一大块。如果相反，那会是怎样的一个局面？中国自信，回旋空间在农民；中国自信，别开空间在乡村！

中国自信，源于农民创造的经验。中国改革开放以来取得了历史性成就，其中最亮眼的集中在两个方面：一个是解决了数千年梦寐以求的吃饭问题，一个是实现了百年来孜孜以求的工业化。很巧合，一个是农业问题，一个是工业问题，而更巧的是，这两方面问题都与农民密切相关。吃饭问题的解决，源自农民创造的大包干经验，得益于大包干经验的推广和深化。农村改革千万条，维护发展农民权利始终是第一条。这不仅造就了农村生产力的大发展，也为现代农业体系的构建、为乡村善治的实现，厚植了精神基础。而工业化的完成，最大的支撑就是农民工模式，农民工以城乡两栖的候鸟形式，以每年数亿人次的规模，为中国工业化提供了极具竞争力的劳动力，这是中国有别于其他国家在短时间内实现工业化的最大变量。现在回头来看，如果没有农民工的牺牲与奉献，不仅中国的工业化进程会加长，而且还可能错失全球化时期国际产业分工的机遇期，而农民也将难以更多分享中国工业化的成果。试想一下，如果我们现在还没有完成工业化，一旦全球化形势不变、国际博弈复杂化，我们怎么可能有更多资源和力量进行乡村振兴？又怎么有底气走"以国内大循环为主体、国内国际双循环相互促进"之路？农民工模式是中国工业化进程的历史贡献，历史必须铭记中国农民的贡献和牺牲。中国自信，不要忘记农民工！

中国自信，因为有农民！中国自信，必将为农民！中国自信，农民需自信！

中国崛起，当从不歧视农民始

说来也是奇怪，中国自古以来就是一个重农的国度，但在整个封建时代，农民虽然在"士农工商"的排序中仅次于官僚士子，但其实社会地位一直不高，甚至还经常成为歧视的对象。特别在近代以来，随着城市的崛起，农民更被称为乡下人、乡巴佬，在鲁迅的小说中，就有当时城里人蔑称农民是"乡下曲辫子"的描述，连辫子梳得不直溜也会成为鄙视的对象！歧视农民已经到了骨子里！

新中国成立以后，农民经济、政治和社会地位空前提高，但二元社会的分割，又把农民局限在乡村，虽然那个时候是城乡普遍贫穷，但农民比城市更贫穷也是不争的事实。改革开放后，城乡壁垒得以逐步打破，但体制弊端的残存还没有完全消除，特别是在人的精神和观念上，滞后性也是一种客观存在。现在看来，对农民的歧视，虽然更多不具主观恶意和故意，但某种程度上已经成为社会潜意识和一种默认模式，事实上构成一种无意之恶和漠然之恶。这固然跟农民的经济地位相关，跟工业化城市化潮流有关，但也跟文明建设滞后关联。中国崛起，固然是经济和国力的崛起，但我更愿意称之为一个伟大文明的崛起，或者说复兴。而不歧视农民，则是这个伟大文明的基点和注脚。

伟大文明应该是一个善良的文明。怎样对待一个给你食物的人，可以看出一个文明的善良度。农民为全社会提供食物，是农民养活了我们，从基本的道德原则出发，怎么可以歧视给你食物的农民呢？那歧视的不仅仅是农民，歧视的其实是食物本身，是对食物缺少基本的敬畏之心。一个人连养活自己的食物都无所谓，对生命本身也必然没有敬畏，而一个缺少敬畏之心的人是可怕的。同样，一个缺少敬畏之心的文明，肯定不能说是善良的文明。

建设善良的文明,先从敬畏食物开始,从不歧视农民开始,从厚待农民开始。如果说,把解决"三农"问题作为重中之重,决战脱贫攻坚、实施乡村振兴战略,是国家战略上的重农强农惠农富农,是为农民谋福祉;那么,制止餐饮浪费、光盘行动、中国农民丰收节等,就是在生活日常、社会心理和国家精神层面上的敬农爱农惜农,是为农民正名美名扬名。着力消除社会潜意识上的无意之恶和漠然之恶,需要每个人从内心出发怜惜农民、崇敬农民,因为这不仅仅是对农民的社会态度,而且是对生命和食物该有的敬畏。这也是在为善良文明建设做打基础的工作,更是中国崛起的重要标的和标志。

伟大文明当然是一个尊严的文明。这尊严不仅是文明本身的尊严,它一定也是从每一个成员的尊严开始。而农民,作为我们文明的重要主体,他们的尊严是我们全体成员尊严的前提,也是文明本身尊严的基础,因为,一个尊严的文明不可能建立在尊严的不平衡和不充分之上。作为历史的欠账,农民曾经被不公平对待,他们的公平正义短板必须也亟需补齐,这也是国家向"三农"倾斜的历史和道义依据。这种补齐,不仅在物质上,也在精神上。大力消除各种对农民或显或隐的歧视,坚决反对各种对农民或明或暗的贬低,应该成为一种社会共识,成为一种道德基线,成为一种观念正确。这不是对农民的偏爱,而是对农民的一种补偿,是一种矫枉过正的必须,也是塑造我们文明尊严的价值基点。中国崛起,是中国文明尊严的重塑,这当从尊重农民、让农民有尊严开始。农民的尊严,关乎每一个人的尊严,关乎文明本身的尊严。

伟大文明必须是一个自强的文明。善待每一个成员、保持每一个成员的尊严,是伟大文明的基本要义。但伟大文明还不能停留在这儿,她一定还要有向上之志,不断向更高文明水平迈进。它不仅要同情、爱护弱者,还要带着弱者、帮着弱者前进,通过帮扶、锻造弱者的内生力量,让弱者自尊、自立、自力、自强。所以,中国崛起,不仅要消除对农民的歧视,还农民以尊严,尊重农民、爱护农民,而且还要帮助农民自己站起来,树立自己的自信,成为文明整体的一个有尊严的、平等的成员。这才是伟大文明的王道所在,也是中国崛起的最终实现。

中国崛起,当从不歧视农民始,必以农民有尊严、农民自信成。

中国复兴,成于农耕文明升级式回归

说起中国的伟大复兴,很多人更多从经济和国力上说,这都没问题,但我更愿意从文明角度来看待中国的复兴。

对我们中国人来说,中国复兴,不过是五千年历史上的又一次回归,是中国近代两百年丢失地位的失而复得,但在世界大国崛起五百年历程里,这是一个最特别的历史现象和文化事件。五百年的列强王霸争夺,不过是同一个文明体系的内部实力角斗,是胜者为王罢了,就像中国历史上的王朝兴替一样。但这一次,是一个崇尚中庸、以和为本的文明的崛起,它为世界的图景增加了一个别开生面的新画面。中国复兴当然是综合国力的胜出,但本质上还是中国文明、中国价值、中国思维的异军突起。中国改革开放的历程,淋漓尽致地展现了中国文明中道、中庸、公道的价值理念,展现了和平、和气、和谐的思维方式,正是因为弘扬了中国传统文明,我们抓住机遇,闷声发财,和气生财,一起发财,切切实实把发展的机遇期变成了发展红利。这是发展的红利,更是文明的红利。

但是,中国复兴不是中国传统文明的线性回归,也不只是过去地位的失而复得。如果只是简单的回归,那就只是重复,而不是新生。中国复兴一定是凤凰涅槃式的再生,是在旧文明的蜕变中诞生的一个新文明。对于中国人来说,中国复兴是中国传统文明的革命性升级;对世界来说,则是一个全新的中国方案,是可以借鉴和参考的另一个。而这,正是中国复兴对世界的价值。中国复兴,不仅是世界上实力消长的又一个回合,而是人类文明建设的新的力量、新的思考。

因此,我们需要深化对传统农耕文明的价值认识,重新发现其合理内核,深度挖掘其潜在价值,去除其芜蔓,萃取其菁华,在后工业文明的主干上,嫁接传统农耕文明的枝苗,汲取其活要素,这不失为文明传承发展上的范式革命和迭代创新。比如,对乡村价值的重新判断,对农业和自然连接的深化理解,对人与世界关系的新的认识。以及,我们要建立怎样一个社会,需要怎样一个发展,发展如何更好地为人服务,如何把世界带向更有利于人的福祉的方向,人与人、人与社会、人与世界、人与自然该怎样的相处,什么样的世界才是最好的世界、最宜人的世界,我们又当怎样达致理想的大同世界,现阶段我们要从哪里开始,等等。都可以在中国传统农耕文明中寻找到线索,获得启发。而这,不仅是中国传统农耕文明的新生机,也是后工业文明的新选择,还是中国农民的新机遇。

中国的伟大复兴,与其说是王者归来,不如说是一个新文明的诞生。这个文明虽然传承了古老文明的密码,但一定植入了富强民主文明和谐美丽的新因子,那是现代化时代的文明,是一个善良、尊严、向上的新文明,是我们每一个人既怡然自得又奋发有为、既个性保障又和谐相处的新文明,是全体人民共建共享共生共荣的新文明。

"乐土乐土,爰得我所。"这将是我们的乐土,是中华新文明的乐土,是我们每一个人的栖息地,是我们的共同家园。

(2021 年 2 月 8 日)

大国崛起一定要带着小农!

不让农民养鸡鸭,就卫生了?

并不是所有人都有农民情结和农民情怀。有人就把农村农民与现代化、与文明对立起来,认为现代化就是要排斥跟农相关的东西,凡事一沾农就是土,就是落后,就是要摆脱的对象。当然,吃的东西除外。毕竟不吃饭、不吃饱吃好了,他也没有精神头来嫌弃农。前些年,有地方为了创建卫生城市,就禁止农户散养鸡鸭,一经发现就罚款,并勒令把鸡鸭关进笼子;也有地方为了打造无猪市、无猪县,禁止农户养猪。理由都是农户散养鸡鸭、农户养猪,不卫生、损害环境,也不现代。

这些做法对不对呢? 说实话,家禽家畜的粪污问题确实是个老大难问题。笔者曾经也有体验,农户散养的鸡鸭到处撒污,如果不及时收拾,进门都无处下脚,养猪的粪污比鸡鸭更严重。在物质短缺年代,粪污问题被直接忽略,毕竟,庄稼一枝花,全靠肥当家,粪可是农家的宝贝。至于卫生啊、文明啊,暂时还顾不过来。如今,短缺一词已经离我们很远了,即使在农村,对"鸡屁股银行"的需求也淡得久了,家庭养殖业的污染问题确实是个不得不直面的难题。所以,能理解有些地方对这个问题的苦恼。试想,地方要创建卫生城市,包括卫生农村,街道和场院里到处都是鸡鸭粪便,还申报什么卫生城市? 所以,断然不能让鸡鸭出来撒污。对于城区,散养鸡鸭当然不允许,就是农村街区,上楼的农民散养鸡鸭也是不合适的。对这一点,应该是共识。

但切不可以把这个共识扩大到所有自然村。在一些山区或半山区,在一些居住分散的自然村落,在有独立院落的农家院,农户养鸡鸭猪,是散养还是圈养,我们就不要管了吧。即使在人口多的村落,农户散养几只鸡,在门前水塘里养几只鸭,在后院里养头把猪,只要做好卫生措施,及时收拾处理,粪污不但不是问题,还是很好的农家肥。何况,大自然还是环境的最好修复师,它的自我净化能力比我们想象的要强得多。乡村地域空阔,人口密度小,空气流通无阻,一阵风来就吹散了气味,尚未成污就已干燥,农户的小微养殖不会成为环境问题。

不要小瞧这小微养殖,短缺年代是农户的一个活的经济来源,也是农民人情往来的重要资源。现如今,虽然经济属性已经淡化,但它的作用也不能完全忽视。且不说,搞点小微养殖,多多少少对家庭经济有所贴补,起码可以减少一点肉食品开支;也不说家里养了几只鸡鸭,给亲戚朋友,特别是城里的亲戚,人情往来上有个方便;还不说,鸡鸣鸭叫的,一派田园风光,对农家旅游的氛围有烘托作用;就说,剩饭剩菜有了去处,菜园里的肥料有了来处,不是对生态的一大贡献吗?不是创建卫生的一大亮点吗?

农户的小微养殖,曾经是农耕文明的标配。"五亩之宅,树之以桑,五十者可以衣帛矣。鸡豚狗彘之畜,无失其时,七十者可以食肉矣。"这是圣人向往的图景,透着中国传统文明浓浓的农味和人味。在重视生态的当今,这些图景,对于我们建设循环农业,也有理论价值和实践意义。

除了禁养区外,养与不养鸡鸭,是农民的权利,不能强迫,也不能禁止。何况,确实还有不少农户,特别是贫困农户,还真指着这几只鸡、几只鸭和头把猪,为孩子筹学费,为盖房子攒料钱,为家庭经济开来源。

毕竟,即使脱贫了,不富裕还是主流。

不让农民烧柴草，就环保了？

现在环保意识增强了，但有的地方抓环保走偏了。比如说，雾霾危害大，你盯紧大烟囱、小钢厂，抓煤改气、汽车尾气，治理乱烧秸秆，都没问题，这些都是雾霾的来源，也抓住了重点。但凡事讲究适中最好，真理往前多走一步，就是歪理了。有的地方，农家柴灶给人家拆了，离城市很远的农村也不让烧柴草。

这是不是做得过了？

环保当然是对的，是大方向，但我们做事要考虑两个问题：一个是，我这样做能不能达到效果？一个是，如何解决副作用？具体到不让农民烧柴草这件事，首先就要搞清楚，不让农民烧柴草对环保究竟有没有好处，好处有多大？确实，烧柴草会产生烟，烟对空气有污染，但污染是不是形成还要看范围大小！在一间屋子里因火成烟，肯定会形成烟雾，但如果在空阔地带呢？注意，大自然有自我净化能力！一个小山村烧点枯枝败草，除了炊烟袅袅，我看不出对空气有啥污染，不仅对自己的小山村没污染，对周围和远方也谈不上污染。第二，不让农民烧柴草，那农民的能源供应怎么办？都去烧液化气？你知道液化气现在多贵吗？农民，特别是山区半山区农民，收入不高，用液化气成本之高是他们难以承受的。特别是北方农民还有冬季取暖，过去烧点低质煤，辅以柴草，现在，因为低质煤污染明显，供暖季集中烧低质煤对空气污染很大，确实必须退出。这对当地农民和周边较大范围的居民都是好事，但好事也要充分考虑农民的经济承受力，要想办法让农民在经济上受得住。做任何事都要统筹考虑，只顾一头，到头来一头也顾不了。不能只顾城市不顾农村，也不能只顾环保不顾民生。好事办不好就不是好事，民生工程出岔子，也会产生民怨事故。同样，煤改气是造福城乡居民的好事，但如果操之过急、用药太猛，不是农民经济承受不起，就是清洁能源供应不及，导致有的地方农民挨冻，把好事办砸了。

不让农民烧柴草，这事做得有点急、有点猛！在人口密度不大的村落，又不是供暖季，也不是秸秆季，农民烧柴草做饭，既不算集中燃烧，也不是大面积，对空气又有多大污染呢？特别是南方农村，空气本就湿润，木本、草本植物生长旺盛，如任其野蛮生长，要不了几年，山就进不了人，路也覆满了草，到秋冬季风高物燥，还很容易引发山火。山火一发，经常是漫山遍野、山岭相连，几天都灭不了，不知道产生多少烟雾，污染几十里地范围。这些年，南方农村发山火的事几乎年年有，跟山上植物太茂密、枯枝败叶太多有很大关系。反而，适当的砍伐扒扫，既可以让农民减少一点能源开支，也有利于生态保护，除废物利用外，还能以袅袅炊烟装点乡村的天空。

有人说，要想毁一件事很容易，把它推到极端即可。一刀切地把农民的柴锅拆了，不让农民烧柴草，看起来是对环保的积极，其实是一种极端化的消极，是以极端化的积极包装起来的极端化的消极。

诚哉斯言。

"放活"的真谛是不折腾农民

不让农民散养鸡鸭，把溜达出来的鸡鸭抓起来关到笼子里，还罚款；不让农民烧柴草做饭，就把农民的土灶拆了；更有甚者，为了治雾霾还不让炒菜。荒唐吧？匪夷所思吧？

发生这样的荒唐事，固然是个别地方的荒腔走板，甚至是一种形式主义、官僚主义的作祟。但我就纳闷，农民散养几只鸡鸭，烧柴锅炒两个菜，对环境有多大危害？犯得着大惊小怪、大张旗鼓吗？干嘛管那么宽？让农民自己的事情自己办、我的地盘我做主，不好吗？何必劳神费力不讨好，还招来民怨？

说穿了，还是"管"的意识太强！就是在折腾农民！其实，对农民，我们可以少一点"管"，多一点"活"，给农民以更多的自由自主，让农民有更多的选择权，农民一定会把自己的日子过好。我们要有这个信心，我们也有这个经验。农村改革实践的一条重要经验就是"放活"。

"放活"就是赋权，就是对农民权利的再保证。正如农村改革初期经典的"可以……，可以……，也可以……"所昭示的，"放活"放不乱。给农民赋权、让农民自主、由农民选择，天塌不下来！主体的权利包含了自主的责任，"放活"只会放出生产力、放出新荣景。"放活"也不是放任自流，有法治的轨道，有市场的规则，阳光下的所有生长，都会得到阳光的照耀！农村改革40余年的实践证明了，每一次"放活"，每一次对农民权利的再保证，都是农业农村发展和农民福祉增加的正向加速，也是农民权利本身的增值。正是对"放活"的深刻认知，"三个可以"在农村改革40多年后又有了"三个允许"的加强版。

"放活"就是赋能，就是对农民能力的再确认。"放活"就是相信农民，相信农民的智慧，相信农民的决断，相信农民有把日子过好的能力。中国农民自古以来就如同种子，撒在哪儿都能长，扔在哪里都能活，只要让农民休养生息，只要不对农民过多干预，对农民少一点限制，农民一定会以国泰民安来回馈。对农民无为而治，曾经是中国历史上盛世的成因和标志。当代的农村改革也是从放松对农民的诸多限制开始，把农民从计划经济的体制障碍和弊端中解放出来，把农村生产力和农民自主性激发起来。相信农民就是相信农民可以自己管理自己，相信农民可以自己打理自己的生活，相信农民可以自己主导自己的发展，相信农民可以自己

"造血"而不必依赖"输血",这是大包干的精神,也是村民自治的含义,归根结底是对农民智慧和能力的充分相信和再确认。

"放活"就是赋利,就是对农民福祉的再拓展。一切以农民为中心,是农村改革的出发点和落脚点。这话看似是行礼如仪,但却是"放活"的精髓。"放活"就是赋利,就是一切为农民增加利益和福祉!衡量"放活"是放出了"活"还是放出了"乱",唯一的标志就是农民的利益增没增加、农民的福祉是多了还是少了。任何不是为了增加农民利益和福祉的所谓"放",都不是真的"放活",都脱离了"放活"的真意、本意。"放活"要求务实,要求一切从实际出发,任何脱离农民实际、不利于农民增利的"放",都不要也罢。

我们应该相信农民,我们应该尊重农民。这些看似简单明了的道理,做起来却没有那么简单。如果一定要问什么对农民最重要,那一定是自由选择权,把市场的主体地位和自由竞争权利还给农民,就是"放活"的真谛。

"放活"就是不扰农民,不折腾农民。

小农是甩不掉的国情农情

中国人从根上说都是农民。有一种说法,不管什么大人物,往上数三代,没有几个不是农民。还有人说,中国人血脉里都带着浓厚的农民基因,只要有合适的机会,这农民基因就会显现出来。这不,就算在城里住了一辈子,也看不得土地荒着、闲着。看见门前有一块空地,就有种点韭菜菠菜的想法;如果有个院子,除种植外,甚至还有养鸡下蛋的念头;再不济,受制于空间狭小,好歹也在阳台上种几盆花卉和绿植;混得好的"虎爸虎妈",跨洋过海陪读书,也在人家大学校园里刨几畦地,种蔬菜自己吃、也送人。这种农事冲动,已经脱离了纯粹经济行为,显示了一种文化情趣,也实证了农民情结已经渗入我们的血脉,根深蒂固,不由自主。

这就是我们的国情!中国自古以来以农立国,因农而兴,士农工商,农排第二,这农就是自耕农,就是小农。虽然在王朝中后期会出现土地兼并,但土地的集中改变不了生产方式的小农本质,小农始终是数千年的基本经纬,也一直是人口的绝大多数。真正让小农开始减少,还是在20世纪下半叶开启的改革开放。随着城市化进程的加快,如今城市化率已经达到六成。过去讲8亿农民,现在倒过来了,有8亿人生活工作在城镇,留在农村的人口逐渐减少已经是历史趋势。但是,不管农村人口怎么减少,趋势既然是历史的,就一定意味着不是即时的,而是历史时间。这叫历史时间,就不是十年八年,只有几代人甚至十几代人的时间才可以称得上是历史时间,所以,对农村人口城市化进程、对小农的历史性减少,我们也得有历史耐心,做好几代人十几代人的心理准备。但话说回来,就算我们度过了历史时间,经受了历史耐心的考验,等到城市化达到发达国家那样的八成水平,我们还是有几亿人口生活在农村,这之中还是以小农为主。小农过去现在是我们人口的绝大多数,今后也还是我们人口的重要组成部分。这就是国情农情。

但小农的弱质长期存在,也是我们的国情农情。小农在市场主体中的弱小,在社会主体中的弱势,决定了小农需要扶持。小农需要扶持不是意味着要他们放弃主体性,任何外在的扶持都要通过内在的转化才能起作用,输入的血液再好,也要经过自身吸收,最终还是要靠主体的自生能力。但强调主体性不是说不需要扶持,对于小农,特别是对于曾经作出巨大牺牲和贡献的中国小农,对于自己血不多还要献血的中国小农,扶持小农既是情感道义、宗旨要求,也是市场法则、发展路径。扶持小农不仅是为了小农,也是为了发展大局和民族未来。"一人向隅,举座不欢",我们不可能在小农积弱的沙滩上建成国家富强的大厦,不可能在贫民窟旁边安然享受幸福的现代化生活,绝不能让一些国家发展过程中的教训落到我们头上! 离那些陷阱远些吧!

小农需要扶持不假,但小农的自强还需要合作。如何在市场竞争中争取利益、获得发展? 关键还在锻造自己的能力、增加自己的筹码。合作和联合是小农发展的必经之路。这就是攥指成拳的道理。但新时代的合作联合,有别于历史上的实践,它是产权明晰下的产业合作,虽然一个拳头对外,以利益获得为宗旨,但投入和分配一定按产权比例进行。合作联合始终不改变产权属性。这也是小农自强的唯一选择。

不能丢下小农! 丢下小农,我们也走不远!

任何时候都不能忘记农民!

实在话,大道理。

大农、小农共存共荣是王道

小农大国,如何实现农业现代化? 大国崛起,如何带上小农? 这是中国特色现代化的重点课题。

中国特色农业现代化,必然是大农小农并立并存,共荣共进。大农为前导,小农为根本;大农带小农,小农撑大农;大农小农既相互独立、彼此竞争,又互相依托、彼此衔接。只有走出一条大农小农融合发展之路,才是中国特色农业现代化的特色和亮点所在。

如果说中国特色农业现代化是一条巨龙的话,那资本型大农就是龙头,合作社就是龙身,独立小农是龙尾。

龙头是干什么的? 龙头是领航的、把方向的、是带头大哥。这就是资本型大农的作用。中国农业农村为什么长期积弱? 原因是多方面的,但缺少资本进入是根本性的。因为没有资本，农业农村资源得不到高效率的组织，也就难以在市场竞争中获得更多、更大。资本进入农业形成新型农业主体，成为资本型大农，它把现代资本运营的手段带入农业，使农业在研发、生产、管理、流通、销售等整个产业链上的效率得到较大提高，对于引入现代农业理念和模式，对于农业资源的整合，对于农业提质增效和农民增收，都有示范和引领意义。所以说，资本型大农是中国特色农业现代化的前导。

但资本型大农毕竟很少，小农始终是汪洋大海般的存在。据第三次农业普查资料，目前，中国农业主体98%还是小农户。小农户单打独斗闯市场难免势单力孤，合作是生存不得不的选择。走合作型道路是小农握指成拳的需要，也是抱团取暖的需求。这就是合作社应运而生的原因。一家一户的小农在产权清晰的前提下加入合作社。合作社的合作可以是多种形式、多种程度的，既可以仅仅是生产上的合作，也可以是经营上的合作，最高水平的是生产、经营和产业的全面合作。在那种水平时，合作社作为新型市场主体已经可以媲美于资本型大农，事实上它也就是一个股份式的大农，而加入合作社的小农户就是股东。中国特色农业现代化腾龙有术，端的要看这合作社这龙身的支撑力。

当然，众多小农继续单干也是客观存在。单干是农户的权利，也是值得尊重的。但在中国特色农业现代化的道路上，小农户这种单干并不是绝对意义上的单打独斗，他们不可能视资本型大农不存在，不可能不注意到左邻右舍都加入了合作社，资本型大农和合作社大农业也不可能不考虑到小农户。小农户可以学习借鉴大农的新品种、新技术，多余劳动力还可以在大农务工挣钱。大农可以吸引小农户成为其合作伙伴，成为生产基地和劳动力储备地。这就是资本+农户、合作社+农户，或者资本+合作社+农户。这就完美实现了小农户与现代农业的有机衔接。当然这衔接是双向的,只不过在现阶段还是要坚持以大农主动、主导衔接为主,毕竟大农市场博弈的综合能力相对更强。

总之,小农户不可能关起门来生产经营,他们通过与大农的衔接在市场中趋利避害,客观上被带着走上现代化之途。这就是小农户现代化的衔接之道、搭车之法。

小农在信息化时代的独特价值

很多城里人都有这样的体验,收获季节,乡下亲戚带来新粮食和农副土产,并且一再客气地说是"自家种的"。这"自家种的"包含了两个互相矛盾的意思:不值钱的和好的。这就奇了怪了,不值钱的为什么是好的?好的为什么不值钱?

这就点破了小农的宿命。小农没有规模效应,没有竞争能力,好东西因为没规模也卖不了几个钱,挣不了几个钱也就没办法扩大规模,如此循环往复,小农的弱质弱势就固化下来了。

但小农的贡献和作用不能被忽视。小农是农业特别是粮食安全的主要贡献者,小农是传统农耕文明的主要传承者,小农是社会稳定特别是农村稳定的主要建设者,更重要的是,小农是我们人民的一部分,是曾经作出巨大牺牲和贡献的一群人,是我们始终不能丢下的一家人。在信息化时代,小农的价值需要重新发现和估值,需要深入认识和开掘。必须换个角度看小农,以新的思维对待小农,为小农正名,为小农扬名。

传统小农为什么实现不了自己的价值?小生产的半径就那么大,农产品在自给之余,销售基本上是本地化。固化的本地市场消化不了更多的农产品,再销往远处?物流成本就会把利润消耗殆尽。这就是"粮不过百里,猪不过千里"的道理。所有的发展、所有的财富增加,固然建基在扩大再生产之上,但最终都有赖于新市场的发现、新消费人群的出现。西方近代崛起的路径,就是工业革命实现生产的爆发,新市场的发现消化这种爆发、延续这种爆发。由此我们也明白,传统中国的小农生产力为什么长期在低水平徘徊? 就是市场的本地化、局狭化和固化,不仅限制了生产力,也钝化了思维力。

但山不转水转,小农的独特价值在信息化时代迎来了自己的高光时刻。这得感谢伟大的互联网。互联网的伟大之处在于理论上为任何生产提供了近乎无限的市场,也为任何需求找得到藏在任何角落的生产。小农的独特在互联网的观照下,展现了其存在的价值。

小农的独特之处在于其传统价值。"自家种的""自家养的"不再是不值钱的谦辞,反而是其生态有机价值和乡土文化价值的亮点,是其核心品牌。城市化让城里人的浓郁乡愁、对乡村的眷念、对传统手工农业的怀念,都集中投射到小农生产的农产品身上。如果谁能吃上小农"自家种的""自家养的",不仅标示着健康和时尚,也是一种文化的享受和身份的自豪。而且,网络还可以使消费者与生产者实现直接对接,通过消费者认领、认养农户的动植物,让消费者吃鸡蛋的同时也能"认识"下蛋的母鸡,从而使"自家种的""自家养的"的价值有了眼见为实的保障和更大的实现。这就为小农产品实现了"私人订制"的营销,找到了某种奢侈品的感觉。而这必将随着城市化程度的加深、高消费人群的增加而更加凸显。因为,生态、手工、限量,天然地使小农产品具备"奢侈"的潜质。小农产品一定会不断被重新估值,小农也会因为传统价值而愈有价值。

小农的独特还在于乡愁服务。小农除了提供传统方式生产的农产品外,还通过发展乡村旅游、休闲、康养,建设农家乐、民宿,把农业的多功能性、综合性特点集中释放,集成为一种信息化时代、城市化时代的乡愁产业。其所展示的乡野风光、乡土风貌、乡村风物和乡里风味,不仅养着城里人的眼鼻耳口胃,也养着城里人的脑与心,滋润着城里人的精神。让他们在乡愁中获得慰藉、感受美好。这样的服务不可多得,也必将因其稀缺性、独特性和温情性,而使其价值弥足珍贵。

这就是小农的价值。

大国崛起不能丢下小农。

小农也有其自立自在的本钱。

（2021 年 6 月 7 日）

下乡的礼仪不仅仅是礼仪

最怕农民认为你高高在上

下乡还有礼仪？只听说城里的典礼对参加者有着装要求，没听说下个乡还有什么礼仪。不错，城里有城里的规矩，乡下有乡下的讲究，万一搞错了就不仅是尴尬，还会耽误事。

比如，大热天、发水季，抗洪抢险正急，大家都一身泥、一身水、一身汗，这个时候，你到水灾现场跟农民打交道，穿什么好呢？如果在城里，出入楼堂馆所，穿个白衬衫、黑裤子、黑皮鞋，再穿身西服，打个领带，很正常，因为场合需要，也是一种必要的礼仪。但这身打扮到了发水的乡下，你觉得合适吗？是不是有点格格不入？不说别的，你就不心疼你这身行头？一天下来，白衬衫会溅多少泥点？黑皮鞋要沾多少泥巴？那领带勒着脖子就不起热疹子？再说，你起码要跟农民握个手、拉个呱、慰个问吧，你穿得这么干干净净、体体面面，你叫浑身泥水的农民怎么跟你拉呱握手？你不嫌弃农民身上的泥水，农民可心疼你的干净衣服，朴实的农民还会打心里嫌弃自己弄脏了你的手、弄坏了你的衣服。此时此刻，农民还会向你敞开心扉吗？你还会了解到真实情况吗？农民只会把你当作城里来的客人，客客气气地把你打发走就是了。反正是不跟你说实话，那你下这趟乡还有啥意义？

这还是好的情况。有时候、有些人，还会不给你面子，当场让你难堪、好看。有朋友说,在他老家,大夏天时,农民在田里插秧,如果有人长衣长裤、穿着皮鞋站在田埂上跟他们说话,田里的农民会向田埂上的人扔泥巴。那虽然是开玩笑之举,但潜台词始终是:都是一样的人,你装什么装?你就不嫌热?这是农民对自己的熟人,如果是对城里来的客人,农民断不会如此失礼、更不会做出鲁莽的行为。但做不出,不等于农民就不这么想,更不表明他们接受和认可。特别是在玩手机成为常态的现在,农民干农活的时候,即使是插秧时,裤兜里恐怕也都装着手机,给你拍一张照片、录一段视频,发到网上。你可能觉得没什么,但田埂上、田埂下的强烈反差,在互联网上就是舆情素材。危险往往藏在细节中。

　　本来,你的穿着很正常,也是城市生活的常态。但时空变了,就产生了错谬。俗话说,到什么山唱什么歌。你到了乡下就得随乡下的俗,南方的大热天,正是发水季,农民不是在泥水田里抢收抢种,就是在河岸上垒沙包抗洪,大家都穿短衣短裤,顾不得泥水汗水,你的那身打扮跟环境就不好协调,农民怎么会对你有好脸色呢?又怎么会热情接纳你呢?你本来就是客人、外人,你这身行头来了,农民当然不会把你当自己人,当然觉得你高高在上,是他们高攀不上的人。

　　如果你不在意这些下乡的礼仪,对农民的心理不在意,仍然是西服革履,一张口就是大道理,说话还拖着长音,你就会让农民不自在;农民一不自在了,就会离你远远的;即使人还站在你旁边听你讲话,但心早飞了,哪怕他们一直在为你鼓掌。其实,你在农民受灾的时候能到他们身边来,为他们打气,给他们出主意,有的还带来物资,农民从内心里是感激你的。他们也知道,你这身城里打扮,可能是生活习惯,可能是无意识,也可能是来不及换衣服,肯定不会是对他们的歧视。但理性的认为毕竟抵消不了感性的观感。你的外在,多多少少是你的内在的折射,是你潜意识的不自觉流露。那就是,你与农民还是不一样的,你是笔直站在田埂上,双脚不沾泥水;农民是弯腰在田埂下,一身都是泥水;你跟干活的农民拉一下呱就可以走,农民还要在湿热的水田里干到天黑。你这身打扮不要紧,但会让农民自卑。说到底,你是在高处,农民在低处,农民要仰视才能看见你。即使农民想把你当农民、当自己人,农民也觉得不像,觉得委屈你、对不起你了。这当然是农民的善意,也是农民的慧黠。

你在空调房里的穿着,到了湿热的乡下,还是算了吧。除了与农民格格不入外,还可惜了好衣服。下乡礼仪虽是小节,但不能不当回事。

要让农民觉得你亲切才好

曾听说有经常下乡的人在车里常备着下乡的衣物,有时候,从典礼论坛上刚出来就紧急下乡,幸好车里备着呢。找个地方换上运动鞋,穿上短袖衫或者T恤衫,冬天的时候则套上灰棉袄,往人堆里一站,不扎眼,跟周围农民的穿着看起来也协调。这虽是小事,但体现了一种智慧。

说智慧,还真是智慧。把自己的打扮与农民拉近,实际上也就在形象上和心理上与农民拉近了距离,让农民更容易接近你、接受你。你要知道,你这趟下乡是为什么来的?绝不是为了走形式、走过场、走个秀吧?也不是完成任务那么简单吧?你一定是为农民做事而来的。所以,为了这个目的,你得了解农民的情况,知道农民的需求,感受农民的所急所难所苦,然后再有针对性地解决农民关心的问题。但如果农民不相信你、不信任你,甚至排斥你,你怎么可能获得第一手的实际情况?又何谈正确的决策?所以,第一步还是要让农民从感情上接受你,觉得你可信可亲。而这,没有比跟农民打成一片来得有效,而跟农民一样的打扮是打成一片的第一步。为什么?你大老远地到农民身边来,还这么用心地把自己打扮得跟农民一样,农民能不觉得你存了一颗善心吗?能不觉得你亲切吗?

农民见了你,就不由自主地放下戒备,从心理上自然接受了你。如此,你接下来的工作也就好办了。这能说不是一种智慧吗?

但智慧毕竟只是一种技巧,要想获得农民持久的认同,还在于心灵相通。在基层工作,到基层调研,跟农民打成一片很重要。曾经有人提倡李云龙式的工作风格,跟农民坐一条板凳,盘腿坐农家炕,有的还接过农民的旱烟袋抽两口,甚至急了、高兴了还爆粗口。一派"大老粗"的彪悍!还别说,这比那些不坐农家炕、不喝农家水的"文明人"要强多了,这些"文明人"连掀农家门帘也嫌脏,进门还得用脚踢、拿东西撑开。"大老粗"虽然粗鲁,但粗鲁中含着亲切和真诚,总比虽文明却生分、透着嫌弃要好得多,也更能获得农民的好感。但李云龙式的风格不能停留在技巧层次,技巧一定要由心生、自然成,方是大真大诚。所以我要说,讲究下乡礼仪,智慧之外,从根上说还是一种善良。

你的礼仪是对农民人格的尊重。入乡随俗本质是一种尊重,是承认一处乡俗的合理性。你从城里来到乡下,来到农民的世界,你以自己的农民打扮,表明了你的态度,你对农民不是高高在上,不是居高临下,不是自以为是;你接受农民、认可农民、尊重农民;你与农民一样、与农民相通、是农民的一分子。不管你能不能真的做到这些,但起码表明了你对农民的善心和苦心。对农民来说,你有这个姿态就行了,即使做不到或不能完全做到,他们也能体谅你,并以真诚回馈你。这恐怕是你的礼仪获得的意外馈赠吧。

你讲究下乡礼仪,表明你对农民感受的在意。农民生活艰苦,贫穷不仅造成了卑微,也衍生了敏感。在当今信息时代,城乡反差更易激发农民对平等和平衡的渴望,特别是这种差距在缩小而又没有根本缩小的时候,农民的主体意识会更强烈,也更在意外界对自己的认知和态度。是的,是态度!农民当然重视自己的"物质获得",但农民对自己"精神获得"的重视一点不比"物质获得"轻。甚至有时候,对"精神获得"更敏感!你的细微态度差别,哪怕一个动作,一个表情、一个手势、一个打扮,都能让他们接受到你的态度信息,激起他们的心理涟漪,从而产生心灵激荡。所以,不要小瞧你的下乡礼仪,你对农民感受的在意,农民也会感受到的。

你的礼仪实际上是对农民情感的一种呵护。把自己打扮成农民,不是迎合农民,更不是一种作秀,而是一种强者对弱者的将心比心,是一种同情心、同理心,是让弱者感受到,即使自己身处卑微,一样有自己的尊严,太阳底下,所有的角落都有沐浴光辉的权利,但有些角落更需要沐浴光辉。而农民就是这特别的角落,他们需要更大的倾斜、更多的支持、更细的呵护。下乡礼仪不过是折射这种"更"和偏爱的小水滴。

下乡礼仪只是一种形式,但这是一种亲切的形式,是让农民对你产生亲切感的形式。

最终还是要为农民办实事

蹲在地头、坐在炕头,最终还要满足农民的想头。下乡礼仪也不仅仅是礼仪,礼仪如果只停留在礼仪上,除了获得一时的亲切和热络外,终究只是一场烟花灿烂般的仪式。一切的一切,最终还要落到为农民办实事上,落到让农村面貌有根本改善上。

讲下乡礼仪是为了什么?下乡礼仪就是一个数据线,目的在寻找到合适的接口,先接入,再谋求介入。如果不讲下乡礼仪,你可能就无法找到正确的接口,也就更谈不上介入和改变点什么了。

欲做大事,先吃农民的苦。站在田埂上可能体验不到农民的苦,不如脱脚下田,与农民一起干几天农活。我们现在有很多从学校到机关的同志,有的分不清小麦韭菜,却已经在参与决策了,虽然他们宏观上认识到扶持农民的道理,但对农民具体的苦和难,未必有深刻的体会。当然,能够在酷热和严寒季节下乡,亲身感受农村的艰苦已属不易,但实打实地与农民生活在一起、劳动在一处,住农家房、吃农家饭、睡农家炕、干农家活,体验农家苦、农家难、农家急,其感受绝不是走一趟、看一下所能比拟的。特别是那些今后要做大事的人,更需要这种体验。只有亲身吃了农民的苦、受了农民的累、经了农民的难,今后决策时才能有农民情怀,才能对农民有利益关怀。

为政问政,先知农民的穷。"知屋漏者在宇下,知政失者在草野"。不到农村,不知道农村的发展有多滞后,也不知道农民有多穷。那些坐在都市办公室的决策人士,如果不知道农民的穷,或者说,如果忘记了农民的穷,忘记了几亿农民生活还不富裕,其决策很难做到不脱离实际。正确的决策,一定是建立在对农情国情的深刻把握之上、对农民穷况的深切了解之上、对农民穷根的靶向探寻之上。我们应该知道,即使实现了全面小康,我们农民的生活与城市比、与发达国家比,仍然有很大差距,而且这种差距还会在相当长时间里存在。农民始终是我们不富裕的庞大基数,始终是我们决策绕不开的基本盘。这个基数和基本盘的存在,就是一个提醒,就是一个警示,我们的任何麻痹轻忽,任何骄傲自大,都是要不得的。等到农民不再穷、农村不再苦、农业不再累,等到农民不仅不亚于城市,与发达国家比也不逊色,我们庶几可以说,问题基本解决了。但现在,农民的穷,还是我们心头必须承受的重,是为政问政的靶心。

根本之计,先扶农民的弱。农民太需要"进补",但"进补"之道,重在固本培元。一要有平等之心,二要有平衡之法,三要有平常之行。何谓平等之心?为政首在平等。对农民更需要讲好平等。这平等体现在尊重上,尊重农民的意愿,尊重农民的经济、政治和社会主体地位;这平等落实在维护上,维护农民的尊严,维护农民的物质利益和民主权利;这平等兑现在补偿上,补偿农民作出的历史性牺牲和贡献;这平等还体现在解难纾困上,把平等实现在农民最集中、最突出、最现实、反映最强烈的利益问题上,着落到每一件急事难事的解决上。平等,不仅是农民应有的权利,是农村发展的精神动力,也是我们国家继续前行的根本所在。所谓平衡之法,就是实现城乡公共服务的均等化,就是补齐农村发展的短板,就是还清农村发展的欠账,就是不但不欠新账,还要给农民吃点补药和偏饭,而且,不是一次性的,是在相当长时期里的。如果一定要设一个期限,那就等到农村跟上来了,农民赶上来了,甚至农村和农民跑到城市和市民前面了,才可以说,不吃偏饭了,大家都一起吃家常饭吧!而平常之行,就体现在日常、经常和平常上,进补固然在下补药、下对症药,但更在于日常饮食。药补不如食补,扶农民的弱,日常细致、无微不至的能量提供,才是根本之道、持久之法。

农民苦,农民穷,农民弱,这就是我们的农情,也是我们最大的国情,也是我们讲下乡礼仪的基点。对此的任何脱离或轻忽,都是危险的。这是为政之要,更是为政之道。

(2020 年 8 月)

双循环格局下的农民问题

始终不忘拉美陷阱的警示——差一点就成了发达国家，就因为没有处理好工农城乡关系

乡村是发展不平衡不充分的突出地带，城乡差距加大是高质量发展的突出难题。解决问题之道，要靠乡村振兴，靠乡村的加速发展，也要靠采取综合手段弥平城乡的差距。

曾经有一个调查显示，绝大多数城市儿童都出生在医院，而绝大多数农村儿童都出生在家里；绝大多数城市老人在医院去世，而绝大多数农村老人都死在家里。这里有城乡文化的差异，但最根本的原因是城乡医疗设施人均占有量的巨大差距。

还有一个调查显示，在北大清华等一流高等学府，上世纪80年代，来自大中城市与来自小县城以下的学生的比率是4:6，或者说基本上一半一半，而后来的情况逐渐逆转，现在基本上是以来自大中城市家庭的孩子为主，这里面有城市家庭更重视子女读书的因素，但城乡居民在人均拥有基础教育设施和师资方面存在巨大差距也是关键原因。

城乡这些活生生的差距，是体制弊端和历史因素纠缠的结果。城乡壁垒不仅使农民在物质上不能过上有尊严的生活，而且在社会心理和文化上，形成一种对农民的普遍歧视。在城乡壁垒出现坍塌的今天，随着资讯的发达、城乡居民接触的增多，城乡差距的鲜活化、眼前化、具象化，都

在农村居民心里产生强烈的不平感,特别是进城务工人员,其遭受的心理冲击是根本无法回避的。如果这种巨大差距再伴以人格上的不公平对待,则对他们的刺激也就会更强烈,其对社会和谐的负面效应也相应会增大。

由此,我就想起"拉美陷阱"的提法。那些在现代化进程中半道跌跤的国家,可以说是其兴也勃也,其衰也忽焉。差一点就挤进发达国家俱乐部,却在最后一公里摔了大跟头,从此一蹶不振。为什么?原因当然很多,但有一个突出的因素就是没有处理好工农城乡关系,大量失去土地的农民急速进入城市,而城市又没有足够的就业岗位来吸纳这些如潮水般而来的劳动力,但这些进城农民又回不去乡村,于是不得不在城市边缘形成巨大的棚户区、贫民窟,成为社会稳定的巨大风险区。而这又形成恶性循环,导致发展持续停滞。这样的教训历历在目。

由此可见,我们必须对正确处理工农城乡关系高度重视,无论是政府决策,还是社会舆论,都应该对农民抱有深厚的感情,这种感情不是空洞和笼统的,它应该包含尊重、感激和歉疚,而这种感情最终要落实到有尊严的补偿上来。我们必须尊重农民的权利,感激农民的贡献,歉疚农民的委屈,补偿农民的牺牲。基于此,在面对铲平城乡壁垒、取消户籍制度限制、农民大量进城时,我们就能对社会变革和所引起的利益冲撞保持清醒的态度,理性引导舆情,并深刻认知:反哺"三农"是义务,是责任,是弥补,也是永续发展的必须。所以,民族要复兴,乡村必振兴。

内循环要畅通,就要讲"和而不同"——因为不同才彼此需要

我们现在进入新发展阶段,实施双循环战略。双循环的一个基础就

是构建全国统一大市场。这统一大市场的关键在于分工协作互利,这就是"和而不同"。

我们这样大的一个国家,东部与西部,南方与北方,不仅有地理气候的差异,也有风俗文化上的不同,更有发展水平的差距。区域不平衡甚至不协调是现实的问题,即使同为乡村,也存在这个地方与那个地方的利益冲突和矛盾纠葛。这就需要讲"和而不同"。

一个是,虽然不"同",但目的趋向"和"。区域之间产生矛盾,是因为区域间都在争取各自发展的最大化,最终都是为了整个国家和全体人民的发展。另一个是,正是不"同",才实现了"和"。区域之间有差距、彼此有强项和弱项,都可以在共同发展中扬长避短,互补双赢。还有一个是,因为有"和",才保障了不"同"。因为有统一大市场、共同的大目标,才使不同利益主体、不同发展水平方,都能实现自己更大利益,确保合作比单干更有利的局面。

在"和而不同"的格局下建设"内循环",就可以依托各自的不"同"、各自的特点亮点,在大战略格局中、在统一大市场中,谋求各自的地位和位置。

就说加快农业农村现代化吧,东部地区发展领先,有资本、科技主导型集约农业的发展探索,有东部农村的城乡融合发展的先行做法,有东部农民在市场化中组织起来和发展基层民主方面的经验。而中部呢,中部是政策"洼地效应"所形成的,这些地方基本上是粮食主产区,因此在内循环战略格局中,应该结合他们的优势、困难和差距,尽快填平这个政策洼地,对扛稳国家粮食安全重任的粮食主产区要有政策倾斜。东北振兴战略蕴含着"三农"发展机遇。如,振兴东北老工业基地会吸纳更多的农村劳动力、加大工业带动农业的力度、加速农村城镇化的进程等。西部大开发直接把西部特色农业推到前台,在立足特色和可持续发展上下大力气,真正发挥后发优势。在农业发展上,扬生态特色农业之长;在工业发展上,不走"先污染后治理"的老路;更重视经济社会的协调均衡发展。这样做有助于区域之间协调发展和共同繁荣。

在内循环格局中,我们国家各个地方的不"同",正是各自的优势,市场经济讲彼此需要,就是这个意思。因为不同才有价值。特别是发展阶段的梯度差异、发展水平的层次不同、自然禀赋的天然差别,让彼此都为别人所需要,让彼此都拥有自己的独特价值,让彼此也都有各自的致胜利器,而在统一的国家中、统一的市场里,彼此的价值都得以彰显,彼此的利益都得以保障,因为不同而分工,因为不同而协作,因为不同而互利,因为分工、协作、互利,而得以共同繁荣。这就是"和"的大境界。

农村教育卫生文化发展慢不得——乡村振兴正是补课还账时

随着脱贫攻坚任务的如期完成,中国进入全面推进乡村振兴时期,困扰多年的乡村发展不平衡不充分问题,开始打开系统性解决的历史之窗和机遇之窗。

由于长期二元经济社会结构的影响,农村社会事业的发展不仅严重滞后于城市,也是农村发展最薄弱的环节。也就是说,农村固然是发展不平衡不充分的洼地,而农村社会事业就是洼地里的深坑。这也好理解,在解决基本生存问题之前,对农民来说,除了生存,其他的都是暂时顾不过来的,都是可以暂且放一放的,甚至是多余的。而农村社会事业,就曾经是这暂时顾不过来的、可以暂且放一放的、多余的问题。这些年,农村社会事业发展不平衡不充分问题逐渐得到重视,这几年更是加速进入补偿发展阶段。但由于历史欠账太多、太久、太重,这一问题仍然十分突出,特别是教育、卫生、文化等社会事业基础设施严重落后。

值此重要的历史关口，如何正确看待农村社会事业发展问题，是一个有关大历史观的问题，也是一个有关发展观的课题。这里面就涉及一个原则和两个基本认识。

一个原则是，发展经济的出发点和落脚点是什么？很显然，是为了提高农民群众的生活水平。农民群众为什么会满腔热忱地投入到经济建设中，政府为什么要下大力气发展经济，都是为了农民能过上好生活。享有健康权、受教育权、发展权和文化娱乐权，是人的基本权利，帮助农民实现基本权利是政府职责所在，何况，我们对农民有一本历史欠账。欠账是要还的，早还比晚还好；落下的课是要补的，不补后面的课是学不了的。所以，在当前农村社会事业薄弱的情况下，更需要在人财物方面进行倾斜，优先发展农村社会事业。

那什么是两个基本认识？一个是，农村社会事业发展滞后，会拖累经济发展。教育、卫生、文化是社会事业，也具有产业的特点，其发展滞后不仅直接减少相关行业的就业和消费，还严重降低劳动力的综合素质，谁能说，劳动力的健康程度、受教育水平、文化品味与经济发展无关？如果农村社会事业长期滞后，不仅影响农民的获得感幸福感安全感，也势必影响经济的竞争力；再一个是，农村社会事业发展滞后必然使农民应享有而未能完全享有基本权利，而农民的权利得不到更好实现，难免会引起心理失衡，对社会稳定造成冲击，自然也会拖累经济发展。

基于这一个原则和两个基本认识，我们可以看到，社会事业发展并不只是花钱的事。它固然有赖于经济发展的水平，同时也促进经济发展上水平，更决定了经济发展的可持续性。一句话，经济与社会要协调发展，不平衡不行，不充分也不行。

环保透支的板子不能打在农民身上——给农民富裕的机会,就是给自然休息的机会

现在大家都在讲人与自然的和谐,讲绿色发展,但要真正实现人与自然的和谐发展,仅仅停留在宣传"绿色发展"、宣传环保是远远不够的。

谁不喜欢山川秀美? 谁又愿意面对风沙、污水和烟尘? 农民也不例外。可以说,农民本质上最在乎环境,最喜欢美丽宜居的环境。农民甚至把生活在美丽环境当中当作理所当然、本该如此的。溪水潺潺、鸟鸣山幽,空气清新、水清山绿,是人一出生就该有的。但为什么早些年,一些地方农村环境出现了脏乱差呢? 出现了青山被剃头、污水四处流、垃圾随风走、环境脏乎乎的乱象呢? 这几年,各地努力贯彻"绿水青山就是金山银山"理念,大力开展人居环境整治,其政策背景不仅是美丽乡村建设的基本要求、推进乡村振兴的目标导引,也是农村环境乱象的问题倒逼。

但农村环境问题产生的原因是什么呢?

首先是农民不富裕,没钱的人最关心的是钱。农村环保问题的症结不是农民愚昧,不是农民不爱环保,也不是农民不愿意走可持续发展之路,而是农民的生存压力太大了。一个农村家庭,不管怎么样,都要面对这三个问题:全家吃饭、赡养父母、抚养儿女。生存权是最大的人权,没钱的人,是不关心环保的,挣钱是第一位的。实现环保必须要有经济做坚强后盾。

其次是人口过密导致的环境透支,即耕地的超负荷。中国农业的特点是小农占绝大多数,这是特点也是现实,更是无奈。谁不想有欧美那样

动辄多少、多少公顷的大农场？谁不想有现代化、集约化的大工厂农业？但人多地少是基本国情，大国小农是老祖宗留下来的。怎么办？只能在蜗牛壳里做道场，靠精耕细作、靠对耕地的过度开发，以"内卷化"来对冲农业边际效应的递减。在这过程中将人口生存压力最大化地分摊、嫁接到耕地和环境的承受力上，不可避免地造成环境透支。

第三是为了加快发展，导致对环境的忽视。没办法，生存要紧，导致一些地方、一些人错误地认为，只要能给地方带来发展，有损环境的发展总比不发展好。这正是早些年一些地方盲目招商引资、顾头不顾腚地引进污染项目的病灶所在。如果从这个视角看待农村出现的透支环境现象，我们就会从另一个角度认识到农民增收的极端重要性。

必须把握好农民生存与环境保护的关系，不要把板子打在农民身上。要综合考虑到人口压力、历史遗留、气候演变、体制弊端等方方面面的因素，明确环境保护的责任主体和努力方向。农村生态危机原因在人口压力、在体制约束；缓解生态压力责任在政府努力、在全社会支持；解决农村生态问题办法在农民致富、在人口向小城镇和大城市转移。

只有减少农民，才能富裕农民；只有给农民富裕的机会，才能给自然休养生息的机会。这是需要深刻认识的问题。

把握双循环的辩证法——开放的底气是实力，关门发展不现实

当前我国"三农"发展前所未有地与对外开放相关联。虽然现在全球化遭遇逆流，但全球化的大势是阻挡不了的。我国的农业、农村和农民都在这一时代大潮下发生着深刻的变化，关起门来独自发展不再成为可能。国际环境的风吹草动也许都能引起一个普通中国村庄的注意，因为

这个村庄,生产的农产品可能销往日本、韩国,可能有几十个农民在俄罗斯种菜,还可能有几个农民在中东打工,种水果的农户可能对美国的新奇士柑橘协会很羡慕。

在双循环的格局下谋划"三农"发展,是一个必须重视的课题。这靠什么?就是要靠中国人自己,我们把自己的事情办好了,就不怕外面的风吹草动。中国人的饭碗必须端在自己手上,中国人碗里主要装的是中国粮。这就是中国的底气和实力,也是"三农"发展与对外开放的底气和实力。在此基础上,我们在国际贸易上调剂余缺也就能气定神闲。我们可以适时进口一些国内结构性短缺的农产品,给我们的消费者尝尝鲜补补缺不是很好吗?价格合适时,给自己的土地和淡水资源休养生息一下又有什么不好呢?只要饭碗里是自家的大米饭、红烧肉,夹一点别人做的小菜,除了更好满足自己的舌尖,看不出还有其他不合适的地方。

他山之石,可以攻玉。应该认识到,中外农业是竞争与互补并存,在互补中发展、在竞争中提高。关注国外乡村的发展及其对我国的借鉴意义,了解国外的一些通行做法,如美国把支持农业政策法律化、韩国振兴乡村的"新村运动",欧盟、日本对农业的补贴和农民合作组织的发展,等等。尤其是一些发达国家在"以工补农以城带乡"、保持农村发展农民充分就业、在农业国际竞争中保护本国农民等方面的经验做法,都值得我们学习和借鉴。而一些跌入中等收入陷阱的发展教训,更需要我们引以为戒、深刻警示省思。这既有利于我们在制定和落实"三农"政策时博采众长、少走弯路,也有利于我国农民争取和维护自己的权益、自我突破发展困局。

当前我们正在构建以国内大循环为主、国内国际双循环相互促进的新发展格局。新发展格局固然是坚持以我为主,但我们是讲辩证法的,任何时候,关起门来搞发展都是不可持续的,也必然走不远。我们必须坚持把握双循环的相互促进,不能忽视国际大循环对国内大循环的影响。只有正确认识并把握两个"大循环"的关系,才能更好畅通内循环,让我们的"三农"在双循环中抓住机遇,实现更好的发展。

(2021 年 12 月 6 日)

乡村振兴归根结底看农民富不富

"中国要强,农业必须强;中国要美,农村必须美;中国要富,农民必须富",这一重要论断,是大实话,是大白话,大道至简,一语中的,切中了中国发展的要害所在,是我们思考和回答"三农"乃至中国发展全局的战略性方向性问题的根本遵循。试想一下,如果农业不能强,中国强的大厦就难以拔地而起;如果农村不能美,中国美的意境就只能存在于诗词和记忆中;如果农民不能富,中国富的梦想就只能永远是梦想。

总体上来看,经过多年发展,我国"三农"发展成绩不可谓不突出,农业现代化程度不断提升,农村面貌发生较大改变,农民收入保持较快速度增长,"三农"持续向好的发展态势和积累的丰厚物质基础,又为中国整体的"强美富"提供了重要保障。但是,无论是从"三农"自身的发展要求来看,还是从国家发展的目标来看,差距还很巨大,任务还很艰巨。

这就要求我们必须更进一步开拓思路、创新办法、加大支持、深化改革,将"三个必须"落实好、发展好。农业强,不仅是农产品数量的增长,更是质量的提升、生产效率的进步;农业强,也不仅是农业自身竞争力的问题,更关系到国家现代化发展进程。农村美,不仅是环境的美化,也是公共服务质量的提升、治理结构的优化;农村美,不仅是农村自身发展建设问题,也关系到生态文明建设、城乡社会可持续发展。农民富,不仅是农民收入的增加,更是农村资源的盘活、农民权利的赋予;农民富,也不仅是农民的自身利益问题,更是关系到经济社会发展总目标的实现。

　　"强美富"是"三农"工作的总目标,是"三农"中国梦的核心标志。农业强、农村美、农民富,三者相互依存,互为因果,共融共生。不可能在农业不强的基础上实现农民富、建设农村美;也不能在农村不美的环境中创造农业强、获得农民富;更不可能在农民不富的现实中做到农业强、享受农村美。如果一定要分出一个优先序,定下一个关键点,那农民富就是基础之基,就是根本之本,就是"三农"发展的目标和动能。必须千方百计把农民搞富,只有农民富了,才有创造力、驱动力去把农业搞强;才有心情、兴致、实力去把农村搞美。这个世上钱最俗,但没有钱,任何风雅都是云淡风轻,都是抓不着、摸不到的镜花水月。何况农民还没到免俗的阶段,在现阶段,农民最需要的就是钱这个俗物! 没有这个俗物,农民的生存发展都是问题,一旦生存发展成了问题,其他的就无从谈起。所以,农民富始终是根本,是大问题。

　　"强美富"这三个字,看似简单,但是内涵丰富,意义深刻。只有紧紧牵住"三农"发展"强美富"这个牛鼻子,以此为引领,科学研判"三农"发展内外部形势,准确把握"三农"发展的现实要求,深入谋划"三农"发展的具体路径,始终坚持把"三农"工作放到全局中来审视和推进,才能推进农业农村改革发展不断上水平,为实现中国的"强美富"夯实基础、打开局面。

（2021 年 2 月 11 日）

在喧哗中打捞沉没的声音

谁来为农民说话？谁来宣传农民——农民需要尊重

在农民的舆论话语权不强的情况下，农民更需要有人为他们说话。当前，在"为农民说话"方面，面临两个任务，一个是对政府反映农民正当诉求，一个是对全社会宣传农民。

这些年，农村社会变革变动，处于转型时期，一些地方干群关系紧张，存在农民权益受损现象，个别地方基层权力还被社会黑恶势力蚕食，农民生产生活安全受到威胁；有的地方围绕土地和拆迁发生了恶性事件，严重侵害了农民群众的土地和财产权益；还有的地方，不尊重农民意愿，不顾农村生产生活实际，搞合村并居，强迫农民上楼。农民群众对此十分不满，他们迫切希望表达自己的诉求，反映自己的意见。在互联网资讯发达的今天，农民的诉求和意见表达有了更多的渠道，但在众声喧哗中，总体上，农民的声音很容易被热点的不断转移而淹没。

谁来打捞农民沉没的声音？让沉默的大多数能够发声？这就是主流媒体的责任。主流媒体必须为农民说话，坚决揭露一些地方的错误做法，使上级政府掌握基层的实际情况，了解农民群众的诉求：一方面使其及时制止错误行为和做法，消除影响社会稳定的隐患；另一方面也使决策部门在今后决策时能够更多考虑到农民的利益和社会稳定的承受力。

主流媒体坚持"为农民说话"，除了"对上宣传"外，还承担着"向全社会宣传农民"的职责。这些年,社会上一些人媚官、媚大款、媚明星,一些媒体也随之起舞,不仅浪费了有限的新闻资源,也助长了这种媚俗之风。向全社会宣传农民,就要宣传农民对中国革命、建设、改革开放和新时代的巨大贡献,宣传农民的付出和牺牲,宣传农民的淳朴和善良,宣传农民的吃苦耐劳和坚忍不拔,宣传农业是衣食父母、农村是精神家园、农民是父老乡亲,宣传城乡一体才能一体发展、城乡融合才能相生相长。彻底在全社会摈除歧视农民的社会心理,树立崇农敬农的社会文化,让农民的形象美好,最终让农民还原为一种职业、成为社会价值体系平等的一员。

当前,在全面推进乡村振兴、加快农业农村现代化的大背景下,有社会责任感的媒体,都要通过全媒体手段,把"三农"的真实情况如实反映出来,呼吁全社会关爱、关心、关注"三农",营造全社会重视"三农"的舆论氛围,呼唤更多的"穷人经济学家""穷人教育家""穷人艺术家""穷人记者和律师"的涌现,努力实现好、维护好农民的权益。

人人都有麦克风,农民为什么还想在主流媒体上发声?

"三农"宣传要"让农民说话"。群众的心声必须得到忠实的表达,农民群众也有权利在媒体上发声。

这些年来,新闻宣传很注意"为农民说话",也作了很大努力,但这些"话"基本上都是媒体在代言,农民群众自己很少有机会直接在媒体上"说话"。是不是农民群众自己不愿意到媒体上来"说话",或者农民群众不具备"说话"的能力和水平呢?一些媒体的实践表明,农民不仅非常渴望"说话",也有很高的"说话"水平。新时代的农民,特别是一些在城乡之间穿行的新一代农民,不仅对其所受的不公平有切身感受,对社会上发生的事情有自己的看法,而且对整个社会公平和正义有强烈的渴望和深刻的思考,也具备一定的文化水平,他们渴望表达自己的诉求,也有通过表达来彰显自己存在的愿望,但他们最苦恼的是没有"说话"的平台。

但在互联网发达的今天,说农民没有"说话"的平台,是不是不符合实际?当今,人人都有麦克风,手机是新农具也是新媒体,怎么能说农民没有"说话"的平台呢?在众多自媒体大 V 中,就有不少来自乡村的达人。他们或为乡村带货,或者为乡土代言,或者成为乡村文化的宣传者,他们把乡村的特产、乡野的风光、乡土的价值带入城市,成为新时代的乡村发声人。按说,互联网已经为农民"说话"创造了便利的条件,为什么还要强调为农民提供"说话"的平台呢?这就要考虑到农民的心理。农民对主流媒体公信力有一种天然的信任。虽然互联网自媒体为他们"说话"提供了便利,但自媒体的"喧哗"也让他们信心不足,他们更信任主流媒体的公信力。

这就给主流媒体出了一道考题。必须回应农民真诚朴素的信任,主流媒体必须采取措施让农民来平台"说话"。要真正放下身段,切实贴近农民的生活和农村的实际,腾出更多的版面、频道和时段,让农民群众中的"能人""文化人",以及一切想说话、能说话和善说话的人,与媒体互动,实现某种程度的共同办媒。这样做一举三得,既使农民群众直接表达了自己的意愿,也使新闻宣传形式更鲜活,还有利于社会和谐。

让农民来有公信力的平台"说话",必须秉持"公",必须坚守"信",必须夯实"力"。公而守信有力量,才是农民群众心里的"公信力",才是农民渴望"说话"的好平台。

与农民打交道就得"说农民的话"——人心换人心,不搞弯弯绕

到什么山唱什么歌,与农民打交道,就得说"农民的话"。所谓"农民

的话",只是一个比喻,这既不是对农民的歧视,也不是真的存在一种"农民的话"。农民是我国最淳朴的一个社会群体,保存了中华民族传统的道德情操和人情信义,他们的语言亲切、家常、生动、形象,他们不仅用这种丰满的生活语言表达自己的心声,进行彼此的交流,也通过它维系这一巨大群体的和谐。

因此,所谓"说农民的话",应该包含三个层次,一是平等亲切,二是务实直接,三是形象生动。我们在与农民交往时,对说话的"形象生动"比较重视,但对关键的"平等亲切"以及"务实直接"还有不少欠缺,试想,没取得农民的信任,农民不把你当"自己人",再生动的语言又有什么用?你又不是赵本山、宋丹丹,你的生动语言,除了逗他们一乐,还能有什么呢?当然,让农民乐一乐也很好,但逗乐的任务还是交给赵本山们更好。我们做农村工作的同志,主要的工作是为农民做事、做为农民好农民也认为好的事,这就少不了要与农民交流。要取得农民信任,没有什么比让农民把你当"自己人"来得更快。做农民工作,其实在革命和建设年代有一整套的传统经验,其最核心的经验是与农民打成一片,让农民相信,你所做的一切都是为农民好,都是在帮助农民,你没有自己的利益,让农民实现利益就是你最大的利益。这就涉及真诚。与农民打交道,一定要真诚,一定要让农民感觉到、接受到你的真诚。这一点任何时候都必须坚持。又试想,虽然农民把你当朋友,但你的话始终云山雾罩,缺少"务实直接",没有什么"干货"和实际有价值的东西,农民又怎么会喜欢呢?农民最务实,农民最直接,与农民打交道,还是实打实为好,来点有用的、不搞弯弯绕,比什么都好。

又比如做新闻宣传的同志,一方面肩负着传播农村政策、市场行情、科技信息的任务,另一方面也发布农村社会内部的种种有启发、有警示、有趣味的新鲜事情。要想取得好的宣传效果,想使宣传内容真正进村进户、入脑入心,就必须放下架子,与农民交朋友,以坦诚亲切的态度,用通俗易懂的语言,把复杂的事情明晰化,把抽象的道理形象化、把原则性的精神具体化、把枯燥的东西活泼化,真正做到农民喜闻乐见。

农民最实诚,农民最实在,农民最实际,把握了农民的三个"实",我们为农民做事,一定会务实有实效。

(2022 年 4 月 15 日)

第二辑

乡村何处

李子柒世界的意义

每个人心里都住着一个"李子柒"

"并刀如水,吴盐胜雪,纤手破新橙。"看伊人肌肤胜雪,素手纤纤,轻轻拿起并州出产的果刀,在钧窑出品的瓷盘里,"嗞"地一声,破开了南方来的新橙。这场景,是千年前东京汴梁的梦华,是李师师与赵佶的眼风。看呆的不仅是躲在床底下的周邦彦,也包括千年后的看客。

不,这是时空的错位。这不是李师师的倩影,这是李子柒的侧影。并刀、新橙、钧瓷,换成了黑泥、青秧、农具;东京的樊楼,蝶变为乡间的小路、农家的小屋。只是雪肤还是雪肤,伊人似是伊人。这是李子柒在与山间溪头的植物对话,与园中的瓜果蔬菜交流,看呆的不仅是都市的白领,也还有异域的爱慕者。

看李子柒的《水稻的一生》,从浸泡稻种、育秧插秧,到田间管理,再到割稻脱粒、晒稻碾米,最后淘米煮饭、家人共享,展现的不仅是水稻生长的一生,也不仅是农民劳作的一季,而是破屏而出的乡土情趣、亲情温馨。普普通通的农家生活,在美丽的风景和容颜的烘托下,蒸腾出一派令人向往之、化身境中的欣欣然、跃跃然。当然,这是李子柒对农家生活的滤镜和美颜,但这不是重点,大家都知道,真实的乡土生活是艰难的,是没有那份惬意的,但大家就是要享受这刹那间涌现的心头好。就是啊,虽然是美化的,就当它是真的吧,就当它是一个梦想和目标,是努一下力就能实现的。即使认为这一切终究还是梦想,那就让我在这梦想中沉浸一会儿吧。

同样的场景还出现在一张空姐插秧的视频中。穿着制服的空姐,彩色丝巾、长筒胶靴、水波粼粼、秧苗青青,在嬉闹中歪歪斜斜地插着秧,纤纤玉手在泥水中划过。不错,这水田就是秀场 T 台,这插秧就是一场演出,但它并非毫无意义,起码,让农业劳动与都市时尚挂了一次钩,让农耕文化在都市的天空划了一道彩虹,也让都市人在农耕体验中透了一口气,在欣赏时尚派对中感受了一番乡村野趣。

这不是古老田园生活的返祖;这是后工业时代的新生。在经历了纷繁、复杂、欲望、煎熬后,忙碌焦虑的人开始向往简单、纯粹、美妙和真趣,而乡村,就提供了这样一个着落。在竹篱茅舍、乡村烟火中,孤独地享受这一份自然的趣味,品尝这一份农家的土味,欣赏这一份乡野的真味,是都市群体小心守护的绮梦。

一个李子柒顶得上多少媒体,这是从文化传播的角度而言。问题的本质,不在李子柒要传播什么,而是芸芸众生需要什么,李子柒不过是挠到了人们心里的痒痒。其实,每个人心里都住着一个"李子柒",如今李子柒爆红,不过是每个人心里的"李子柒"正好与现实中的李子柒合体而已,是人们心里的"李子柒"具象化而已,是现实的李子柒幸运而已。

李子柒建构了一个乡村新"香格里拉"

所谓"香格里拉",不是指云南迪庆的香格里拉。"香格里拉"并非真实存在,它只是一个比喻,是"伊甸园、理想国、桃花源、乌托邦"的代名词,是人们梦想的一个投射。一个地方被称为"香格里拉",是因为这个地方跟人们心里的梦想类似,最多是无限接近而已。

李子柒所展现的乡村生产生活生态,归结到根子上,就是对乡土的再创作、再设计、再装修,就是把乡村美学化、农业艺术化、农人艺人化。正是通过这"三化",李子柒构建了一个梦境一样的新乡土,一个"香格里拉"一样的心头爱。

何谓乡村美学化?乡村美学化有四:一是人文性,二是现代性,三是设计性,四是交互性。

李子柒的乡村勾勒了乡土人文生活,无论是竹篱茅舍,还是溪流小桥,抑或是瓦釜绳枢、鸡鸣犬吠,她的乡土始终透着人文风,洋溢着烟火气,更给人一种久违的家乡味。让看到的人都不由心头涌现出一种熟悉的或者似曾相识的感觉。李子柒的乡村美学化就是让人在梦境中产生回归乡土的欲望,哪怕只是瞬间的冲动。但这感觉是真实的,是遏制不住的,是适合人午夜梦回时、孤独自处时反复回味的,这就是人的故园情结,这就是乡村美学化的人文性。

而现代性指的这乡土不是农耕文明时代乡土的重复,虽然一样有环境整治和美化,但现代元素的浸入,是其最大的不同。不仅服饰器具有诸多现代元素,重点还是城市生活理念的植入。现代性的乡土是屋外田园化、屋内现代化,有鸟鸣蝉噪,也有手机信号;有农家土灶,还要有宽带淘宝。精神可以讲情调,身体还是很诚实,最好是两者兼备,在乡土情调中享受城市设施,在现代生活中神游乡土情趣。这就是现代人的轻奢和小贪心。

所谓设计性,就是美学化的乡村是设计出来的。乡村美学化,既然称为"化",就暗含了设计的意思。虽然自然本身是美的,但未经人工雕饰的自然并不是美学化的。自然就像一个小姑娘,固然丽质天成,自有其可爱的一面,但若不经过梳妆打扮,还是形不成摄人心魄的魅力气场。乡村是自然的一部分,但如果任其淹没在自然中,乡村也就显不出其人文存在,而只是自然的一个片段。美丽乡村需要设计、需要装修。

至于交互性,则是粉丝可以对李子柒的创作发挥影响,李子柒根据受众的趣味创作受众更喜欢的作品。受众通过点击表达他们的感受。比如,李子柒创作的《水稻的一生》就是一个表达爱惜粮食意涵的公益作品,是其对社会主流价值的一种认同。也就是说,交互性凸显了作者与受众共同创作、共同构建乡村美学化的至善至美至爱。

乡村美学化,就是让乡村的美形成气场,撩人、摄人,让你"一日不见,如隔三秋",让你"既见君子,云胡不喜"。这就是美学化乡村的魅力。

何谓农业艺术化?看看李子柒的作品,看她在作品中的劳作,无论是手工制作、烹调菜品,甚至干实实在在的农活,完全没有"田家秋作苦,邻女夜春寒"的写实派的悲苦,活脱脱就是一个唯美风的抒情。她所展现的农业是一门生命艺术。搞农业就是与生命打交道,"鸡鸣桑树颠,犬吠深巷中",当然是生命扑棱棱的存在;无声的植物,在夜空下也能听到拔节的声音,清晨时也会看到露水在叶上滚动的情景;而风声、雨声、雷声、田间放水声,则无异于天籁,成为自然合唱的多层次和声。作为农业人,你能想象把一粒种子变成在风中摇曳的稻浪麦浪,是什么感觉?当你端起一碗晶莹剔透的白米饭、在白嫩嫩的大馒头上轻轻咬下一口时,而这是你种出来的,你会作何感想?那是自己的汗水浇灌而来的,那是自己呵护培育而来的,那是自己情感投射和凝结的对象,是自己创造的生命,能不珍惜吗,能不爱护吗?说农业是一门生命的艺术,一点不假,农业不仅在创造生命,也是用生命在创造,农人的生命与作物的生命交互投射,当作物的生命日渐饱满、逐渐增多,农人的生命也在进行对作物的无声转移,而作物也将以滋养更多人的生命来回馈这种转移。农业不仅是一门生命的艺术,而且是一门生命转化、生命不灭的艺术。这样说来,李子柒的农业劳动就是一项真正的行为艺术。视频中,李子柒种地、插秧、挑谷、淘米、做饭，看起来是有模有样，但那实在只是某种程度的 T 台走秀。这不要紧，李子柒的重点不是展现农业劳动的辛苦，她是在构建她的农业艺术化。既然是艺术化，农业劳动的行为艺术化也就是顺理成章的事了。这就如空姐插秧、农事体验一样，目的不是干多少农活，也不是为了干农活，而只是为了展现农耕文化的美。农业劳动的行为艺术化，是农业艺术化的活要素。同理，说农业收获是一件艺术作品，也就是再自然不过的事。农人以农具为笔，以田园为纸，濡流水为墨，笔耕大地，创作出金灿灿的农事收获，那不是艺术品吗？作物成熟的样子本身就是大真大善大美的艺术品！当然，李子柒的农业艺术化，与淡化农业的辛劳无关。

至于农人艺人化，我觉得有三重意涵：一个是重塑农人的形象，一个是构建农人的自我意识，一个是强化农人的创造性。传统农民的形象基本固化，给人展现的始终是一副被自然和生活碾压的卑微，劳动对他们来说始终是负担和艰辛。但在李子柒的作品中，农人的形象可以是白衣飘飘，可以是肌肤胜雪，也可以是巧夺天工、是享受生活，但最根本的一点，是快乐的。而这并不完全是作者美颜化农民。现时代农民当然还不宽裕，生活也还说不上有多好，但随着时代发展和农村进步，也出现了一批新农人。这些有别于传统农民的新农人，从事的是现代农业，眼里有一亩三分地，也有信息蓝海；看见镇上的集市，也了然互联网上的淘宝；他们获得收入的途径虽然还立足于眼前的乡土，但视野和触角已然拓展到千山万水之外。他们在与城市大市场对接后，不仅把更多的乡村产品卖到城里，也把城市出品带到乡下，这其中不仅包括工业品，还有城里人的想法和活法。日积月累中，他们的脑子里也种下了城里人的念头，思想的闪电一旦劈开混沌的田野，一定会疯长出龙种的后代，农民的形象也终将发生革命性变化。到那时候，就像李子柒作品中一样，农民与城里人将不会有什么区别。农人艺人化,构建农人的自我意识很重要。说起自我意识,人们可能更多想到农民的权利意识,特别是维护权利的意愿。权利意识当然是自我意识的一部分,甚至是特别重要的一部分。但我这里还不是说这个,毕竟维权是有时有晌的,我说的自我意识是贯穿始终的,是日常生活中的,是无时无刻不存在的,是与生命始终同步的。农民曾经长期缺乏自我意识,不是他们没有自觉,而是生存压力顾不过来对自我的观照,也只有从贫困迈向小康之后,基本生存压力解除后,人才有余力、余暇打理自己的自我意识。农人艺人化就在于更多关注自我、爱护自我、突出自我,当然,这几种"自我",是在尊重每一个人"自我"的前提下存在的。所以,艺人化的农人是思想自觉、行为自觉,是快乐的自我,是享受劳动和生活的自我。农人艺人化还体现在农人的创造性上。在李子柒的视频中,农人是能工巧匠,农人是不断创新创造的人,不仅所有的农事收获是艺术的创造,其创造的因子也浸满了农事活动的全过程。

李子柒的世界是一个梦境般的存在,她把每一个人心里的梦想投射到乡土世界,给我们分享了一个乡村新"香格里拉"。

李子柒对接了城市中产阶层怀旧新梦想

为什么有那么多人喜欢李子柒?因为她触及了城市中产阶层心中的柔软。这些人有从农村出来的,有在农村生活过的,有他们的寻根二代,也有"富而优"向往农村的。

改革开放以来,每年都有大批农村青年进入城市,他们在城市就学、工作、经商,几十年下来,涌现了一大批社会成功人士。这批人在经历了半辈子人生奋斗之后,一面享受了殷实的城市生活,一面怀念着曾经的乡村生活。往日的艰辛既凸显了如今的幸福,也撩起了其心中的怀旧情怀。

对乡土的情感不仅成为他们的一种道德提升,也是他们的一种心灵享受。李子柒的作品让他们的童年记忆、乡土情结得到一种释放,让他们在其中找到自己逝去的时光,获得一种情感的体验。这是喜欢李子柒作品的一类人。第二类人是曾经的知青。这些人在人生最美好的时光与农民生活在一起,在农村经受了人生的磨砺,既吃了农村的苦,也感受了农民的难。曾经恨不得再也不回农村的他们,在事业成功和人生圆满后,特别是在退休之后,对农村的情感发生爆棚,那既是对广阔天地的深情眷念,也是对逝去青春的美好回忆。第三类人是前两类人的二代,这些人自幼受家庭耳濡目染,对农村既熟悉又陌生,随着他们走向成人,特别是有了一些人生阅历之后,他们的寻根意识萌发,也促使他们关注父辈的来处和经历地,而李子柒的作品就提供了这样一个切入点。第四类人更重要,这些人是改革开放以后富裕起来的一群人,这些人享受城市现代生活久了,心中疯长起对自然、乡野、农家的向往,萌生了对简单、淳朴、特色生活方式的期盼,但这些人真要他们放弃城市生活、真去乡村生活,也不可能,不仅是他们的人生主场还在城市,而且骨感的乡村生活也与他们的想象有巨大的落差,所以,他们只能在李子柒的梦境中安放自己疲倦的灵魂,求得某种精神的栖息。

返璞归真是文学史和思想史上的重要主题。中国文化一直有田园情结和桃花源情愫,西方文化也一直在失乐园和复乐园中徘徊。乡土在东西方文化中始终是一种精神般的存在,这在经历了工业化城市化的喧嚣之后,会越来越强烈。特别是随着乡村的骨感逐渐向丰满靠近,乡村让生活更美好,逐渐成为了社会共识和时代价值的风向标。李子柒的意义就在于把乡村的美好摆到你面前。让你在去不了的时候,在手机上感受乡村;在你去得了的时候,知道乡村好在哪里。

李子柒勾起了世界对中国文化的新神秘

"太阳最早照耀的地方,是东方的建塘,人间最殊胜的地方,是奶子河畔的香格里拉。"自从英国人詹姆士的小说《失去的地平线》问世以来,作品中所描绘的香格里拉,就成为西方社会对东方文化神秘的新象征。

其实,这种神秘其来有自。那是从马可·波罗描绘东京汴梁和元大都就开始了。在马可·波罗的记述中,意大利贵族视若瑰宝的丝绸,早已穿在汴梁城门口守城的士兵身上。借助于传教士的见闻,中国文化的涟漪也波及欧洲的文艺复兴,伏尔泰、孟德斯鸠对中国文化的"误解",进一步助长了西方人对中国的神秘。但这种神秘在之后的船坚炮利中应声而碎,伴随中国国运的一路下滑,西方社会对中国文化的印象也由神秘和仰慕替换为轻视与鄙视。但历史不会长期不眷顾中国,20世纪下半叶,随着中国的现代化进程加速,中国国运进入了一个新的上升期,中国为什么能? 中国为什么行? 西方社会燃起了新一轮对中国文化的神秘。

李子柒的中国风恰到好处地对接上西方社会的"新神秘"。通观李子柒的视频,那里呈现的是中国山水、中国乡村、中国美食、中国衣饰、中国音乐,妥妥的、原汁原味的中国风! 那山水,山不高、水不深,但草木茂盛、溪水潺潺,一看就是老天自然落笔,没有匠心却深得自然,一副人间福境的样子。那乡村,白墙乌瓦,嵌在一片绿海之中,倚在山脚和溪畔,人行之中,宛若一幅画,又若无声歌,那是神仙般人物,是食云英、吐烟霞的精灵。那美食,是中国味,是来自自然的馈赠,这里面有日月星辰的光辉,有风雨雷电的激情,更有耕者汗水和心灵的浇灌,天地间最鲜美的滋味,都凝结在作物的根茎花实之中,而厨者之艺,就在于挑弄食者的味蕾,引逗那满口的涎津。那衣饰,可以是白衣飘飘,可以是宽袍大袖,可以是一身短打;可以淡扫蛾眉,可以云鬓轻挽,也可以明眸善睐,衬托了一个温婉柔美清丽的女子,溢出了一缕纯纯的中国风。那音乐,是丝弦悠扬,是笙箫轻吟,虽是背景之声,却是中国意境的点睛之笔。这就是李子柒的中国,是李子柒投射出来的中国。

大音希声,至美无言。李子柒不需要说什么,也不必传播什么,她以一个中国风的女子,一个农家女子的日常饮作,为世界对中国的"新神秘"作了新注解,让他们不必懂中国语言,也不必懂中国文化,只要他们懂美、懂爱、懂真诚,他们都可以在李子柒营造的氛围和境界中,找到自己情感的投射点,找到自己灵魂的栖息地,找到自己的爱与慰藉。这是李子柒的意义,也是弘扬中国价值的思考接入点。

李子柒创造了虚拟与现实合一的新世界

看了李子柒的视频,也感受到她在国内外受欢迎的程度。不由得要问,李子柒的世界是真实的吗?

回答当然是不实的,是虚拟的。现代的农民当然不可能这样打扮,李子柒的白衣飘飘、肌肤胜雪,也不像农民,农民为劳作而饱受辛苦,也不可能像李子柒那样悠闲惬意。镜头下的乡村风景和人文,也与现实中有不小的距离,农家的日常饮食,也就是齑盐布帛、粗茶淡饭,不可能食不厌精、脍不厌细。真正的现实是,乡村生活虽然有很大改善,但底色还是浅淡的,农民的收入还很低,农村的条件还很薄,农村的生活还很苦。所以说,李子柒的世界不是真实的。

不错,李子柒的世界是虚拟的,也就是说不是绝对的真实。但任何虚拟如果脱离现实,其虚拟必然是虚幻的,也必然不能打动人心。但为什么李子柒的世界能获得中外人士的喜爱呢?世上没有无缘无故的爱,一定有其爱的理由。那就是李子柒的世界虽然不实,但它是真的。

　　可以不实,但一定要真! 这就是李子柒世界的灵魂。李子柒世界的"心"是真的! 她爱家乡的山水、爱农家的风物、爱自然生长的美食,爱这山间林下土屋里的中国风、中国味,这爱灌注在她的耕作和手工,传达在她的神情和仪态,呈现在她的作品和意境。李子柒世界的"基础"是真的! 她的世界不是凭空而来,它是现实农村风物的投影,它是农家乐、乡村民宿和农村一二三产融合发展中诞生的艺术品。可以说,如果没有这些现实的基础,也不可能有这样的结晶。当然,这还得感谢互联网,让一个农家女子的耕织饮作,能够以艺术形式传播到全世界。事实上,也正是借助于互联网技术,农村新产业新业态新模式得以雨后春笋般出现,这是李子柒世界植根的现实基础。李子柒世界的"境"是真的! 乡村在自然中生,在自然中长,佳山佳水是本色,粗犷朴质是底色,风情风貌是特色,之所以现实中的乡村没有艺术中的乡村那样好,关键在于现实中的乡村缺少打理,缺少设计,缺少修饰。乡村的美需要发掘、需要烘托、需要升华,而李子柒的世界就是把乡村的美发掘出来、烘托开来、升华起来了。李子柒世界的"境"是真的,是善的,是美的,是最纯粹的中国之"境"。

　　这就是李子柒的世界,是不实的,也是真的;是虚拟的,也是存在的。它是中国文化的具象,是中国风貌的点睛,更是中国精神的集萃,是中国人心灵最柔软、最温暖的那一块,是我们共同的梦境,甚至它还跨越了文化的区隔,成为人同此心的存在。

(2020 年 11 月 9 日)

李子柒们离不开城市化，
乡村振兴更需要城市化

农村姑娘李子柒现在已成为国际著名华人网红，有关她的故事是坊间津津乐道的话题。有人赞其吸睛，有人叹其吸金，还有人看到其背后的中国故事。但有没有人研究，李子柒的爆红说明了什么？

我要说，李子柒的火爆是城市化时代的产物。这话听起来有些老套，但话虽老套，理还真是这个理。李子柒的乡土田园影像，是展示了农耕文化的独特魅力不假，但描写乡村生活的诗人、小说家、艺术家多了去了，为什么是李子柒，一下子拥有了全球几千万的拥趸？而这些拥趸，都是与李子柒有"距离"的人。这"距离"，是空间的、国别的，更是文化的、阶层的，因为这"距离"，而产生了美的化学反应。可以说，李子柒现象只能产生在工业化、城市化、现代化深入发展的今天，依托互联网时代信息传输的无远弗届，才把这一份精致的乡土小确幸，变成了城市大众的心头爱。

喜欢李子柒的人，一定是城里人，也许有农民也喜欢，但他们喜欢的原因更可能是羡慕，是想模仿，大概率不会喜欢她所展现的生活。为什么？因为这生活于农民并不陌生、并不稀罕、也不会觉得有多好。你不能要求一个长年在田园劳作的人对田园始终保持新鲜感，何况，农耕生活的不易，也让他们没有那么多闲暇和闲情，更难以养就一双艺术的眼睛，克服审美疲劳，来发现和欣赏田园的美。一定是生活在城市的人，在对得不到、回不去、很想要的一份生活抒发田园情怀，寄托乡愁情结，纾解生存压力。

李子柒是城市生活的一份清心剂，是城里人的一个童话，是都市白领的一场白日梦，或者竟是桃花源与伊甸园的结合品，是红玫瑰或白玫瑰，甚至更像城市人的甜蜜初恋。但正如初恋永远回不去、也不必回去、回去也肯定会幻灭一样，李子柒的乡土镜像，对城里人来说，可以向往、可以迷恋，甚至可以短暂到此一游，但绝对不能真的陷入。也正因如此，其浪漫才具有不可多得的稀缺性，才会让人颠倒迷之。李子柒的市场在城市，没有城市，她的粉丝、她的销售、她的收入，乃至她的品牌，都将成为无根的游丝，随风而逝，飘在城市的窗前是风景，落在农家的炕上，就可能不会被看到，甚至被扫掉。城市化，是李子柒们的幸运！

其实，何止李子柒！城市化也是乡村的幸运！

现在大家都在讲乡村振兴，这是好事，不仅是农民的好事，也是国家的好事。这表明，"三农"问题已成为全社会的关注，乡村振兴已是国家的大政方针。诚然，出于对"三农"的历史悲情，对农民的历史贡献，怎么强调都不过分！中国农民，需要中华民族永远铭记，他们值得拥有一座历史丰碑！他们配得上这样的评价：大国崛起，根基是农业；复兴梦想，起航在乡村；国运昌隆，最该谢农民！当 30 年后，伟大复兴成为现实时，我们回顾百年历程，在礼赞"三农"贡献和牺牲的同时，我们会发现，这牺牲，不是历史的岔道，也不是道德上的偏心，而是现代化进程的不得已，是民族复兴不可避免的阵痛。所谓现代化国家，必须要有发达的工业化，必须要有高度的城市化。如何在积贫积弱的落后农业国基础上，较快建设一个现代化国家，决策的工具箱里其实没有什么工具，也没有更好的选择！试想一下，在农民为新中国诞生作出巨大贡献的情况下，继续要求他们牺牲和贡献，这抉择，该是多大的煎熬，又是多难的决定！但民族整体的利益、长远的利益又决定了，没有选择！工业化、城市化是大局！后来历史发展的逻辑也证明了这一点。但历史的逻辑也告诉我们，在工业化、城市化发展到一定程度，反哺也是一种历史的逻辑。所以，才有本世纪的新农村建设，才有今天的脱贫攻坚，才有历史性的乡村振兴。

乡村振兴，一定是这个时代才能实施的战略，是不能超越发展阶段的。让乡村全面振兴起来，是历史的任务，但肩负历史重任的决策，一定是务实的。这一战略的实施，早不得，迟不得，此时刚刚好。早了，工业化、城市化发展不到位，心有余而力不足；迟了，是对历史的失责，工业化、城市化可持续发展也会被拖后腿；此时，我们成为世界第一制造业大国、贸易大国，GDP 位居世界第二，城市化率达到 60% 以上，这意味着什么？意味着就业和机会，意味着资金和资本，意味着市场和需求，意味着农民有更多的钱可挣、有更广的业可就、有更远的地方可去，意味着城市让生活更美好，也意味着城市让乡村更美好。乡村振兴，此其时也。

乡村振兴一定是建立在工业化、城市化基础上的。乡村振兴发生在乡村，农业是基础，农村是阵地，农民是主体，但不能仅靠农业、农村、农民，乡村的事在乡村办，但一定是全社会上心用力。乡村不能在人力多人才少、资源多资本少、生产多市场少的情况下仅靠自身实现振兴，不然，国家也没必要强调要"四个优先"，即在干部配备上优先考虑，在要素配置上优先满足，在资金投入上优先保障，在公共服务上优先安排。但"四个优先"要落地，除了要有主观意志外，更重要的还是要有这个能力和实力，一句话，要有钱，要有办法，要有人才。这些，都有赖工业化、城市化的充分发展。当然，在工业化、城市化发展早期，城市对乡村要素必然有虹吸效应，但随着城市化程度的加深和乡村振兴战略的实施，这种虹吸将会达到平衡，产生交互，城市的资金、技术、人才、管理，以及理念、创意、设计、模式等，也将出现向乡村回流现象，一定程度上还可能出现局部反虹吸。当然，这种现象一定是渐进式的。没办法，未来乡村是资源集中地，是财富暴发地,也是生活宜居地,一定也会成为资本和机会的猎抢地。

但这一切,还需要城市化的继续发展。目前,我们虽然实现了城市化率的六成以上,但距发达国家的八成左右,还有很大空间,何况,我们的城市化主要还是土地的城市化,人的城市化水平还不高,几亿农民工虽然在城市就业,但并未完全融入城市,属于在城乡之间漂移的人群。所以,我们需加快城市化发展进程,重点在人的城市化上下功夫,真正让农业转移人口在城市就业生活,成为城市的一部分。这本身也是对乡村的一种贡献,是对未来留在乡村的四五亿人口的一种红利。随着更多农业转移人口进入城市,留在乡村的四五亿人口拥有的资源更多了,意味着单位土地上承载的人口压力会减轻,意味着农产品消费市场的扩大,也意味着农业人口的收益会增加。至于到乡村的城市休闲旅游人群、下乡创业人群、养老人群等三种人群,他们不是来与农民争利,是到乡村创利和就近消费的,带来的是资金和市场,还有知识和机会。这也是城市化对乡村振兴的一种牵引。所以,为了乡村振兴,城市化的火车头作用不能停、不能忽视,一定要坚持双轮驱动,充分发挥城市化对乡村振兴的带动作用、驱动效应,更加重视城市化的提速提质提效,推进新型城市化建设。

乡村振兴是大历史逻辑下的必然。在大历史的视角下,未来的复兴,一定是城乡各得其所,各美其美。乡村振兴离不开城市化、要依靠城市化,但乡村振兴说到底还是乡村的乡村化,而不是乡村的城市化。乡村对城市,不仅在地理上、空间上,还在文化上、美学上,既交融,也独立,可以遥相呼应、同气相求,但不攀附、不缠绕、不委附,自由是存在的自信,自立是生存的本钱。乡土将因为乡土而自在、自豪,不以与城市的关系来自况、自夸。乡村将在经历了漫长的委顿后,重拾历史的荣光。这不是古老农耕文明的线性回归,而是新型乡土文明的螺旋升级。

真正的乡村振兴是乡村的乡村化,是与城市的联袂携手、并辔而行,是相看两不厌，是彼此有对方。也正如诗人舒婷的《致橡树》所言——

　　我必须是你近旁的一株木棉，

　　作为树的形象和你站在一起。

　　根，紧握在地下，

　　叶，相触在云里。

　　每一阵风过，

　　我们都互相致意，

　　但没有人，

　　听懂我们的言语。

　　你有你的铜枝铁干，

　　像刀，像剑，

　　也像戟；

　　我有我的红硕花朵，

　　像沉重的叹息，

　　又像英勇的火炬。

　　我们分担寒潮、风雷、霹雳，

　　我们共享雾霭、流岚、虹霓。

　　仿佛永远分离，

　　却又终身相依。

（2019 年 12 月 19 日）

物欲的年代，人们向往丁（纯）真

丁真为什么爆红？

2020 年 11 月 11 日，摄影师胡波也许不会想到，他在川西理塘县街头偶然录制的一个短视频，将会引爆一场互联网狂欢；他也许也没想到，他的 7 秒钟镜头，竟然改变了一个羞涩康巴少年的命运；他可能还没想到，他上传抖音的一瞬间，实际上已经触发了文旅产业的新一轮热点漂移；他甚至还来不及想到，他个人的审美趣味，事实上撩动了复杂的都市人心、勾起了人们对纯真的向往。事实上，他点燃了丁真现象。

为什么是丁真？是藏族文化的神秘？是西部山川的魅力？是自然野性的吸引？都是，也都不是。为什么说都是呢？因为丁真身上确实展现着藏族文化的特色，传统藏族服饰、古铜色脸庞、白马与牦牛；丁真生活的背景是雪山、山地、草原、河流，西部山川的跌宕起伏充分展现了大自然的鬼斧神工；丁真世界的人物与环境，也和都市的钢铁水泥丛林大不相同，人与环境在这里相生相美，人点活了环境，环境也点亮人。丁真绝对是那个环境、那片山水中自然长成的赤子。那为什么又说都不是呢？藏族文化的神秘不是今天才有的，西部山川的形胜也不是突然形成的，自然野性也一直都在那里，为什么今天才有丁真？才有丁真现象？丁真现象的出现固然有其偶然性，但偶然之所以成为偶然，必定有其成为偶然的必然。那么多康巴汉子、那么多民族文化因子、那么多鬼斧神工的风光，为什么都没有造就一个偶然的幸运儿？唯独一个 20 岁少年丁真却为这个偶然所击中？丁真被集体无意识、社会潜意识所选中，一定是他触及了人们的心弦，让人们内心的旋律像流水一样一发不可收拾。

有人说，一千个人心里有一千个哈姆雷特，就是这个道理。丁真现象也一样，每个人眼睛里看到的丁真，其实都是他心里的丁真；他看到的丁真，是他个人美学趣味、文化心理、情感历程对现实丁真的叠加与覆盖；之所以有丁真现象，也是因为现实的丁真正好与他内心的丁真形象气质接近，于是就电光石火般实现了一种精神附着；每个人也从丁真身上看到自己希望的样子，看到自己失去的样子，看到自己幻想的样子，看到时光、年华、梦想，看到青春、青涩、青年，看到流逝、不舍、怜惜，看到自己公开或隐秘、得到或失去、期待或梦想的快乐和趣味。也正如鲁迅先生评价《红楼梦》一样，是每个人都能从中看到自己想看到的一切。

丁真现象跨越了圈层，形成了一种由圆点分层扩展的涟漪效应，这与单一性或者排他性的粉丝效应不同，既成就了丁真现象的爆发与扩大，也使它与社会主流价值观相呼应，进而产生了衍生或外溢的多元正面效应。相信，即使今后丁真个人在互联网热浪中会被后浪推走，但丁真现象激发的社会心情与价值，会不断寻找新的载体、新的附着、新的呈现。而这，与丁真个人无关，甚至与丁真现象无关，但一定与社会的主流价值观相关。

丁真的四样"兵器"

细究丁真现象，发现他俘获人心就靠四样"兵器"，一个是"颜"，一个是"野"，一个是"纯"，一个是"文"。当然，在丁真身上，这四样"兵器"是无形的，也不是主观有意识的，他本人甚至不知道这"兵器"的存在。或者说，这四样"兵器"是浑然天成的、是自带的、是分不出一二三四的。我之所以要分出四样来,也是为了分析的方便姑妄言之,或者说是从人们接受美学的角度各取所需、各美其美而已。

丁真的第一样"兵器"是"颜"。这么说不是贬低丁真现象,而是实话实说。把"颜"排在第一位,听起来好像是说丁真只是靠容颜胜出,这对一个20岁的小伙子来说,很难说是好话还是不好的话。但我们先不说这个,就说你看了丁真是不是喜欢? 在你对丁真一无所知的时候,在你看丁真第一眼的时候,你到底喜欢丁真什么? 你确定真的不是喜欢他的容颜? 你确定真的是喜欢他的灵魂? 甚至还会矫情,说喜欢他将来爬满皱纹、布满沟壑的脸庞? 甚至喜欢他老年时的佝偻? 不会吧? 在你对他灵魂的高尚程度完全不了解的情况下,你奢谈喜欢与不喜欢,恐怕都不是真诚的表现。真要谈真诚的话,你初看丁真,肯定喜欢的还是他的容颜,而不是他的灵魂。说这么多,其实暴露了我的年龄,暴露了代沟,只有从禁欲年代走过来的人,才会对这个问题遮遮掩掩、欲盖弥彰,明明喜欢的是容貌和颜色,却去谈什么喜欢灵魂,或者说心灵美,之所以喜欢的心灵美同时外表也美,那只是巧合而已,总不能因为心灵美的人同时外表也美就不喜欢了吧? 这话听起来有多勉为其难,就有多虚伪! 当然,这与个人的品性无关,是那个禁欲年代的畸形产物。改革开放的巨大成就,不仅体现在社会的天翻地覆,在人们的个性解放上都深刻地折射出来。如今的90后、00后,不分男女,都可以大声地、公开地、毫无顾忌地喜欢颜值、讨论颜值,这就是社会的进步与包容,让个性自由得以充分挥洒。由此看来,人们喜欢丁真,恐怕第一还是喜欢他的颜值,喜欢他的青春青涩,喜欢他的微笑,喜欢他细长的眼睛,喜欢他高原锻造的古铜与暗红叠印的肤色。这种形象,与都市剧中流水线出品的"奶油小生",是天壤之分、云泥之别,这对看惯了、看腻了都市英俊少年的城市人群来说,不仅是新鲜的、新颖的,也是一种活力的召唤,一种美的吸引。丁真的美,是跨越年龄与性别的,男人看到的是少年、是青春，女人看到的是魅力、是活力；年轻人看到的是"大丈夫当如是"，老年人看到的是"谁道人生无再少"、是"生子当如孙仲谋"；大姑娘小媳妇想起"梦郎"的影子，大爷大妈勾起年轻时的回忆。颜值"无可奈何"地成为击中人心的第一发炮弹。当然，颜值可以成为打开人心门的钥匙，但能否登堂入室、能否成为座上宾，就不能仅仅靠颜值。但不管怎样，颜值成功地吸引到关注，引入了视线，这就是它的价值。在流量为王的互联网上，有什么比关注更重要的呢？所以，在丁真的第一样"兵器"一击之下，一大批粉丝就不可避免地或者说幸运地被"俘获"。

但仅讲颜值，恐怕还不能说明丁真现象的魅力。这就要说到丁真的第二样"兵器"，这就是"野"。

这"野"是"性野"。康巴少年丁真是野性的，其野性是破屏而出的。有网友就形容，"像一匹野性又害羞的小狼王，像草群里涉世未深清澈的月亮，又像是黑夜来袭时部落的统领""第一眼看过去，扑面而来的野性让你感觉他像狼一样"。丁真的野性为什么受欢迎呢？因为什么？因为生活的平淡。都市人群，尤其是楼宇中焦虑于物欲的食色男女，生活周而复始，每天挤公交地铁，打卡上班下班，叫外卖快递，被上司训斥，被催交房租，被加班，生活按部就班，波澜不惊。在上司面前是好员工，在同事面前是好同事，在朋友面前是好朋友，一切都与角色规定的样子相符合。这样久了，难免产生改变的念头，难免萌生逆反的想法，但生活不易、工作难找，断不敢真的改变、真的逆反。但现实中不敢，不等于精神上不想，武侠小说为什么受到那么多人喜爱就很说明问题。丁真的出现，无异于新的武侠形象，像一阵清风吹拂了程序化生活中的一大票男女，驱散了他们心中积郁的焦虑与烦恼，让他们得以在丁真的野性中"一浇块垒"，获得一种精神的释放。

但喜欢丁真的野性也因为生活的无忧。富家子女富而优思野，离家出走,与穷人家的小子或姑娘恋爱,是一个古今中外都有的老戏码。但这更多存在于戏剧舞台和小说话本中,现实中这样的故事很少发生。即使发生了,也多如卓文君与司马相如故事一样,最终都是要回归平稳无忧的生活。所以,喜欢丁真的野性只能在精神上,不能真的去过丁真的野性生活,即使是与丁真本人一起生活。丁真的野性只能是无忧生活的平衡与补充,不能成为生活的主要部分。人们享受生活的富足无忧,享受人生的稳定安全,偶尔在艺术和精神上享受一下野性的放纵,也是对生活的一种提升。

这"野"是"边野"。丁真所处的环境是地理的边野,这里是中国地理的断裂带,是高山大川密集带,是雪山草原向丘陵河谷过渡带,这里有晶莹的雪山、神秘的高原,有奔腾的大河、绵延的草原。蓝天白云、阳光白雪,造就了这里的圣洁美丽,成就了这里的人间胜境。这"野"也是"乡野"。这里有全国最美的藏寨,草原无垠,溪流欢畅,澄碧的海子像上帝的眼泪,金黄的白杨掩映着乌瓦白墙,袅袅炊烟升起,村头有星星点点的牛羊。这就是丁真的世界,是丁真"野"的土壤和源泉。对于都市人群来说,本来就对乡土生活有一种天然的回归与神往,如果再加上地理"边野"的加持,还有丁真本人"性野"的点睛,想不被这"野"所击倒都很难!

有"颜"有"野",已经"撂倒"粉丝一大片,如果再来点"纯",其"杀伤力"就只能用"奈何!奈何!"来总结了。"纯"是丁真的第三样"兵器",一如网友所言:"被他清澈的眼神和羞涩的笑容融化了"。

丁真的魅力在于他的纯天然形象。丁真不事造作,以本色示人,没有任何"装",没有任何心机,就像一个透明人,也如青涩的邻家兄弟,让人一看就有亲切之感、亲近之想。他那清澈的眼神,让他的心灵一览无余,就像草原上的海子,映照着日月山峦、白云白雪;一双眸子黑多白少,眼神覆盖之下,几乎笼罩了一切,让人不由得不纵身一跃、融化其中;再伴以咧嘴一笑，善良、可亲、温暖，没有任何杂质，没有任何算计，只教人恍惚有生死相许、托付一切的冲动。这就是丁真"纯"的力量，其魅力几乎达到魅惑的程度。

由此，我想到"相由心生"。如果相貌上无可选择，修炼是不是可以改变自己的相貌？如丁真，他在一个简单、纯粹的生活环境中长大，丁真好像没怎么上过学，普通话也说不利索，也不怎么会写字，他的生活就是放牧、骑马、躺在草原上发呆，与蓝天白云为伴，与牛羊马群为友。出名后，丁真签约理塘旅游投资公司，成了一名国企正式员工，一个月有3500元工资，他的父亲第一反应是"家里是不是不用赚钱了"，他的母亲则担心"家里的牦牛没人放了"。正是这样简单而与世无争的生活，炼就了丁真的心灵和面相。丁真的纯真来源于生活的纯真，我很担心，踏入万丈红尘之后，丁真还能不能保持这份纯真？眼下虽然只有3500元工资，但随着网络爆红，之后的收入肯定还会暴涨，在物欲与金钱急剧冲击之下，丁真能不能守住纯真、保持自在，对他来说，将是人生的一大关口。我们由衷地希望，不要太快用世俗的金钱浸染这两片澄澈的眸海。如果那样，这份纯净也会在"相由心生"的逻辑中陨落与消失。当然，丁真有权利过上富足的生活，有权利通过自身的资源改变自己的命运，我们不能以坚守纯真的名义来要求他甘于清贫。但我们也有责任珍惜这份精神的馈赠，善用这份不可多得的价值，不可以把它变成流量收割机，急功近利地消费，用完即废。那将不仅是丁真的悲剧，也是社会的损失。

丁真的纯粹与善良也启示我们，在物欲的氛围中，不能放弃纯粹。我们是唯物主义者，绝对排斥物欲是不现实的，也是不对的，美好的生活始终是以物质的丰盈为基础的，但不排斥物欲不等于执着于物欲。从根本上看，每个人都可以成为丁真。人的本性向善，"性相近"之所以改变，或在于"习相远"，或在于思之偏。如果社会主流价值观向善，人人都努力向善,则环境的善化就可以引导个体的向善;个体通过修炼,在思维角度改变之下,对物欲的执着也能够放下。如此,既尊重物欲,也引导物欲;既以物欲拓发展之径,也以精神防物欲之险。形成既有物欲实现,又有心灵净化;既有适度的物欲促发展,又有精神的提升导发展,达致那样一种生活,那样一种境界。这恐怕是丁真现象衍生的重要社会价值。

丁真的第四样"兵器"是"文"。

丁真的"文"起点在他自带的文化符号上。藏族生活的地区带有浓郁的特色文化印记,拥有得天独厚的文化旅游资源,本来就是一块文化瑰宝,而在英国人詹姆斯的小说《消失的地平线》加持以后,更在世界范围内形成了对传统藏族文化的强烈好奇。这些年来,伴随着音乐、电影对藏族传统文化的发掘、化用,藏文化元素成为流行文化的流量热点,也在大范围内催生了西藏旅游热。丁真现象火爆以后,无意中为西藏旅游打了一个广告,很多人下意识以为丁真是西藏人,纷纷表示要去西藏旅游。为此,四川旅游界很是不服,赶紧请丁真写了个"家在四川"的横幅发在微博上。之所以这样,还不是因为丁真的藏族服饰自带文化流量。应该说,丁真现象火爆的基础还在于他身上的藏文化底色,但丁真的藏文化底色上还呈现了文化融合的多样性和独特性。丁真的家乡理塘县是游牧文化与农耕文化交错带和过渡带,自古就是茶马古道互市重地,多民族融合共生成就了理塘的独特气质。正是这一气质,使丁真属于理塘,而不是西藏。丁真现象急剧增加了对理塘县乃至甘孜州旅游的关注。据携程数据,2020年11月20日至30日,10天内,"理塘"的搜索量猛增620%;据去哪儿网数据,截至11月25日,丁真所在的甘孜地区酒店预订量较去年同期增长89%。这是丁真的召唤,本质上是丁真身上所依托的文化在召唤。

丁真的"文"还落到"塘"的意象上。丁真所在的理塘县,有一个幸运的"塘"字。"塘"是中国文化中诗情画意的意象。汉族诗歌有"君家在何处？妾住在横塘"，还有避风塘、七星塘；藏族歌谣也唱："太阳最早照耀的地方，是东方的建塘"；丁真的理塘还是仓央嘉措魂牵梦绕的地方，是一代情圣梦中情人的家乡，"天空中洁白的仙鹤，请将你的双翅借我，我不往远处飞，只到理塘就回"。当然，汉文化的"塘"是水塘，是山间田野村口蓄水的地方，藏文化的"塘"是坝子，即山间的平地之意。一属水，一属土，但水离不开土，土离不开水，水土保持育生态，水土相接长庄稼，水土在"塘"这个称呼上体现了融合。但在一般人的心目中，没在意也不在乎这个分别，反正大家都是"塘"，都是有灵性的词，也都是自带流量的意象，这就够了。

丁真的"文"紧要处在他背后的团队上。如何抓住流量的机遇，如何及时把流量转化为生产力，这事不能指望丁真，丁真只需要做好丁真就行了，剩下的交给团队。这是考验丁真团队的关键。必须保持丁真的本色，不能让丁真的"文"褪色、失色，更不能变色，切不可贪短期之利，追求一时收割，让丁真的形象受损，一旦丁真的商业活动频繁，负面新闻出现，就必然导致神秘感弱化乃至消失，那丁真现象就一定会来也匆匆、去也匆匆，像流星划过，瞬间闪耀亮瞎人眼，转眼还是寂静天空。也必须增加丁真的文色。丁真迟早要与公众见面，不能全指着团队，也不能全靠微笑和眼神征服公众，开口说话就露出文化底蕴，提笔写字就看出文化成色。所以，团队应该从长计议，帮助他学习普通话，学会认字写字，学习民族经典，让他做好旅游形象大使，也成为文化的传播者。

这就是丁真的四样"兵器"，也是丁真的魅力所在。

丁真现象对乡土的启示

丁真现象告诉我们，在物质的年代，人们更向往纯真。这对急于改变乡村落后面貌、实现乡村振兴来说,也有几点值得汲取的启示。

乡村一定要坚守"原"。"甜野少年"丁真能成为一种文化现象,李子柒能成为一种世界现象,都在告诉我们,在物质的年代,人们更向往纯真;在都市文明一统世界的时代,乡土更是一方难得的精神乐土。这对急于改变乡村落后面貌、实现乡村振兴来说,也有值得汲取的启示,那就是,乡村发展不能丢掉自己的本色,不能失去自己的根。乡村一定要坚守"原"。

丁真、李子柒现象告诉我们,质朴、天然的本色是乡村的最大优势。乡村之所以异于城市,乡村之所以吸引城市,乡村之所以优于城市,不是它与城市相同相近,而是它与城市有所不同。对,是不同,而不是同! 如果乡村也是高楼林立、马路宽阔,也是人流如潮、交通堵塞,吃的用的也跟城市一样,那城市人为什么要去乡村呢? 乡村的价值在于乡村是乡村,在于乡村的建设是乡村化,在于乡村有城市需要而又没有的。这就是乡村的底色、本色和特色。一句话,乡村一定要坚守自己的"原"。乡村有"三原"。

"一原"是生态的原。保持乡土的原汁原味,保持山丘草木、溪流河湖的自然布局,不以人的生活而破坏自然的固有秩序,望山看水记乡愁,就得山要绿,水要清,污要治,让自然更"自"然,让生态有"生"态,让乡村更像村。当然,保持乡村生态的"原",不是排斥建设,但任何建设都要遵循自然机理,都要顺山水林田湖草自然之态,体现人的气息和人的创造。

"二原"是产品的原。农产品是乡村对社会最大的奉献,这"奉献"最核心的是质量。要保持产品的"原",就要在乡村大力推进农药化肥减量化,施行人畜粪污无害化处理应用,实行绿色生产,从而让乡村产出更绿色、更新鲜、更优质,也更好体现乡村价值。

"三原"是文化的原。乡村本是中华传统农耕文化的原发地,也是传统文化的坚守地，在工业文明、城市文明无远弗届的当今，尤其需要汲取中华传统农耕文明的精华，而乡村，就是中华传统文化的涵养地、弘扬地、升华地。传统的人文理念、道德观念、生态意念和思维特点，在现代化时代愈发凸显其独特意义，愈发彰显其珍贵价值。

乡村的"原"，是乡村的灵魂，是乡村的根，是乡村存在的本钱，是乡村在城市面前自信的底气，是乡村不可丢失、失之不再的宝贵财富。这在丁真、李子柒身上有验证，也必将在乡村建设中有所展现。坚定中国乡村的文化自信，得厚植乡村的"原"。

乡村一定要保持"通"。从 2021 年开始，乡村振兴进入全面推进的新征程。新阶段、新征程、新目标，如何统合各方面的资源和力量，合力合智共开乡村新局面，离不开一个关键词，那就是"通"。

这"通"，是政策要通。政令统一是根本，政策不能打架。各部门、各地区、各行业，都要在同一个目标下寻找自己的位置、入好自己的位置、立稳自己的位置，只能做加法乘法，不能做减法，更不能做除法。

这"通"，是平台要通。乡村振兴除了在行政体系上要确立县一级"前线总指挥"的职能外，生产、经营、产业三大平台也要有一个统合，不能互不相干，各干各的，一定是统一布局，分进合击；乡村建设和社会治理也必须多位一体，不能各挖各的沟，各填各的坑；经济、政治、文化、社会、生态，一定要既五位一体，又彼此相通，抓一点而及其余，举一纲而众目皆张。

这"通"，是渠道要通，生产渠道、销售渠道、供应渠道、价值渠道乃至管理渠道、评价渠道，都要"如身之使臂，臂之使指，莫不制从"。这"渠道要通"的意涵，不仅指单个渠道的贯通，而且包括渠道之间虽纵横交错但彼此相通无障碍，且都在指挥部的扁平化管理和统合指挥之下。

这"通"，是城乡要通。乡村发展离不开市，城市是政策、资金、技术、市场的富集地，是乡村发展驱动力的重要之源。乡村发展也不应该离开城市，也不能离开城市，失去了城市，乡村难以发展，也发展不好。乡村高质量发展一定要城乡互通、城乡协调、城乡一体、城乡融合。乡村因城市而变好，城市因乡村而美好，城乡因相通而更好。

这"通"，是信息要通。互联网时代，信息是通关密语，信息就是渠道，就是市场，就是机遇，就是发展，李子柒、丁真等网红因信息而通天下、而红天下，也必将为其家乡带来巨大红利。乡村发展也需要信息的牵引，把乡村的资源组织起来、运化开来、生发出来。

这"通"，还是人心要通。人心隔肚皮肯定不行，彼此留心眼肯定不是通，要达到乡村振兴的目标，需要大家一条心，在目标导向下同向用力。但要求人心相通，得要创造让人心相通的条件。要以目标召唤人心，以人文感召人心，以义利激励人心，以机制调动人心，以实效动员人心，从而真正实现"人心齐泰山移"的愿景。

通，是通关密语的"通"，是通经活络的"通"，是通达三江的"通"，是"通则不痛"的"通"，是一通百通的"通"。一个"通"字，通了乡村发展的"任督二脉"，通了乡村振兴的"奇经八脉"。

乡村一定要坚持"活"。农村改革40余年的宝贵经验，就是"多予少取放活"。其中，多予和少取，指的是多在物质上给予农民，少从农民那儿收取物质。比如，对农民的各种补贴、各种转移支付、对农村的各种公共服务投入，这是多予。又比如，取消农业税、取消涉农一些税费，减少从农业农村收取的各种税费等，这是少取。无论是多予还是少取，都是要付出一些成本。唯有放活，指的是采用非物质手段，不需要付出财富，只需要在理念、精神和政策上有所松动，就可以解放生产力，其效用甚至不亚于多予少取。当然，"多予少取放活"是一个整体，是对农村政策体系的概括，如果一定要分出一个高低，完全可以说，放活是政策体系的精神基础，是改革发展的政策灵魂。正是基于放活的理念，我们才有很多政策的改革，才会催生更多强农惠农富农的新政策，也就有更多的多予少取，甚至多予不取。所以说，放活是农村改革最鲜明的品格、最活跃的秉性、最根本的因素。放活，解放生产力，激发生产力，创造生产力。

农村改革把"放活"用活了。"放活"农民的头脑，农民可以想生产什么就生产什么，想做什么生意就做什么生意，新经验新做法有了，新产业新业态产生了；"放活"农民的手，农民可以生产出更多市场需要的、紧缺的东西，可以创造出一切原先认为不可能的东西；"放活"农民的脚，农民可以去城市建筑工地，可以去珠三角的制造车间，可以去俄罗斯种菜，可以去一切能挣来钱的地方。农民一旦被"放活"，农村就活起来了。不要小看这个"活"，它就是金手指，能把沉睡的叫醒，把无序的组织起来，把分散的集合起来，把不可能变成可能、变成现实。网红李子柒、丁真，僻处乡野的他们，不仅把曾经不值钱的乡村生活变得值钱、变得有价值、有美感，而且把他们自己变成流量明星、变成"印钞机"，为什么？他们用活了互联网，互联网把乡土激活了。理念活了，心态活了，方法活了，一切都会活，一切都有了可能。

乡村振兴也一定要坚持这个"活"字。思想要活，生产要活，经营要活，产业要活，发展要活，五大振兴都要活。活，是对农民权利的尊重，是对农民利益的维护，是对农民福祉的增加；活，也是对科学决策的坚持，对市场机制的顺应，对发展大势的把握；活，更是一种态度，一种思维，一种价值。一活天地宽，一活万物生，活是为了更好地活，为了活得更好、活出新境界。

乡村一定要落到"利"。一切为了发展，一切依靠发展，一切要在发展中实现。利，是乡村发展的出发点和落脚点。正如丁真现象最终要落到当地旅游和经济发展上来，乡村建设、乡村发展、乡村振兴，也始终要体现在农民利益的增加上，落实在农民生活的改善中。不要觉得谈"利"俗，做任何事都要坚持"辅之以义，辅之以利"，谈"义"是必须的，但光谈"义"，没有"利"支撑，这"义"也是无源之水、无本之木，纯粹的"义"虽很崇高，但高而无根、高而无系，就成了天上的白云，很高、很美、很纯洁，但留不住，风吹就散了，雨来就黑了。所以，纯粹的"义"可以作为一种价值、一种标杆、一种追求，但不能作为现实的利器，无法仅凭它就能解决问题。其实，义利之辩，是所有文明的基本话题，虽然争论了几千年，但所有文明最终都接受了不能仅有义、不能仅有利，有义有利、义利相依才是正确的选择。义要以利为基础，以利为目标，但不能唯利是图、不能只有利、不能全是利；利要以义为旗帜，以义为追求，以义来约束，但不能不言利、不能弃绝利、不能污化利。有义之利可以久，有利之义可以活。义利是孪生连体，强行截割，都不能活。

讲义利也要有针对性、要有阶段性、要有辩证性。对富人要多讲义，对穷人如果也把义讲个不停，那就失去了针对性。缺什么补什么，农民最缺利，你对他讲利，那就讲到根子上了，讲到他心里去了，讲到他的痛处、软处、糟心处了。小康不小康，关键看老乡，老乡最缺小康，所以要补小康。当然，随着农民实现小康、逐渐富裕，在脱贫时期、建设小康时期对利的高度重视，也要在新的时期兼顾到义，追求有利有义、义利统一、义在利中、利在义里。同时，讲义利也要讲辩证法，有时为了义可以放弃利，有时为了大利可以牺牲小义，归根结底要为了更大的义、更人性的利。

所以，涉及乡村的任何决策，一定要以是否对农民的利益有所促进来衡量；在乡村推进任何施政，也一定要以农民拥护不拥护、赞成不赞成、高兴不高兴、答应不答应，来决策、来检验。只有始终把农民利益放在心上，始终围绕如何增加农民利益，一切以农民利益为依归，乡村的发展才是以农民为中心的发展，才是农民最需要的发展，这也正是乡村振兴的根本目的。

乡村振兴是大义，也是大利，只有惠及每一个农民的利才是义，也只有以每一个农民福祉为依归的义才是大利。这是乡村发展要始终以利农为核心的关键点，也是丁真现象造福乡村的要紧处。

（2020 年 12 月）

把"三留守"搬到300万人的小城如何？

2019 年,对堂弟来说,是个悲伤的年份,这年的冬日,他年过古稀之年的母亲没了。可怜啊！头天还在挑水种油菜,第二天早上就发病,没留下一句话就走了。一时接受不了的堂弟,失心疯般地,把母亲种的油菜都给拔了、扔了。但这又能怎样呢？那一棵棵油菜,凝聚了一位母亲省下买油钱的愿望,他把母亲的梦想都拔掉了。堂弟早年在沈阳做木匠,后来环境熟了,就把媳妇也带去一起干,孩子因为要上学,只能留在老家,跟着爷爷奶奶。老两口家里家外、田间地头的,完全还是把自己当年轻人,还是像年轻的时候一样,不要命地做事,平时也不觉得自己老了,因为整个村子基本上都是老的老,小的小。虽然,村里老人死了连找个抬棺材的人都寻不到,杀个猪连牵猪脚的人都不好找,但日子倒也波澜不惊。除非遇到突发急病的情况,才切实感受到乡下的日子真的不好过,农村的条件确实是差。堂弟这回急火攻心地拔油菜,其实,他也知道不关油菜的事,但不怪油菜,那能怪谁呢？难道拿人出气？！

这个世界就是这样,有人欢喜有人愁。对我表弟来说,2019 年可真如年初拜年时说的吉祥话:猪年"猪"(诸)事顺遂。他两口子在北京开个小建材店,生意还过得去。他也把孩子交给父母带,但在老家县城买了套房子,让父母带孩子住。这样一来,孩子可以在县城上学,不用再像在乡下时那样上个学要跑十里八里。现在,农村的孩子也金贵,也都要老人接送,毕竟孩子的安全无论城乡都很担心。因为孩子上学近,又不用种地,城里也没法养鸡养猪,老两口时间就多了,他母亲就在附近找了个社区保洁的活,工资管三个人吃饭也基本够了。重点是,出门没有泥泞路了,晚上出门有路灯了,看个病医院也不远,周围环境也热闹了。县城虽然也是城市,但饮食起居、人际交往,跟镇上也没有多大差别。老两口倒也其乐融融,甚至还呼朋引类,把乡下亲戚也都一家家的"忽悠"到城里来了。表弟在北京做生意也比以前安心多了。

这两个身边的故事,不过是城市化历史浪潮中微不足道的一两滴飞沫,但这飞沫也多少折射了城市化只能进、不能退的大势。果不其然,2019年末,国家又出台了促进城市化的新政,中共中央办公厅、国务院办公厅印发了《关于促进劳动力和人才社会性流动体制机制改革的意见》。其中,城区常住人口300万以下的小城市落户全面放开,300万至500万人口的城市,落户政策也大幅放宽,500万以上的城市完善积分落户政策。我由此想,那些在城市经商务工的农民商、农民工们,如果你们还没有足够实力或者客观条件还不具备,暂时还不能让你们留守在老家农村的"三留守"马上到你的身边生活,何不退而求其次,把你们的"三留守"搬到家乡的小城来?反正都是留守,为什么不找个条件好的地方留守?与其留守在乡村,还不如留守到小城市。

把"三留守"搬家到小城的好处是明显的。留守人员生活方便了,就医、上学、出行,就是安全环境都比破败了的村庄强多了。在大城市务工经商的当家人心里也因此踏实多了,连他回来过年交通也比以前好多了,起码不用像过去那样坐了火车坐汽车,甚至还要坐三轮车,现在基本上是一趟车就能到家。更重要的是,孩子的学习、生活大变样了,城里的师资水平比乡下高了不少,孩子的素质教育也上了不止一个台阶,见识、视野更宽广了,甚至心境、心情都变得开朗多了。像我表弟,他每年暑假就把孩子接到北京玩十天半月,每年过年,他们就回到县城一家团聚。虽然说多少有些颠沛劳顿,毕竟也是一年、一年的骨肉分离,但过上好日子的梦想、为孩子创造好未来的夙愿,支撑着他一定要到能挣钱的地方去挣钱,一定要到机会多的地方去发展,也一定要把父母孩子安顿得尽可能地放心、安心和舒心。当然,城里生活的开支肯定比乡下大了不少,但也不是绝对承受不起。农民商们呢,能够在小城市买房,支付这些应该不是问题,可以不用考虑。至于农民工们,他们夫妻俩在大城市辛苦劳作,承受老人孩子在小城市的基本生活也难度不大。何况,城市聚集本身还会产生就业机会,老两口中有一个打点轻松零工,也可以贴补点家用,像在市场、社区打扫个卫生,支个小摊儿做点针头线脑的小生意等,都可以。另外,农村老家的承包地还在,可以流转出去,每年也有个固定收入,老家的房子也可以租给搞农庄和农家乐的,多少也有点收入,村里集体产权改革,只要有收益,总少不了你那一份。而我堂弟,这方面就想得不通透,自己在老家另盖的楼房长年铁将军把门,老鼠登堂入室,当初盖房的成本在县城买房交个首付根本没问题,这些年自己的房子长期不住,也破损了不少,即使以后自己老了想回来,不重新装修也没法住了。更糟心的是,之前打工挣的钱都沉淀在这栋没人住的三层楼里,全家人生活质量还因此打了折上折,这回更付出了一辈子都心里痛的代价。

对城市来说,更多农村"三留守"家庭进入,除了经济学上的聚集效应外,扩大了人口就是扩大了消费,就是增加了人气,城市规模的扩大也提高了城市公用事业的效率,可能的话,税基也在扩大。更重要的是,这"三留守",就是一个"磁铁",它在吸引着这个家庭的"印钞机",不断地把它所能"印制"的钞票,飞蛾扑火般地扑向这个"磁铁",即使明知这个"磁铁"就是一个"碎钞机",也不以为忤,甚至乐此不疲。这就是一个城市的希望所在,财富聚集之地,就是机会之地,就是活力之地。对农村来说,"三留守"聚集到城市去了,也是一个重大利好。这意味着,他们的承包地肯定要流转出去，时间久了还可能转让出来；也意味着，农村人均占有土地会增加，单位土地载荷人口压力会减轻；还意味着，农产品消费市场会扩大。这正是我们常讲的，"减少农民才能富裕农民"，这也是我们孜孜不倦推进城市化进程的初衷之一。

但这并不表明，让"三留守"搬到小城市是一件很容易的事，是一个小家庭拍个脑袋就轻松决定的事。对一个家庭来说，他要衡量自己的收入水平和未来预期，还要看他的价值需求和眼光。城市化就是原发于每一个市场主体的经济冲动、价值冲动，但这冲动绝不是一时冲动，它是经历了经济学、社会学、政治学乃至管理学上的博弈、精算和权衡，它赌的是一个家庭的命运，赌的是对一个社会的预期，一定是谨而又慎、慎而又稳地推演来模拟去，最后是忐忑而坚定地把梦想交付出去。所以，对这一群卑微而又勇敢的个体、主体，作为城市，不能任由他们自己扑腾，一定要当好引导、向导，做好支持、保障，当好公共产品的有力供给者。比如，针对增加的落户人员，除了买得起房的家庭外，有没有廉租房可提供？对收入水平不高的新市民，在公共服务方面有没有优惠政策？学校、医院、交通、生活设施的布局有没有新改善？针对新市民有没有短期就业岗位提供、有没有就业技能培训？对新市民融入城市有没有管理办法、文化帮扶和心理疏导？这方面，一些大型城市有经验，也有教训。需要重槌响鼓提醒的是，不要把大城市的棚户区、城乡接合部、城中村那一套在小城市重新走一遍；更不能产生新的城市贫民窟，造成新的微缩版二元社会；不能把小城市小城镇搞得城市不像城市、农村不像农村，让农民进不了城区、回不了乡村，农民不农民、市民不市民的；绝不能搞成半吊子城市化，把城市治理搞得一片溃疡接一片溃疡的。一句话，千万不要让城市失去对乡村的正向吸引力。

孟子曾经在那个大变局的年代，悲伤人民"老羸转乎沟壑，壮者散而之四方"。在那个"登泰山而小天下"的智慧初启的时代,在那个"父母在不远游"的农耕甫兴时代,四方,是不可测的远方,是危险和悲伤的地方,所以,我们能理解孟夫子的悲情和恐惧,也更佩服至圣亚圣周游列国的勇气。但,两千年过去了,以城市化为中心的现代化,正在改变孔夫子"天下"的概念,重塑孟夫子"四方"的定义,把远方不断地"缩地成寸"。如今,"壮者散而之四方"已经成为必须,成为潮流,成为大势,成为不可逆转的历史运动。而我们所能做的,就是尽量让"老赢"、妇孺的"三留守"们留守人数少一点、留守时间短一点、留守条件好一点,让"壮者"的"四方"即为家,让其所立之处就是家。

与其让"三留守"留守乡村,不如让他们留守小城市。小城市,是城市化历史长程必不可少的驿站,是人口向城市集中不可或缺的中转站,也是新型城市化与新型乡村化相看不厌、相互辉映、相得益彰的联络站。

（2020 年 1 月 14 日）

时机对了，小农经济也可以发亮发光

友农君自乡下休假回来，对农家乐赞不绝口，说起临回城那顿午饭，他还意犹未尽。那天中午，房东因为忙不过来，把炖鸡汤的活外包给另外一户农民。饭点时刻，那位接了外活的农民竟然开着小车把鸡汤送来了，只见她轻轻打开后备箱，小心翼翼端出一个陶罐，笑呵呵地喊道：老鸡汤来了！那开心，是打心里发出的；这开心，也感染了友农君。有诗为证：

> 门前一片水，
>
> 屋后半座山，
>
> 夏日赏荷秋听雨，
>
> 雪后莲子老鸡汤。
>
> 农家腊味香。

这些年，乡村旅游的发展给农民带来了喜出望外的收益。在此之前，他们做梦也没想到，自家种的、养的，炖的、炒的，竟然那么受欢迎！那么值钱！还纳闷，城里人是不是钱多了？怎么那么喜欢乡下的土货！那么爱吃农家的土菜！100块一只鸡，200元一包山货，眼睛眨都不眨，红艳艳的钞票直接就递过来。更奇怪，我们开始时兴皮鞋、运动鞋时，城里人偏偏喜欢我们祖祖辈辈穿的布鞋、绣的鞋垫，还有更奇怪的是，所有土的东西、老的东西、我们不稀罕的东西，他们都喜欢，都买下来，都包起来，都寄回去。

"是什么时候孟光接了梁鸿案"？从什么时候开始，传统小农经济的产品获得了如许的欢迎？又是什么时候开始，城里人提到乡下，开始有了一丝羡慕和向往？到过浙江安吉余村的人，一定对村礼堂的一段录音印象深刻。那段录音是对浙江发展阶段的判断，其实对今天的整个中国也是适用的。那就是，当人均国内生产总值进入 3000 至 10000 美元发展阶段时，城市化发展必然对乡村产生正溢出效应。在此阶段，新兴的城市中产阶层一个个都如好奇宝宝般，睁大眼睛好奇乡村的一切。他们中有乡村进城的第一代、第二代，对乡村有一种乡愁情结；也有更多的城市原居民，他们久在城市"樊笼"，对乡村有一种乡恋情怀。一句话，他们愿意到乡村去，愿意到乡村去花钱。正因为有了这种历史际遇，乡村风物和小农产品，在经历了工业化时代的衰落之后，在后工业化时代迎来了高光时刻！

这是后工业化时代人群的一种美学趣味、一种价值取向、一种生活哲学、一种消费习惯。可将之概括为对"原"的一种追求。这种追求，是对工业化时代的加工、添加、合成的价值反转，对传统文化中本来、本初、原本的价值回归。尽管农民对城市新兴阶层的这种"矫情"还难以理解，但农民欢迎这种"矫情"，期待更多这种"矫情"，也期待更多人"矫情"。这种"矫情"主要体现在"四原"上。这"四原"，就是原产地、原生态、原工艺、原风味。

对"原产地"的关注。一方水土出一方好物，一地的气候、土壤、水质，乃至微生物，都可能反映在出产物的品质上。这也是人们对农产品原产地看重的原因。东北大米有名，但南方某地一乡镇出产一种大米，它的有名不在于说品质怎么好怎么好，也不在于说比谁谁谁都好，而在于它直接诉诸根本，是"不要菜，都可以吃两碗"的好，这种米珍贵，就在于它只能在这个地方出产，离开这个原产地，口味就变了。再说水芹，南方各地都有，但吾邑桐城的泗水桥水芹最绝，有民歌为证："泗水桥，地低凹，水芹田里是泥沙,香灰泥下流泉水,冬暖夏凉水芹长。"滋润泗水桥水芹的不是普通河水,而是田底的泉水,滋养泗水桥水芹的也不是一般的泥,是如香灰般细嫩的泥,这就养育出该地水芹的独特鲜嫩和口感。这些年,北京一些徽菜馆,都声称是每天从桐城或安庆空运来水芹等菜品。考虑到都市新消费阶层对原产地的关注,这是招徕顾客的一大卖点。菜馆是都市味蕾的望风者,新消费阶层的原产地情结,由此可见一斑。

对"原生态"的迷恋。除关注产品的原产地外,新消费阶层更在乎产品的生产过程、生产环境。"原生态"自然就成了消费热词。所谓原生态,就是指不干预生物的生长、生产过程,让其在自然状态下顺性而为、自然而成,不添不减,不催不延,如山林间放养猪羊鸡鹅、水库塘堰放养鱼鳖,让生物在自然放松的环境下快乐生长,只辅以适量的粮食喂饲。这些年耳熟能详的,诸如吃虫子、吃松子的土鸡,满山跑的土猪,喝矿泉水、吃虫草的牛羊,跟鸟蛋混在一起的土鸡蛋,以及不打药、不施化肥的有机农产品等等。对这种原生态农产品的迷恋,从新消费阶层发轫,逐渐成为消费时尚。

对"原工艺"的执着。随着个性化、高端化消费时代的出现,新消费阶层对乡土的趣味,逐渐从原产地、原生态农产品,扩大到对乡村手工艺、手工业的偏爱。这大概也是广义原生态的一种外延和拓展吧。这种趣味,从早期的布鞋、土布、蜡染,到编织、木器、铁具、陶瓷,再到古法酿造、土法制作,产品不仅涵盖农家菜肴、简加工食品,还包括各种生产生活用品,特别是利用农村自然材料手工制作的传统工艺品。这些手工产品,价格不高,格调独特,成为很好的旅游产品,其制作过程、生产场景更成为浸入式旅游、观光式体验的吸睛亮点。

对"原风味"的向往。从物质到精神,对乡土的眷恋还扩大到对乡土文化的喜爱。这种喜爱不仅包括农村民居、集市、庙会等传统乡土文化遗存,还包括乡土戏曲、民俗、故事、歌谣、俚语乃至方言,以及整个乡土的生产生活、生态环境和社区家庭人际氛围。这是一种天然去雕饰的状态,一种不掩饰、不伪装的真实,一种活泼泼、自然然的存在。在这里,人们可以放下、放松,可以舒展、抒怀,还可以释放、释怀。这里与生存无关,与压力脱敏,与竞争不沾边,这里只有趣味,只有性情,个性放大假,烦恼去一边,是值得珍惜珍存的美好时光、美景美境。

都市新消费阶层的这种趣味和偏好,让一直饱受工业文明鄙夷的传统小农经济获得了某种程度上的价值重生,也为其主人带来了文化自信和经济收益,这在农家乐、乡村民宿和农旅融合发展中得到了很好的体现。其得以实现,一则在于有后工业文明时代的加持,在于这个时代出现了日渐增长的新消费阶层,这是小农经济发亮发光的动力源和大市场;二则在于有让乡村与外界顺畅连接的通道,不仅是指连接城乡的高铁高速、县道乡道、硬化村路,更是指链接实体世界与虚拟世界的网络,在于传统的乡土社区市场与无边无际互联网市场成功联网并行,由于有了万物互联,理论上讲,一个小乡村的产品可以卖到全世界,其市场可以无限大。

应该感谢这个时代,感谢互联网,让曾经隔绝的城乡、曾经如怨偶一样的彼此,有了相互注视、相互发现、相互怜惜的机会;让疲惫劳苦、饱受艰难、步履维艰的农民和乡村,有了命运改善的机会;也让漂泊如蓬、灵魂似煎、压力山大的都市人群,有了回归、回馈的价值与精神寄托。

家乡、乡土,自然、人性,诗意的栖居也好,灵魂的安放也罢,生活的油盐酱醋,精神的酸甜苦辣,都一齐在朴实温厚的乡土中寻找到一份自在。这是小农经济的一束亮光,也是我们每一个人心头的烛火。这亮光,这烛火,有些灿烂,也有些迷茫,是一种难以言说的味、一种欲罢不能的感。正如电影《秋刀鱼之味》的导演小津安二郎的诗句:

春天在晴空下盛放，

樱花开得灿烂，

一个人留在这里，我感到茫然。

想起秋刀鱼之味，

残落的樱花有如布碎，

清酒带着黄连的苦味。

（2019 年 11 月 26 日）

为什么说没必要担忧资本下乡？

　　朋友友农君这些年进城经商攒了些钱，最近在老家全域流转了一个自然村，搞起了旅游农庄。所谓全域流转，就是不仅流转土地，还流转塘堰、沟渠、山林、场院，以及废弃的农舍、学校、村部，既有农民的承包地，也有村集体的资产。用他的话说就是，整体流转可以整体布局、整体设计、整体经营，效率和效益更高，对流转双方更有利。

　　友农君全域流转了村庄后，清淤了塘堰，在池塘中养鱼种荷，在塘埂上支起钓位，疏浚了沟渠，扩修了田间路，在村头路边、房前屋后种上乌柏、枫树和樟树，山林间则放养笨鸡和土猪，稻田里种下精选的稻种，废弃的村部、学校改成民宿和农家土灶，场院上、瓦房上，长年晒着干菜、咸肉、腌鱼和香肠。人在家中坐，客从村中游，鸡犬之声相闻，炊烟油香飘荡。

　　好一派乡土和乐气象图！

　　经友农君这一改造，村庄人居环境、村容村貌都焕然一新，人气和活力又回来了。每逢春秋两季好时节，特别是节假日的时候，周边县城、城市的居民都来品农庄风情，吃农家风味，走时还带回大包小包的农村风物。都是地里种的、自家产的、山上养的，不方便带还可以快递，回城后还想要，有电商服务。周边村民也有样学样，照葫芦画瓢，大大小小的农庄、农家乐也搞起来了，一些在外打工的年轻人也回来了。乡村真的因为新的理念、新的资金、新的经营和无边无际的互联网市场，正在发生亘古未有的改变。

这些年,类似友农君这样的资本下乡的事常有耳闻。对待资本下乡,坊间一直有争议。支持者说,资本下乡为农业农村现代化作出了贡献,促进了农业转型升级增效,帮助了农民致富,带动了农村发展;忧心者说,资本下乡会导致农民失地,使农民权益受损。反对者说,资本下乡长远来看还会侵蚀社会稳定,并举日韩为例说各国都严控资本下乡,土地向资本集中不是好事。如何看待这些观点呢? 大道理不讲,我就问三句话:农业是不是缺效益? 农村是不是缺资金? 农民是不是缺市场经验? 其实这是谁都不否认的事实。那么,为什么我们不欢迎资本带着理念、资金、技术、人才、模式,甚至市场下乡呢? 它在逐利的同时,也改造提升了我们的传统农业,改善发展了我们落后的农村,帮助提高了我们市场"小白"般的农民。如果它不逐利,或者逐利不佳,我们还要不高兴呢,因为它的利益与农民的利益是捆绑在一起的。至于对资本下乡的担忧,只要严格按政策和法律运行,顾虑可打消,风险亦可控。

为什么不用担心资本下乡导致农民失地呢? 因为土地流转建立在土地确权基础上。我们开展的土地确权是为农民确实权、颁铁证,在确权证上,农民每一块承包地,都标有地块名称,写上承包地所在的地方土名;写有实测面积,对确权确股不确地的地块,也记载农户按其股份计算占有的面积;标明地块的四至,承包地块东南西北四个方位的相邻关系;对承包地经营权变更,如转包、出租、互换、转让及入股等,也都要及时进行变更登记并加盖主管部门印章。这就从法律上保障了农民的土地权益。

再说,农民流转出去的只是土地经营权,资本只是在合同有效期内拥有土地经营权利,一旦合同到期,经营权就自动回到农民手上,除非有新的合同。在合同期内,如果资本经营不善、退出或变更,农民只要租金收益不出问题就行了;如果租金收益不能按时到位,那就是资本违反合约在先,农民有权中止合同,收回经营权,并追究资本的违约责任。即使,万一的话,资本跑路,农民可以收回经营权,再寻找新的流转对象,或者干脆自己经营,最多是受点租金损失,反正地还在那儿、跑不了。至于,有资本以经营权抵押产生的债务风险问题,也不要紧,被抵押的也只是经营权,还可以再转让,农民不管谁获得被抵押的权利,只要按时支付租金就行。

所以我要说,中国农村的土地制度设计得很高明,揣测制度设计者一定是汲取了中国历史上土地兼并导致农民失地的教训。"失地+饥荒=流民=动荡",这一逻辑是中国历史上王朝倾覆的主要原因,也是有识之士担忧农民失地的思考原点。但在中国特色农村土地制度建立健全的如今,这种担忧难免有"舟已行而剑不行"之讥。封建土地私有化制度,导致农民一旦卖掉土地就永久性失去了土地,农民失地则失去了衣食之源,在前工业化城市化时期,又没有新的途径为失地农民提供就业和生活之源。而现在的农村土地制度,在源头上就规避了私有化的制度风险。特别是三权分置制度的设计,它有两道"保险丝"确保农民不会因为种种原因永久性失去土地。

一道"保险丝"是农户承包权,这是法律赋予农民的权利。也就是说,承包权只能是农民的,资本的经营权是承包权派生出来的,它在权利规格上是小于承包权的;不论经营权怎么流转,怎么变更,它都从属于承包权;即使经营者出现问题,所有风险也只是在经营权范围内,不会殃及承包权。

另一道"保险丝"是集体所有权,这是农村土地权利的根本。这一制度设置,确保了即使在土地权利上出现任何问题,都还有所有权兜底保障。真要到了非常时刻,可以确保土地始终还是村集体的,不会变成资本的。一般情况下,有这两道"保险丝",足可以保障农民不会永久性失去土地,除非农民自己主动放弃承包地。就算农民主动放弃承包地,这承包地也会首先回到发包者手上,就是拥有土地所有权的村集体手上,绝不可能被资本拿到。

如果觉得这两道"保险丝"还不足以消除历史忧心论者的担忧，还有一道坚固的"防火墙"屏障，那就是我们有强大的国家力量。有强大的政权和国家，真要出现非常情况，有什么困难不能解决？这也是我们的制度优势所在。

为什么说不会出现流民呢？流民问题是历史忧心论者担忧的重点。封建时代为什么会出现流民呢？封建土地私有制使土地兼并成为可能，土地大规模集中到豪强手上，一方面政府财政收入因此锐减，必然导致赈灾能力下降；另一方面农民失去衣食之源，再遇上天灾人祸，无处就业就无处就食，生存本能就导致流民汹汹，社会动荡。现在就不一样了，现在的土地流转与历史上的土地兼并有本质的区别：第一，它不是买卖，只是出租，不会导致农民永久性失去土地；第二，它出租的只是经营权，承包权还在农民手上，所有权还在村集体手上；第三，它是有固定期限的，即小于承包期限，时限一到，权利返回；第四，它获得的不是一次性收入，而是合同期内逐年收益，是农民的一份长期收入；最后一点是，农民流转土地后，他还有钱可挣，有饭可吃，有地方可去。这就是工业化城市化时代的优势，这是封建时代农民所没有的历史际遇。

所谓有钱可挣，就是农民流转土地后，拿租金的同时，可以在农村非农行业就业，可以在资本旗下打工，可以自己创业，还可以进城在城市工业、服务业就业。这些年来，随着城市化发展，农民的务工收入一直占了农民收入的半壁江山。农民只要有稳定的收入，生存与发展就有了保障。

所谓有饭可吃，就是随着农业现代化的发展，农业的生产效率得到很大提升，农业的产出率也不断增加，特别是在政府施行的新型粮食安全战略下，现有土地用不着那么多的农民来耕种，农民向城市、向非农行业转移，不仅减轻了土地的负荷，提高了农业的效率，而且为高效的现代农业提供了新的市场,创造了新的需求。

所谓有地方去,就是指工业化城市化为农民进城创造了机会和条件,可以有更多农民离开土地、农业和农村,在城市实现就业、生活和发展。这一历史趋势将伴随现代化进程的始终。退一万步说,即使今后,农民在城市就业生活发展难度加大,农民好歹还有条退路,好歹在农村还有承包地,有老宅,还可以重操旧业,基本生活不成问题。倘若农民承包地确股不确地的、四至边界不清的,农民如果一定要拿回自己的承包地,也可以根据确权证标明的面积,拿回自己的土地。这是土地确权证的实权铁证所保障的。

所以,流民之论实属杞人之忧、楚人之剑。

可进城可回乡,可务农可经商,工农两宜,城乡相洽,进退也自如。这样的制度设计,这样的政策图景,这样的实践路径,确保了中国的城市化进程虽不至于"风过水无痕",但至少不会造成社会动荡和历史波澜,从而可以让历史褶皱中的芸芸众生,能够共享历史和时代的馈赠。所以说,以三权分置为制度基础的农村产业变革,其影响力绝不仅仅是改变了农业的产业体系、生产体系和经营体系,它必然要改变农村的社会结构、治理模式和生活方式,而且还会促进农民的身份、职业和文化的自信。这也是农业农村现代化和乡村振兴的应有之义,也是农民的"守得云开见月明"。

过去讲,有恒产者有恒心。其实,有希望就有恒心。只要有稳定收入的预期,有生活向好的可能,有命运改善的机会,那这个社会就是稳定的,就是充满希望的,就是欣欣向荣的。

土地流转不会导致农民失地,更不会导致流民,它起于产业化经营,兴于农业现代化,必将在乡村振兴中成为历史的一个"推手"。

(2019 年 11 月 19 日)

乡村的出路,在于乡村的乡村化

这个国庆长假结束了,近郊乡村游持续成为热门。城里人涌进城郊乡村,走土路,住土房,吃土菜,听土音,玩土活,临走还带走土鸡蛋、土干菜等一应土货,堪称一趟名副其实的"土之游"。

在短暂的"土之游"中,城里人与大地、泥土、村野、乡民亲密接触,暂时忘记了职场的竞争和水泥丛林的压抑,与家人朋友一起享受着时光倒流般返璞归真。在这里,旅游不是目的,给心灵和精神放个假,才是动力源。所以,不需要什么名胜、景点、故事,只需要是真正的乡村就够了。而这真正的乡村,将是城市化时代不可或缺的轻奢,或者竟是宜居城市的标配,其"场"的引力或者说反辐射力,正在涟漪般漫向城市。

乡友友农君是众多返乡创业的企业家中的一员。年初他在家乡全域流转了一个自然村,把村里的水田、山地、小树林、河渠、水塘、草滩、田间路,甚至包括废旧的农舍、牛棚,全部流转过来,请专业人士规划设计,搞起了农旅农庄。这个国庆黄金周,他的农庄牛刀小试,吸引了周边县城、城市不少游客,也卖了不少土货。用他的话说就是,"我这还只是开始,等我的农庄建设好了,把品牌打起来,前景钱途都看好"。

从他的农庄建设谈起,友农君聊起了乡村的出路:"乡村到底怎么建?过去说要把农村工业化、城镇化,我看,农村再怎么工业化、城镇化,也超不过城市,怎么与城市竞争?再说,农村与城市一样了,岂不同质化了?那城里人干嘛还来乡村?在城里待着就好了。如果城里人都不来,没有城市资源的加入,单靠乡村固有力量,怎么可能振兴乡村?我看,乡村是乡村人的乡村、是乡村人的幸福家园不假,但她也是城里人的乡村、是城里人的后花园和精神家园。从某种意义上说,在城市化时代,乡村存在的意义在于她与城市不一样,也因为她的不一样,而对城市更有存在感、更有价值。"

听了友农君的一通议论,我忍不住问:"照你的意思,乡村是为城市而存在?乡村是城市的附庸?"

友农君赶紧为自己打圆场:"乡村当然是独立的存在,也不是城市的附庸,但如果没有城市的参照、没有城市的需求,乡村的存在就没有那么珍贵、没有那么的市场感。你看,乡村存在了几万年,为什么现在乡村的存在感才那么凸显?还不是因为她是城市化时代的稀缺品。所以说,城市让生活更美好,乡村让城市更美好!"

"乡村的出路在于强化乡村的存在感、价值感,在于乡村的乡村化,"友农君感慨起来,"我觉得,乡村化在于以农业为底色,以农旅为路径,以营收为目的,以设计为经纬,以激活乡村'场'为依归。"听友农君打起了学者腔,我忙打断他的话,"别装有学问了,你就直说吧,怎么做才是乡村化。"

"这不是刚从农庄回来,听农庄设计师讲的,现炒现卖一下。"友农君笑着说,"用我的话就是乡村化离不了两点。第一点就是乡村情境化。所谓情境化,就是遵照乡土肌理,把乡村景观组织起来,把山水林田湖草各自特点既充分发挥,又融合为一,共同形成一种情境,这就像诗中画、画中诗一样,像梦境一样。这重点不在造景,只需要把现有景观、景色、景点组织融合起来,让她虽薄施粉黛,却不落痕迹,宛如天然去雕饰。这第一步就是要把环境搞干净,厕所革命是必须的,就是有野外公厕也要给公厕搭个茅舍,与田园一体化,远望就是一个田中小景,近看就是一个田间小屋,进去还是一个方便小坑。

第二步是让各种乡土肌理顺起来,比如山吧,要有路,要有绿,人可以进去,鸟不请自来,土猪和山鸡自由觅食撒欢;水就更重要了,沟渠要疏浚,清清渠水绕村郭是什么感觉? 春水来时,连着塘堰的水沟,正可以放网张笼抓鱼。春和景明、秋水长天季节,游客还可以到渠边野餐喝一杯。林子呢? 村头树是鸟的乐园,是风的使者,早上被林中鸟叫醒,午间听树叶沙沙,乡村化就是不仅要在山上种经济林,房前屋后、路边村头也要有小小一片护宅林、观赏林。田是基本盘了,种粮食是基本的、必须的,不仅仅是尽粮食安全的一份责任,关键是粮食作物还是农庄的底色,是基本食材、基本景观。水稻在不同季节都有自己的特色,秧苗青青,稻花飘香,蛙声阵阵,流萤一片,喜看稻菽千重浪……赞美的词儿多着呢! 可以办稻田音乐会、拍稻田婚纱照,那种天高地阔、青黄相接的感觉,多有气派,多有特色,一次就值得一辈子回味。麦田也不错,金黄色的麦浪就是最美的景观,万亩田畴更好,田成方,路成行,树成林,流水绕村庄。麦田机耕路上可以高搭长棚,种藤萝架,边上有长凳可休憩。没车过时,可以摆上圆桌,或打牌,或茶叙,人多了还可以一溜排开,吃新麦馒头,尝田间野菜,品农家野味。真是,说不尽的乡野风光,道不完的乡村美食,忘不了的乡土风情! 湖不是所有地方都有,但河和池塘哪个地方都有,某种程度上,河和池塘更有情调,青青河边草,悠悠堤上人,'池塘生春草,园柳变鸣禽'。把塘堰清淤,在水里养鱼、种莲藕,还要让水上有鸭子划水,岸边有垂钓区位。最美的是荷花盛开的时候,莲叶田田,荷花朵朵,鲤鱼跃其间,到秋天的时候,还有残荷听雨,菱角清香。这是河与池塘的风情。草看起来不起眼,但哪一个景观都有草的存在,草是百搭,是底料,林间草、路边草、田埂草,草草不同,草草有格,有离离之草,有郁郁之草,有贴地之草,草是润饰农庄的基本颜料,草即使衰枯了,还是牛羊的食料,是田地的基肥,她还是炊烟、野火的原料。真的如《红楼梦》里所说,'一个破荷叶,一根枯草根子都是值钱的'。情境化就是把山水林田湖草融为一景,合为一观,化为一境。"

"第二点是情怀化,"友农君接着说,"情境化搞好了,乡村化就完成了大半,但这还不够,还要情怀化。听起来有点玄虚,其实也简单。说穿了就是要让人,重点是城里来的客人,能够入得了眼,进得了心,做得了梦,能够起情感情绪的化学反应,就像小伙子看到漂亮姑娘一见钟情一样,能产生心灵共鸣。让他们似曾相识又喜出望外还心中戚戚。这似曾相识就是故园感,让他想家,想老家祖宅,所以要有老房子、老树、老物件、老的标语,像旧的村部、废的学校都是宝贝,千万不能拆,外面修旧如旧,里面不妨宜居,包括旧的农舍,更能让他有家的感觉,农庄里可能还有原居民没有流转,还住在自己的房子里,也不要紧,甚至更真实,公鸡自由打鸣,土狗见人爱吠,谁家的牛在栏中独自反刍,远处有不服气的驴在嗥鸣。这种原生态生活,是乡村化最好的注脚。总之就是千方百计营造一种时光倒流感,让游客有恍如昨日、旧梦重现的感觉,特别是还要有乡村美食、传统烹调,像某种野菜、某种油脂,让他们一吃起来就想起妈妈的味道,想起青葱岁月。喜出望外呢? 就是过去可以怀念,但不可以重来,谁也不愿意真的回到艰苦岁月再吃苦,这就是城市人的矛盾性,所以,生活设施一定要宜居,让他们食住行方便舒适,让他们既可以放松身心,神游物外,享受熟悉的陌生,又没有种种不便,在乡村也能过上城里的生活,某种程度上让他们有个舒服的怀旧、舒服的逃避、舒服的做梦、舒服的休养充电。所谓心中戚戚,就是'梁园虽好,不是久恋之乡',度假休闲旅游都是时间短暂的,我们贴心的服务让他们有一种不想离开的感觉,这会让他们产生以后还要来的念头,产生与人分享的冲动,比如带走一堆土货回去送人,带走一些宣传品回去分发。这样的口耳相传,持久了一定会增加新的人流、物流、资金流、技术流,也会带来理念流、管理流、模式流。这就是乡村化的情怀化。"

友农君侃侃而谈,听得我心里也戚戚焉。良久乃问:"你的农庄乡村化了没有? 你说的乡村化的情境化、情怀化听起来是好,但怎么能做到不虚呢?"友农君沉思一下回答:"我的农庄还在起步,但我已经尝到了甜头。这'二化'并不虚,要实现这'二化'需要专业人士规划设计。情境是设计出来的,但看起来是自然状态,像是没设计;原生自然状态不是情境,因为它缺了匠者之心。所以,设计是编织乡村化的经纬线,情则是设计的灵魂。"

乡村化,到底离不开一个"情"字。

(2019 年 10 月 8 日)

感悟丰收节的三重意涵

刚刚过了传统节日中秋节,再过一周就是新中国七十华诞,第二个中国农民丰收节在喜气洋洋中走来!今年的丰收节在时间节点上具有重要意义,她站在传统节日和国家庆典的时间轴上,既承续着中华儿女庆团圆的甜蜜,又助燃着迎接重大庆典的热烈;一头向传统文化深深致敬,一头向伟大时代庄严注目,浸染着浓浓的家国情怀和时代芬芳。

犹记得2018年农历秋分,这一天,经党中央批准、国务院批复设立的中国农民丰收节隆重登场。节日前一天,习近平总书记代表党中央向全国亿万农民致以节日的问候和良好的祝愿,亿万农民在村头场院、乡镇集市尽情欢享自己的节日。中国农民丰收节的设立,是以习近平同志为核心的党中央重视农业、关心农村、关爱农民的生动体现。自此开始,每年的农历秋分,除了物候划分和时间刻度的意义外,还是中国农民自己的节日,并标志性地成为新时代重农强农、尊农爱农的深情象征,成为"任何时候都不能忽视农业、忘记农民、淡漠农村"的生动注脚。这是丰收节带给中国"三农"乃至全社会的一份精神馈赠,其深刻意涵值得我们品味感悟。

丰收节是农民欢庆收获之节。中国农民向来有在秋天庆祝农事收获的传统习俗。这既是对大地、天空、阳光与雨水的纯真感恩,也是对物产丰盈、劳作有成的由衷庆祝,是对劳动和收获的真诚礼赞,对辛苦与勤劳的精神犒劳。新时代,新丰收,新风尚,今天农民欢庆丰收节,除了庆祝农作物丰收的传统意义外,其内涵更丰富、外延更扩展。这丰收,不仅指农作物的产量增加,还包括农村经济、政治、文化、社会、生态"五位一体"建设的丰硕成果;不仅是农民的具体物质获得,还有农民"获得感幸福感安全感"的精神收益;不仅含农民衣食住行的基本民生保障,还加上教科文卫乃至美好生活的新成分。丰收,体现的是农业转型升级的新进展,是农村发展进步的新成果,是农民幸福指数的新提高。衡量丰收的成效、检验丰收的成色,要看离"农业强、农村美、农民富"的目标是不是越来越近?要看脱贫攻坚、全面小康和乡村振兴的步伐是不是蹄疾步稳?最终还是要看农民群众脸上的笑容是不是越来越多?这是感悟丰收节的第一重意涵。

丰收节也应是全社会感恩"三农"之节。中国是一个农业大国,农民是全国人口的大部分。说起"三农"的贡献,可以说数不胜数。从宏观方面来说,"三农"在中国革命、建设、改革各个时期都居功至伟、彪炳史册。新时代,党领导农民奔小康、抓振兴、谋复兴,同样离不开农民的奋斗和贡献。从中观层次来讲,"三农"让中国人端稳了中国饭碗,支撑了中国工业化城市化的快速发展,守护着城乡大地的生态屏障。从微观情况来看,城市居民每天吃喝拉撒、日用器具,大多离不开农民。"三农"之于城市,犹如空气,有之不觉,失之难存。感悟丰收节的意义,体味丰收节的内涵,就要铭记"三农"的贡献,感恩"三农"的哺育,在全社会营造重农亲农的氛围,形成帮农护农的气候,构建城乡共融共荣的体制机制,真诚反哺农业,真心支持农村,真情帮助农民。这该是感悟丰收节的第二重意涵。

丰收节还是农耕文明传承振兴之节。我国是农耕文明古国,农耕文明构成了中华传统文明的源头和基础,是中华儿女的永恒精神家园。但近代以来,农耕文明的衰落也使得她在一些人心目中成为落后的代名词,甚至与"三农"一起成为弱势和被歧视的对象。但文明发展从来就不是直线运行,曲折也许是为了螺旋上升。党的十八大以来,在新发展理念引领下,农耕文明与生态文明思想电光石火般相遇,高效生态特色农业、休闲观光体验农业、美丽经济、乡愁产业等新产业新业态新模式应运而生,使古老农耕文明注入了时代内涵,迸发出全新活力,"绿水青山就是金山银山",农耕文明迎来转型升级、脱胎换骨和凤凰涅槃的机遇。庆祝丰收节,就要以此为契机,大力传承弘扬农耕文明,重新发现、深入挖掘农耕文明的内在价值,从战略层次深化对农业农村的新认识,拓展农业农村的新功能,培育农业农村的新主体,正确对待农民,真诚善待农民,保留、保护乡村物质和非物质文化遗产,守住中华民族共同精神家园,"提振农村精气神,增强农民凝聚力,孕育社会好风尚"。这是新时代农耕文明对世界奉献、分享的中国智慧和中国方案。这也该是感悟丰收节的第三重意涵。

感悟丰收,感恩"三农"。丰收节是农民的节日,也是全社会的喜庆。她是一个尊农的文化符号,也是一个重农的政治信号,更是一个强农的进军号。她的设立和施行,必将在乡村振兴的征途上留下美丽的一笔,成为伟大时代的生动见证,成为"三农"梦精彩实践的形象记录。

愿勤劳善良的父老乡亲,丰收节快乐!永远快乐!

(2019 年 9 月 23 日)

不是上帝爱浙江

　　乡友友农君进城多年,仍然惦记着家乡的发展。近日他因建材生意去浙江跑了一趟。回来后大为感慨:都说浙江发展得快,不亲眼看看,不知道发展得那么快!尤其是浙江农村,那个发展已经超越我们一般理解的发展了。GDP?可不是传统意义上的GDP了,不,那是一种绿色GDP,一种新型经济,一种全方位的高效生态经济。这回京的一路上,我就在纳闷,是不是上帝偏爱浙江?我们老家的生态条件根本不比浙江差啊?浙江的名山雁荡山才一千米,河湖水网是多些,但在我们老家,一千米的山只能算小山丘,我们有大山大河,有森林湖泊,有丘陵平原,也有水网纵横,怎么人家就能把"绿水青山"变成"金山银山",我们就守着"绿水青山"哭穷?我们的干部整天招商引资,忙得前脚打后脚,乡亲们满世界去打工,可始终富不起来。我们就不能学学人家、把我们的青山变成金山?

　　友农君所言甚是啊。不是上帝爱浙江,是因为浙江有"两山"。现在大家都认识到"两山"的辩证关系,理论认识上"是什么""为什么"都搞清楚了,但在"怎么干"上,不少地方还是理不出头绪。这也难怪,实干看似简单,确是世间最难的事。想当年,刚开始改革发展,很多地方还不都是走卖资源的路子?把环境都弄坏了。实际上这在发展初期也是不得不这样、没办法的事,一无市场,二无技术,除了资源和劳动力,你还有什么?有人要你的资源,你就阿弥陀佛了。事实上,我们也都是从拿"绿水青山"换"金山银山"走过来的。只不过,有的人这条路走着走着,就不甘心了;有的人走着走着,却产生了路径依赖。那不甘心的,就觉得,拿资源环境换来的发展不值得,浙江安吉余村就是这样感悟了,挣了点钱却落下环境一团糟、身体一身病,有钱也过不上舒心日子,有什么意思?于是就觉得还是"两山"都得要,甚至宁愿只要环境的"一山"。这种认识有了,就加大了对环境的保护,甚至,即使少赚点钱也要保护环境。但是,发展的压力是始终存在的,乡亲们要过好日子的愿望太强烈了,要金山,也要青山,更重要的是要把青山变金山。于是,在余村,在安吉,在浙江,让青山变金山,就成为发展战略,久久为功之下,就有了今日新型发展的局面。这也是友农君惊叹、感慨的理论之源、实践之基。

听了友农君的介绍,也看了浙江的一些资料,结合自己采访的一些心得。感觉浙江这些年确实走上了一条生态型高效发展的"两山"之路。

这"两山"之路,首先在于有一个明晰的战略。这个战略就是高效生态经济战略。确立这个战略也不是想当然,它是建立在对发展阶段的深刻判断基础上。这个判断认为,当人均国内生产总值进入3000—10000美元发展阶段时,城市化会产生正溢出效应,城市中产阶层向往田园生活、对自然的回归、对乡愁的依恋,会显著增强,这些具有强大消费能力的群体,会产生强烈的下乡冲动,而且,随着整个国家经济的发展,这个群体还会不断壮大。与此同时,他们对生态、特色农产品的消费需求也会不断高涨,并逐渐成为消费潮流。对农业农村来说,这是走高效生态发展之路的两个重大机遇。

好的战略确立之后,重要的是实施。城市中产阶级是有下乡冲动,他们的消费能力也是强劲的,但依彼时农村现状,村庄环境脏乱差,现代生活设施零基础,城里人来了也吃不下、待不住,更不会有什么"过夜经济",那又怎么能让他们把钱包留在农村、大包小包地回城呢?问题是挑战更是导向,必须把环境整治好、把现代生活设施建起来,让城里人既能享受到田园野趣,喝干净的山泉水,吃新鲜的农家菜,也能保有城市生活条件。形成那样一种生活风景:屋里现代化,屋外田园化;手机在响,小鸟在鸣;清风拂衣袖,云影在水中。要达到这样的整体效果,就得有规划,有整体设计,有个体风格,形成既有统一布局,又有个性特点的新型乡村,这样才能吸引更多城里人来此旅游、休闲、度假、消费。同样,针对城市新消费群体的需求,就要做好生态特色农产品的生产、加工、储存、包装、物流、销售,做好线上线下两篇文章,不仅要满足他们来乡的即时消费,更要考虑到他们回城以后的日常消费,以及由他们带动的消费习惯乃至潮流。

说到这里,"品牌"两个字已经呼之欲出了。发展生态经济,没有品牌就事倍功半,甚至难以持久。生态旅游要品牌,生态特色农产品更需要品牌。有了品牌,你这个地方、你这个产品,就有了鲜明的辨识度,有了区别他人的标记。因此,一个地方要发展生态经济,一定要有一个区域公用品牌,一个浸润区域文化精神、彰显区域产品特色、符合主流价值观念的品牌,才有亲和力和美誉度,才能打动人心,让人记住喜欢。当然,这品牌的维护切不可大意,一旦被污损破坏,那就可能产生"一粒老鼠屎毁了一锅汤"的恶心效应,产生把精美的瓷器摔碎给人看的痛心效应。

变青山为金山,发展高效生态经济,一家一户肯定不行,就像做生意一样要呼朋引类,要成片规模才行。这也呼应了区域战略,凸显了政府的引导作用,政府在践行"两山"理念上是主体,是主导,角色至关重要,责任不容旁贷,特别是要有一个好的带头人。

回到友农君的疑惑,包括我们老家在内的一些具有自然优势的地方,确实需要到浙江看看,当然,光看热闹不行,光是羡慕也不够,得学人家的门道。安吉鲁家村曾经平凡得不能再平凡,一没产业,二没名胜古迹,三没多少区位优势。2011 年还是泥巴路、土坯房,村民收入靠养猪、养鸡,污染不小,利润却不高。2011 年,朱仁斌当选村支书以后,花 30 万元为村庄规划了"家庭农场+乡村旅游"的发展思路,带领鲁家村走上"逆袭"之路。

朱仁斌把全村 18 个自然村的土地流转出来,招商建成 18 个特色农庄,然后引进旅游公司,以旅游小火车把这 18 个农庄串联起来,每个农庄都是一站,游客可以在农庄购买特色农产品,也可以休息吃饭。旅游公司负责游客,农庄负责特色农产品和农业风景,村集体负责基础设施和社会治理,大家利益共享,风险共担。村民们要么在农庄就业,要么在旅游公司上班,还可以创业开农家乐、民宿,卖旅游纪念品,每年除了土地租金、就业工资、创业收入,还有集体分红。2018 年 5 月,我去采访时,他们的村民人均收入就达到 35600 元。如今,鲁家村成了浙江一个高效生态农业与旅游经济发展的新典型,其发展模式也被总结为教学案例,还准备向其他地方进行模式输出,在其高效生态经济收入之外,还将获得一份模式收入。所以说,不是做不到,而是想不到。好的战略确立下来,有了正确的方法办法,困难都能克服,目标就能实现。名不见经传的鲁家村的案例给人以很大启示。

鲁家村的逆袭故事只是浙江乡村发展大剧的吉光片羽。浙江大剧的成功肯定是得益于有一个好的剧本,而难能可贵的是,演员换了,剧情不乱也不换。

那些认为上帝偏爱浙江的地方,当你们一任吹一个调、每一任都要自搞一套时,人家浙江是在一任接着一任干、久久为功。所以,当你们不知道怎么把"绿水青山"转换成"金山银山"的时候,赶快去浙江看看,看看上帝为啥偏爱浙江。

(2019 年 8 月 12 日)

如何看待传统村落式乡村的衰败？

　　这些年来，每逢重大节日，各种社交媒体乃至一些传统媒体，总是集中出现一批以亲历亲闻口气渲染传统村落式乡村衰败的文章，网络上称之为"返乡体"。举其要者，不是博士回乡，感叹故园凋敝、童年美好时光不再，就是城里媳妇初见公婆，触目皆是破败，悲悯悲愤之情一齐爆发。这之中，尤以2016年春节一则后来证实是假新闻的自媒体报道最为搅动人心。那则假新闻说，一位上海女孩第一次到男朋友江西农村老家过年，到达第一顿饭，因为嫌弃农家碗碟粗陋、菜色暗黑，愤然与男朋友分手，连夜"逃回"上海。此则所谓"有图有真相"的微博报道，虽然在新闻发酵后被证实系伪造，但其深刻的象征意义始终萦绕不散，不仅映射了城乡差距的巨大悬殊，也凸显了城乡隔阂的根深蒂固。

　　农村到底怎么了？传统村落式乡村是不是衰败了？农村的发展水平究竟怎样？如何看待这些问题，对于我们要不要坚持既有发展方式和路径，选择什么样的乡村发展道路，都是一道必答的思考题。

传统村落式乡村的衰败是正常的历史现象

　　如果认为传统村落式乡村会一直延续下去，这种想法本身就是静止的思维。这种情况只存在于浪漫的文学和封闭的农耕社会。在今天城市商业文明无孔不入、无远弗届的大趋势下，信息和资本的互联互通，使得任何桃花源都难以存在。

　　社会演进的规律表明,传统村落式乡村衰败是一种必然趋势。随着人口的增长和社会分工的细密,农耕文明必然要被工商业文明所代替,这是人类社会历史的演进规律。法国社会学家孟德拉斯说过,法国农民走向终结,由千千万万户小农组成的传统农业文明被现代化大规模工商业文明所取代。应该说,中国传统农业文明最终被城市工商业文明取代也是历史难以阻遏的潮流,除非像曾经的二元社会那样将城乡强行割裂开来,将农民的双脚固化在土地之上。否则,农村全方位向城市看齐就不可阻挡,农村的人员、资金向城市大规模流动也难以遏止,追求城市的生活方式、价值理念和公共服务是农村的人心所向,尤其是农村年轻人更为焦灼的渴望。试想,一个传统村落,最有活力的年轻人、最有知识的读书人、最有本领的手艺人、最有钱的生意人,都义无反顾地涌向城市和城镇,只剩下老弱病残幼留守,白天尚有偶尔的鸡鸣犬吠,夜晚就只能听老鼠打架。那这个村落还有什么人气、还有什么财气? 活力何再? 不衰败才怪! 所以说,传统村落式乡村的衰败是城市化大潮下的大趋势,只不过这是一个较为漫长的历史过程,其速度与城市化进程呈正相关,城市化快,村庄凋敝得也快;城市化慢,村庄衰败得也慢。总之,衰败是必然的。

　　但也应该认识到,传统村落式乡村衰败是整体乡村演变进程过渡阶段的暂时现象。现在的乡村就像在一个老地基上盖房子的工地,旧的还没拆完,新的尚未建成,自然是一片狼藉,触目皆是破败,但等一段时日,旧的清除干净,新的建起来了,再装修装修,马上就焕然一新,一片生机勃勃。为什么这样说呢? 不是盲目乐观。试想,那些离开传统村落的人去哪儿了? 有些去城市了,有些去本地城镇和小集镇了。去城市的,一些人可能永远不会回来了,但在城市混不下去的或者有衣锦还乡想法的,迟早还是要回来的。但这些回来的人绝不会再回到传统村落了，他们最有可能的是回到县城和集镇。这些年来，进城务工经商人员返乡创业，在集镇买房或建房是潮流，这种潮流也带动着其他农民纷纷向集镇集聚，加上各地开展的农村社区化建设，鼓励和引导农民上楼、在集镇或中心社区集中居住，于是，一种有别于传统村落的新型农民社区出现了。在这种社区里，原有村落人员相对集中居住，也有进行文化、体育和人际交往活动的小广场，以及一些简单的生活设施。这种社区正在逐步取代传统村落成为一种新型村落。这些农民社区或者叫新型村落，如果在整体布局设计上，能够体现亲山乐水重人情的乡村文化理念，体现人与自然、人与环境协调共生的生存智慧，更重要的是，还能让生活在乡村的人不仅有更好的环境、空气和水，一样还有类似城市完备的现代生活设施和无缝对接的公共服务，那这大概就是理想乡村的样子了，也是新农村建设和新型城镇化融合发展的方向和目标。

由此我们不难得出结论，传统村落式乡村衰败并不意味着大农村的整体凋敝。相反，正是由于农民收入的增加和对城市生活方式的向往，加速了传统村落走向没落。也就是说，农村的基础单元和核心地带已经从传统村落转移到集镇和社区。因为农村大部分在地人口都在一股脑儿地向集镇靠拢，乡村财富之基、创意创业之源、活力之本，都在向集镇绵绵不断地漂移。传统村落只是一些老人不愿离弃的故园和经济困窘农民的栖息地，以及离乡经年的知识分子用来凭吊和怀旧的场所，主流的农村已经在集镇找到了现时代的存在方式。要看今日农村的整体发展得怎样、是否繁荣，不能看传统村落，得去当地中心社区、去小集镇、去县城看，这是市场规律的自然选择。不管你喜欢不喜欢，它就在那里；不管你乐见不乐见，他们都要离开村庄。

农村社区化是探索乡村复兴的重要路径

　　孟德拉斯说过,20亿农民站在工业文明的入口处。农民融入城市是个大趋势、大课题,但不可能农民都融入城市,因为只要有农业,就还得有农民。特别是我们这个十几亿人口的大国,任何时候都不能没有"以我为主"的农业,即使将来城市化进程完成了,也还会有四五亿人生活在乡村。所以,我们与其叹息传统村落式乡村的衰败,不如思考如何复兴乡村或者说建设新型乡村,这才是体现我们时代的历史担当。

　　农村社区化是新农村建设和新型城镇化融合互动的选择。这些年来各地在推进新农村建设和新型城镇化发展过程中,都面临着一个如何让站在工商业文明入口的农民分享现代化成果的课题。说得简单点,就是如何找到更好更快更小成本的办法,让农民过上城里人的生活、让农业插上现代化的翅膀、让农村延伸和覆盖到城市的基本公共服务。让农民上楼、建设农村社区就是这样的探索,它既较快推进了新农村与小城镇融合发展,又通过市场手段叫醒了农民沉睡的土地财产权利。实践过程中,各地依托既有条件,通过县城吸附一批、集镇聚拢一批、中心村集中一批,形成若干农民社区。这些农民社区,是乡村生活和城市生活的结合体。它既是一种新型农村,也是一种新型城镇。准确地说,是农民在地的城镇化,是有城镇内容的新农村,是新农村建设与新型城镇化发展融合互动、相生相长的选择和成果。

　　农村社区化是资源集约化、服务便捷化的客观需要。让城市基本公共服务覆盖乡村,是新农村建设的内在要求、题中之义。但是农村居住分散,特别是丘陵山区,水电路气网要想进村入户,成本很高,而且随着城市化的推进,人员迁徙流动快,经常会出现这样的情况,你这里刚刚将基础设施延伸到,那里人家就搬走了、进城了,你的设施投入都打了水漂。这方面的教训在韩国新村运动中屡见不鲜。如何集约资源是新农村建设中的一个难题。同样,公共服务便捷化对于分散居住的传统村落也很难,城里人习惯的打个电话服务就上门的便利,对住在山里的农民来说还很奢侈,对提供服务的供应商来说,无论是政府还是企业,都难以做到持续。但如果这些分散的客户和需求集中到一个地方,那就不一样了。所以,社区化建设是市场规律作用的结果,不仅是资源集约、服务便捷的需要,也是创造商机的契机。

农村社区化是农民分享现代化成果的强烈愿望。其实,反对农民上楼的不是农民,农民还是盼望上楼的。倒是那些自以为替农民着想、反对农民上楼的人,并不真正了解农民,并不知道农民真实的愿望是什么。这些人不仅应该与农民换位思考,最好还要与农民换房居住。让他们体验一下农民的生活,让他们体验一下没有上下水、没有抽水马桶的滋味,特别是南方农村,冬天室内比室外更冷,夏天茅坑里苍蝇蚊子嗡嗡叫,下雨天外面下大雨屋里下小雨,赶上雨季屋里还要穿胶鞋,出门是晴天一身土雨天一身泥。这样的生活条件,凭什么要农民忍耐?农民又为什么要忍受?还不是没有钱、没有条件!如今有机会上楼,哪个不欢呼雀跃、由衷欢迎?设身处地为农民想想,拿自己的宅基地、加点钱换楼房,政府还有补助,为什么不呢?事实也说明,农民上楼后,生活质量的提高是明显的。也许有人会说,用宅基地换楼房可能吃亏了,农民自此失去了祖祖辈辈传承下来的故园,但在换来生活立即得到改善的楼房面前,农民是顾不了那么多了。当然,一要上楼,二要维权,农民还是希望权利能够得到更多的保障,也坚决反对严重侵害他们权益的行为。这也是政府和社会工作着力的重点。

建设新型乡村尤以保护农民权利为要

"三农"问题的核心是农民问题,农民问题的核心是权利问题。历史已经证明,什么时候我们尊重农民的权利、保障农民的权益,我们的农业农村工作乃至全局工作就稳步发展;什么时候我们剥夺了农民的权利、漠视了农民的权益,不仅农业农村工作陷入停顿,全局工作也难有起色。当前乃至今后相当长历史时期,在建设新农村、打造美丽乡村以及推进农村社区化过程中,必须牢牢守住"农民权利"这条不容突破的底线。

要尊重农民的选择权利。随着户籍制度改革的深化,城乡二元壁垒被打破,城乡之间自由迁徙流动的体制障碍基本消除。农民进不进城、上不上楼,是他的自由,也是他的权利,农民的自由选择权利必须切实得到尊重和维护,这一点任何时候都不容置疑。不要不放心,农民是很聪明、很实际的,你把选择权交给他,他绝不会胡乱选择,一定会作出符合他最大利益的选择。在这方面,我们有深刻的历史经验教训需要铭记和汲取。当然,我们强调尊重,不是消极无为,不是不要引领。对待农民,我们可以引导,可以鼓励,但不能强迫,不能欺骗。总之是不能损害,不能伤害;要有益,要有利。

要保障农民的平等共享权利。就是要让农民享受到与城市居民同等的权利。惠及本地城市居民的权利要同等惠及农村居民。要加大对农村地区公共服务的延伸覆盖,逐步弥平城乡居民福利待遇方面的差距,创造条件不断改善农村居民在教育、医疗、就业、养老、卫生、文化等方面的弱势和不足,着力消除各种或显或隐的福利差距。要重视农民融入城市问题,维护他们在城市的就业、社保、医疗、子女就学等方面的合法权益,着力消除农民工参与城市政治和社会生活的障碍,不能让他们继续在城市纳税,去农村投票,不能让城乡差距和分割在城市在地化、复杂化,更不能让新生代农民工成为城市的"第三元""蝙蝠人"。

要保护农民的土地权利。土地承包经营权、宅基地使用权等是法律赋予农民的经济、政治权利,也是农民的基本权利和核心权利,是农民生存发展的"命根子",其本质上是一种财产权利,任何人都不能剥夺,任何人都不能侵害,任何人都不能打任何的"小算盘"!尤其要防止以社区化建设等理由强迫农民退出承包地和宅基地。如果要农民的地,唯一的办法就是交换!当然,交换不仅要农民主观愿意,要符合市场规律,而且,农民权益要得到保障,其就业、居住、社保等要有稳妥安排。当前,各地土地确权登记颁证工作正在走向全覆盖,相信这既是对农民法赋土地权利的再确认,对农民土地权利的明晰化和财产化,也是对农民土地财产权利的数目化和档案化,有利于更好保护农民土地权利。

要坚决防止农民"被上楼"。让农民平等分享现代化成果,是中央的政策,也是农民的期待。农民改善居住条件,享受城市居民同等的基本公共服务,是好事。但是好事要办好,不能办坏。不能不顾本地和农民实际,不顾农民的经济承受能力,漠视农民意愿,强迫、欺骗农民上楼;不能让农民上楼后经济上吃亏了,生活水平下降了,就业工作受影响了,生产生活不便了;也不能在农民上楼后不闻不问了,承诺不兑现了,公共服务跟不上了。总之,推进农村社区化建设、引导农民上楼,要坚持稳妥的原则,不可操之过急、操之太切。毕竟,多一些审慎,就多一些妥善;多一分忧患,就多一分周全。不妨把困难考虑得再多一些,把准备做得再足一些,把道理讲得再直白一些,真正做到既有战略视野又能切合实际,既有统筹谋划又能辩证施策,既有推进机制又能及时完善。

在中国的行政版图上,现在几乎每天都有约 70 个村落消失,每年都有几万的村落失去踪影。这些千百年绵延的村落的解体，表明传统村落式乡村的衰败已是不争的现实，在令人伤感的同时，也表明中国乡村正在进行艰难而坚定的转型。相信，只要我们始终坚持"任何时候都不能忽视农业、忘记农民、淡漠农村"的信念，在强大的工商业文明的观照下，我们就一定能够以符合现代要求和乡村特点的新形式，实现 21 世纪的中国乡村复兴。

（2017 年 2 月 7 日）

乡村到底要不要资本？

浙江的乡村被资本消灭了吗？

最近看到一位著名专家谈乡建的文章《浙江不是振兴乡村,而是消灭乡村》,观点惊人,标题耸动,词锋尖利——

"浙江要小心,目前的势头不是振兴乡村,而是很快会消灭乡村。浙江省的乡村振兴以最大的资本,最快的速度,全方位的围攻乡村,势不可挡。"

"大资金与浙江在如火如荼投入,资本只要进入乡村就如洪水猛兽,其特点是,先让农民失去土地,消灭文化,让乡村伦理与宗祠逐步退出,再消灭学校,让教育与乡贤退出。最后是'买鹿治(制)楚',用资本消灭小农,用政策远离乡村。"

"浙江之后,海南、江苏、河北、河南、山东、安徽等正在如饥似渴地学习浙江,他们同样会受到资本绑架,重击乡村,伤害农业。"

很敬重这位专家对乡村的拳拳之心,也很敬佩其对乡建的孜孜之志。但此次关于浙江的惊人之语,不仅无法与我所见所闻相印证,而且还让我担心,名人效应之下,这"惊人之语"会不会成为"误导之语"?

专家说了很多,但归结起来就是,浙江的乡村被资本绑架了,快被资本消灭了。同意不同意他的观点,需要弄清楚两个问题,一个是资本有没有消灭乡村的主观动机? 一个是乡村在资本进入下是好了还是坏了?

资本有消灭乡村的主观动机吗？不错,资本的目的是获得更多利润,如果消灭乡村能为资本带来更多利润,资本肯定有强烈冲动。但对照浙江资本下乡的实际,你就会发现,保护并建设乡村,比消灭乡村更能获得利润。既然如此,资本何必要费力不讨好呢？资本没有在浙江消灭乡村的原始驱动力。为什么？这是后工业化时代,或者说城市化时代乡村的新定位所决定的。在这个时代,城市居民生活由小康进入富裕,他们对乡村燃起了新向往、新梦想、新寄托。在他们的心目中,乡村不仅是其精神故乡,也是他们生活方式返璞归真的具象,乡土、乡野、乡貌、乡产、乡品、乡味、乡风、乡教、乡文,这些曾经在工业化时代落后的象征,如今都成为个性化、特色化、时尚化的称谓。既然如此,资本为什么要逆消费者之意去消灭乡村呢？资本讨好消费者还来不及,何必要花钱去把消费者向往的"心头好"毁灭了呢？相反,资本一定会千方百计去迎合消费者,去满足消费者对乡村的那一点梦想,绝不可能有消灭乡村的主观动机。当然,不排除有资本错会了市场和消费者之意,去干吃力不讨好的事。比如拆真建假、毁旧造新,但那是另一个问题了。

乡村在资本进入下是好了还是坏了？没听说浙江的乡村在资本到来后变坏了、甚至被资本消灭了,只看到浙江的乡村在振兴,并且成为全国各地乡村振兴的学习榜样。看看浙江的乡村,农业田园化了、公园化了、园区化了,本质上是生态化了、产业化了;农村整治化了、设计化了、人文化了,实质上是家园化了、特色化了;农民创业化了、经营化了、富裕化了,根本上是主体化了、幸福化了。到安吉余村、鲁家村去看看,到杭州下姜村、浦江前吴村去访访,如今的浙江乡村,高效生态安全农业长足发展,美丽乡村、乡村善治建设不断升级,农民收入多年稳居全国省区第一,浙江的乡村正成为农民的美好家园、现代农业的创业园,成为城市的大花园、市民休闲度假的游乐园、寻根访古的文化园、甚至食客的饕餮园。而资本,就在其中扮演了最活跃因子的角色,像"真气",如"血液",为乡村持续保持活力,源源不断地提供着能量。

在乡村振兴战略统合下,资本不是也不可能成为洪水猛兽。浙江的农民在资本进入下,不仅没有失去土地,在土地权属确保下还实现了增值收益;乡村传统文化,也因为市场力量的加持,而在继承弘扬中增加了活力。美丽乡村、善治乡村、富裕乡村正在浙江逐步成为现实。那些对浙江乡村的耸动性的言辞,仅仅是耸听而已。

没有资本的乡村是啥样的?

没有资本的乡村是啥样的?就是传统乡村的样子,就是那种自给自足的小农乡村。鸡蛋换盐,养猪过年,全家种田,盖房子、娶媳妇要攒十年八年,往往还是全家人、几代人一起汗珠摔八瓣干才行。

现在有些人说自给自足的小农经济好,整天写文章、做演讲,描绘传统小农乡村怎么好、怎么好!什么土墙石磨啊,什么拒绝化肥啊,什么宗祠乡绅啊,再高举一下乡土文化、环保有机的旗帜,既占了道德制高点,又迎合了消费时代的怀旧、怀古之心。怎么说呢?这些人对小农乡村的赞美,不是好了伤疤忘了痛,就是没经历过。只有受过那个苦的人,才明白"没有钱是万万不能"对传统乡村意味着什么。现在讲钱不是万能的,那是发展到了今天这个阶段产生的先进理念,但在落后的小农经济时代,钱就是万能的。传统小农时代,种田就是为了全家吃饭,丰年多产了几石,也不能敞开肚皮吃,余粮要拿出去卖钱,以备家庭生老病死不时之需,还要为荒年存几斗。种经济作物?卖给谁啊?谁有余钱买啊?传统小农乡村,再好的土特产,也形不成规模产业,更产生不了利润,因为既没有投入资金,也没有有效市场。土特产也就停留在土特产阶段,成为走亲访友的伴手礼,成为过年待客的小碗碟,无法为小农户带来直接收益。

比如说,笔者家乡有一种土特产红薯粉。这红薯粉就是红薯的淀粉。传统手工生产年代做起来很不容易,记得小时候擦红薯的季节,经常在秋天的月光下,身体弯在特制的擦红薯的水缸旁,一只手握着一个洗净的红薯,在水缸内侧一排排的齿牙上来回擦,直到把这只红薯擦没了再换一个,擦到最后的时候经常一不小心就擦到手。待红薯擦好后,就在大水缸里用特制的纱布网来回过滤红薯浆,直到过滤红薯浆的水变清为止,再沉淀一晚上,第二天早上把缸里的水倒掉,缸底就是沉淀下来的红薯粉,铲起来晒干,就是红薯粉了。这红薯粉可以做粉条粉丝,可以做丸子。

现在一些大的徽菜馆都有相关菜品,其中一道红薯圆子烧肉,红色的红烧肉点缀在黑色的红薯圆子间,红的让黑的更黑,黑的让红的更红,再撒上一青二白的葱花,真正是最土、最有味的土菜。商家都声称,食材都是每天从安庆运来的,绝对纯手工制作。其实,在乡村,现在谁家制作红薯粉还是弯腰在水缸里擦? 秋天的月光再也照不见那个擦红薯的少年,也见不到手工擦红薯的人了,红薯都送到小作坊里加工去了。小作坊做大了就变成小工厂,在往来城乡的经纪人、推销员们的营销下,曾经最土的红薯粉产品开始销到城里的菜馆和市场。同样的土特产桐城水芹,也是徽菜里的一个特色食材,过去尽管有名优土特产的名气,但因为需求有限,始终形不成规模,现在随着徽菜餐饮的产业拓展,水芹种植实现了产业化,成为当地农民增收的一大来源。

当然,这是后话。在传统小农时代,包括红薯粉在内的土特产,其市场也就在本地,很难销。不仅因为,吃饱都难的情况下谁有闲钱去买土产? 而且因为,家家都有,谁会花钱去买土产? 销到外地去? 外地人对你的土产不了解也不认,外地人还有外地人自己的土产销不掉呢。所以,乡村土产只能成为乡下人进城送给亲戚的土产。

在资本介入之前,传统小农乡村的土特产永远只是土特产,没有规模,没有产业,没有市场,没有利润。但土特产一旦接入资本的轨道,资本的力量把生产组织起来,把渠道畅通出来,把市场拓展开来,土产变特产,特产变特品,土特就成了原生态的标志,成为其最大卖点,成为价值倍增的市场宠儿,而且这种市场还可以通过文化的营销和品牌赋能而创造出来。特别是在互联网的"缩地成寸"后,任何土特产都能找到中意它的市场,理论上这市场还可以无限拉近、无限扩大,任何土特产都可以成为全球市场产品,只要成本效益合算就行。资本进入乡村不仅直接为农民带来务工和销售收入,而且还会为农民创造市场的增值收益。

那些嫌弃资本的人,夸大资本对乡村侵蚀的人,不是对资本的无知,就是对乡村苦、农民难的无感,而他自己,则可能正在享受资本带给他的利益。我们的乡村和农民还处于急需资本而又缺少资本的阶段,如果你不信,就看看村里人流通的钞票吧,烂得都没魂儿了,极为有限的资金来回流通,又没有新的资金进入,钞票能不烂吗?农村急需资本,急需资本把这一潭水搅动起来。

过度担忧资本是超越了发展阶段的过虑

有人从概念出发,认为资本一定是大鳄,一定会吞噬一切,并从国际上跨国公司的经验来看待我们身边的资本。但他们忽视了至关重要的一点,那就是,在我们的国家,绝不会允许任何资本异化为破坏性力量。所以,对资本的过度担忧甚至恐惧,都是超越发展阶段的过虑。相反,我们需要资本,乡村欢迎资本进入。

乡村产业需要资本。我们经常说,乡村发展首先是乡村产业发展,没有产业发展的支撑,乡村就发展不起来,即使发展起来了也不持久。可是,乡村产业如何发展呢?又如何持久发展呢?靠农民一家一户的小作坊式的发展?靠政府投入驱动式的发展?需要农民的小作坊,也需要政府投入,但既然是产业,就最终要靠市场的力量,说到底要靠市场竞争的力量,也就是需要资本搅动市场。农业是如此,传统农业要想形成竞争力,建设现代农业,就需要资本力量来组织;新模式新产业新业态更离不了资本,它们之所以冠以"新",就是因为有资本的介入,资本通过聚集需求、塑造市场,倒逼传统乡村产业发生转型和突变。传统乡村产业就如一锅豆浆,再加热也只能增加它的纯度、热度和熟度,永远不会变成一锅豆腐。只有投入卤水或石膏,这锅豆浆才能产生范式革命,变成豆腐。这卤水或石膏就是资本。

乡村建设需要资本。我们经常说,把乡村建设成乡村的样子。这话听起来有些玄妙。什么是乡村的样子?是乡村固有的样子,还是乡村应该的样子?我理解,是两者的结合,既是乡村固有的样子,也是乡村应该的样子。这里面就包含了规划、设计和建设。我们经常听说某某村找人规划了一下、设计了一番。没有资本和资本的力量,谁给你规划、设计?又怎么能把建设搞起来?这还是乡村建设的硬件,没有钱、没有资本,硬件就落不了地。软件呢?探索乡村建设的新模式、开拓乡村文化的新路径,不可能在一穷二白的基础上进行,一定是乡村产业发展之后的新课题。看看一些乡村建设搞得好的村,背后大多依托一个经营化的企业,资本在其中都发挥了或明或暗的作用。华西村、永联村是这样,鲁家村、三瓜公社也是这样。资本运用理念、资金、技术、组织、渠道对传统乡村进行范式创新,从而创造了一个个新乡村。这就是资本的力量,这就是市场的力量。

当然,资本始终是追逐利润的,资本的天性注定了它的利益驱动性。我们应该对之保持警惕,防止它的反噬风险。但我们坚信,有制度的优势,有法治的力量,资本的异化性和外部性一定能得到很好应对。但在现阶段,解决发展不足问题、继续追赶问题,仍然是我们的头等大事。即使在脱贫攻坚和全面小康收官之后,我们的相对贫困问题仍然很突出,还需要我们继续埋头苦干,还需要资本来把我们的产业和建设搞活,点燃乡村发展的活力。

至于对资本的过度担忧,还是等我们发展起来以后再说吧。起码现在,乡村需要资本,欢迎资本下乡。

乡村建设不能飘在文人的浪漫中

理想的乡村是什么样的? 也许每个人心里都有自己的乡村梦。经济学家想到了乡村产业,社会学家关心乡村治理,文学家心里浮起世外桃源,旅游业者关注乡村民宿,食客惦记农家土特风味,怀旧人士担心乡村土房小庙……每一个关心者都希望,自己的关心目标不要成为担心对象。

乡村建设要听专家的意见,更要听农民的意见。产业一定要振兴,治理一定要致善,风光一定要保护,民宿一定要有特色,风味一定要农家,建筑、风俗、礼仪、方言、戏曲等体现乡土文化特点的传统遗存一定要传承。这些都是对的。但我们问没问生活在其中的农民的感受? 了解没了解农民的乡村梦? 鞋子舒服不舒服,穿鞋人最有发言权;乡村建设得好不好,农民心里最清楚。专家学者可以向农民推介,可以当农民参谋,甚至可以帮农民设计,但前提一定要从农民角度思考,从农民需要出发,考虑农民感受,增加农民福祉。不能为了自己的理念、自己的趣味,把乡村当成自己的试验田,把农民当作自己的试验对象,以农民的现实生计和未来幸福来赌自己的乡村梦。乡村是乡村人的田园家园,也是城里人的花园乐园,但乡村归根结底是乡村人的出生地、栖息地和归宿地,乡村梦一定是农民的乡村梦。兹事体大,城里人到乡村有时有响,毕竟只是给自己放一个假,放飞一下心情,假期结束后还是会回到城里,城市才是他们的家园。而农民,除非改变人生航向,乡村始终是他们一生生活的地方,这个地方建设得怎样,关系到其一生的幸福,能不听他们的意见吗? 乡村建设一定要以农民的生活便利、福祉增加为中心。

乡村建设要城乡"不一样",也要城乡"一样"。把乡村建设得更像乡村,这话听起来有些拗口,其实就是要强调乡村与城市的"不一样"。这"不一样"在于乡村的风光风貌。乡村是生产生活生态的统一体,是离自然最近的地方,不! 是在自然之中! 是自然的一部分! 这"不一样"体现在乡村的风俗风情。乡村是农耕文明的原产地、传承地、保护地,从乡村现有风俗风情中可以管窥文明的脉络,看到祖先的遗存,在文化寻根中求得一份精神的自在和依归。这"不一样"还显示在乡村的风物风味。园里摘的,塘里捞的,地里挖的,自家种的,刚刚收的,乡土风物、乡下特产,是乡村在城市面前的"独一份",它是新鲜的、美味的、特色的象征。保持并维护这"不一样",是乡村的基点和价值,是乡村的自信之源,也是乡村建设始终不能破的底线。但是,强调保持"不一样",并不意味着不能有"一样"的地方。相反,如果对"不一样"执着到执念,也是对乡村价值的一种伤害。乡村建设是永远的进行时,不仅现在和今后搞,过去也在搞,任何时代都在搞乡村建设,都在按当时的时代特点搞,不然,文明如何演进? 每个时代的乡村建设一定是在传承的同时体现那个时代的时代性,这才有文明的层次和时代特色。所以,现代化时代、城市化时代的乡村建设,一定不会与传统小农时代一样,它一定带有我们时代的印记。比如,乡村建设一定要有现代生活的基本元素,不仅要考虑城里人来乡村的生活便利,更要让农民在乡村一样能享受现代生活设施和城市生活条件,在这方面要城乡"一样"。

现代化时代的乡村建设一定不能与 18、19 世纪，甚至不能与 20 世纪的乡村建设看齐，不能城市进入 21 世纪，不让乡村跟上时代的步伐，甚至让乡村逆行到 19 世纪。这恐怕是我们建设乡村的需要把握的重要方面。

乡村建设怎么搞，要请教专家，更要问农民。乡村好不好，要看传承，也要看创新。那种自己坐着小轿车进村、却跟农民大谈马车的古意和韵味；那种自己拿着资本给的大笔设计费、却跟人说资本对乡村的危害；那种看着农民生活艰苦、却认为这是乡村最有价值的原生态，那不是别的，那是缺了同理心。

乡村建设不能飘在文人的浪漫中。

文化返祖和民粹思维要不得

乡村建设不能脱离国情农情，务实是根本。绝不能脱离实际搞形象工程，不仅地方行政的形象工程、"拍脑袋"工程不能搞，专家的形象工程、乌托邦工程也不能搞。前者的危害性众所周知，但后者的危害性却具有隐蔽性。

一些专家固执于自己的理念，唯古、唯旧。他们忽视农村发展严重滞后和不足的现实，动辄就是几十万、几百万地搞乡村设计，甚至有地方为了保存几十年前的一堵土墙，而花了 50 万，而这还作为其样本和典型来宣扬。本来，乡村建设传承传统是基点，过去的东西保存下来有利于乡村整体风格，就务必保存，但任何时候都要考虑到性价比和现实，如果保存付出的代价大于其本身的价值，为什么要保存呢？就说某地花 50 万保留下来的那堵农房土墙，既没有为整体乡村建设贡献独特价值，其本身也没显示出自有价值，我们反对大拆大建，也反对花大价钱保存，特别是对没有文物价值遗存的一味保护。毕竟，乡村建设是为生活于其中的人服务的,在人的物质生活条件还不好的时候,花 50 万保存一堵非文物墙,还不如为农民盖一栋房。当然,这会被专家耻笑。但没办法,我们的农情决定了要珍惜每一分钱、用好每一分钱。

一些专家排斥城市与现代,恐惧资本与创新。这些专家恨不得把农村建设得跟一百年前一样,有祠堂,有庙宇,有乡绅,土墙石路老房子,牛耕人拉,手工制作,最好任何现代元素都不要,任何城市设施不能有,事作以土为宗,一砖一瓦、一木一石,最好都用原先就有的,水泥能不用就不用,用糯米浆最有古意。要搞建设,最好都不要向银行贷款,农户集资用得最安心;资本下乡,那会重击乡村、伤害农业。在他们心里,乡村最好永远自给自足,农民永远像祖先一样生产生活。然而,要做到这些,确实很难,甚至是一种奢侈。不仅是物质的奢侈,手工、原生态、传统,意味着高成本;而且是精神的奢侈,把乡村当修文物一样建设,这理念超出了我们的实际。

我们强调乡村文化自信,是强调传承与创新的相结合,是又包容又扬弃又吸纳,绝不意味着文化返祖、食古不化,更不能搞民粹思维,唯传统、反现代。这种观点看起来是对乡村价值的高扬、对乡土意义的珍重,实际上是对乡村乡土的伤害。因为仅仅依靠乡村,乡村是发展不起来的,曾经造成乡村滞后的原因,无论如何也不能成为现在乡村发展的动力。乡村一定要以现代要素来撬动,以城市钥匙来开启。其实,那些专家的样本,哪一个后面没有资本的影子?哪一个样本设计没有市场的运作?专家只是花别人的钱,圆自己的乌托邦梦,还捎带着营销自己的形象、拓展自己的公司。

说到底,那种返祖式、民粹式思维,不现实,对乡村还有害。

(2021 年 5 月 10 日)

如何看待互联网巨头卖菜？

一

一段时间以来,互联网巨头纷纷推出社区团购买菜业务,滴滴、美团、拼多多、阿里、京东等平台都以极为低廉的价格招徕顾客。一时间,4.9元一斤的鸡翅、1毛钱一斤的蔬菜、5.9元20个鸡蛋,看起来不像是在百姓菜篮子"鹭鸶腿上劈肉",倒像是巨头们主动在自己大腿上割肉喂鸟,请老百姓使劲"薅"他们的"羊毛"。

天下竟有这样的事,出门做生意,不图赚钱,只为赔本?事出反常必有妖,如果不是带着使命的慈善家,就一定是傻子或者是以傻子示人的精人,还可能是其志不在生意。很显然,巨头们不是慈善家,更不是傻子,说其有生意之外的目的,也不像。那最后只能是明傻实精、短时傻长远精。

怎么说呢?明傻好理解,卖那么便宜的菜,肯定赔本,做赔本生意的自然傻。那何谓实精呢?极为便宜的菜价,本身就是不胫而走的广告,简直是比广告还能深入人心,比广告还传播快捷。中国老百姓,无论贫富贵贱,很多都有农民基因,多多少少受过农耕文化的陶冶,对食物有一种天然的爱惜,能够花很少的钱买到更多的食物,对他们来说,是占了大便宜,是一种愉悦。这种愉悦,比把买菜的差价兑成钱给他,还要快乐得多。而且,我们的老百姓还善于和乐于分享这种快乐,一个地方有大便宜可占,很快,七大姑八大姨、张三李四王二麻子都知道了,不管当时需不需要,先把便宜占上再说。对巨头们而言,这样的广告比做多大的广告都值,本来就要做品牌宣传,本来就有天量的宣传费用,与其支付给媒体和明星,不如直接花在消费者身上,更能把品牌的价值烙在其心口。所以,卖菜时付出的亏损,其实可以在品牌宣传费用"盘子"里转移支付,总体上不亏。

如果低价卖菜只是为了宣传品牌,显然也低估了巨头们。这样的宣传不可能长时间进行,也没必要。它一定是为了某个长远的谋划,今日种种,都是其商业经略的埋子布局,都是其生意版图拓展的暗桩先手。不是有一句话吗? 抓住男人的胃就抓住了男人的心。同理,抓住了消费者的胃,也就抓住了消费者的心。数亿人口的食物供应,那是多大的市场! 谁能把食物供应链攥在手上,谁能把消费者的口味紧紧拴住,谁就锁定了长期红利。

所以,低价轰炸,不过是商业上的鸣锣开道、泼水净街,让闲人走开,让生人离开,让竞争者躲开,如果不识相,后果自己承担。那些社区批发商、小菜摊,有实力与巨头们对垒吗? 你敢出比巨头们更低的价吗? 人家还是送货上门,你行吗? 你敢赔本做生意吗? 一两天可以,三五天你就得关门大吉。你又没有品牌可传播,你就指着辛苦贩运赚点差价,靠着社区居民图个小方便,挣仨瓜俩枣,来养活一家,但你对社区居民的小方便再方便也比不了人家的送货上门,还比你便宜一大截! 1毛钱一斤的蔬菜你批发都批不到,你到农民地头也买不到。所以,你除了关门还就是关门,与其硬挺硬扛,还不如去给巨头们卖菜送菜,好歹挣个力气钱。这样的结果在故事一开始就预设了:社区小店,批发小商,乃至大的批发市场,都只能束手、撒手、洗手了! 因为,巨头们有资本、有货源、有渠道,现在又有了终端,天下菜,"尽入吾彀中";天下菜,其奈我何!

至此,谁还敢说巨头们傻? 其精不可方物,其志不可言小!

二

但世间很多事不是只有一面。我们很自然地就想到,巨头们卖的菜是从哪儿来的? 当然是从农民地头来的。这就回到一个话题,巨头们卖菜对农民来说,是好事还是坏事,还是不好不坏的事?

在巨头们卖菜之前,农民要么把菜在地头批给菜贩,或者自己运到城里批发市场,卖什么价,贩子说了算,老板一句话,当然可以讨价还价,但议价的能力和实力有限。农民的竞争劣势是明摆着的,不管怎么着,你总不能让菜烂在地里吧? 耽误一天,第二天的损失可能比第一天接受低价还大。每年种什么,不是跟风就是跟习惯,往往是力气工夫不算钱,赚不赚钱全凭大年小年。现在来了新商人,互联网巨头们来找农民买菜,手指缝里随便漏点,就够菜农忙乎一年。不管怎样,开始的时候,为了与传统菜贩打擂台,出价高一点也是自然的事。菜农们也乐得捡便宜。起码,短期内,巨头们为菜农增收作了点贡献。

实事求是讲,互联网巨头们投身农业,确实给农业农村带来了增量资本。农业农村发展长期滞后,有很多资源需要经营和组织,有很多短板急需补齐和补强,有很多项目亟待撬动和生发,资本对农业农村来说,就是旱之云霓、渴之甘泉,特别是对产业的投资,更是实现乡村发展的根本之计,没有产业发展,乡村发展就没有支撑,也不可能持久,乡村问题要解决,最终还要靠产业发展。对有意投资乡村产业的巨头们,各地招商纷纷箪食壶浆、待若上宾,动辄就是批地、免税、奖补、让利,甚至有时候,投资尚未给本地带来实利,却先让资本食尽地利,捂地、卖地,比其实体生意,利润大得多! 但也由此看出乡村对资本是何等的渴望渴求。

巨头进入农业,确实也促进了农业市场化。巨头们一手托两家,一头是消费者,一头是生产者,以销定产,以产促销,产销对接就如左手摸右手,中间环节的减少,经营的扁平化,让生产与需求之间少了耗损与空转,更重要的,巨头们凭借其平台和网络优势,加之大数据和品牌控制力,可以创造需求、复制需求、转移需求,让生产得以组织化、定制化、模式化,从而实现其农产品生产与营销模式的双重创新,从需求侧和供给侧两端发力,倒逼和促进农业效率提升。一句话,巨头以市场和经营思维,通过资本、渠道、信息、品牌,把农业产业链统合进其商业版图,实现利润最大化。如果能够建立与农民之间的稳定利益联结机制,则不仅对农民增收,对农业现代化都有可持续的正面意义。

所以,如何看待互联网巨头们卖菜,其实也是很费思量的事。看过滴滴、共享单车的故事,也听过大数据宰熟的说法,有理由担心其过往模式在农业农村重演。试想一下,一旦消费者适应了其营销模式,而竞争对手都已消失,不任其予取予求还能怎样? 一旦生产者因为市场被垄断,不卖给它就只能烂在地里,你有什么讨价还价的地位? 所以,愿意来卖菜,愿意投资农业,欢迎! 但请好好卖菜,农民不想被"割韭菜",有钱大家赚,人人有饭吃,和气做生意,产业大发展,农民得实惠。这才是巨头们卖菜的长久之计。

三

所以,对互联网巨头卖菜,不能简单予以否定。我们当然期待我们的巨头们也像比尔·盖茨和马斯克一样,去投身高科技产业,去为人类向上向善而努力,而不要一头扎到钱眼里,甚至与小民争利,毕竟,以其之大,小本生意实难撼其项背。但人各有志,葵花向日而生,苔藓无湿不继,愿意做接地气的生意,是它的权利,法无禁则可入,做好了也是利民生的好事。

我们不反对巨头们卖菜，但我们反对不正当竞争。任何行业都必须保持竞争，唯有始终有竞争，行业才能不断创新和进步。但我们说的竞争是合理竞争、公平竞争，不是不正当竞争，更不是垄断。什么叫合理、公平竞争呢？符合法律规范是大前提，合理、公平竞争关键一条就是要按市场法则行事。而不正当竞争的重点就是为了达到目的而不择手段。比如，任何市场交易都要以营利为目的，中国俗话说，从南京到北京，买的没有卖的精，天上不会掉馅饼，西方俗语也言，天下没有免费的午餐，都是说明一个市场法则——不做赔本的买卖。那种赔本的竞争就是恶性竞争，以赔本来打垮对手，从而实现垄断，就是不正当竞争。像那些巨头们以巨幅让利来抢夺客户，以平台和渠道不对称优势来挤压甚至清除竞争者的行为，就是以垄断为目标的不正当竞争。其行为，从短期看，是让利给消费者，是针对社区小商小贩；从中期看，是养成消费者的依赖心理，谋求的是商业利益；从长期看，是对消费和生产两端的控制，构建平台独大的橄榄型产业模式。所以，我们必须及时阻止这种不正当竞争，防止其尾大不掉，形成效仿模式，更重要的是保护良性竞争，鼓励创新驱动的竞争，让竞争真正造福社会，促进进步。

我们不反对巨头们卖菜，但既然是巨头，大就要有大的样子。孟子说，"惟仁者为能以大事小"。互联网巨头降尊纡贵下场与社区商贩竞争，但既然下场了，就要老老实实做生意。与小商小贩竞争需要讲个"仁"字。当然，有人会说，既然都竞争了，何来"仁"字可讲？古人不是讲"义不理财"吗？但巨头、大企业，既然顶着"大"，就得拿出"大"的姿态，做出"大"的样子，肩负"大"的责任。本来不该与升斗小民争利，但既然已经争了，就多少要讲一点"仁"，既然不可避免地要对小商贩形成挤出效应，那起码在另一头要对他们开展吸纳模式，比如把他们整合到你的销售链中来,让他们成为你的销售链末梢,继续像以前那样离消费者最近。总之要对他们的民生和就业有所考虑、有所关照,不能全推给政府和社会。这一方面可以减少恶性竞争导致的社会成本增加;另一方面也是展示自己"以大事小"的乐天仁心,最终对自己有益。

只要巨头们好好卖菜,合理、公平竞争,不搞不正当竞争那一套,卖就卖吧。

四

对互联网巨头卖菜不能简单地否定,但也不能简单地肯定。固然,平台型企业有其强大的力量,运用得当的话,其力量就是正面力量;但不加以规范的话,无序扩张就是有害的。

资本的天然属性是逐利,野马无缰必然会踩踏,猛虎无笼当然会食人。乡村期盼资本久矣,乡村苦无资本久矣。但对资本的宠溺,也会助长其骄气与惰性。早些年,一些地方为了招商引资,招数百出,竞相优惠,引进的商家是否促进当地经济发展尚不好说,但俨然成为当地话语权的重要增量。每当其与当地农民权益出现博弈,农民的议价地位和能力就有被其侵削之虞。所以,为乡村经济社会可持续发展计,当然需要资本的进入,但评判这种进入一定要问"三个是否":是否促进农民权益的维护发展?是否推进了农业的增产增效?是否推动了乡村的繁荣进步?回答"是",则欢迎加码;回答"否",则对不起,赶紧退出。而衡量这"三个是否"的标准,关键还要看"第四个是否",即,是否与农民建立健全了可持续的利益联结机制?

平台资本有利于农业市场化,但如果放纵其逐利之心,则必然因为其资本之强大、渠道之垄断、信息之独享和品牌之覆盖,而让中小竞争者望风披靡,让生产者沦为其农业流水线上的一枚枚螺钉,离开其流水线就是无用的铁钉,只有钉在其上才有价值。试想,在资本独大之下,生产者只能嵌入其产业链才有价值,一旦离开就难以生存,那还有什么谈判权呢?而这,显然不是我们所期待的农业市场化,也不是我们期待资本在农业现代化进程所扮演的角色。

维护农民的权益,提高农民的议价能力,不能完全指望巨头们的"以人事小"的仁心和社会责任感,当然全社会有责任监督并鼓励巨头们像个"大"的样子,巨头们也需要从内心里践行"大"的样子,但求人不如求己,农民议价能力的提高最终还是要通过农民自己。当然,政府有职责以法律和政策来维护和发展农民权益,但具体操作上还需要进一步推进农民组织化,不仅要在村集体上实现凝聚,也要通过生产、产业、经营的联合,建立合作社来握指成拳,把分散的力量聚拢,共同向大企业和市场争取更有利的谈判地位,取得更好的议价结果。农民只有加入合作社,才能不让生产端被资本任意支配。也只有农民真正组织起来了,才会有更强的谈判能力,才会有与巨头们谈利益的底气。这样的农业市场化,是农业农村现代化的重要标志。

对互联网巨头卖菜,不能简单地否定和肯定。衡量的标准是,要对农民有利,要对民生有益。

(2020 年 12 月)

对一段大历史的温情凝眸

——我们为什么要写《特困片区脱贫记》

我们知道,我们在做一件有意义的事。但在难忘的庚子年,在这个世纪第三个十年不寻常的初端,我们可能尚未真正知晓它的深沉奥义。也许,15年后、30年后,当我们忆起现在正在做的事,遥想惠新桥下那一片灯火,回味那山山岭岭的一路征尘,我们可能才会感叹:那个鼠年,我们没有辜负历史。而现在,鼠去牛来,国运如虹,脱贫攻坚圆满收官,我们也收获了一部《特困片区脱贫记》。欣慰之余,虽然我们对大历史的担承自觉还朦朦胧胧,但一个朴素的念头始终在心头萦绕:我们要为农民做点什么,我们要为历史留点什么。

一

我们都是农民,起码我们往上数几代都是农民,我们的身体即使没流淌着农民的血液,我们的精神都留有农民的烙印。所以,我们见不得农民受贫,不忍视农民受困。

中国以农立国,漫漫封建时代,主流价值观念都把农民排在阶层排行榜的首页,把为农立命立言作为道德文章的头条。为什么? 不是对农民有多爱,是因为农民太重要、离不开。没有农民,太仓之粟谁来供? 没有农民,率土之滨谁来守? 没有农民,皇权天下终是空。农民理论上被抬到天上,但现实中却卑如尘土、贱似草芥,任人踩、任人割。荒年衰岁,是"老羸转乎沟壑,壮者散而之四方"的生死无常;世乱兵凶,则是"白骨露于野,千里无鸡鸣"的至暗至惨。农民是治世的刚需,是乱世的负担,常世是养育者,末世是掘墓人。所以,历朝历代需要农民,也嫌弃农民、害怕农民,从不会真正为农民着想、真正对农民负责。农民不论是被"嘴上"供着,还是被"脚下"踩着,其命运始终脱不了一个"贫"字,离不了一个"困"字。

什么时候农民能摆脱"贫"、离却"困"?这是中国数千年解不开的难题、走不出的死局。每一个朝代都在这难题中深陷,在这死局中挣扎,唯一的不同是程度的深浅。如果没有开天辟地之力,没有惊天动地之举,则数千年的治乱循环、因果相连,旧局依然是旧局,戏码到底还是戏码。而农民,则始终蜷缩在泥泞中,成为被践踏的对象。

二

开天辟地的时刻终于来了,中国历史上第一个为百姓而立的政党诞生了。电视剧《觉醒年代》戏剧化地再现了这一历史片段。面对满河堤的灾民,两位创党领袖相誓:"为了让你们不再流离失所,为了让中国的老百姓过上富裕幸福的生活,为了让穷人不再受欺负,人人都能当家作主,为了人人都受教育,少有所教,老有所依,为了中华民富国强,为了民族再造复兴,我愿意奋斗终生。"这是一个政党对人民的誓言和约定,这是中国共产党人的纯粹初心。

这初心浸润在"站起来"的豪迈之中,这初心流淌在"富起来"的自豪之中,这初心充溢在"强起来"的自信之中。亘古以来,有谁真的在为劳苦大众的福祉着想、为改变农民的命运奋力?只有中国共产党人,念兹在兹地为着农民！历朝历代，哪个政府不是在"救急不救贫"？谁要说救贫，说让普天下老百姓都摆脱贫困，表面上可能称誉你"为生民立命"，心里肯定在贬抑你是"清流误国"，说你好高骛远、吃力不讨好。因为在他们眼里，"劳心者治人，劳力者治于人"，穷人就是穷人，出力流汗的永远是出力流汗的。青史昭昭，唯有共产党人坚守初心，以党之信，以国之名，公开向贫困下战书，庄重地向人民、向历史、向世界作出承诺，而且是可检验的、明确的承诺。

这份承诺，关乎人民感度，涉及历史定位，见于国际观瞻，甚至对赌了一个国家的信用和自信，押上了一个民族的气运和精神，这是一个只能赢不能输的弈局，平局不行，小赢也不行，必须是坚决地、毫无争议地赢！这是历史大赛的局点和赛点，拿下这一局，才会有下一步。有了脱贫才有小康，有了小康才谈得上15年后的基本现代化、30年后的现代化强国，才有乡村的全面振兴，才有民族的伟大复兴。

这是古今中国人三千年一脉相承的梦想和逻辑，也只有在这个时代，农民才得以真正地摆脱贫困。这才是脱贫攻坚的特殊意义和特殊所在。

三

历史终将记下脱贫攻坚这八年。在21世纪异常复杂的第二个十年，世界百年未有之大变局与中华民族伟大复兴战略全局历史性地碰头。一方面我们要妥善应对变局下的挑战，积极寻取变局下的机会，努力创造变局下的新局；另一方面还要心无旁骛地聚焦自己的事，做好自己的事，把自己的事变成自己的势。而脱贫攻坚，就是"两个大局"背景下的先手棋。

历史往往只有回头来看，才能领悟其深刻道理。而真正的历史性抉择,并不一定一开始就石破天惊,甚至当巨变开始的时候,平常人还"只道是寻常"。而脱贫攻坚,就是这样一个"看似寻常最奇崛"的历史性布局,其深刻意义,只有在"两个大局"背景下,才能真正体会。时至今日,在脱贫攻坚完胜之后,在双循环战略开启之际,在"第二个百年"开局之年,我们可以想象,如果没有完成脱贫攻坚,我们双循环的基础何在、本钱何在、信心何在? 我们又怎么能在变局之下顺利开展"第二个百年"、怎么全面推进乡村振兴、怎么在后疫情时代办好自己的事、怎么在复杂的国际斗争中立于不败之地? 这是难得的八年,这是抓住机遇的八年,这是历史性的八年,有了这八年,我们今天自信的底气更足了,我们应对的能力更强了,我们创造的动力更劲了。脱贫攻坚的意义,怎么估量都不过分!

脱贫攻坚这八年,是全党全国动员的八年。脱贫攻坚成为以习近平同志为核心的党中央最挂念的事,习近平总书记每到一地必看农村,跋山涉水必进农户,走到哪儿都念着农民,在 14 个集中连片特困地区,都留下了习近平总书记的足迹,传诵着习近平总书记的声音,践行着习近平总书记的指示。正是在习近平总书记的率先垂范下,五级书记、千千万万扶贫干部横下一条心,不破贫困誓不休。正是由于这种巨大的合力,我们才能在这短短的八年,实现了近一亿人口的脱贫,创造了人类反贫困史上的奇迹。

如今,数千年解决不了的历史难题解开了,历朝历代走不出的死局打破了,一个新时代的新局豁然开朗了。

四

面对这一历史性时刻,面对亘古未见的巨大创举,面对上下一心的空前凝聚,面对"政府过紧日子、也要紧着贫困农民"的决心气度,面对 1800

多位同志永远定格在脱贫攻坚战场的牺牲,我们,作为一个服务"三农"的主流媒体,我们该怎么做,我们又做了什么,这不仅是一份政治担当、历史自觉,也是我们每个人心里绕不过去的一个情结、始终放不下的一份情怀。

感谢时代,感谢历史。《农民日报》因农而生,缘农而兴,我们发展的曲线始终与农民的命运脉络相契合。脱贫攻坚这八年,也是我们践行使命、奋力进取的八年,我们在投身脱贫攻坚战中实现了自己的价值提升、完成了自己的品牌优选。我们在《七论三农中国梦》《七论乡村振兴》《九论农业农村优先发展》中,解读"三农"的国之大者、莘莘大端;在《五大理念新实践》《新时代三农启示录》中,欢呼"三农"的历史性成就;在《小康之年,三农怎么干》《新征程,三农怎么干》中,明晰"三农"的发展路径;我们还在《梦开始的地方》《中国农民礼赞》《千万工程赋》中,描绘"三农"的过去、现在和未来;我们更在《总书记到过的村庄》《牢记总书记的嘱托》中,感受"三农"的历史性机遇和历史性变革。我们不负时代,不负韶华。

但我们还是觉得缺少了点什么。我们不缺脱贫攻坚的历史经纬,我们不缺脱贫攻坚的宏观视野,我们也不缺对脱贫攻坚的微观烛照,但我们缺了对一段大历史的温情凝眸,缺了对大历史本身的深情记录。一句话,我们缺少对伟大历史的情感书写,我们得为未来史稿留下一份接地气、有烟火气的第一手材料。

这就是我策划《特困片区脱贫记》的思想与情感的逻辑起点。为此,我们组建了 14 个采访小分队、集合 30 余名记者,深入 14 个集中连片特困地区,意图把视野投向各个片区的前世今生,以普通农民生活变迁为主线,以片区历史、地理、文化为背景,努力聚焦片区脱贫攻坚的奋进征程、拼搏过程和情感历程,力图折射整个脱贫攻坚的奋斗史、心灵史和精神史。这是我们的新闻理想，也是我们的职业使命。是否实现了策划初衷，请读者评说。摆在我们面前的《特困片区脱贫记》，就是我们对历史的一份交待。

　　岁月水波相逐，历史川流不息；一朵浪花就是一条河流，一粒沙子就是大千世界。当30年后，我们实现了乡村全面振兴、民族伟大复兴，请不要忘记30年前的脱贫攻坚，请铭记那个时代的伟大贡献！也许在那个时候的某一天，当你徜徉在美丽宜人、业兴人和的乡村，想了解脱贫攻坚那段历史，你可以看看《特困片区脱贫记》。

　　　　　　　　　　　　　　　　　2021年5月2日于凉水河畔

　　（此文系《特困片区脱贫记》序言，该书由中国农业出版社出版）

什么是乡村振兴该有的样子?

要有新农业,高质高效筑底色

全面推进乡村振兴、加快农业农村现代化,对农业来说,有什么期许和目标呢? 或者说,农业要发展到什么水平,才能与乡村振兴相匹配呢? 一句话:农业要高质高效。

何谓高质高效? 先谈谈高质。高质的第一层含义是数量。这听起来好像有些费解,为什么说高质量的时候强调数量? 但其实很简单,真正的高质量一定是建立在厚实的数量基础上的,没有足够的数量支撑,也凸显不了质量的重要。我国农业的高质量发展必须在确保基本数量的同时才能行稳致远。就说粮食吧,如果不解决数量供应问题,吃饭出了问题,还谈什么质量? 先谈吃饱饭,再谈吃好饭、吃健康饭等,对我们这个 14 亿人口的大国来说,吃饱饭是始终不能轻忽的生死攸关的大问题。所以,谈农业高质量发展问题,首先、务必、一定、无论如何,要确保农业的数量问题万无一失! 数量问题一失,就是万无,也就别谈质量了。保数量,第一要保面积,在技术没有突破的情况下,保数量主要是保播种面积。第二要保产能,落实"藏粮于地、藏粮于技"战略,把"地"与"技"的能力提高了,数量问题就有了实实在在的支撑。第三要保平衡,不能顾了这个品种丢了那个品种,要增加大豆油料固然是硬任务,但玉米也不能疏忽,马铃薯还得想着,耕地就那么多,"兼顾"和"弹钢琴"考验的就是拿捏功。

高质的第二层含义是多样。人们吃饱了之后，就想吃得好。那什么叫吃得好？换换花样品种，尝尝新鲜口味，是吃得好的基本要求。吃了大米饭，想吃馒头面条；吃了猪肉，想吃牛羊肉；山珍吃了，还想吃海味；吃菜想肉，吃荤想素；等等。随着人们生活水平的提高，人们对农产品的多样化需求也不断增加，这就要求农业供给侧，要随着需求侧的变化、强化而适时响应调整。保多样是农业高质量的显著内容。

高质的第三层含义是健康。现在人们的生活水平提高了，不再满足于大鱼大肉，对高脂肪是谢绝不敏，吃一样东西，先关心会不会增加"三高"，女同志还关心会不会发胖，高蛋白低脂肪的产品很受欢迎，这也包括对原生态的绿色农产品的偏爱。这就要求我们的农产品生产要强化绿色，强化健康。

高质的第四层含义是质量。这是毋庸置疑的，是应有之义。没有质量还谈什么高质量？这质量对于产品来说是品质，对于产能来说是水平，对于产业来说是效率。产品品质好、产能水平高、产业效率优，三者好才是真正的质量好。

说完高质，还要说高效。

高效的第一个意思是高效率。所谓农业的高效率，无非是土地产出率、劳动生产率、资源利用率的高效率，也就是说，同样一块地、同样一个生产主体、同样一份投入品，比以前生产的产品要多、要好、要优。当然，这高效率需要定性考核，也需要定量指标。

高效的第二个意思是高效益。高效率如果没有高效益，决不能持久，也不是可持续发展之道。如果高效率没有高效益相匹配，这高效率必然造成高浪费，也就变成另一种低效率。试想，如果高效率没有带来高效益，必然把负面信号传导回生产端，从而降低生产的高效率。所以，真正的农业高效一定是效率与效益的平衡与相互促进。

农业高质高效,是农业高质量发展的定性目标,是农业现代化和乡村振兴的基础。

必有新乡村,宜居宜业养本色

过去讲建设社会主义新农村,现在讲乡村振兴、讲建设社会主义新乡村。这有什么不同吗? 总体性质上没有根本变化,但在内涵外延上有深化、有拓展、有升级。不要小看农村变乡村的一字之变。"农"更多强调的是产业行业,"乡"则在"农"的基础上,增加了人文和情感成分,一字之变,让一个做农业的地域变成一个以做农业为基础为背景的家园,变成故乡和令人向往的文化地标。这就是乡村给人的心理暗示,这也是古老农耕文化的心灵折射。

讲新乡村,先得讲宜居。对农村生活环境,我们讲美丽乡村建设,讲农村人居环境整治,都从不同角度对人的生活起居提出任务和要求。风景美不美、环境净不净、设施好不好,归根结底还是起居宜不宜。宜居,是对所有有关乡村生活条件的最好定位。风景再美、环境再净、设施再好,只要人不宜,都不是最好。这就像谈恋爱,也像穿鞋子,好不好不是最重要,适宜才是最好。当然,基本条件也不能不讲,毕竟,具备一定的条件,是适宜的基础。所以,我们讲新乡村,一定要讲两方面:一方面要讲美丽,毕竟,美丽的风景风貌、环境设施,是新乡村的物质基础,是必不可少的条件,虽然说"有情饮水饱",但"贫贱夫妻百事哀"始终是客观现实。物质不是万能的,没有物质是万万不能的,这话在新乡村建设上也是适用的。在当下,这一点还要突出强调,毕竟短板和弱项存在的时间太长了,解决问题的难度太大了,需要支持投入的资源太多了。另一方面要讲宜人和怡人。就是环境要让人适宜,让人愉悦,具体说,新乡村建设要改善人的生活条件,符合人的审美趣味,契合人的心灵需求,让人生活舒服、精神愉悦。我想,这就是新乡村宜居的精妙内涵。

当然,讲新乡村,还得讲宜业。何谓宜业? 宜业的前提是有业。这业是事业,是产业,是行业,推进乡村振兴的工作、加快农业农村现代化的工作、为"三农"服务的工作,都是事业;从事农产品生产加工、从事乡村农旅农文经营、从事农业农村社会化综合服务等,都是产业,从事农村不同工种、不同性质的劳动,都是行业。宜业的关键是宜。业就摆在那儿,或者藏在那里,需要人去就、人去创。也就是说,要这个业适宜人去就、去创,新乡村要适宜人们就业创业。另外,新乡村提出宜业的要求,可能还有一个意思需要我们深入领悟,这宜业不仅专指农民,也包括所有人。也就是说,对城里人也适宜。新乡村不仅要让农民宜业,也要让城里人在新乡村宜业。这就意味着,新乡村将为城市资源下乡开辟广阔空间,城里人可以在新乡村实现更大价值。这对乡村来说,是一个巨大的机遇,城乡融合发展将在城乡就业创业融合和一体化上实现突破。

宜业宜居,让新乡村成为令人向往的地方。

得有新农民,富裕富足提成色

"中国要富,农民必须富"。农民占总人口的大部分,过去是 8 亿农民,现在城市化率达到六成,也还有五六亿农村人口。要想让整个中国富起来,农民不富显然是不行的。瞄准了、抓住了、解决了"农民不富"的问题难症,中国富起来的历史课题,也就可以结题了。

乡村振兴的出发点落脚点当然是实现农民富裕。如何促进农民收入增加的课题,提出来有好多年了,它也是一个长期任务。所谓长期任务,一则是因为增收没有止境,是一个永远的进行时;二则是增收的难度非比寻常,不可能一招制敌,一举见效,需要长期努力;三则是对农民增收有深刻认知,它不是一个短时间就能解决的问题。正是因为农民增收课题的长期性特点,所以我们一直在强调,一直在努力,无论是农民增收形势向好,还是增收遇到困难,都始终把农民增收作为"三农"工作的核心任务。

当前挖掘农民增收的潜力,无非还是内外合力。内部功夫在扩大农民经营性、财产性收入,重点在农业供给侧改革、农村一二三产融合、承包地经营权流转和宅基地改革,外部力量在稳定工资性收入、增加转移性收入,在工资性收入方面要大力改善农民工在城市就业环境,维护农民工合法权益,同时要创造条件为农民工返乡就业创业开辟路径。在转移性收入方面,要按照农业农村优先发展的总方针,把更多资源向农村倾斜,特别是要落实土地出让收益优先用于农业农村的要求,特别是增加对农业农村基础设施建设的投入,进一步加大农业补贴的强农惠农富农力度,在生产端和生活端综合施策,当前尤其要巩固拓展脱贫攻坚成果与乡村振兴有效衔接,坚决守住不发生规模性返贫的底线。只有把内外功夫合力而用,农民增收问题才会进入逐渐解决之途。这其中,我们还要认识到,农民生活条件的不断改善,既是农民增收的结果,也是农民增收的目的,还是农民继续增收的必要条件。当然,农民增收、农民共富,是一个长期课题,需要稳扎稳打、尽力而为、量力而行,不能定不切实际的指标,不能喊吊高胃口的口号,更不能提明知实现不了的目标,否则会挫伤农民群众的积极性,不利于农民增收和共富。

但仅仅停留在农民富裕的阶段还远远不够。富裕不是最终目的,富而思文、富而守礼、富而知足,才是健康的富、文明的富、和谐的富,才是真正的富、最好的富、可持续的富。只有超越了物质的富裕,在精神上实现富足,才是富的最高境界,才是中国富、农民富应有的样子。富裕和富足,就像人的两条腿,缺哪一条都不行;但一条腿长、一条腿短,也走不好行不远;一条腿走得快、一条腿迈得慢,即使不摔倒,也会走不长;即使不走路,立在天地之间,也会立不正、站不稳。唯有两条腿长短一样,同向均匀用力,才会行稳致远,在天地之间写下雄健的一个"人"字。

农民必须富,农民一定富。物质富,精神富,才是富裕富足,才是我们要的富。

农业高质高效,乡村宜居宜业,农民富裕富足,底色厚,本色实,成色足,这就是乡村振兴该有的样子。

(2022 年 2 月 28 日)

乡村建设:既要与城市不一样,也要一样

我们开展乡村建设行动,首先要回答一个根本问题:建设什么样的乡村? 如果这个问题心中无数,我们在建设乡村过程中就会走弯路。

乡村肯定是农民的家园。所以建设乡村要把它当家园来建。试问,哪个人建自己的家不往好里建? 所以一定要让农民满意,让农民生活得舒服惬意。也就一定要充分尊重农民的意愿意见,考虑农民的需要和便利,最大化地维护农民的福祉。要让建设好的乡村符合农民需要、契合农民趣味、改善农民生活,让农民的家园像一个现代生活的家园,而不是传统乡村生活的简单延续,让乡村不是只有鸡叫、鸟叫、狗叫,一定也有电话声、电视声、汽车声,一句话,野外可以田园化、村头必须公园化、屋里一定现代化。农民的家园一定是新时代的现代家园,农民一定要享受现代生活。

但仅有这些还不够,乡村也一定要是城里人的花园。这是城乡一体、城乡融合、城乡互补的重要一环。乡村如果跟城里一样,城里人何必来乡村? 乡村如果跟城里完全不一样,城里人来乡村也待不下去。泥泞、漆黑、冰冷、闭塞,任何浪漫都会在恶劣的环境中消解。所以,乡村与城市一定要既不一样又一样,不一样的是自然趣味、乡土风味,一样的是现代条件、现代服务。如果乡村建设按这个思路推进,那乡村一定是城里人的大花园和休憩园,美丽乡村本身也就不仅仅是农民的幸福家园,也会成为农

民增收的新产业新业态,成为农民的生产工具。

新时代开展乡村建设行动,就要把乡村建设统筹放到城乡一体化进程中,加强对乡村的支持力度,推动新型城镇化与乡村建设双轮驱动,把乡村真正建成幸福家园、美丽花园、精致乐园。

坚持双轮驱动,促进城镇化和乡村建设协调并进。要发挥好城镇化的带动作用,坚持工业反哺农业、城市支持农村,促进城乡公共资源均衡配置、城乡要素平等交换,稳步提高城乡基本公共服务均等化水平,把公共财政向农村倾斜,公共设施向农村延伸,公共服务向农村覆盖。要加强农村基础设施建设,加快现代农业发展步伐,提高农村公共服务水平,推动城镇公共基础设施向农村延伸、基本公共服务向农村覆盖,真正发挥好农村"蓄水池"的保障作用。

加大硬件投入,科学有序地推进农村人居环境整治。在推进乡村建设过程中,要规划先行,宜建则建,宜扩则扩,宜留则留,宜迁则迁,整体提高生态环境的建设水平。要大力开展农村人居环境整治行动和美丽宜居乡村建设,扎实开展厕所革命,强化农民环保意识,治理农业面源污染、生活垃圾污染和工业污染,让农民真正成为乡村建设行动的主体。要以新发展理念推进新农村建设,坚持"两山"理念,积极转变农业发展方式,推进乡村绿色生产、绿色生活。同时在住房、生活设施等领域逐步提高农村环保设施投入,提高资源利用率,让农村美起来、绿起来、亮起来、通畅起来。

打造精神内核,加强农村社会治理和文化传承。美丽乡村建设不是涂脂抹粉,它需要内外兼修。既要塑形,也要铸魂。在推进乡村建设的过程中,要体现乡村特点,遵循乡村自身发展规律,呵护乡村山水林田湖草沙的生态肌理,注重保留乡村自然和人文风貌。特别要注重保护和传承农耕文明和乡土文化,让乡愁有所寄托,让美丽形神兼具。要发挥好基层党组织战斗堡垒的作用,不断创新和完善乡村治理机制,提高基层乡村治理现代化水平,把农村真正建成文明美丽和谐的幸福家园。

（2022 年 3 月 28 日）

乡村振兴靠什么？

乡村振兴怎么全面推进？农业农村现代化如何加快？有一个基本原则就是必须坚定不移地推进农村改革，坚定不移地加快农村发展，坚定不移地维护农村和谐稳定。统筹好改革、发展、稳定的关系，让改革、发展、稳定和谐统一，是中国崛起的基本经验，也必将是实现民族复兴的基本要求。

正确处理好农村改革、发展、稳定三者的关系，是关乎乡村振兴的现实问题，也是贯穿农业农村发展大局的战略问题。三者关系处理得当，就能总揽全局，保证农村经济社会的顺利发展；处理不当，就会吃苦头，付出代价。

改革是核心动力，是解决一切问题的根本途径。没有改革，就不会有40多年来农村经济社会的快速发展，就不会有农村生产力的大解放，就不会有农民民主权利的大提升，就不会有农村面貌的大改善。而今，面对乡村振兴的一系列要求，面对接踵而来的一系列挑战，我们依然必须依靠改革，必须旗帜鲜明、坚定不移地推进改革、加快改革、完善改革。没有持续改革，不仅美好的愿景难以实现，现实的难题难以解决，而且已经取得的成果难以保全甚至可能得而复失，跌入"中等收入陷阱"的梦魇。完全可以说，"三农"要发展，乡村要振兴，没有改革、没有持续改革、没有始终坚持改革精神，一切都是镜花水月。

发展是目的，是解决一切问题的根本手段。满足亿万农民对美好生活的向往,要靠发展;补上"四化同步"中农业短板的问题倒逼,离不开发展;补齐城乡协调发展中农村短腿的紧迫任务,还是要靠发展;实现农民共富,更得靠发展。对于长期处于社会主义初级阶段的中国来说,"发展才是硬道理"始终是一条颠扑不破的真理。乡村振兴,加快农业农村现代化,根本是保持发展,对严重滞后的农村来说,发展慢了还不行,必须要保持一定的发展速度;光有发展速度还不够,必须要有可持续的高质量发展;仅仅有物质的发展也不行,必须要有经济、政治、文化、社会、生态和党的建设的一体化发展。乡村振兴必定是产业、人才、文化、生态、组织的全面振兴,这一切都有赖于发展。发展是目的,也是解决一切问题的根本手段。

稳定是前提,是解决一切问题的根本保障。无论改革还是发展都要靠稳定的社会环境作保证。如果没有和谐稳定,不仅改革发展的宏图形同镜花水月、纸上文章,百姓福祉、安居乐业无从谈起,而且我们几十年奋斗的成果也有丧失殆尽之忧,国家民族还有陷入一蹶不振之危。这是我们用几十年的实践总结出来的一条基本经验,也是我们今后任何时候都必须始终高度重视并切实践行的基本遵循。

改革、发展、稳定三者是相互依存、相互促进、相互制约、相互统一的关系。改革是发展的动力,发展是改革的目的,改革发展需要稳定,改革发展为了更好的稳定;要发展就必须改革,改革是否成功,既影响发展的进程,也影响社会的稳定;发展会反作用于改革,发展能为改革创造良好的环境,增强改革的承受能力,减少改革的风险,有利于检验改革、推进改革;如果发展不顺利、不健康,或者发展速度太快或太慢,经济忽冷忽热、冷热交加,又都会影响改革;稳定是改革发展的前提,社会是否稳定,既影响改革的推进,又影响发展的进程,同时改革发展的成效,也会影响稳定;一般来说,改革平稳推进、经济社会较好发展时,社会就会比较和谐稳定,反之社会矛盾就会凸显,影响和谐稳定。稳定绝不是死水一潭,了无生气,要在改革中求稳定,稳定中谋发展,有效地把改革的力度、发展的速度和社会可承受的程度统筹把握、协调推进。

（2021 年 2 月 14 日）

什么是农业现代化

—— 职业化是最后革命

什么是现代化？现代化是一个动态的概念，不同历史时期，有不同的现代化。我们现在讲的现代化，必然是站在工业化信息化城市化的台阶上而言的。其潜台词是，农业文明时代不是现代化。但话说回来，农业文明相对于其前端文明来说，也曾是被仰望的目标。现代化，一定是以人们所处的时空为坐标，对一个其所仰望的坐标表达一种倾慕。我们现在视为落后的传统农耕文明，也曾是刀耕火种时代的梦里世界，也曾是他们的农业现代化。对现代化的理解，是一个不断迭代升级、不断与时俱进的过程。农业现代化也是一样。

那现在来说，什么是农业现代化呢？定量的指标需要精细的研究和算法推演，但定性的目标还是可以粗略勾画。

一是农业工业化。这包括"物"的工业化，指农业全产业链的机械化、设施化，不仅包括农业投入品的工业化，还指投入品成为农业的关键变量，投入品工业化成为农业工业化的重要指标。还包括"人"的工业化，当然不是说人变成机器！而是指以工业化的思维来组织农业，以工业化的方法来经营农业。

二是农业信息化。信息化是工业化时代现代化的升级。农业信息化是指运用信息技术支持农业，以信息设施支撑农业，以信息手段助推农业，以信息思维统筹农业。在农业信息化时代，手机、电脑是新农具，卫星、5G 是新农业设施,穿白大褂的不一定是医护人员,也可能是农场工人,也可能是农业精算师。

三是农业市场化。20 年前中国刚刚加入 WTO 时,笔者曾经写过一篇文章《农业最缺 CEO》,曾经艳羡发达国家农业市场化的水平,曾经说,发达国家的农场主都是 CEO,都在按市场的导向组织、经营农业。20 年后,中国农业的市场化程度不断加深,中国农业融入全球市场、加入全球竞争的力度在不断加大,无论是被动还是主动,中国农业的市场化已经不可逆转。市场化是农业现代化的当然之义,已经被广泛而深刻认知。

四是农业组织化。农业进入市场导向时代,组织化是握指成拳的必备条件。这组织化既是指普通小农或通过加入合作社聚合成为新型市场主体,或通过衔接"龙头企业+"产业链条成为市场主体的一部分,也是指农业按照市场要求组织生产、开展经营、布局产业,甚至通过市场博弈影响市场、创造市场,组织化也是农业实现工业化、市场化的基本途径。

五是农业绿色化。实现农业绿色化,是后工业时代农业现代化的新要求、新内容。在经历了工业时代的农业工业化、投入品化的高歌猛进之后,农业有了回归传统农业的冲动,也因为市场出现了对传统农业的怀旧和对绿色生活的渴望,农业现代化在发展中开始对工业化的一些做法纠错修复,重新汲取传统农业文明的绿色价值,农业现代化加入了绿色文明的时代色彩。

六是农民职业化。现代化关键还是人的现代化,农业现代化离不开农民的现代化。现代化时代的农民,其经营的农业,其组织的生产,其从事的产业,其置身的市场,其追求的价值,都已经现代化了,作为其主体的农民,自然也不能不现代化。农民现代化的一个显著标志就是农民职业化。农民不再是从事重体力劳动的农夫,不再是工地搬砖、马路扫地的农民工,农民当然也不是被人歧视的乡下人,农民是令人羡慕的职业。

农民是一个职业,不是一种身份。这是农业现代化的最后革命!

（2021 年 3 月 24 日）

中国特色农业现代化
一定要让小农有红利

全面推进乡村振兴,产业振兴是基础;加快农业农村现代化,农业现代化是当然之义。构建中国特色农业现代化,是做强中国农业、把我们这个农业大国建成农业强国的必由之路。

何谓中国特色农业现代化呢?具体来说,就是要加快构建现代农业产业体系、生产体系和经营体系,走出一条生产技术先进、经营规模适度、市场竞争力强、生态环境可持续的农业发展之路。

什么叫加快构建现代农业产业体系?就是要以市场需求为导向,大力推进农业供给侧结构性改革,调优、调高、调精农业产业,增加适销对路的农产品生产,做强生产、加工、储藏、包装、流通、销售各环节,发展壮大新产业、新业态,打造农业全产业链,提高农业资源要素配置和农产品供给效率,提高农业质量效益。要巩固提升粮食产能,大力促进农业产业转型升级,优化农业重点产业区域布局,推动一二三产业融合发展,创新利益联结机制,带动农民增收致富。概括起来就是要把农业打造成一个有竞争力的产业,一个高质高效的产业,一个既为全社会稳定供给农产品,又为农民创造较高收益的产业。就是要让农业成为有奔头的产业、农民成为有吸引力的职业、农村成为安居乐业的美丽家园。这是中国农业的梦想。

什么叫加快构建现代农业生产体系?就是要用现代设施、装备、技术手段武装传统农业,发展绿色生产,提高农业良种化、机械化、科技化、信息化、标准化水平。要强化农业设施装备建设,推动农业科技创新,推进农业标准化生产,加强生态环境保护与治理。要强化物质技术装备支撑能力建设,用现代科学技术服务农业、现代生产方式改造农业,提高农业全要素生产率。给农业生产插上科技的翅膀,让"面朝黄土背朝天"的农业生产方式彻底成为历史。农业机械化、机器换人,把农民从繁重的体力劳动中解放出来,不仅是现代农业曾经许给亿万农民的美好愿景,也是农业产业进入现代化的一个重要标志,也是农业本身效益导向的要求,这是农民成为有吸引力的、令人羡慕的职业的重要方面。

什么叫加快构建现代农业经营体系?就是要发展多种形式适度规模经营,培育壮大专业大户、家庭农场、农民合作社、农业企业等新型经营主体,推动家庭经营、集体经营、合作经营、企业经营共同发展。要完善农村土地制度改革,加强农业生产的社会化服务,加强新型职业农民培训,在农业和农村领域大力推动创业创新,提高农业经营集约化、组织化、规模化、社会化、产业化水平,让分散经营的农户搭上规模经营的"快车"。特别是针对农民承包地细碎化的土地现状、针对大量青壮劳动力进城务工的农业从业者现状、针对大多数进城务工农民不愿放弃承包地的农村现状,探索托管农业模式更适应现阶段农业农村实际,这是中国特色现代农业经营模式,是一个小农大国走农业现代化的合适之路。

中国农业要做强,中国农业要现代化,中国农业要在国际上有较强竞争力,一定要在带着亿万小农一起,一定要让亿万小农在现代化中得到更多,获得现代化的红利,而不是牺牲。

(2021 年 2 月 15 日)

第三辑
疫中何想

为什么说仁政思维是必修课?

国家是用来干什么的?

国家是干什么的? 为什么要有国家? 学者们可以为此写出一屋子书,但老百姓只知道,国家就是他有难时要找的对象。人到危急时总是呼天抢地,期待神灵和超人搭救,但这样的异数谁也没有亲见,也不敢指望,最现实的办法还是找政府和国家。国家,是老百姓最大的依靠,也是最后兜底的那个。

起初,在新冠肺炎疫情暴发时,中国政府宣布所有治疗全部免费,大家都认为这是理所当然的,国家和政府就该做这个,过去洪水、地震等大的自然灾害发生时,也都是这样的,即使在封建时代也有赈灾放粮的传统,何况现代社会! 何况人民社会! 政府所为是为所当为,百姓反应是习惯反应。这一点,不但老百姓这样想,就是国家和政府也都这样认为。老百姓和政府虽然都心存感恩和感谢,但价值的底线是:大恩不言谢,真谢不在口,美好的东西放在心头最好。老百姓认为,国家就该这样;国家也认为,国家就该这样。这就是老百姓的国家观,这就是国家的自画像,这就是文明国家该有的样子。

但日前看到一个视频,是美国一个类似国会质询的场景,一位女议员质询卫生部助理部长和疾控中心官员,视频中说,对没有医疗保险的美国人,新冠肺炎检测费要 1131 美元,隔离病房每天要 4000 美元,而

40%的美国人紧急支出拿不出400美元。这位议员要求对新冠肺炎免费检测。

当然,美国有自己的国家运行制度,他们的做法只要他们的国民认可,我们也不必置喙。但作为普通中国人,尤其是对紧急支出也拿不出多少钱的广大农民来说,如果不幸摊上这样的大事,又倘若还没有国家的兜底,真的可能扛不过去,即使咬咬牙扛过去了,家庭甚至家族也会因此一蹶不振,小康也就暂时不要谈了。所以,不要小看这免费治疗,那是轻则几万、重则几十万以上的支出,这要落到一个低收入家庭身上,怎么会受得了!当然,性命攸关之际,钱财终究是身外之物,但对身外本来就没有多少物的人来说,物,始终是生存的动力。对照之前所说的那个视频的讯息,我们曾经认为的理所当然,恐怕还真是想当然了。这个世界,从来没有什么自然而然,你的享有,一定是有人付出。我想,那些质疑、批评甚至谩骂,撇掉各种理由、原因和动机,从根子上来说,是拿最严的尺子来丈量,以最高的标准来要求,其潜意识也暴露了他的国家观:国家和政府就该全知全能,国家是神一般的存在,做得好应该,做不好不该;做好了不许骄傲,做不好就该骂娘。

但政府和国家毕竟不是神,也都由一个个如我们的人组成。"权,然后知轻重;度,然后知长短。物皆然,心为甚。"看看别人,我们就明白了,我们认为的理所当然,并不是所有人都能做到。发达如美国,都有它的难处,我们能做到现在这样,不是骄傲,自有我们制度和文化的骄傲之处。这就是我们文化传统中的仁政思维,是我们"中国特色"值得珍视的一部分。

仁政思维值得我们汲取。但除了感性的体验外,仁政思维包括哪些呢?

不忍之心是仁之根

仁政思维的基础是不忍之心。说起不忍,就想起孟子与齐宣王的对话,想起那个"见牛未见羊"的著名典故。齐宣王见到即将被屠宰的牛,就命令"舍之",理由是"吾不忍其觳觫,若无罪而就死地",替代办法是"以羊易之"。看见动物面临死亡时的恐惧,不忍它被夺去生命,这是人类异于其他动物的一种善的本能。也正是这种善念使人类产生了文化。看见,是不忍之心得以暴发的关键触媒,也正因为此,齐宣王救了牛,却让同样无罪的羊替代了牛。

不忍之心,人皆有之。有慧根的人,目睹了屠宰场血腥场面后不愿意再吃肉,普通人则尽量远离屠宰现场。曾经不明白"君子远庖厨"的道理,以为只是文化人不屑下厨房,却不知这是孟夫子的仁政善根所在:"君子之于禽兽也,见其生,不忍见其死;闻其声,不忍食其肉。"我也想起,为什么每年过年杀年猪时,母亲都要借故到菜园里去,回来时手上并没有拿着菜,那是不忍养了一年的猪被杀;为什么以前我过完年回京带猪肉不觉得有什么,但自从前年杀年猪时全程在场并参与了后,看见带回的猪肉就不是滋味,而对市场上买回来的肉却没有什么感觉。这可能就是那个"见"吧,有了见,就有不忍。

孟夫子的逻辑方式就是由远及近,从小到大,推己及人。他的本事是,不管说什么、做什么,最后都能绕到仁政和王道。按他老人家的辩论链,这不忍之心是难得的仁政善根,有了这个善根,就具备施行仁政的思维根基。对动物都有不忍之心,为什么不能对人呢? 对身边的人可以,自然可以扩大到京城、扩大到四方。一句话,就是把这不忍之心扩大,对治下的所有百姓好。对百姓好,这就是仁政了。他的逻辑是,仁者无敌,必然天下归心,王道自成。

这不忍之心可以引申为看不得老百姓过苦日子。这也是孟子仁政思维的价值所在。我们且不说宗旨、道德、职责要求,就从人的基本心理说起,从这个不忍之心说起,我们住在有暖气的房子里,不愁吃穿,对贫困户住四处漏风的房子、为吃穿发愁,是不是不忍心看到?为什么我们要访贫问苦、要干部下派?当然是为了帮助贫困户尽快脱贫,但还有另一个意义,那就是要让我们亲眼看看有些人还过着这样的生活,给我们一个心灵震撼。我们在衣食无忧中很久了,恐怕早已不记得什么是衣食不周,下乡看看,不说是忆苦思甜,起码可以唤醒我们的不忍之心。同样,看到农村发展的种种困顿,水呀、路呀、厕所呀、网络呀,跟我们城市日常生活的种种标配比,那是没法比!我们即使下乡、驻乡,又能下几天、驻多久?再久,再长,我们都是要回城的。但我们的农民,他们要一直住在这里,可能是一代,可能是世世代代。怎么样?看到这些,想到这些,是不是不习惯?是不是有不忍之心?好了,有了这不忍之心,我也向孟夫子学习,要忍不住夸您一下,您这不忍之心非常可贵,有了它,您就可以为贫困农民、为农村做好多善事,您能改变您这一片天地农民的命运和农村的面貌,您这是功德无量啊。有了这些,您今后的天地还会更大,还会造福更多的百姓、更大地方的百姓。您可能觉得您只是在为老百姓做一点力所能及的事,但不要小瞧"为长者折枝"这类的力所能及的事,按孟老先生的意思,您其实就是在施行仁政。

仁政其实很简单,让老百姓过得好一点,过得跟您一样好,就是仁政。仁政不在多富多贵,让每个老百姓都活得有尊严,都能有尊严地活着,很容易,也不易。

共情心是仁之芽

什么叫共情？共情就是同理心，就是将心比心，普通人缺了共情思维，大不了是个情商问题，但作为干部，要缺了共情思维，不仅非一方百姓之福，恐怕也是同僚之忧。

要做到共情思维，第一个要问的是，如果是我怎样？我们做一件事，特别是涉及物质利益调整问题，尤其要慎重。大家都不是圣人，多多少少都对物质利益敏感，一件事要做，不管我主观动机如何，只要跟物质利益相关，都要考虑到相关者。一个简单的办法就是把自己代入，把自己的亲戚朋友代入，特别是要代入这件事的物质利益受损者中去，或者是相对受益较少者。在这种代入中，我会怎么想？我会不会不能接受，觉得不公平，有不满情绪，甚至愤怒，要采取非理性行为？怎么办？

但简单的代入自己恐怕还不够，如果我是个对物质利益敏感度不高的人呢？或者我虽然在这件事上受益不大甚至受损，但我不在乎这点物质利益，或者我在别的地方还有更大的物质利益呢？再或者，我个人的物质利益是受损不假，但我的家庭、家族底子厚，不在乎这一点蝇头小利、不存在生活之忧呢？还有，我有事业追求、精神梦想，对物质利益无所谓呢？那样的话，我个人的代入就说明不了问题。

所以第二个要问的是，如果我是穷人会怎样？穷人的思维可能决定了这件事该不该办、办到什么程度。因为决定一个木桶的盛水量不在大多数木板，而在那最短的几块，一件事是做得成还是做不成，也在最短的"几块"，这最短的"几块"就是关键。我是一个穷人，我的思维一定跟"穷"密切相连。如果说贫困限制了穷人的想象力向宏观扩展，不知道世上还会有这么富、还会有这么富的人。就像过去农村老太想象太后娘娘的"富"：整天坐在炕上，左边一碗红糖，右边一碗白糖；左一口红糖，右一口白糖；想吃红糖就吃红糖，想吃白糖就吃白糖。富裕也限制了富人的想象力向微观深入，不知道还会有这么穷、还会有这么穷的人。就像过去有贫困户家庭的"穷"：全家只有一条裤子，谁出门谁穿。所以，我们做一件事，要多从穷人的思维想一想，不要把一碗饭、一个馒头不当回事，这可能就要了一个人的命，影响一个家庭的命运。对你来说，不过是一碗饭、一个馒头而已，对穷人来说，那可是一碗饭、一个馒头啊！穷人的世界卑微而实在，一阵风来就可能掀翻了屋角，折断了树干，于你是一粒几乎看不见的微尘，于他就是一座横在门前的太行王屋山。所以作任何决策、做任何事，都要尽量迁就穷人，即使理所当为、不得不为，也要确保他们不受损，哪怕是微不足道的轻损，该补偿补偿足，该帮助帮助够，宁可大盘子多掏一点，也要让穷人多得一点，就当是扶贫、慈善，再说，怜苦恤贫本来就是政府的本职，让所有人都脱离贫困，是"一个也不能少""一个也不能落下"的军令状。有利于穷人的事情，只要条件许可、哪怕紧许可，就要先做，最好多做；能够给的，最好早给，尽量多给；早晚都是要做、要给的，就早一点做、早一点给；早是人情，晚就成了本分，人心都是这样的。凡事多从穷人的角度思考，是仁政的基本要求。

第三个要问的是，这件事是不是最着急？这也是衡量共情思维的重要方面。要办的事情很多，该从哪一件事着手，优先项是什么，什么事必须马上办，什么事可以缓一缓，这就要考验我们是不是从老百姓的民生急需来考虑问题、作出决策。比如说，乡村振兴工作，农村有好多事情要办，在哪方面着力都没有错，都不会浪费钱，迟早都是要干的，干了哪个都对。但正因为都要干，那就得有个轻重缓急，分个见效快慢，搞清楚什么是根本，什么是必须马上，什么是雪中炭，什么是锦上花。比如，粮食是生命线，不能丢吧？收入是命根子，不能少吧？厕改是突破口，见效最快吧？

修路是致富路，得赶紧修吧？还有教育、医疗、文化等等，都是乡村振兴要办的事，都得一件一件地办。这就要从农民的角度来统筹了，让农民粮囤子满当当，钱袋子鼓囊囊，是基本要求；让环境美起来，厕所干净起来，是立竿见影，是倒下的第一面骨牌，是活跃的因子和变量。这就要统筹了，看我们的统筹能力了。统筹能力是共情思维的最高水平。

仁政不是唱高调，不是民粹，其实就像一个家庭当家理事的，雨露均洒是必须的，但总有几个弱者需要多洒一点，总有几件事需要先办。凡事先紧着一老一小，还要多看几眼弱苦，是一个当家的该做的。让所有人都各得其所、各得其志、各舒其心，各乐其乐，就是仁政。很难，也不难。

父母心是仁之苗

我们怎样对待老百姓是衡量是不是仁政的唯一尺度，可怜天下父母心，父母心是仁政的最高境界。

我们说老百姓是我们的父母，是我们的主人，这都没错。从养育和支撑我们的角度来说，老百姓就是父母，从国家政体的角度来看，老百姓是理所当然的主人。坚持这两点是毋庸置疑的。但我今天从仁政思维角度来说，从对待老百姓的方式来说，从自然的情感方面来说，爱民如子也许值得我们思考。为什么呢？把老百姓当自己的孩子，听起来老百姓吃亏了，降了辈分，但其实老百姓是沾光的。俗话说，眼睛水都是朝下的。自生民以来，只听说有子女不孝顺父母的，很少有父母不爱孩子的。子女对父母的爱可能还有时候夹杂着利益的成分，父母对子女的感情是绝对无私的，是可以舍了自己为孩子的。如果真能把老百姓当自己的孩子来爱，那老百姓就有福了。

在我们中国，当父母是最伟大最无私的角色。让孩子吃饱穿暖，是做家长的义务。任何家庭,不管贫富,达官贵人也好,贫苦人家也罢,不让孩子饿着冻着,让孩子顺顺当当地长好身体,是父母成为父母的基本要求。但孩子的长大不仅是指身体,还有心智,还有文化。让孩子成长为对社会有用的人,有一个好的前途,在社会上被人尊重,有自己的一份事业,这是父母对孩子的最大心愿,也是父母培养孩子的方向。但即使孩子长大成人,事业有成,也成家立业了,父母还在贡献力量,为小家庭当免费保姆,帮助孩子做家务、带孩子,无怨无悔,不求回报,至死方休。这就是中国的父母,中国的"二十四孝"父母。

由此引申,父母心就是像父母对自己孩子那样。仁政的父母心思维,就是要把老百姓当自己孩子来照顾,来扶持,来帮助。父母心思维有三个层次。这第一个层次是:让老百姓衣食无忧。仁政思维要求带领老百姓最大化创造财富,让全体人民共同建设共同分享,无论男女老少、鳏寡孤独,不分市民农民、城市乡村,都能过上衣食不愁的生活。借用孟夫子的畅想就是:"五十者可以衣帛矣","七十者可以食肉矣","八口之家可以无饥矣","颁白者不负戴于道路矣","老者衣帛食肉,黎民不饥不寒"。这是孟夫子的仁政理想,但从现时代来说,就不是理想问题了,而是仁政的最低层次。第二个层次是:让老百姓有尊严地发展。孩子长大了,都是要飞的。问题是父母如何为孩子发展创造一个好的环境,让孩子得以生理心理都健康成长,得以成就自己的事业。这之中,让孩子在宽松舒展的环境中各尽其能,各展其志,有尊严地创造,有尊严地生活,并让每个人的这份尊严,成为所有人保持尊严的前提,是古老仁政思维的与时俱进和凤凰涅槃般的升华。这是我们有别于孟子时代的现代理想,也是我们富强民主文明和谐美丽的现代化梦想,这方面,孟夫子只提到了"谨庠序之教,申之以孝悌之义",还只停留在儒家的教育和伦理层次,但在他的年代已经算得上时代先声了。第三个层次是:让老百姓急难有助。孩子遇到困难了,首先想到父母。人生在世,不可能没有急事难事,但遇到个人无力时,就需要有力者帮助。特别是在遇到重大自然灾害、突发公共卫生危机时,更是离不了帮助。让无力者有力,让有难者不难,是父母的初心,也是仁政的最大亮点。这也是我们救灾赈灾的政治传统,是帮我们渡过"98 洪水""03 非典""08 地震"难关的心灵锚石,也是正在支撑我们闯过"20 新冠"的精神之基。

这是制度的优势,是文化的力量,尤其是在危机时,更能展现其魅力。这就是仁政的密码,是我们的一门必修课。

(2020 年 4 月 21 日)

疫情是一面镜子，照见"五我"

圣人无我

一切人类思想，包括宗教和哲学，都是以"我"为起点，来描述对世界的认识。不管对"我"是什么态度，无我非我，唯我崇我，我，始终是衡量世界的尺度，是定位万物的坐标。

但中国的宗教和哲学向来崇尚无我。子曰毋我，庄尚非己，佛言无我，儒道释对"我"的看法，虽然角度和程度有差别，但总体上都不主张执着于"我"。圣人无我，大抵上是共同价值。但何谓无我呢？踢开门户的识障，也掸掉历史的浮尘，所谓无我，就是抛却以自我为中心的思维定式，设法以万物、以众生、以 TA 为视角来看待、对待这个世界。所谓"圣人无恒心，以百姓之心为心"，就是这个意思。圣人以百姓之眼看世界，以百姓之耳听世界，以百姓之鼻闻世界，以百姓之口言世界，以百姓之感想世界，以百姓之我为我，百姓就是我。这个百姓，推而广之就是众生，就是万物，我即众生，万物即我。这是圣人的境界。

看起来，圣人的境界只是一个换位思考的问题，但却是一个知易行难的哲学命题。何谓以百姓之眼耳鼻口感为自己之眼耳鼻口感？什么是以百姓之我为我？百姓数以亿计，一亿个人就有一亿个哈姆雷特，一亿张嘴就有一亿个声音，世界因人不同，看法因人而异，圣人如何调和鼎鼐、燮理阴阳，如何化众生异为众生和、并万我成一我？如何做到真无我、正无我？

这应该包括三个意思:一个是慈悲,一个是包容,一个是勿喜。

所谓慈悲,就是要有悲天悯人的心怀。在这次疫情中,特别是在武汉封城时,就是要秉持大慈大悲、救苦救难之心,坚定不移地落实"应收尽收,应治尽治",尤其要想到鳏寡孤独、一老一小,不让任何一个人能救而未救,把每一个病人视同自己家人,不管他是 98 岁还是 28 岁,不管花多少钱,也不管用多少人力,都要一体施救。当然,如果确实救不了,那也只能接受人在自然面前的局限,以节哀顺变之心继续投入其他救助之中。只有救不了,绝没有不救,这就是慈悲。慈悲心是无我的基础。

对待疫情中的一些怨言、一些愤激,当然要回应,该解释就马上解释,该改正的就立即改正,一时改正不了,也要努力改;暂时解释不清的,也要给老百姓一个好的态度,千方百计让老百姓谅解、理解,可接受、能忍受,至于一些情绪性语言,就当作家人口不择言、气头上的话吧,不要计较,大可一笑置之,切不可大动肝火,也不理性起来,那就缺了包容之心,更谈不上无我之境。实际上,事实会让一些怨言和情绪冷静下来,看看当初那些口舌之利,在如今境内外疫情形势面前,是不是只剩下口舌之利了?事实和时间最能说明一切,不强同,不排异,不愤怒,包容可以融化,包容促进和谐。包容心是无我的根本。

在取得抗疫阶段性成绩时,不松劲、不懈怠、不骄傲,是该有的态度,对别人的困难能帮就帮,当然要对之前帮助我们的人涌泉相报,即使对当初隔岸观火者,也不要睚眦必报,毕竟是人类命运共同体,今日别人说不定就是明日自己,帮助别人也是在帮助自己,地球村的现实已经证明了这个道理。何况我们的成绩也是付出惨痛代价、作出巨大牺牲取得的,没有理由骄傲自满。想想数千名罹难同胞,想想封城的 1000 多万人,想想被打乱生活的 14 亿人,再设想倘若一个家庭失去了亲人,会是什么态度?哀矜勿喜,是我们该有的态度,也是无我的要求。

圣人无我,一慈悲,二包容,三勿喜,固众生之愿,亦百姓之福。

贤人忘我

所谓忘我,就是对自己这个存在有主体意识,是以"我"来度量世界,但忘我的特点是在度量世界过程中,由于对信念和精神的执着,而忘记了我的利害。某种程度上是一种人生态度,是一份职业精神。

何谓忘我?忘我不是无我,也不是非我,它有我,但为了什么而暂时忘记了我。本质上说,是潜心于做一件事而忘记了自己,特别是忘记了自己的利害。一般人多少也有这样的体验,当我们做一件事时,即使明知道会对自己有损害,但基于信念,基于原则,我们做起来后还是要追求尽善尽美。对我们所遭受的损失,甚至一些伤害,我们还是尽量克服、忍受、消化,坚持做下来。但一般人的忘我与贤人的忘我区别在于,我们是一时的、偶尔的、模糊的,贤人是持续的、经常的、明确的。在这次疫情中,看看84岁钟南山等就知道什么是忘我了,看看那张1月18日高铁二等座无座票,看看那张因为无座而坐在餐车打盹的图片,我们会怎么想?他要求别人不要去武汉,自己却逆行去武汉,这是对"忘我"的最好诠释。以他的年龄,他大可不必去,或者派助手去,面对疫情来袭,他第一个拉响了人传人的警报,面对疫情凶猛,他不悲观不轻敌,始终保持中道理性,积极向上,借用一句名言,他是真的猛士,是真正的不以物喜不以己悲,只求慈悲救人。有的人存在,从来不突出自己的存在;他是在为了别人存在时,自己不得不存在。怨天尤人跟他无缘,自怨自艾更是不沾边,从头到尾,他都是不悲不喜,以自己的坚定,传导着一种信念和力量。他的忘我让国人忘不了他。

忘我也是一份职业精神。就是始终秉持专业态度,科学的归科学,是什么就是什么。当疫情发生,职业精神就是不能当逃兵,医护人员、保障人员、志愿人员,坚守的坚守,逆行的逆行,这时候如果有医护人员因为害怕而辞职,那还有什么职业精神? 疫情过后还怎么好意思重操旧业? 这次驰援武汉的全国各地的医护人员,你说他们不害怕吗? 不害怕是假的,但再害怕也要上,这是职业的使命,不说什么希波克拉底誓言,就说选择了这份事业,就不能当孬种,关键时刻缩头,一辈子抬不起头。还记得李文亮医生 2 月 1 日最后一条微博吗?"今天核酸检测阳性,尘埃落定,终于确诊了。"这是一种什么心境? 我一直纳闷,他为什么要说"终于"呢? 没理由盼着自己确诊啊,那为什么还"终于"? 对一个奋战在抗疫一线的医生来说,得知自己被感染了,按理应该悲伤才是,甚至怨天尤人也是可以理解的,毕竟是病人传染给他的,他完全有理由怨恨,但他只是以一种尘埃落定的心态,云淡风轻地"终于",这该是怎样的一种心怀啊! 这也是我一直想不通的地方,但现在我想,他作为一个与病毒缠斗一个多月的医生,这一刻他忘记自己是病人了,作为医生的他终于逮住了病毒,就像一个狙击手苦苦寻觅敌人终于确认了目标,但还来不及扣动扳机,敌人的子弹先过来了;也像一个战士,终于确认了敌人,却忘记自己已经被敌人抓住,生命危在旦夕。也许只能从这个角度理解李文亮医生的忘我境界,我们才能理解这个忘我的"终于"。这就是一种职业精神。

忘我,说简单点,就是做事要有做事的样子。

烈士舍我

生命于人只有一次,有人说生命是人的至宝,也有人说生命是人的大患。不管是至宝还是大患,在人的心目中,它的重要性是肯定的。如果一个人能把他最重要的舍弃了,那一定是他内心有一种强大的力量。这力量,可以是信念和精神的感召,也可能是群体利益的驱动,总之都是为了一个更崇高的目标,愿意舍弃个体的存在。这就是烈士。

烈士是真的猛士,是一个有强大精神力量的人。他有牺牲的主体自觉,有豁出这条命的强大内心。这种力量和这种人,在革命年代很常见,但在承平日久的今天,出现的几率大大降低,但这种精神始终绵延在我们民族的血脉中,特别是在遇到巨大生存灾难时,这种基因记忆就会被一次次唤醒,涌现出如鲁迅先生所称许的"民族的脊梁"。这恐怕也是中华民族虽累累濒临亡国灭种险境,但每每都绝处逢生,再开一个凤凰涅槃新境界的重要原因。这不能每次都是一个民族的运气,一定是因为这个民族有一种精神,这种精神养成了这个民族的浩然之气。这浩然之气,可以是岳武穆的"满江红",可以是文天祥的"天地有正气",也可以是方孝孺的不惧"诛十族",当然也包括谭嗣同的"请自嗣同始";这浩然之气,是孟夫子敢于直言梁襄王"望之不似人君",喊出"民为贵""君为轻"的民本希声;这浩然之气,当然还包括"在齐太史简,在晋董狐笔",不惧以自己的鲜血直书历史的清白。这就是中华民族的浩然之气,是中华民族不死鸟精神的投射,是支撑5000年艰难跋涉永不言败的传奇。这精神是舍身报国,是舍身为民,是舍身求法,是舍身向真。这精神在1998年洪水、在2003年非典、在2008年地震中放过异彩,在这次2020年新冠肺炎商中,再一次展现了数千年一脉相承的力量。那些明知道病毒凶猛的医护人员,那些发现这种新型病毒并及时上报的"吹哨人",那些明知道已经发生了人传人疫情的医生,却仍然在与病毒短兵相接,在几乎肉身近搏中探寻着敌人的虚实,不是他们不知道随时会失去生命,而是,既然选择了守护生命的天职,就必须把病毒挡在生命的门外,哪怕自己被病毒吞噬。那些牺牲在抗疫中的医护人员,他们毅然舍我,是和平时期当然的烈士。

烈士舍我,是为了民族的大我。中华民族就是在无数小我的"血荐轩辕"中玉汝于成,正是无数小我的牺牲,才成就了今日中华之大我,他们是民族复兴图谱上血染的彩绘,是中国崛起大厦上承重的梁木,是当之无愧的民族脊梁。一个没有血性的群体是可怜的羔羊,一个缺乏烈士的民族是悲哀的,一个有烈士而不懂敬仰的民族是没有前途的。中国从来都有舍身成仁、勇于舍我的烈士,中国也一定会铭记那些为了民族大我而牺牲的烈士。当我们走过艰辛的 2020 年,他日踏上复兴的圣殿,请不要忘记那一路绵延的铺路石。

君子后我

公私问题一直是一个涉及人性的理论问题,也是一个讨论不休的实践话题。在经历了半个多世纪的探索后,我们现在的共识是,大公无私是一种崇高的境界,但并不是所有人都能做到;公私分明、先公后私,是社会的基本底线;但承认并保护个人的合法权益,也是基本底线。

这里想起一段掌故,当年农业学大寨期间,有人表扬大寨先公后私,却被大寨人反批评,说我们是大公无私,而不是什么先公后私。官司后来还打到上面去了,最后的结论是:"你不能要求所有的人都像雷锋那样大公无私。先公后私已经很不错了。"不能有私无公,也不能有公无私,公私兼顾、先公后私,这些在现在是共识的见解,在那个时候不啻于振聋发聩、醍醐灌顶。

但不管怎么说,一个社会必须有一个更高的道德标准发挥标杆和引领作用,这也是这个社会不断自我砥砺、自我升华的内在要求。所以,倡导大公无私是一种更高要求,但对大多数人来说,做到公私分明和先公后私是必须的,这是人性的标准,而不是神性的要求。

我想,在当前疫情防控中,作为大多数人来说,不可能都去抗疫一线,也不会要求大多数人都去奉献,毕竟全社会拼死拼活、众多医护人员奋战一线,就是为了这个"大多数"能够平安无险。但作为这个"大多数",其最大的贡献就是好好宅在家里,不给社会添乱。这也是先公后私的具体表现。

先公后私的第一个要求是保持理性。疫情突然来袭,难免有些恐慌,抢购也好,听信谣言也罢,见风就是雨,被舆论带节奏,甚至为种种阴谋论困扰,都是一种客观现象,这在疫情初期更加明显。但经历了这两个月,我们看到国内抗疫形势在不断好转,也看到很多国外的情况,是不是我们自己没有问题呢?当然不是,但这问题到底是主观问题还是客观问题?或者说,主观和客观的成分各占多少?则需要我们理性思考。我们既不能过分强调客观而放弃对主观的追寻,也不能漠视客观而一板子打到主观头上。毕竟这是一个前所未有的敌人,毕竟再强大的人也不是神。应该谅解合理错误,但我们需要厘清的是,到底是不是合理错误,以现有能力我们可不可以规避这些错误?如果可以,就不是合理错误和不可抗力,如果不行,那就要痛苦地承认并接受。考验是不是合理错误,还要看后来的作为是不是在弥补,是不是把事情往好的方面做。这是作为"大多数"该有的理性和中道,而不是人云亦云、逞口舌之利。

先公后私的第二个要求就是共体时艰。宅在家里,当然没有放飞好,工作和生活节奏被突然打乱,出现一些困难也在所难免。这时候就需要我们有共体时艰的心态,能克服的困难就尽量克服,一时的不如意就尽量忍一忍,一切等过了这段时间再说。这是为了大家和大局,也是为了自己,但归根结底还是为了自己。为了自己的健康和平安,有什么小麻烦不能自我消化呢?何况,随着形势好转,生活便利正在逐渐恢复中,忍一忍就那么难吗?说句不好听的话,你才过了多长时间小资生活?暂时过几天农民生活不行吗?听指挥、不添乱、照顾好自己,比什么都强。

只有大局好了,个人才会好,但这大局的好,在于每一个个人的好。君子后我,讲的是公私兼顾的辩证法。

小人唯我

小人是古今中外不齿的对象,但却是始终不绝的存在。小人行为处事的出发点和落脚点都在一个"我"字。一切以"我"为度量衡,对"我"的执着达到"唯"的程度。

这样的人、这样的事,在这次疫情中我们也是见得多了。从外面来说,有落井下石,有幸灾乐祸,有隔岸观火,有禁止口罩出去的,有说疫情有利他们的,也有借机辞职不干的。从内部来说,疫情这面照妖镜,也让各色人等现了原形。有蹭车坑爹的,有拒绝隔离的,还有挖路断路的,有千里偷回的,有隐瞒行程的,可以说,在危急时刻,人性自私的一面得到淋漓的展现。所谓文明,所谓素质,都扔到了一边,只剩下赤裸裸的小我。当然,我们也能理解危机心理,理解甚至谅解人在自认为生死关头的应激反应,但很多事情并没有到他们认为的生死关头,很多情况都只是追求自己的绝对安全。而所谓绝对安全本来就是不存在的!追求过甚,就是加大了别人的不安全,而对社会造成不安全。

这样的情况,我们可以在那个从武汉跑回北京的黄某案中可见,可以从美国隐瞒行程飞回北京的黎某一家三口的例子中看出,可以从到意大利看球回来的郑州郑某案子里见到,还可以从不带口罩在小区跑步的澳籍华人的报道中得知,当然可以从那个在隔离时拒绝喝自来水、要求提供矿泉水的事情中发现。那个黄某案子,明明知道北京严禁武汉人员来京、武汉严禁人员外出,还是偷偷跑回北京,而且还有隐瞒,你的小我是安全了,但对社会可能产生的后果却全然不顾。那个黎某,明明在美国已经确诊，还吃退烧药登机，回国后你自己是比在国外得到了更好的治疗，但这一路上有多少人可能被你传染，你可曾有考虑和犹豫？那个确诊的郑某，隐瞒意大利行程，一共坐了 4 个航班、1 趟高铁、3 趟汽车，之后还接触家人和同事，还有在机场和车站随机接触到的人更是无法进行流行病学调查溯源。那个跑步和要喝矿泉水的，你们是对自己的生活有高要求，但这是非常时期，非常时期就得有非常的样子，跑了几年步、喝了几年矿泉水，歇半个月不跑步不行吗？你好歹也戴个口罩啊！别人都喝得了烧开的自来水，你就喝不得？就喝半个月、当生存拓展体验不行吗？非要闹腾？非要给别人添烦、给大局添乱？

自私到极点，某种程度就是自戕。以上所说的案例之所以成为案例，就是最好的说明。不说身败名裂，受到法律的处置是在所难免的，其人生的下一程也不可免地受到负面影响。我们虽然经常看到小人的唯我得逞于一时，有时候还不是一般的得逞，但放宽我们的眼界，从更长的时间区域来考察，"唯我"的结果并不能"维我"，更多的时候还是"微我"。也就是说，"唯我"的长远后果是，不但"维护"不了那个可怜的"小我"，反而是"微小"了那个猥琐的"小我"。

借用一句话，我们可以卑微如蝼蚁，但不可扭曲如蛆虫。弱小不是错，生存是权利，人活天地间，堂堂正正是该有的样子。

疫情持续两个多月，我们渡过了山重水复，眼看就是柳暗花明。此刻，窗外木兰怒放，草色泛青，我们可能辜负了一个春天，但子规啼后，一定是草木葳蕤，万物疯长。

正是人间好时节！

（2020 年 4 月 5 日）

粮食是永远的决定者

粮食是中国老百姓心里的神

为什么每过一段时间粮食话题就会成为舆论的热点？粮食短缺年代，人们忧心肚子吃饱问题是家常便饭；粮食连续丰收时，人们又担心这好事能不能持久；灾情发生时，人们忐忑饭碗里的粮食还能不能盛满；风调雨顺时，又操心着粮库里的粮食保管得怎样。粮食！粮食！你是中国老百姓心里的神，老百姓没有你不能活，活着也多是为了你。你是老百姓的命，不，你比命还重要，你是命的命根子。

小说《狗日的粮食》就讲了一个关于粮食的悲情故事——农民杨天宽用"二百斤谷子"换来一个女人，生了一窝孩子都起名粮食，男孩叫大谷、二谷，女孩叫大豆、小豆、红豆、绿豆。女人最后因为丢了粮食证而寻了短见，临死前什么也不交待，只断断续续地留下 5 个字："狗日的！""粮……食……"作者最后这样感叹："那不是土、不是石头、不是木柴，而是'谷子'是粮食，是过去代代人日后代代人谁也舍不下的、让他们死去活来的好玩意儿。""'狗日的……粮食！'哪里是骂，分明是疼呢。""狗日的粮食！"糙话里浸透的是怎样一副爱恨情仇?！直教人生死相许、缠绵不休、欲罢不能！有人说，中国历史的主角是帝王将相，也有人说，真正的主角是老百姓。老百姓是历史的主体当然是毋庸置疑的，但我要说，在老百姓和帝王将相后面，其实还隐藏着一个决定者，那就是粮食！饥荒、饿死人曾经是中国历史上的常客,历史也因此把盛世的标志圈点为"太仓之粟,陈陈相因",而把"民有菜色,野有饿莩"突出标记为衰世和末世。粮食是决定个体生存、王朝兴替、国家兴亡、民族兴衰的最终决定者,是历史当之无愧的主角和主人。只要生民长在,粮食就是永远的决定者。上古的典籍、中古的文献、近古的记录都这样说,当我们是部落时这样说,当我们立国后还这样说。漫漫五千年,无论割据还是一统、村聚还是城居、农业时代还是工业时代,时空尽管变迁,桑田变换碧海,粮食情结始终烙在中国的心口,浸入中华的血脉。什么时候我们可以不用饿肚子!什么时候我们可以坐在炕上,左边一碗,右边一碗,想吃哪碗就吃哪碗!这是中国人五千年不息的梦想。感谢改革开放!让我们告别了饥饿!让我们梦想成真!

有一个历史现象提醒我们,为什么中国历史上大部分时间汉民族人口一直突破不了8000万?又为什么在明代中后期以后汉民族人口实现了1亿的飞跃?为什么历史上汉民族政权多次被落后的游牧民族力量所颠覆?当然,人口增长的魔咒是饥荒、战乱和瘟疫,但最根本的原因还是,粮食的有限供给养不活增长的人口,一旦人口生产超过了资源极限,一遇极端气候,就表现为饥荒,表现为争夺生存资源的战乱,以及之后的瘟疫。大自然用无情的魔咒给人设置了一个无法翻越的高山。直到明代中后期,土豆、红薯、玉米等高产耐旱作物被引入中国人的食物链,中国汉民族人口才打破了历史的魔圈,跃上亿级层次。历史上中原王朝多次被北方游牧民族所推翻,固然有多种原因,但有一个因素却不容忽视,那就是极端气候导致雨线南移,旱灾和寒冷急剧恶化了游牧民族的生存,从而导致南下"打草谷"、向汉民族抢掠生存资源。历史上很多现象,很多时候,往根子上数,都绕不开粮食的因素,都是粮食或公开或悄悄地在起作用。所以,对中国人来说,粮食不是什么具体东西,而是自带高光的存在。某种程度上,它是道德,是文化,是感情,是融合了我们所有价值的神圣象征。任何时候,重粮惜粮都是高尚的代名词;任何不重视粮食的行为都是历史的短视,都会铸成大错;任何对粮食的浪费和糟践,都是直接给自己贴上不道德的标签。没办法,粮食对中国人来说,始终是一个沉重的符号,它承载了太多的苦难和辉煌,不仅记录了一个民族五千年的风雨跋涉,伴随了一个国家从历史泥沼中的奋力跃起,也必将萦绕在每一个后来者的心头,成为所有梦想得以飞翔的翅膀。这就是粮食,这就是中国人的粮食,这就是中国人的神。

粮食安全的压力是长期的

说粮食是中国人的神,或者说是中国人的梦魇,都没有错,不过一个从正面说,一个从反面说。说"神"好理解,因为粮食决定了我们的一切;说"梦魇"也不难懂,缺少了粮食我们必为梦魇所笼罩。为什么粮食安全要年年讲、月月讲、天天讲? 原因很简单,在相当长历史时间内,我们的粮食安全的压力始终是实实在在的、是不断增加的,除非出现重大技术突破,在粮食产量上实现巨大飞跃,但即使是粮食技术发生革命,也必将为更大的消费所逐渐冲抵。所以,在这块土地上,即使我们始终重视粮食安全,也只能做到紧平衡,不可能实现绝对"自由"。

为什么? 因为我们面对的粮食安全形势有五个刚性:第一,对粮食的多样性需求是刚性的。随着全面小康的实现,人们不再满足于吃饱,而对吃好、吃健康、吃个性,产生了新的需求,人们对食物的期待不再只是对热量的获得,而偏向对营养的摄取,甚至对口味、品味的追求,这些都有赖于农业的供给,都是在与粮食生产争夺资源,都是大食物生产不断增加的任务。第二,耕地持续减少是刚性的。工业化城市化必然与农业争夺土地,更多人口集中到城市,不仅减少了农业生产者、增加了农业消费者,而且工业与城市都需要更多的土地供给,现代化进程决定了这一趋势将是长期的。第三,资本型大农业的非粮化倾向是刚性的。农业的出路在提高农业的效率,在于建设现代农业。而现代农业的核心模式是建立企业化经营的农业,资本的逐利特点,决定了它所经营的农业一定会以利润为导向,在粮食效益偏低的大格局下,不可能指望这些资本农业不搞非粮化,能够不搞非农化就算不错了。而且,资本农业的经营模式对农民合作社和家庭农场多多少少有辐射和影响作用。只要以利润为目的的农业,多多少少都有非粮化倾向。第四,国际战略博弈是刚性的。粮食是生存不可或缺、不可替代之需,是我们的天,这就决定了它一定会成为竞争对手的博弈工具,不管对手眼前愿不愿使用,只要对手具备这种能力,都是对我们生存的警醒。何况,国际博弈的现实已经告诉我们,任何天真都是除了天真还是天真,凡事一到生存关头,什么事情都可能发生。一旦不虞,本来就是战略武器的粮食,一定会成为战略武器。第五,不确定风险增多化是刚性的。农业面临的自然和市场风险日趋增多,极端气候导致的农业灾害重发频发,重大突发事件越来越多,经济、政治、社会、文化、生态等方面的不确定因素,都可能对农业的供应链、生产链、产品链产生直接和间接影响,往往牵一发而动全身。而且,这种风险在信息时代会由于传播效应发生叠加和放大。

这就是我们所面临的粮食安全形势,是我们无法回避、必须直面的形势。怎么办呢?只有负重前行一条路。在正面接下需求多样化的硬任务的同时,我们一要满足,二要节约,不"满足"不符合我们的初心,不"节约"不但不合我们的文化,也是对"满足"的扯后腿。对耕地也是如此,固然要为发展提供土地,但更要坚持守住耕地红线不动摇,坚持保护基本农田不动摇,坚持提高土地使用效率不动摇,坚持统筹山水林田湖草不动摇,不断落实大食物理念。固然要向农业农村引进工商资本,但要优化农业和粮食产业发展环境,坚决遏制非农化,防止过度非粮化特别是非食物化。要做好国际博弈的未雨绸缪,坚定不移地实施新型粮食安全战略,坚持以我为主,立足国内,谷物基本自给,口粮绝对安全,把粮食的供应链、生产链、产品链牢牢掌握在自己手上。对不确定因素的预防、研判、应对,一定要有完整有效的准备,确保"恃吾有以待也"。粮食安全是天大的问题,是不能不面对、不能不解决的历史课题,是我们拼尽全力也只能实现紧平衡的生存命题,容不得一刻懈怠、一忽自满,必须要年年讲、月月讲、天天讲。

警惕关于粮食的认识偏差

改革开放以来,我们解决了历朝历代都没有解决的饥饿问题,历史性地实现了温饱,最近十余年又是连续丰收,眼看着就要进入全面小康。可以说,历史上的任何盛世都没有做到像如今这样物质极端丰盈,不怕买不到,只怕想不到。坐在家里,轻点鼠标,千山万水外的农产品,都能风雨兼程地给你送来。成就的取得,固然是靠政策和奋斗,但始终保持对粮食和食物的高度敬畏、始终保持对粮食问题的高度重视、始终保持对粮食危机的高度敏感,则是我们政策和奋斗的精神之源! 但这一成就,对于改开一代,特别是千禧一代,似乎都是天经地义,都是与生俱来,都是本该如此,不值得大惊小怪。与此同时,在一些人心目中,对粮食的特别情感、对粮食的神圣情怀也渐渐淡化,出现了一些认识偏差,亟待纠正。

一个是粮食一般商品论。认为粮食与其他农产品、甚至工业品一样,都是商品,甚至由于粮食价格偏低,在一些人心里还不如一般工业品。当然,只要可以花钱买的东西都是商品,但把粮食等同于一般商品,就会犯颠覆性错误。这在个人，就是失去了对食物的敬畏，这些年来，舌尖上的浪费现象非常严重，看看学校、单位食堂的泔水桶，看看餐馆的剩菜剩饭，看看自助餐、盒饭的浪费，其数量、甚至质量，确实到了"触目惊心，令人痛心"的程度。根据国家统计局的估算，中国每年的粮食浪费大约有1000亿斤往上，足够3.5亿人吃一年。这在一地的负责者，粮食的一般商品论，就必然导致其失去对粮食的重视，虽然也会行礼如仪地"以会议传达会议，以文件传达文件"，慷慨激昂地讲要重视农业和粮食，但恐怕骨子里还是认为粮食不但增加不了多少 GDP、创造不了多少财政收入，也难以在政绩上有多大亮点，还要往里搭不少钱。在这样心态下，能够稳住基本盘就算不错了，又怎么会对农业和粮食真重视、真投入、真想办法呢？而对全社会来说，粮食降格为一般商品，而且还是价格偏低的商品，不再有神圣的价值，又怎么会打心里爱惜粮食、悯农崇农呢？那会形成什么样的社会价值导向？很难想象，一个不爱惜粮食的社会，又怎么会对粮食和农业、对农村和农民有真诚的尊重呢？粮食不是一般的商品，一旦成为一般商品，那它一定会以它固有的特殊方法证明给你看，它不一般！只是这样的证明过于激烈，毕竟饿肚子的感觉、饥饿的梦魇，才走了四十年。

一个是粮食国际购买论。这些年，一些人认为，不需要种那么多粮食，只要有钱，哪儿买不到粮食？资本可以在全球配置资源，全世界的农场主都在欢迎我们去买他们的粮食。放着国际资源不用，非要固守"自给"，不亦惑哉！还有人打圆场，说什么，即使今后特殊情况下买不到，我们还可以到时候再生产不迟："我从来不认为粮食是个安全问题。如果真打起仗来，粮食到处可以种，北大校园都可以种粮食"。怎么说呢？适当通过国际市场调剂，进口一些国内紧缺的品种或者国内资源消耗大的产品，是必要的。任何时候，坚持"两个市场，两种资源"都是正确的态度。但对粮食尤其是主粮，必须始终坚持我们的新型粮食安全战略不动摇。且不说国际市场上有没有那么多粮食卖给我们，就算有，如果都像这些观点认为的那样做，在面对供应链中断的情况下怎么办？一个新冠肺炎疫情就导致了国际贸易链的问题、导致多国囤粮。到了危急关头，你买不到，即使买得到，你也运不到，这还不说危机会导致购买价格的上涨。一旦不虞，真要到了国际博弈恶化、甚至发生战争时怎么办？把 14 亿人的饭碗放到别人的手上，把中国的粮仓建在人家的土地上，就算全世界都是好人，你会安心吗？你不觉得你的饭碗、你的粮仓离你太远了吗？何况，国际战略博弈不一定讲究成本核算，"杀敌一千自损八百"又怎样？你的对手，尤其是强势对手，为了消耗你，是不讲道义原则，也不讲市场规则，只讲丛林法则。别看现在猛给你推销，真要到那时候，你有钱也买不到！怕就怕我们对国际购买形成了市场和心理依赖，撂荒了"自给"的物质和心理基础，真到了危急的时候会手忙脚乱。临时种？粮食可不是工业品，一开流水线，立马就能生产出来，至少要三个月到半年吧？当然，这期间可以依赖库存，但在危急时刻，这样未免有点"玩的就是心跳"吧！

一个是粮食比较效益论。这种观点认为，生产粮食比较效益不高，我们为什么不发展自己的比较优势产业呢？在他们看来，招商引资搞发展，搞工业、搞项目、搞城市化建设，就业多、税收高、发展快，而且增长数字、政绩数字很亮眼，综合效益很明显。而抓粮食呢？不但对一地的就业、税收、发展没有显著的增加作用，而且还要多花钱，政绩作用也不明显。为什么不去干对本地和自己更有利的事呢？就算政绩今后没有体现在升迁上，起码我还为本地干了实事，留下好的官声。至于本地要吃粮的事，那就不是事儿！发展好了，财税多了，买粮食就是了，国内粮食连年丰收、粮食主产区有的是粮食，再不济，还可以去国外买。这样的小九九，算盘拨得格外响！但如果每个地方，每个地方的决策者，都这么想、这么做，大家都去抓工业、抓城市、抓发展，都去放松农业，都不抓粮食，都等着别人去抓粮食,我们工业、城市、发展肯定会耀眼,但饿着肚子恐怕欣赏不了这"耀眼"! 到那时候,不说粮食市场的价格你能不能承受,就怕拿着钱也难以买到粮食。民间有一个"背元宝与背荞麦粑"的故事,就说明了这个道理。背元宝的人与背荞麦粑的人同行,背元宝的人饿了,想用硬通货元宝高价购买荞麦粑,但背荞麦粑的人对他搞战略博弈、粮食禁运,就是不卖给他荞麦粑,导致他最后背着元宝活活饿死。而他的元宝,也白白落到背荞麦粑的人手上。这当然只是一个故事,但寓言式的警醒是明显的。任何时候都不能放松粮食和农业,粮食安全是性命攸关的大问题,是我们每一个人的天。

（2020 年 8 月 25 日）

为什么说中国的
粮食安全密码就两个字?

2020 年新冠肺炎疫情全球蔓延,让世界粮食问题成为衍生热点,也让国人对中国的粮食安全战略关注度提高。危机总是验证一个战略"行不行""好不好"的最好契机,把中国的粮食问题掰开揉碎,在危机的聚光灯前"照一照",有两个字很醒目,一个字是"藏",一个字是"紧",悟透了这两个字,不仅会夯实信心,也能给人以启迪。

这个"藏",是"藏粮于地""藏粮于技"的"藏"。当然也包括藏粮于库。把粮食藏在粮库里,好理解,但把粮食藏在地里、藏在技术里,就有了一层深意。说起这个,想起一个干部讲的下乡听到的故事:一位农民这样理解"藏粮于地""藏粮于技"。藏粮于地,我们懂,就是跟毛主席那时候深挖洞一样,把粮食藏在地的下面,希望政府挖洞藏粮时别把地挖空了,不要像煤矿塌陷那样,把我们的地搞没了。藏粮于技呢,就是我们国家有好多粮食的技术都藏起来了,像袁隆平的海水稻,没粮食吃的时候,用飞机往海里撒种子,海水里就呼呼长稻子。这些技术都藏着呢,希望国家慢慢也透一点出来,让我们也学一学。

这个故事看起来类似于"郢书燕说",虽然是宣传上的用户思维缺失,但这位农民对政策的理解还真的是形不似,神有点似。为什么呢?"藏粮于地"的重点是地,是那位农民说的——不要"把我们的地搞没了";"藏粮于技"的重点也是那位农民说的——"我们国家有好多粮食的技术都藏起来了""希望国家慢慢也透一点出来,让我们也学一学"。

一个"藏"字,体现了我们在粮食问题上的智慧。曾经我们只知道把粮食藏在农民的小粮仓,藏在国家的大粮库,但粮食藏不了多长时间,时间一长就不能食用,变成陈化粮,成语"陈陈相因"就是这么来的,"太仓之粟,陈陈相因,充溢露积于外,至腐败不可食"。粮食多了,新粮压旧粮,这样藏在库里太浪费,但又不能不藏,积谷防饥啊。在粮食问题上,处理不好这个"藏"字,可能就"露"了我们的"怯",底牌和软肋让人看见了啊。既要藏粮,又不要浪费,怎么办? 就要把握好库里粮、地里粮和土里粮的平衡,库里粮好理解,地里粮也好懂,就是正在生长的粮,什么是土里粮呢? 说白了,就是有可以种粮的地,还包括水、肥、种、具。说到这里,藏粮于地的意思就很明白了,就是要保持足够的粮食生产能力,并且,这种能力在急需时可以马上启动。如果把地都搞成工厂、盖成高楼,虽然到危急时可以拆厂、拆楼还田还地,但那是多大的浪费、费多大的功夫,又会造成多大的负面连锁反应! 绝不能混到像有人说的那样,到时候在大学里种粮食。18亿亩耕地红线绝不能被各种忽悠给忽悠了!

而"藏粮于技"呢? 就是发展促进粮食生产的技术,把粮食的生产能力藏在技术里。这技术包括硬技和软技,所谓硬技,指的是高产优品种选育、新型肥料研发、土壤改良、农机农具革新、现代技术运用等,这些都直接作用于粮食生产。所谓软技,指的是生产形式、经营方式、管理模式、农艺传承、市场能力等,以确保粮食种下后能收获最多、效益最大。有了硬、软两方面的技术储备,只要老天爷不发大的脾气,粮食就能做到急需时能马上生产,生产了一定能丰收,丰收了一定能增收。

"藏粮于地""藏粮于技",本质上是始终保持粮食的生产能力。从粮食安全角度看,它是统筹生产、市场、储备的一种优化选择;从国家发展维度说,是运筹把握全局和大局、基础和重点、根本和长远的一个精准实践;

从决策思维角度说,是统合底线思维、系统思维、辩证思维、创新思维、历史思维的一项实际成果。有了这两"藏",我们不仅在粮食安全上能保持主动权,在决策上也有更大的腾挪空间,而且在国际博弈上有稳固的战略后院。

说了半天的"藏",已经不符合"藏"的本意了。既然讲"藏",就不能太摊开了,不适合太推开天窗说亮话。因此,强调"藏",就还有一种字面意思需要我们心领神会,这是应对复杂国际形势的需要,也是战略博弈的基本要求。中国文化向来崇尚藏而不露,其实这也是市场竞争的常态。对我们这样一个 14 亿人口的大国来说,把实力藏一藏、藏好了,就能进退有据。而这,又不仅指粮食。当然,这说得稍远了点。

说完"藏",就要说"紧"。何谓"紧"? 就是紧张、抓紧、不放松、紧平衡。

什么是紧张? 不是慌张,不是考试紧张那个紧张。所谓紧张,就是"紧张谁"的意思,就是把这个东西当头等大事,当作不能有闪失的事,当作一失万无的事。粮食就是这个紧张的对象,这些年我们国家在粮食上实现"十六连丰",除了"地"与"技"上的能力,上上下下对粮食工作"紧张",是我们最大的主观能动性。

所谓抓紧,主要是指抓"两个积极性",一个是政府抓粮的积极性,一个是农民种粮的积极性。就是在粮食生产上,一定要让地方政府和农民都"政治上有荣誉,经济上有实惠"。对前者来说,职责有要求、财政有支持、晋升有倾斜是最有效的指挥棒;对后者来说,实惠则是最强的吸铁石。如何让政府和农民都有更大积极性,是"抓紧"的核心内涵和重点目标。

所谓不放松,就是时时刻刻,就是不管什么时候,都要绷紧粮食安全这根弦,这根弦在粮食不够的时候要绷紧,在粮食充裕的时候也不能松,特别是在粮食连年丰收的时候,更要防止思想滑坡、认识滑坡、政策滑坡、工作滑坡。这之中,思想滑坡是第一面骨牌,任何时候都不能倒,否则,后面的都跟着会倒。防滑坡第一要防思想滑坡。这是粮食安全上最沉重的警示,也是一切工作最深刻的启示。

所谓紧平衡,既是对我们的粮食供求的一种现状描述,也是粮食供求的一种理想状态。为什么呢?不平衡肯定是不好的,紧缺和太多都不好,虽然多的烦恼比少的痛苦要好,但甜蜜的烦恼毕竟也是烦恼,在资源利用上也不是最优选择。但紧平衡就不是这样,它总体保持平衡,不会有大缺大余,既保证了稳定供应,又没有供大于求,同时又给市场以一定的张力,向供需双方都发送信号,给生产者的积极性以一定的鼓励和刺激,为消费者的承受力增加一些预期和韧性,也能引导更多资源投向粮食产业。同时,对国际市场也是一个明里暗里的讯息:我不依赖你,价格合适我就买一点,让自己的土地歇口气;价格不合适我就不要了,大不了让自己的地再辛苦点;如果太贵了,我还可以卖一点,赚一笔钱。看看,这就是紧平衡的主动!另外,紧平衡还有一个好处是,它能提示、提醒所有人,粮食安全不是凭空得来的,不是天经地义,不是理所当然,不绷紧是不行的。

"藏"与"紧",这是新世纪以来粮食发展难得的两个字。

(2020 年 4 月 7 日)

庚子粮思

粮食,粮食

也许我本质上还是农民,什么事都先想到吃饭问题。

曾经看到宴席上没吃几筷子的大鱼被倒掉而心疼不已,当时第一念头就是:老家的乡亲从来没吃过这么大的鱼。这情景十几年来一直在心头挥之不去。

这次春节居家避疫,看朋友圈刷屏般的晒美食,心里突然冒出一个念头:如果买不到这些美食怎么办?

及看到新闻,境内,有地方违法征用物流中的口罩;境外,则有对口罩、防护服予以管控。我又想,口罩可以马上开工生产,粮食可不能今天开工明天就有。一旦非常时期粮食短缺,有人要对我们搞禁运,我们的战略储备能坚持多久? 我们的生产能力能不能快速激活,又能激活到什么程度?

看到断路封路导致农业供应链出问题,一些地方菜出不了村、进不了城,饲料进不了场,畜禽运不出去。好在这种乱象很快被制止,分级分区差异化精准防控政策陆续推出,供应链也随之在恢复中。但我还是有一些后怕,农业的供应链可千万不能出事! 城里、村里还有那么多躲疫的人要吃饭呢。

一切都回到吃饭问题。

粮食！粮食！你是中国老百姓心里的神，老百姓没有你不能活，活着也多是为了你。你是老百姓的命，不，你比命还重要，你是命的命根子。

小说《狗日的粮食》就讲了一个关于粮食的悲情故事——

农民杨天宽用"二百斤谷子"换来一个女人，生了一窝孩子都起名粮食，男孩叫大谷、二谷，女孩叫大豆、小豆、红豆、绿豆。女人最后因为丢了粮食证而寻了短见，临死前什么也不交待，只断断续续地留下5个字：

"狗日的！"

"粮……食……"

作者最后这样感叹：

"那不是土、不是石头、不是木柴，而是'谷子'是粮食，是过去代代人日后代代人谁也舍不下的、让他们死去活来的好玩意儿"。

"'狗日的……粮食！'

哪里是骂，分明是疼呢。"

"狗日的粮食"！糙话里浸透的是怎样一副爱恨情仇?！直教人生死相许、缠绵不休、欲罢不能！

所以，对中国人来说，粮食不是什么具体东西，而是自带高光的存在。某种程度上，它是道德，是文化，是感情，是融合了我们所有价值的神圣象征。任何时候，重粮惜粮都是高尚的代名词；任何对粮食的浪费和糟践，都是直接给自己贴上不道德的标签。没办法，粮食对中国人来说，始终是一个沉重的符号，它承载了太多的苦难和辉煌。

粮食，是中国人心里的神。

饿肚子是最可怕的记忆

60后可能是最后一代对饿肚子有痛苦记忆的人了。在我们昏黄的历史印象中,小时候就没有吃饱过。"锅里照进碗,碗里照进人"是基本情景,"瓜菜代"是我们的基本食谱,南瓜和红薯,是我们童年的基本食物。如果要问,童年最深的记忆是什么?我的回答是饿!眼前也随之浮现五黄六月断粮时的情景。

什么时候,我们可以敞开肚皮,想吃多少就吃多少?!这一曾经的梦想,如今想起来,恍如一个梦。记得那时候大人有一句口头禅:"小孩盼过年,大人望插田"。是啊,小孩子盼过年,是盼过年能吃碗香喷喷的大米饭;大人望插田,则期盼着有个好收成,能让家人吃饱饭。

但吃上一碗大米饭不容易啊!近日看见网红李子柒的视频《水稻的一生》,又勾起我对那年那月的回忆。

农家耕作苦啊!记得是元宵节前后,正是"七九六十三,路边行人把衣单"的时节,农民刚过完年就开始备耕。赶上天气好时,阳光和煦,家家户户都在田里烧"火粪"。所谓"火粪",就是把去年秋天留下的稻草捆成紧实的球,两三个顶成一排,排成两三排,再在上面覆盖田里的干土,然后用火把草球点着。烧"火粪"的时候,田野里就如袅袅炊烟,空气中散发着稻草的清香。等"火粪"烧好后,农民就把烧好的田土锄碎、平整,一畦一畦的,然后放水浸润,准备育秧。现在想来,这烧"火粪",一是增加土壤的有机质,二也是把田里害虫虫卵烧死。

等到头年留选的稻种浸泡发芽后,农民就在细腻如豆腐般的一畦畦秧田上,均匀地撒下冒着白尖嫩头的稻种。要不了几天,秧苗就开始从膏状的泥中探出脑袋,春风一起,秧苗就绿油油了。

秧苗长得差不多了,正是清明谷雨后,农民就开始整田。那时节,正如吾邑先贤姚鼐先生一首诗所述:"布谷飞飞劝早耕,春锄扑扑趁春晴。千层石树遥行路,一带山田放水声"。各家各户都牵牛下田,把休息了一冬的田土翻起来,再放水泡个两三天,妇女和半大小孩用锄头把大块的土坷垃锄碎,然后男劳力再牵牛下田用一次耖耙,把田土变成田泥,等到手指插进泥里没阻力时,就可以插秧了。

插秧之前,先得拔秧。把秧苗从秧田里一把一把拔起,要在不伤秧根的同时,把根上的泥洗个大概齐,以减轻运送的重量,也便于栽插。拔秧的时候,一手揽住秧苗头部,一手握紧秧苗根部,使劲一拔,随即在水里连续上下运动以洗掉泥巴,最后用一根稻草束紧,扔到一边,一个"秧把"就拔成了。等"秧把"攒到一定数量后,就用筐挑到整好的水田边,散开扔进田里。插秧人一手握住打开的"秧把",一手轻分两三根秧苗,捏紧根系轻轻而迅速插入泥中。"手把青秧插满田,低头便见水中天",农人在水波粼粼中,以身体力行,无意识地证悟了"退步原来是向前"的哲思。

秧苗插好后,接着就是田间管理,施肥、薅草、放水、打虫,只要没有恶劣的暴雨冰雹天气,早稻就丰收有望了。

但要让新粮真正到碗里来,还有一个痛苦的煎熬。第一道工序就是割稻,在湿热的天气下,大汗淋漓是必修课,泥水也不是问题,甚至还是受欢迎的清凉剂,最难受的是稻芒对皮肤的持续刺激。这割稻与插秧相反,不是往后退,而是向前走。农人们弯着腰,一手紧握稻秆根部,一手挥出镰刀,一不小心,或者贪多求快,手指肚就会被镰刀划过,当场血洒新粮。

割完稻子接着是脱粒。早时是双手抱紧稻秆在方形木桶壁上击打脱粒,那没有一把劲可不行,一天下来,人都能散架;后来用脚踩滚筒车脱粒,效率提高了,劳动强度也减小不少,但干一天两腿也像灌了铅。

但与挑新稻谷上田埂相比,这也不算什么。把湿漉漉的稻谷从泥水田里挑到场院里晒干,一般是家里主要劳力的活。过去是用竹编稻箩挑,后来是用蛇皮袋装着挑,都得有一百多斤。一百多斤的担子压在肩上,在泥水里又挪不动双脚,没有一把子力气和扛劲儿还真不行。等到挑到田埂上,虽然重还是一样的重,但起码可以迈开步子。

不要以为把新稻谷挑到场院就万事大吉了。这个时候正是雷阵雨季节，刚刚还是阳光炽烈，突然就乌云密布，转眼就大雨倾盆，晒在场院的新稻谷，不是被水冲走了，就是被淋湿了。如果赶上连续雨天、阴天，稻谷还会发芽，一旦发芽，今年的粮食就差了成色。

多谢老天帮忙，一切顺利，粮食晒干了，也用"大风车"扬去了秕谷，留下的都颗颗饱满金黄，堆积起来如小山包一样。喜悦满脸的农人就兴冲冲地挑了一担新稻谷去碾米，糠米分离后，家家户户尝鲜般试煮一锅新米饭，让老人孩子、家里劳力吃一碗，香一下嘴。其余的粮食还要卖给粮站。记得那时候，我们家往往还了之前借的稻谷，交够了公粮，再卖一部分粮食，剩下的就没有多少了。大人们计算着，下半年少吃干的，多吃稀的，再搭一些瓜菜红薯，全家差不多能混个半饥不饱，最不济，到时候再向亲戚借一些。记得大人曾经这样安慰一个劲儿喊饿、要吃大米饭的孩子：等二季稻收上来了，让你吃个饱！但等到金秋十月，二季稻确实收上来了，喊饿的孩子的梦想又被大人许到第二年早稻。

"一粥一饭，当思来之不易"。只有亲身体验过劳作的人才会感受到农人的辛苦，也只有经历了饥饿的人才更觉粮食的贵重。我们现在虽然告别了饥饿，也从制度和技术上为老百姓的肚子解除了后顾之忧，但不忘饥饿，不应该只是亲历者的个人回忆，它应该纳入我们民族的共同记忆。这也是一个伟大民族之所以伟大所该具备的底线思维和危机意识。

粮食是历史的最终决定者

与60后不同，现在四十岁以下的"改开一代"都没有饿肚子的经历，吃饭问题于他们从来就不是问题。对他们来说，端起碗来吃饭还要吃肉，是理所当然的事，是天经地义的事，就像厨房里有锅碗瓢盆一样。但丰收从来不是理所当然,从来不是天经地义,也不是历史和自然的常态,它一定是因为有了人和科技的活跃变量,而创造的非常态。

我们的愿望和目标,是把这种非常态尽量延续,最大限度争取常态化,但我们都是唯物主义者,是科学主义者,有的时候得想到没,多的时候得想到少;没的时候不绝望,多的时候不轻慢。从这个层面上说,把困难和问题估计得多一点、大一点、难一点,不是悲观,更不是唱衰,而是提醒,是警示。即使后来证明是过虑,也不要紧,但如果不幸而言中,有备总胜过无备,多备总好过少备,起码心理上不会猝不及防。

农业和粮食就是这样。

从历史上看,农业和粮食从来就是最终决定者。不管是民族兴衰,还是王朝兴替,表面上是帝王将相的英明神武,根子上还要看老天的颜色。丰收不仅是盛世的成果,更是盛世的成因,农业和粮食经常决定了历史的走向。中国气象史上四次小冰河时期导致的农业大溃败,就使得汉民族几次面临灭种的危机,除了商周之际第一次小冰河时期没有人口数据外,后三次的小冰河时期:汉晋之际、唐宋之交、明清之汇,汉民族的人口都出现了毁灭性锐减。第二次小冰河时期,汉民族人口从东汉末的 6000 万锐减到东晋时的 400 万;第三次小冰河时期,唐末的人口还是 6000 万,到北宋初年只剩下 2000 万;第四次,从明末的 1.2 亿减到清初社会安定时的 5000 万。当然,这之中,更多是战争造成的大规模死亡,但战争更多也是起因于连年饥荒。在气候大恶化之下,一方面是农业溃败造成饥荒、瘟疫、叛乱和社会解体,出现"白骨露于野,千里无鸡鸣"的人间地狱,一方面是旱灾和寒冷急剧恶化了边疆游牧民族的生存,从而导致边疆游牧民族南下东迁与中原农耕民族抢夺资源,又伴随着更大面积的战争和死亡。历史上很多现象,很多时候,往根子上数,都绕不开粮食的因素,都是粮食或公开或悄悄地在起作用。

回顾中国历史,汉民族的人口在相当长时间都突破不了8000万,盛世丰收积累的人口,很快就被饥荒瘟疫和战争拦腰斩断,与之对应的朝代鼎革,又使得这种恶性循环成为历史的可怕周期。可能有人要问,你前文提到明末人口1.2亿,不就突破了8000万吗?历史的真相是,农业的突破,准确说是马铃薯、玉米、红薯等高产耐旱作物的引进,食物的增加既使人口激增,也在之后的饥荒综合征暴发时,不至于完全重蹈历史的宿命。汉民族人口也从之前几次小冰河时期的减少五分之四以上,到这次的减少一半以上。试想一下,如果没有这些新作物,没有农业的新机遇,人口锐减能走得出历史的梦魇吗?农业溃败,关乎口腹,关乎人命,关乎人口,关乎民族;同样,农业兴盛,口腹得欲,人命得保,人口得增,民族得兴。

而从国际上看,世界资源有限,各民族、各国家都有其生存权,当今之世,不可能复制西方以殖民地养活宗主国的殖民历史。在不考虑新技术和新资源的变量之外,现在国际上每年粮食贸易量只够我们半年消费量,如果我们不立足于自给,即便能把国际现有贸易粮食都买过来,也养不活14亿人口。而全部买过来是不可能的,那些依赖国际粮食市场的国家怎么办?你有钱,不怕贵,他们还怕呢!这不就有可能造成国际嫌隙?必然会被打压我们的人见缝插针、借题发挥。更何况,到非常时期,恐怕我们出再多的钱也买不到,有人要搞禁运也不是不可能。

粮食与石油一样,是战略武器,石油没有,最多是汽车停驶、工业停转、军事停摆,粮食没有,就是生命停息,一切都没了。生命是一切前面那个"1",粮食则是生命前面那个"1",生命是一切的"饭",粮食则是生命的"饭"。悠悠万事,惟饭为大,饭的问题是终极问题,是终极战略武器。所以,不要说饭没有,就是饭紧张,都会引起巨大市场震荡,造成社会恐慌。这恐怕是我们民族为之深深恐惧的基因记忆,也是国际上赤裸裸现实的深刻警示。

粮食丰收是中国崛起的"零号因子"

而从国家层面来看,农业兴是百业兴和国运兴的基础和先声,反之亦然。历史上的经验和教训历历在目,正因为有汉初的休养生息和劝耕农桑,才从汉高祖时代的"自天子不能具钧驷,而将相或乘牛车",发展到文景之时的"京师之钱累巨万,贯朽而不可校,太仓之粟,陈陈相因,充溢露积于外,至腐败不可食"。农业的大发展,为汉武帝后来的开疆拓土和文治武功打下了雄厚的物质基础。农业是国运升腾的基石和引擎。当然,如果挥霍农业,对农业用得太猛,也必然会有力所未及的时候,虽力能举鼎,也不可长时间举,就是这个道理。汉武帝连年用兵,耗伤国力,以致国运盛极而衰,举鼎太久为大汉朝埋下衰败的因子。同样的情况也出现在清乾隆时期,乾隆从接手时的国库充盈,"十全老人"也扮演了由盛转衰的推手。这都是历史的殷鉴。

农运国运紧相连,农运强则国运兴,农运微则国运弱。这是新中国70余年奋斗的总结。新中国初,农业连续 8 年丰收,造就了那个朝气蓬勃时代的百废俱兴、国运上扬,但之后的情况大家都知道,饥饿问题一直持续到改革开放前。现在回头来看,改革开放四十多年的巨大成就,大家可能更多关注 GDP,关注中国在国际的位势,或者关注城市的繁荣,关注现代化,甚至只关注自己的小康生活,这都是正确的,也都是事实。但我觉得最应该关注的是农业!为什么?有两个理由。一个是,中国历史上从来没有像我们这个时代这样的食物丰盈,哪个朝代也不敢说有能力解决吃饭问题。但改革开放的历程证明了,历代王朝解决不了的问题,在我们的时代可以不是问题!后世的历史学家,在回顾中华民族的现代化历程时,一定会说,那个跃起的时刻,那个闪光的时刻,是我们的告别饥饿!

第二个理由是,中国的国运升腾有没有一个"零号"因子? 谁是第一个推动力? 农业就是第一把火,是第一个推动力,是巨变开始的"零号"。农业兴了,不仅有足够的粮食养活更多非农人口,也使更多的农业人口、农业资源投入到工业化城市化,这才有中国制造的奇迹,也为中国智造打下了基础。改革开放以来进入城市的农民工和农村大学生,无可争议地成为中国崛起的巨大增量和变量,这是农业对中国国运的重大贡献。

另外,从决策层和个人层来看,吃饭问题也是一个前置性问题。只有解决了吃饭问题才谈得上其他,建设也好,发展也好,文治也好,武功也好,都等吃饱了再说。全国人民吃饱了、吃好了,才有心气描绘梦想,才有力气构筑梦想,才有才气创造梦想。也只有小家庭吃饱了、吃好了,才有家庭的发财梦、个人的进步梦、孩子的发展梦。否则,都为一日三餐发愁,为吃顿好的谋划,为一个馒头、一碗饭,去算计、出卖和陷害,把上天赋予人的智慧都用在基本生存上,那绝不是造物的本意,也太小瞧了造物的格调。上天创造人,不是让人仅仅是为了活着,借句时兴的话说,是为了让人生活,让人活出一番大境界。

但是,在实现这大境界之前,还真得先活着。活着,是一切的开始,一切如诗如画、如梦如绮,都来源于这个"活"字。活,从来都是大问题。

粮食安全的压力是长期的

说粮食是中国人的神,或者说是中国人的梦魇,都没有错,不过一个从正面说,一个从反面说。说"神"好理解,是它决定了我们的一切;说"梦魇"也不难懂,少了它就必为梦魇所笼罩。

为什么粮食安全要年年讲、月月讲、天天讲? 原因很简单,在相当长历史时间内,我们的粮食安全的压力始终是实实在在的、是不断增加的,除非出现重大技术突破,在粮食产量上实现巨大飞跃,但即使是粮食技术发生革命,也必将为更大的消费所逐渐冲抵。所以,在这块土地上,即使我们始终重视粮食安全,也只能做到紧平衡。粮食安全这根弦永远不能松。

为什么?

因为我们面对的粮食安全形势有五个刚性:第一,对粮食的多样性需求是刚性的。随着全面小康的实现,人们不再满足于吃饱,而对吃好、吃健康、吃个性产生了新的需求,人们对食物的期待不再只是对热量的获得,而偏向对营养的摄取,甚至对口味、品味的追求,这些都有赖于农业的供给,都是在与粮食生产争夺资源,都是大食物生产不断增加的任务。第二,耕地持续减少是刚性的。工业化城市化必然与农业争夺土地,更多人口集中到城市,不仅减少了农业生产者、增加了农业消费者,而且工业与城市都需要更多的土地供给,现代化进程决定了这一趋势将是长期的。第三,资本型大农业的非粮化倾向是刚性的。农业的出路在提高农业的效率,在于建设现代农业。而现代农业的核心模式是建立资本经营的农业,资本的逐利特点,决定了它所经营的农业一定会以利润为导向,在粮食效益偏低的大格局下,不可能指望这些资本农业不搞非粮化,能够不搞非农化就算不错了。而且,资本农业的经营模式对农民合作社和家庭农场多多少少有辐射和影响,只要以利润为目的的农业,多多少少都有非粮化倾向。第四,国际战略博弈是刚性的。粮食是生存不可或缺、不可替代之需,是我们的天,这就决定了它一定会成为竞争对手的博弈工具,不管对手眼前愿不愿使用,只要对手具备这种能力,都是对我们生存的警醒。何况,国际博弈的现实已经告诉我们,任何天真都是除了天真还是天真,凡事一到生存关头,什么事情都可能发生。一旦不虞,本来就是战略武器的粮食,一定会成为战略武器。第五,不确定风险增多化是刚性的。农业面临的自然和市场风险日趋增多,极端气候导致的农业灾害重发频发,重大突发事件越来越多,经济、政治、社会、文化、生态等方面的不确定因素,都可能对农业的供应链、生产链、产品链产生直接和间接影响,往往牵一发而动全身。而且,这种风险在信息时代会由于传播效应发生叠加和放大。

这就是我们所面临的粮食安全形势,是我们无法回避、必须直面的形势。怎么办?只有坚定新型粮食安全战略,负重前行。

中国粮食安全密码在"藏"与"紧"两个字

2020 年新冠肺炎疫情全球蔓延,让世界粮食问题成为衍生热点,也让国人对中国的粮食安全战略关注度提高。危机总是验证一个战略"行不行""好不好"的最好契机,把中国的粮食问题掰开揉碎,在危机的聚光灯前"照一照",有两个字很醒目,一个字是"藏",一个字是"紧"。悟透了这两个字,不仅会夯实信心,也能给人以启迪。

这个"藏",是"藏粮于地""藏粮于技"的"藏"。当然也包括藏粮于库。把粮食藏在粮库里,好理解,但把粮食藏在地里、藏在技术里,就有了一层深意。说起这个,想起一个干部讲的下乡听到的故事,一位农民这样理解"藏粮于地""藏粮于技":藏粮于地,我们懂,就是跟毛主席那时候深挖洞一样,把粮食藏在地的下面,希望政府挖洞藏粮时别把地挖空了,不要像煤矿塌陷那样,把我们的地搞没了。藏粮于技呢,就是我们国家有好多粮食的技术都藏起来了,像袁隆平的海水稻,没粮食吃的时候,用飞机往海里撒种子,海水里就呼呼长稻子。这些技术都藏着呢,希望国家慢慢也透一点出来,让我们也学一学。

这个故事看起来类似于"郢书燕说",虽然是宣传上用户思维缺失的案例,但这位农民对政策的理解还真的是形不似、神有点似。为什么呢?"藏粮于地"的重点是"地",是那位农民说的——不要"把我们的地搞没了";"藏粮于技"的重点也是那位农民关心的粮食生产技术——"我们国家有好多粮食的技术都藏起来了""希望国家慢慢也透一点出来,让我们也学一学"。

一个"藏"字,体现了我们在粮食问题上的智慧。曾经我们只知道把粮食藏在农民的小粮仓、藏在国家的大粮库,但粮食藏不了多长时间,时间一长就不能食用,变成陈化粮,成语"陈陈相因"就是这么来的。粮食多了,新粮压旧粮,这样藏在库里太浪费,但又不能不藏,积谷防饥啊。在粮食问题上,处理不好这个"藏"字,可能就"露"了我们的"怯",底牌和软肋就让人看到了。既要藏粮,又不要浪费,怎么办?就要把握好库里粮、地里粮和土里粮的平衡,库里粮好理解,地里粮也好懂,就是正在生长的粮,什么是土里粮呢?说白了,就是有可以种粮的地,还包括水、肥、种、具。说到这里,藏粮于地的意思就很明白了,就是要保持足够的粮食生产能力,并且,这种能力在急需时可以马上启动。如果把地都搞成工厂、盖成高楼,虽然到危急时可以拆厂、拆楼还田还地,但那是多大的浪费、得费多大的功夫,又会造成多大的负面连锁反应!绝不能混到像有人说的那样,到时候在大学校园里种粮食。18亿亩耕地红线绝不能被各种忽悠给忽悠了!

而"藏粮于技"呢?就是发展促进粮食生产的技术,把粮食的生产能力藏在技术里。这技术包括硬技和软技,所谓硬技,指的是高产优质品种选育、新型肥料研发、土壤改良、农机农具革新、现代技术运用等,这些都直接作用于粮食生产。所谓软技,指的是生产形式、经营方式、管理模式、农艺传承、市场能力等,以确保粮食种下后能收获最多、效益最大。有了硬、软两方面的技术储备,只要老天爷不发大的脾气,粮食就能做到急需时能马上生产,生产了一定能丰收,丰收了一定能增收。

"藏粮于地""藏粮于技",本质上是始终保持粮食的生产能力。从粮食安全角度看,它是统筹生产、市场、储备的一种优化选择;从国家发展维度说,是运筹把握全局和大局、基础和重点、根本和长远的一个精准实践;从决策思维角度说,是统合底线思维、系统思维、辩证思维、创新思维、历史思维的一项实际成果。有了这两"藏",我们不仅在粮食安全上能保持主动权,在决策上也有更大的腾挪空间,而且在国际博弈上有稳固的战略后院。

说了半天的"藏",已经不符合"藏"的本意了。既然讲"藏",就不能太摊开了,不适合太推开天窗说亮话。因此,强调"藏",就还有一种字面意思需要我们心领神会,这是应对复杂国际形势的需要,也是战略博弈的基本要求。中国文化向来崇尚藏而不露,其实这也是市场竞争的常态。对我们这样一个 14 亿人口的大国来说,把实力藏一藏、藏好了,就能进退有据。而这,又不仅指粮食。

说完"藏",就要说"紧"。何谓"紧"? 就是紧张、抓紧、不放松、紧平衡。

什么是紧张? 不是慌张,不是考试紧张那个紧张。所谓紧张,就是"紧张谁"的意思,就是把这个东西当头等大事,当作不能有闪失的事,当作一失万无的事。粮食就是这个紧张的对象,这些年我们国家在粮食上实现"十六连丰",除了"地"与"技"上的能力,上上下下对粮食工作"紧张",是我们最大的主观能动性。

所谓抓紧,主要是指抓"两个积极性",一个是政府抓粮的积极性,一个是农民种粮的积极性。就是在粮食生产上,一定要让地方政府和农民都"政治上有荣誉,经济上有实惠"。对前者来说,职责有要求、财政有支持、晋升有倾斜是最有效的指挥棒;对后者来说,实惠则是最强的吸铁石。

如何让政府和农民都有更大积极性,是"抓紧"的核心内涵和重点目标。

所谓不放松,就是时时刻刻,就是不管什么时候,都要绷紧粮食安全这根弦,这根弦在粮食不够的时候要绷紧,在粮食充裕的时候也不能松,特别是在粮食连年丰收的时候,更要防止思想滑坡、认识滑坡、政策滑坡、工作滑坡。这之中,思想滑坡是第一面骨牌,任何时候都不能倒,否则,后面的都跟着会倒。防滑坡第一要防思想滑坡。这是粮食安全上最沉重的警示,也是一切工作最深刻的启示。

所谓紧平衡,既是对我们的粮食供求的一种现状描述,也是粮食供求的一种理想状态。为什么呢?不平衡肯定是不好的,紧缺和太多都不好,虽然多的烦恼比少的痛苦要好,但甜蜜的烦恼毕竟也是烦恼,在资源利用上也不是最优选择。但紧平衡就不是这样,它总体保持平衡,不会有大缺大余,既保证了稳定供应,又没有供大于求,同时又给市场以一定的张力,向供需双方都发送信号,给生产者的积极性以一定的鼓励和刺激,为消费者的承受力增加一些预期和韧性,也能引导更多资源投向粮食产业。同时,对国际市场也是一个明里暗里的讯息:我不依赖你,价格合适我就买一点,让自己的土地歇口气;价格不合适我就不要了,大不了让自己的地再辛苦点;如果太贵了,我还可以卖一点,赚一笔钱。看看,这就是紧平衡的主动!另外,紧平衡还有一个好处是,它能提示、提醒所有人,粮食安全不是凭空得来的,不是天经地义,不是理所当然,不绷紧是不行的。

"藏"与"紧",这是新世纪以来粮食发展难得的两个字。

警惕关于粮食的认识偏差

可以说,历史上的任何盛世都没有做到像如今这样物质极端丰盈,不怕买不到,只怕想不到。坐在家里,轻点鼠标,千山万水外的农产品,都能风雨兼程地给你送来。

成就的取得,固然是靠政策和奋斗,但始终保持对粮食和食物的高度敬畏、始终保持对粮食问题的高度重视、始终保持对粮食危机的高度敏感,则是我们政策和奋斗的精神之源!

但与此同时,在一些人心目中,对粮食的特别情感、对粮食的神圣情怀也渐渐淡化,出现了一些认识偏差,亟待纠正。

一个是粮食一般商品论。认为粮食与其他农产品、甚至工业品一样,都是商品,甚至由于粮食价格偏低,在一些人心里还不如一般工业品。当然,只要可以花钱买的东西都是商品,但把粮食等同于一般商品,就会犯颠覆性错误。这在个人,就是失去了对食物的敬畏,这些年来,舌尖上的浪费现象非常严重,看看学校、单位食堂泔水桶里白花花的大米饭、白嫩嫩的大馒头,看看餐馆的剩菜剩饭,看看自助餐、盒饭的浪费,其数量、甚至质量,确实到了"触目惊心,令人痛心"的程度。根据国家统计局的估算,中国每年的粮食浪费大约有 1000 亿斤往上,足够 3.5 亿人吃一年。这在一地的负责者,粮食的一般商品论,就必然导致其失去对粮食的重视,虽然也会行礼如仪地"以会议传达会议,以文件传达文件",慷慨激昂地讲要重视农业和粮食,但恐怕骨子里还是认为粮食不但增加不了多少GDP、创造不了多少财政收入,也难以在政绩上有多大亮点,还要往里搭不少钱。在这样心态下,能够稳住基本盘就算不错了,又怎么会对农业和粮食真重视、真投入、真想办法呢? 而对全社会来说,粮食降格为一般商品,而且还是价格偏低的商品,不再有神圣的价值,又怎么会打心里爱惜粮食、悯农崇农呢? 那会形成什么样的社会价值导向? 很难想象,一个不爱惜粮食的社会,又怎么会对粮食和农业、对农村和农民有真诚的尊重呢? 粮食不是一般的商品,一旦成为一般商品,那它一定会以它固有的特殊方法证明给你看,它不一般! 只是这样的证明过于激烈,毕竟饿肚子的感觉、饥饿的梦魇,才走了四十年。

一个是粮食国际购买论。这些年,一些人认为,不需要种那么多粮食,只要有钱,哪儿买不到粮食?资本可以在全球配置资源,全世界的农场主都在欢迎我们去买他们的粮食。放着国际资源不用,非要固守"自给",不亦惑哉!还有人打圆场,说什么,即使今后特殊情况下买不到,我们还可以到时候再生产不迟。怎么说呢?适当通过国际市场调剂,进口一些国内紧缺的品种或者国内资源消耗大的产品,是必要的。任何时候,坚持"两个市场,两种资源"都是正确的态度。但对粮食尤其是主粮,必须始终坚持我们的新型粮食安全战略不动摇。且不说国际市场上有没有那么多粮食卖给我们,就算有,如果都像这些观点认为的那样做,在面对供应链中断的情况下怎么办?一个新冠肺炎疫情就导致了国际贸易链的问题、导致多国囤粮。到了危急关头,你买不到,即使买得到,你也运不到,这还不说危机会导致购买价格的上涨。一旦不虞,真要到了国际博弈恶化、甚至发生战争时怎么办?把 14 亿人的饭碗放到别人的手上,把中国的粮仓建在人家的土地上,就算全世界都是好人,你会安心吗?你不觉得你的饭碗、你的粮仓离你太远了吗?何况,国际战略博弈不一定讲究成本核算,"杀敌一千自损八百"又怎样?你的对手,尤其是强势对手,为了消耗你,是不讲道义原则,也不讲市场规则,只讲丛林法则。别看现在猛给你推销,真要到那时候,你有钱也买不到!怕就怕我们对国际购买形成了市场和心理依赖,撂荒了"自给"的物质和心理基础,真到了危急的时候会手忙脚乱。临时种?粮食可不是工业品,一开流水线,立马就能生产出来,至少要三个月到半年吧?要是正赶上冬天呢?当然,这期间可以依赖库存,但在危急时刻,这样未免有点"玩的就是心跳"吧!

一个是粮食比较效益论。这种观点认为,生产粮食比较效益不高,我们为什么不发展自己的比较优势产业呢?在他们看来,招商引资搞发展,搞工业、搞项目、搞城市化建设,就业多、税收高、发展快,而且增长数字、政绩数字很亮眼,综合效益很明显。而抓粮食呢?不但对一地的就业、税收、发展没有显著的增加作用,而且还要多花钱,政绩作用也不明显。为什么不去干对本地和自己更有利的事呢?就算政绩今后没有体现在升迁上,起码我还为本地干了实事,留下好的官声。至于本地要吃粮的事,那就不是事儿!发展好了,财税多了,买粮食就是了,国内粮食连年丰收、粮食主产区有的是粮食,再不济,还可以去国外买。这样的小九九,算盘拨得格外响!但如果每个地方,每个地方的决策者,都这么想、这么做,大家都去抓工业、抓城市、抓发展,都去放松农业,都不抓粮食,都等着别人去抓粮食,我们工业、城市、发展肯定会耀眼,但饿着肚子恐怕欣赏不了这"耀眼"!到那时候,不说粮食市场的价格你能不能承受,就怕拿着钱也难以买到粮食。

民间有一个"背元宝与背荞麦粑"的故事,就说明了这个道理。背元宝的人与背荞麦粑的人同行,背元宝的人饿了,想用硬通货元宝高价购买荞麦粑,但背荞麦粑的人对他搞战略博弈、粮食禁运,就是不卖给他荞麦粑,导致他最后背着元宝活活饿死。而他的元宝,也白白落到背荞麦粑的人手上。这当然只是一个故事,但寓言式的警醒是明显的。

任何时候都不能放松粮食和农业,粮食安全是性命攸关的大问题,是我们每一个人的天。

(2020 年 9 月 11 日)

第四辑

农思何语

最恨是"周婆"

沸腾网络的王振华猥亵女童案,舆论在一致谴责王振华的同时,这几天开始把焦点对准案中另一个关键人物周某某。这个周某某系一中年妇女,年龄四十九岁,在此案中是女童母亲的朋友,堪称女童阿婆级的人物,姑且叫她"周婆"。

这"周婆",在此案中扮演了决定性角色,甚至可以说,没有她,这起丧尽天良的恶案可能不会发生。如果说王振华是一个凶手,"周婆"就是一个递刀人。帮凶看起来是协从、非主犯,但有时候比主凶更可恶、更可恨,甚至更可怕。

看过《水浒传》的人都知道武松杀嫂的情节。在这个故事里,最不该死的人肯定是武大,但最该死的人是谁呢? 有人肯定说是西门庆,也会有人说是潘金莲。不错,这两人败德于前,又杀人于后,当然该死。但复仇之神武松,还杀了一个人,就是王婆。

这个王婆,是西门庆、潘金莲一案的关键人物。没有她和她的"挨光计",西门庆与潘金莲很可能成不了事;武大可能还在卖他的炊饼,清河县自然也不会发生前后两起杀人案。也就是说,武大不会被谋杀,潘金莲也不会被武松私刑复仇,西门庆也肯定还在做他的生意,不会为了此案花银两打通关节助长腐败;武松肯定不会被判刑耽误了前程,自然也不会有后来的景阳冈遇虎;而王婆肯定还在干她的三姑六婆的营生,坑蒙拐骗地过她的龌龊人生,但起码一条老命不会丢;对政府来说,自然也不会引起

287

舆论物议,虚耗行政和社会成本,为反政府的梁山泊添一员虎将。

如此看来,像王婆这种人,实在是关键的坏人。明人凌濛初在《拍案惊奇》卷六里曾说:"话说三姑六婆,最是人家不可与他往来出入,盖是此辈工夫又闲,心计又巧,亦且走过千家万户,见识又多,路数又熟","他会千方百计弄出机关,智赛良、平,辩同何、贾,无事诱出有事来"。凌濛初还说,那个时候,大户人家往往打出告示,不许她们出入。这凌濛初,可以说把王婆这种人看得很透。

王婆有"挨光计","三姑六婆"又有"无事诱出有事"的功夫。这样的人,才足以助恶,智足以饰非。平常还好,一旦为恶,最是可怕。偏偏这样的人,又最能蒙骗人,最能吃得开,还最会讨人喜欢。她们通常能办事,通常很热心,通常嘴皮子还利索。但饶是她们千奇百变,我们只要守住一条,就不怕她们的各种邪派功夫。这一条就是,事出反常必有妖。不要管她们怎么说,哪怕再说得天花乱坠,再说得云开月明,甚至把死人都说活了,也不要轻信。无利起早的事,一般人会干吗? 当一个人对你口不言利、甚至说专门利你的时候,你就要注意了! 这要么是一个绝对高尚的人,要么就是一个绝对阴险的人,总之是一个大大的反常! 他或她可能正在算计你。

回到王振华案子,那个"周婆",是怎么获得孩子母亲的信任、肯将孩子交给她带到上海去玩? 是朋友不假,相交二十年也不假,但在孩子的问题上,肯如此信任,那得是多大的信任啊! 这个"周婆",能得到如此信任,没有平时的两两交心,没有足够的甜言蜜语,甚至没有一点仗义疏财,怎么行? 这岂是一般的闺蜜友谊所能形容。她肯定展现了她的能力,证明了她的人品,显示了她的热心和善良。不过话说回来,没有利益,仅仅因为朋友的关系,就愿意带两个孩子去上海迪士尼玩? 这正常吗? 出门在外,又不是至亲,谁愿意带两个累赘? 这得担多大责任? 还要往里搭钱搭工夫,图什么? 无事献殷勤,非奸即盗,事出反常必有妖。于此案,昭然也。

说起王婆们的可恶,可恶还在她为了自己芝麻绿豆的小利,就可以做大奸大恶之事。水浒中的王婆为了几锭银子,先害人名节,继害人性命,就是首恶西门庆,没有王婆,他的恶也不会那么快作出来。在王振华案中,王固然罪孽深重,但没有"周婆"的居中穿梭帮衬,没有"周婆"的可能存在的罪恶产业链,他的恶起码在此案中不会得逞。当然,有人会说,没有"周婆",还有别的王婆,说得对! 但这婆那婆虽然还有,但婆与婆的能力不一样,为恶的结果自然也会不一样。不然,历史上这婆那婆那么多,为什么只有王婆臭名传了下来? 这位"周婆",哄得两位母亲肯把孩子交给她,两位母亲的心大可能是一个因素,但"周婆"的"水磨"功夫、"挨光"计谋、"机关"手段,肯定也是十分了得。看其轻松地接了王振华的一万元辛苦费,只为了区区一万元,就可以昧良心、忘道义、犯国法,足见其心地何等凉薄,心肠何等狠毒,利欲何等熏心! 也足见这样的场面、这样的事情,绝不是第一次、第二次,对双方来说,一定是轻车走熟路,一定是习惯成套路。

舆论经常提醒女孩要提防"怪叔叔",其实人性的黑暗无关性别。"狼外婆""老巫婆""王婆",古今中外都有,这次的"周婆",就再次刷新了人性暗黑的纪录。由此,让人想起那些留守儿童,他和她,寂寞在乡村,虽然有社会关爱制度在起作用,但毕竟父母不在身边,祖辈只能管个基本生活,需要防止伸向他们的黑手魔爪。不仅仅是警惕"怪叔叔""怪爷爷",还有"怪阿姨""怪婆婆"。特别是暑假已至,那些在城里打工的父母,可能还会托熟人老乡把孩子带到城里,这里得给他们提个醒,不要轻易托人、轻信别人! 乡里乡亲的,一般不会有事,但利字当头的时候呢? 或者利益足够打动他的时候呢? 就不好说了。

这么说不是让你不信任老乡熟人,但毕竟孩子的安全是一个家庭天大的事。天大的事何必要去麻烦别人呢?又怎么能让朋友给你担天大的责任呢?事情是不是这个理儿?!

(2019 年 7 月 8 日)

阜阳白墙、万全电影，
根子在做事不正、还任性

这个 6 月不寻常。

从这个月开始，"不忘初心，牢记使命"主题教育活动在全党上下开展。

这个月月底，一则《中共中央关于李平同志搞形式主义、官僚主义案件查处情况及其教训警示的通报》上了全国各地的新闻，从省到市到县都有在学习的，据不完全统计，有黑龙江省、安徽省、河南省、天津市、萍乡市、邵阳市、丽水市、白银市……

叫李平的人很多，这次被通报的李平，是一个副省级干部，安徽省人大常委会副主任、阜阳市委原书记。看他的简历，他 1978 年从贫困山区安徽省潜山县考进池州农校，学的是畜牧兽医，后来也一直在基层工作，当过乡长、县长、县委书记、市委书记，按说，以他对基层、对农民的熟悉，该知道农民最实在、最务实，该清楚农民最盼望干部帮他们做实事、解难事，谅也不会不知道农民最讨厌形式主义官僚主义吧？从他政治生涯的起点潜山县野寨公社到阜阳市，他从政的主要地域，都是安徽省比较贫困的地区，按说不应该在农民群众最反感的形式主义官僚主义方面犯错误，但他就是犯了。其"代表作"刷白墙，也因为被通报而为全国知晓。堂堂副省级干部因为脱贫攻坚中的形式主义、官僚主义被免职、被通报，对各级官员来说，无疑是一个重型警示弹。

　　而差不多与此同时,河北省张家口市万全区出了一档4000万拍水幕电影的事。举报文章显示,去年还是一个国家级贫困县的河北省万全县——也就是现在的张家口市万全区,斥资4000万拍摄了一部30分钟的水幕电影。这一项目经过层层转包,项目方迟迟不结清4万5千元款项,于是决定实名举报。这件事,万全区方面的解释是,不是4000万,是3852万,其中用于影视制作服务的中标金额是1860万。这样的解释对舆论、对公众来说,其实没有什么意义,五十步与一百步又有多大的区别呢?对此,河北省方面态度坚决,省委书记、省长很快作出批示,要求认真调查核实,依法依规依纪严肃处理。目前,相关调查工作正在进行中。

　　与万全区水幕电影类似,在阜阳事件中,与白墙"比美"的,原先也有个60万拍宣传片的计划,只是在舆情汹涌中被取消。

　　如今尘埃落定。该通报的已经通报,该调查的正在调查。但脱贫攻坚中发生的这些形式主义官僚主义案例,对社会人心的影响确实很恶劣。正如安徽原省委书记所言,阜阳市存在的这些问题,带坏了党风政风,破坏了党的形象,浪费了公共资源,辜负了人民群众期盼,损害了党群干群关系。是啊,贫困地区为什么贫困,原因很多,但缺发展资金肯定是一条重要原因。但阜阳、万全给公众留下什么印象呢?是根本不缺钱!其所作所为,根本没有一个穷人该有的节俭,也一点没有过紧日子的样子!哪怕只是样子,你好歹也要装一下啊!不然,你何以面对帮扶你的方方面面?又如何向上级交待?看看他们的样子,连装样子都懒得装了。他们是缺钱吗?如果缺钱的话,怎么会花千万级款项拍浮华的水幕电影?有多少民生项目等着钱用,有多少贫困家庭靠政府兜底,又有多少家庭因病因学致贫返贫,刀刃尚缺钢,哪里还顾得了刀鞘?更不可能花60万拍展示成绩的宣传片,也断然不肯以几百万来刷没有实际意义的白墙。但这些地方是真的不缺钱吗?阜阳还没有脱贫,经济在全省垫底,万全也是刚刚脱贫，也不敢说其脱贫是稳固的、不会返贫。正是，待冲刺的亟需冲刺，该夯实的还要夯实，雪中送炭犹不足，烈火淬钢正当时。哪有余钱来做锦上添花甚或绣花枕头的事？难怪网友大呼不值！

追问阜阳和万全的形式主义官僚主义成因，原因可能很多，但我看，其根子还是当地主要官员做事存心不正。先贤有言，君子处事，正心诚意，立正位，行大道。脱贫攻坚是中华民族复兴的大道正举，要的就是正心诚意、正大光明，要的就是杜旁门、走正道、务实功。为政一方，但求尽人力，不亏心，千思万虑去谋，千方百计去做，千辛万苦去干，不取巧，不偷懒。事情办得好，归功党感谢人民；事情办得不顺，寻找自身原因加紧干。这就是该存的正心，应有的诚意。阜阳之所以要刷白墙，不是农民有需要，其实农民是反感的；不是脱贫攻坚工作所应做的，其实是对农民没有任何实惠，实实在在是浪费钱还引起社会不满；更不是上级有要求，上级从中央到省委都是反对"假招子"，一再反对形式主义官僚主义。总书记念兹在兹的"三严三实"，首次提出是在两会安徽代表团，中央对反"四风"也一直是响鼓重槌。各级党委每年的民主生活会，相信两地干部一定也是中规中矩、严格进行的，但为什么说归说、做归做呢？为什么还要明目张胆地"顶风上"呢？怀着侥幸心理的因素肯定有，但主要还是存心不正，不走正道，只想着怎么遮丑，怎么摆功，怎么搞一个花架子好糊弄上级、蒙骗社会，好给自己的政绩有大的加分。只求上级没发现，舆论未聚焦。至于当地群众有意见，只要不出事，就不是事。

阜阳和万全，一个还很贫困，一个刚刚脱贫，但从两地事件来看，数千万、几百万、几十万，好像都不过脑子似的，好像也看不出多心疼，大笔一挥，就出去了。就算万全区拍水幕电影只是 1860 万，到最后拍片时却只剩下 135 万，10 多倍的资金流失，都进了谁的腰包？这招标的金额是怎么确定的？如果事情未发，最后验收又如何完成？1860 万就拍了半小时的片子,也能交待得过去? 这片子该有多水! 这漏洞又该有多大! 阜阳计划的 60 万的宣传片,如果真的付诸拍摄,又会有多少真的用在拍摄上,有多少会进了谁谁谁的口袋? 还有那几百万刷白墙的费用,其间有没有肥了中间的捎客? 这些问题,急需有个答案。

眼看着珍贵的资金白白流失,只能说,主要官员的一支笔,好任性! 也许有人认为,只要不把钱揣进自己的口袋,就不是问题。但是,贪污是腐败,浪费公帑同样是犯罪。如何制约任性的一支笔,是一个重要课题。

"不忘初心,牢记使命",教育来得正是时候。

（2019 年 7 月 4 日）

曼哈顿改名曼哈屯，
是赌气，还是高级黑？

近来，海南、陕西、河北、广东、浙江等地开展清理整治不规范地名工作，对居民区、大型建筑物和道路、街巷等地名中存在的"大、洋、怪、重"等不规范地名，进行规范化、标准化处理。这件事在网络上引起正反两方面的议论。

友农君向来对新闻事件敏感，对这件事自然不能不发表意见。这不，电话就来了：太好了，早该整治了，一个中国人的地方，起什么洋名？一个小县城，小集镇，也曼哈顿、欧洲城，唐诗宋词里那么多好词，为什么都不用，偏偏用一大堆莫名其妙的洋名？有的小镇，连洋人的人影也见不着，连洋文化的影子也看不到，也起个假大空的洋名，分明是崇洋媚外。不过说他们崇洋媚外也不是很准确，他们其实是崇欧媚美，你看，就没有多少起非洲、亚洲洋名字的。

友农君愤世嫉俗已成习惯。不过他说的这个，也确实是近些年来一些地方建设中的乱象。看起来是开发商哗众取宠、夸大其词的营销，但其本质是一种社会心理的反映。虽然不至于月亮都是外国的圆那样夸张，但对欧美从物质到文化的仰慕，已经浸染到一些人的骨子里，甚至反讽到，无论是崇洋的，还是民粹的，虽然一个是逢洋必赞，一个是逢外必骂，但洋、外在他们心目中的重要地位是一样的。作为一个5000年的文化大国，强化我们的文化自信，是走向民族复兴的基础和标志。可以从这个角度理解清理整治地名乱象的必要性。

但在这过程中,好事一定要办实、办好。我们在这方面的教训太多了。明明是好经,却被念歪了,政策执行过程中或因求快、萝卜快了不洗泥;或因一刀切、一阵风、运动式;或者,开始时嗓门大得很,一遇舆情沸腾,就慌了手脚,应对失措,甚至被裹挟、转而跟风,忘记了其当初为什么出发,来了个自己打脸。在这次整治不规范地名过程中,一些地方本来理直气壮,却因为处置出现瑕疵,又回应舆论不力,频现败象,已成尴尬骑虎。有的地方规范地名,改掉假大空的洋名是对的,但不要洋名,就一定要土得掉渣的土名吗? 正如友农君所言,唐诗宋词里那么多典雅文艺的名字不起,偏偏起土哈哈的名字? 有地方把曼哈顿改名曼哈屯,不是他们没文化,我看是有人在赌气,故意起个土名来寒碜你,甚至是一种高级黑的表现。就是把你一个正当的行为往极端里推,推到众人都认为不可思议的地步,从而达到否定你的目的和效果。可惜一些地方的做法实在是授人以柄。其实,有些事情操之太急、太切,往往事倍功半。纵是好事、正义之举,也要考虑到社会承受力,这个承受力不仅是对社会公众说的,其实也是对施政者自己说的,就是你准备好了吗? 如果反对的声音很大,更是要做好充分准备。所以,事前必须反复沙盘推演,要问自己,你准备充分了吗? 你这样做,有没有充足的法理和政策依据? 如果出现舆情物议,怎么应对? 要不要先做好舆论动员? 底线可不可以考虑老名老办法、新名新办法? 或者,对影响恶劣的坚决改之,对时间较长、群众已经接受的弹性处理,等等这些,都是做一件正当事、一件好事,所应该做的预习功课。做实事最难,难就难在这里。

中国人向来讲名不正则言不顺。夫名字,关系一个人、一个地方的形象,不可谓不重。但名字也向来是时代氛围的反映,新中国70年,人的名字从建国、国庆,到卫东、文革,再到20世纪80年代流行起单字,男孩叫伟、凯、杰，女孩叫娟、芳、娜，再到后来琼瑶式名字，以及现在都有父母姓连在一起的新复姓。地名也是一样，从反帝、反修、建设，到恢复传统地名，展现的是时代的变迁。我们现在适逢民族复兴的新时代，展现中华文化的自信，一定是我们这个时代的醒目标志，人名、地名自然也要体现这种文化自信，不让那些假大空的洋名字泛滥是我们文化自信的应有之义。

当然，文化自信不是盲目自信，不是排斥外国文化。一个伟大的文化从来都是吸纳一切优质的营养，中华文化也是这样一路走来的。我们树立新时代的文化自信，也一定要吸纳世界各地的优秀文化，这也是改革开放的一个经验，需要我们始终坚持。但重要的是，我们怎么对待域外文化？还是要"拿来"，不能"搬来"。"拿来"的为我所用，助我成长；"搬来"的我为它所累，压坏坑死我。

过去翻译家强调，翻译外国作品，一定要"信、达、雅"，也就是一要准确，二要顺畅，三要文雅，这既尊重了原著内容，又适应了本土文化，某种程度也是一种拿来主义。所以看看先贤翻译的洋人的地名，很多都与中华文化做到了无缝对接，就像枫丹白露、香榭丽舍，虽然是洋人的地名，但怎么看都展现了中华文化的典雅蕴藉，都是诗经宋词里面的意象。所以说，不是排斥洋名字，排斥的是那些假大空的洋名字、那些没文化的假洋鬼子名字。

友农君深以为然地说，希望有关部门在审核那些小城镇的地名、楼盘名、小区名时，坚决堵住那些假大空的假洋鬼子，以后起名，也要按照你说的"信、达、雅"原则来起。我看，那些假洋鬼子，首先就够不上"信"，不符合事实啊，你这地方跟人家欧洲一点关系也没有，房子长得也不像欧洲，凭什么起个欧洲名字？这就是不"信"！你那名字佶屈聱牙，念着嘴里都拌蒜，不知所云的，也够不上"达"，"雅"就不提了，更谈不上。

反对假洋鬼子,并不是要回到土财主。"人民对美好生活的向往,就是我们的奋斗目标"。崇尚美,渴望品味,期盼好生活,这是社会主流价值的所在。赌气式的改名,说它没文化是轻的。

（2019 年 6 月 21 日）

什么匪夷所思的事都有？

世间匪夷所思的事总是有。

话说山东新泰市，有一个黑石山子村，在其北侧有一个石料厂，因为环评风暴，手续下不来一直不能生产。怎么办？硬来肯定不行，上面查得紧，弄不好咱这石头就碰上了大铁锤。尤其可怕的是，天上还有卫星看着，你这里一开山取石，它那里卫星就拍照留证。到时候派人来一查，不就200斤大米全完了吗！眼看六神无主、无计可施之际，高人指点了迷津，兀那卫星，虽是千里眼，但它远在天上，又是一扫而过，咱做不到不让它看，但咱可以跟它玩障眼法啊，咱给山上石头刷上绿漆，那卫星再聪明，也只看见满山绿油油，以为咱这山是绿水青山呢，哪里知道我这里早已经把石头悄悄地开采了个够。

这计谋，堪称移花接木；这智商，果真"杠杠的"！

应该说，随着科技进步，如今做坏事想隐瞒还真不容易。像过去，你在大山沟里搞多大动静，山外都不一定知道；如今，说句粗俗的话，你在山包上撒泡尿，说不定就被谷歌地图拍下了。要过去，新泰市那个石料厂，开山凿石，还不是想怎么干就怎么干，但现在不行了，偷偷摸摸、悄悄地干活？也不行，天上有卫星盯着。不过卫星再聪明，还得有人配合才行。卫星照片得有人现场检查才算数。

问题来了，这卫星拍了照片，这绿油油，绿得很奇怪，看照片的人就不奇怪？觉得奇怪了，是不是要派人去现场看看？到了现场，不就啥都清楚了。有没有可能？这照片没人认真看，即使看了也不好奇，即便纳闷也懒得去看，纵是看了，还是没有近看，就是近看了，还是被糊弄了。或者也有这种可能？他早就知道了，有了照片也不看，看了也装糊涂，当然也不会去现场看。还有没有一种可能？大家心知肚明，一切尽在不言中。

请大家尽情脑补。

这几天的舆论都在批评石料厂荒唐，指责有关部门不作为。但在这喧哗的舆情中，撇开语言的浮沫，凝视这荒唐和匪夷所思，我只看到了"形式主义"和"官僚主义"两个词，或者就只有这两个词的伴生体和混合体，叫官僚形式主义。

官僚主义就官僚主义，形式主义就形式主义，干嘛叫什么官僚形式主义？乱造名词。也对，汉语词典确实没有这个词，但为了表达一种思考，且叫它一回吧，这篇文章之外就不叫了。为什么要这么叫呢？且容我解释一下。

形式主义一定是依赖并伴生于官僚主义。形式主义有可能是官僚干的，也有可能是群众干的，但最终目的一定是给官僚干的、让官僚看的。群众做事辛苦，有空赶紧歇歇还来不及，搞那形式主义图什么？群众挣钱不易，好多正事都等着钱用，花钱搞形式主义太浪费。只有那官僚，也不能说他安逸，他也辛苦，他搞形式主义虽不劳筋骨，但确实也费心神，然而，他搞形式主义不用费他的钱，反正用的是公家的钱钞，图的是自己的虚绩。就像那阜阳的白墙，刷的几千万没有一分钱掏的是他的口袋，如果要他自己掏，你看他还搞不搞这劳什子？所以，形式主义一定是为了官僚，形式主义一定是伤害公家。形式主义的花架子下面一定躲着官僚主义。

而官僚主义一定要搞形式主义。官僚主义之所以是官僚主义，第一个就是它的高高在上、好大喜功。这让官僚很容易被骗、被忽悠、被陶醉，经常稀里糊涂或者喜滋滋地就被形式主义的东西"撞了一下腰"。第二个就是虚头巴脑、不务实功。形式主义的东西总是雾里看花、好看不中用,爱务虚就下不了实功,尸位素餐总不好交待,形式主义就在官僚主义那儿派上了用场。第三个就是功名心重,尽做无用功。要提拔,没有政绩怎么行? 急火攻心,就只能拜托形式主义,但形式主义是纸包不住火,到头来还是一场空。官僚主义这三点,点点与形式主义都因缘际会。要搞官僚主义,想不搞形式主义也难。像被通报的阜阳那位,脱贫攻坚不务实功,搞花架子很起劲,花公家钱做刷白墙的无用功不心疼,花公家钱干一些为自己扬名耍威的事胆不小,花公家钱造假政绩谋升官真胆大。一时倒也得逞,但终究是墙白刷、书白印、官白升,可惜公家的几千万也白流。有时想一想,倘若把那些搞官僚形式主义的钱,直接用来给贫困群众兜底,也能兜起好大一片。官僚形式主义真是害人不浅!

回到开头那个荒唐透顶的绿石头故事。刷绿漆就是为了糊弄官僚形式主义。官僚爱坐衙门,懒得下基层,即使到基层也是隔着玻璃看看,坐在屋里听听,站在窗前望望,所以才有刷绿漆这种低智商骗术的诞生,才有一看照片就露破绽、一到现场就能拆穿的事一时得逞。为什么这种要征智商税的骗术还骗了一年多? 是骗子对官僚形式主义有信心,还是官僚形式主义对骗子装糊涂? 或者竟是二者兼而有之? 不得而知。

套用一句歌词——

绿水青山总是情,刷了绿漆可不行!

(2019年8月5日)

不能让那盏灯熄灭

一

新版《新白娘子传奇》里，要去南极仙翁处盗仙草的白娘子嘱咐小青，千万守护好许仙床头的一盏油灯，不让妖魔鬼怪接近。如果那盏灯灭了，许仙就死了。那盏灯，是生命的象征。

《儒林外史》中，严监生弥留之际，死盯着床头的一盏油灯，不闭眼。众人不解，只有他的小妾明白他是心疼油灯的灯绳太粗，太费油。那盏灯，是财富的象征。

《天方夜谭》里，有阿拉丁神灯。那盏灯，是智慧的象征。

灯是生命，是财富，是智慧。开辟鸿蒙，万古如夜，是灯点亮了生命旅程，让生命得以像飞蛾一样向光而行。没有灯，人只能在暗黑中摸行。

二

最近几起事件激起人们对失去灯的恐惧。

北京南四环汽车追尾起火事件。前车司机在事发后不救人，一直站在路边打电话。他是在报警还是报险？都有可能，总之是在第一时间固定有利于自己的证据，而不是立即挪车救人，眼睁睁地看着两个生命被大火吞没。那一刻，除了庆幸陷入火海的不是自己之外，他心里还有没有一丝怜悯？不知道。只知道人性的黑暗熄灭了他心头的那盏同情之灯。

杭州女童章子欣死亡事件。那对自杀的男女，你们对人生失去了留恋，为什么还要殃及无辜的9岁女童？她的人生还在蓓蕾，因为对你们的信任和喜爱，她才答应跟你们去喝喜酒、当花童，她的爷爷奶奶才同意把孙女交给你。你们无冤无仇，短暂相处也融洽，你们怎么忍心把她淹死？那一刻，看着女童在水中挣扎，你们虽然也将奔向死亡，难道心头就没有一刻的不忍？泯灭人性的冷水，浇向了他们心头那盏怜悯之灯。

王振华猥亵女童案。一个是亿万富豪，富而淫邪；一个是中年周女，助纣为虐，共同将魔爪伸向9岁女童。而更可怖的是，周女还是女童母亲相交20年的朋友。兀那厮对女童怎么下得了手？贼婆娘竟怎么狠心！这让人怎么相信人性？人性的蒙尘覆灭了他们的天理之灯。

刚刚执行死刑的张扣扣案。这几天其辩护律师的辩护词在网络刷屏，无非是宣扬血亲复仇，大有为其伏法鸣冤叫屈的意思。冤有头债有主，犯罪者本已在22年前接受了法律的制裁，如今你私刑杀人，而且殃及无辜，这不是暴力暴戾，又是什么？对这种行为同情，不就是对无辜生命陨落的漠视？如张扣扣，仇恨、偏狭和暴戾淹没了他的人性，他心头的那盏灯已经被邪恶所控制。对这种行为的宣扬，是让人性的再次蒙尘。

三

还要说到强拆。之前有河南农民在自家地里被拆迁的推土机碾死的事件，有山东拒绝拆迁的农民在家中被烧死的悲剧。最近河南漯河又发生因拆迁撞死人事件。

据报道，今年的7月3日凌晨2点左右，河南漯河市郾城区小李庄项目指挥部组织工作人员50余人进村强拆王恩忠的房屋。拆除中，王恩忠的儿子王某,开着自家的丰田车向指挥部工作人员聚集方向撞去,当场撞死两人。

而就在郾城区,一年前,五里庙的被拆迁户高次民等人,被以"没有规划许可证"的理由强制拆除房屋。但这次没有发生悲剧,无论是被拆迁方,还是拆迁方。这要归功于法律起了作用,被强拆农民提起了诉讼。2018年10月30日,临颍县人民法院作出判决:

"本院认为,综合当地农村发展程度及行政管理的实际情况,村民在村集体土地上建设房屋普遍存在着只有部分建设手续或者完全缺乏建设手续的客观现实情况,之所以存在此状况是由于社会发展和政府管理方面的综合原因造成的,不是农民居民能够克服和解决的问题,原告对此本身不存在过错。因此,被告仅以原告建设房屋未办理建设工程规划许可证,即认定为违法建设物,不符合客观实际,被告强制拆除原告的房屋事实依据不足,依法应当认定违法。"

——(2018)豫1122行初27号判决书

农民的房屋建设,很长时间里都是按习惯来的,有的是在原址建设,有的是在村里批一个宅基地指标建的,还有的是祖传的,既没有房契,也没有规划许可证。如果说农房也应该像城里商品房一样要这证那证,不说也要同房同权之类的话,就说这种要求是必须的话,也该有个事前的广而告之吧? 或者按照政策惯例来个新房新办法、老房老办法,或者一律限时补办,等等。总之是要政府主动来办。怎么可能不言不语、突然以无证来宣布你的房屋非法,要强制拆除? 这不是罗织罪名是什么? 如果说你宣布所有无证房屋都是非法、都要拆除,虽然事发突然且严苛,但起码还说明你是一视同仁,是按规办事,但在这起案子中,你是专门针对你的被拆迁户祭出"无证"这一条款。罗织和选择性执规太明显了。

多亏法律明灯高照,五里庙案子被拆迁农民维权成功。如果小李庄案子被拆迁户也像五里庙案子原告一样,诉诸法律,那两条无辜人命就不会凋落,撞人者现在也许正在与家人分享维权成功的喜悦。其实,在此之前,河南开封中院、河南高院也都针对此类案件作出被强拆户胜诉的判决。在有胜诉先例的情况下,又有高院背书,为什么小李庄被拆迁户不寻求法律维权呢?虽然我们的法律体系不同于欧美法系的判例法,但道理都是一样的,法律都是讲理的。

若人人心中都有盏法律的明灯,这个社会能不和谐吗?!

四

鲁迅先生曾说:"希望是本无所谓有,无所谓无的。这正如地上的路。其实地上本没有路,走的人多了,也便成了路。"之前读鲁迅先生的文章,总觉得他太愤世嫉俗,但读的时间长了,见的人和事多了,慢慢就觉得先生真神人也! 一个人的希望不是真希望,大家都有希望才有希望。这个社会也是这样,良知良德、良政良法,都要大家一起来修炼、一起来坚守、一起来信仰,才会蔚然成风,才会"桃李不言,下自成蹊",才会有鲁迅先生说的路。只有少数人做,那是灯塔,是星辰,甚至连灯塔、星辰都不是,得大多数人认为他是灯塔、星辰,他才是。

让每个人都抱有希望,不让任何人陷入失望,更不让其处于绝望,这才是这个社会的希望。只要这个人还心存希望,他行事就会有底线、有余地,就不会做绝,他心中还有盏灯在指引着他前行,哪怕暗黑中有种种诱迫,在劝他放弃;而陷入失望的人,他的身心就会被阴霾包围,虽然心头还有微弱的灯光在温暖、在提醒、在鼓励他走下去,但这灯火会渐行渐弱,眼看着就要归于寂灭;最可怕的是绝望的人,他的心灵已经扭曲不堪,灵台之灯已经被熊熊邪火所占,灯倒油倾,他是要烧毁所及,不分善恶,不管有辜无辜,他求的是一齐毁灭。

善恶往往都在一念之间。因果报应虽是无稽之谈,但若人人心存善念,勿为恶行,给人以空间,留人以余地,希望之灯就会始终温暖心头,照亮他虽然艰难但仍然前行的路。这叫做与人方便,与己方便。

所以,千万不要让任何人的希望之灯熄灭。

(2019 年 7 月 22 日)

"炒猪"不是"炒炒猪"

日本人对动画游戏有一种古怪的想象力,好好的孙悟空,在《龙珠》中变成了外星小子卡卡罗特。蠢笨的二师兄,在《口袋妖怪》里成了精灵,叫"炒炒猪"。

这只猪精灵很古怪,身体内会燃火,食物就是它的燃料,吃得越多,火烧得越旺,随之力量就源源不断地往外溢出,动作会变得非常敏捷,遇到危机时还会喷出烟雾。

这二师兄,被他们搞得云里雾里,一会儿冒火,一会儿冒烟,名堂恁多!

二师兄的名堂还真不少。朋友友农君跑生意回京,说起一档关于猪的奇闻怪事:"你知道'炒猪'吗?""什么炒猪? 是一道菜吧,是炒猪耳还是炒猪肝? 还是炒猪什么?""不是,不是吃的。""我知道了,一定是听你孩子说的游戏吧,叫'炒炒猪'。你看你,话都没听清,就来现炒现卖。""不是! 什么炒炒猪,乱七八糟的。事情是这样的。""你一定少听了一个字,不是炒猪,是'炒炒猪',是日本游戏里的猪精灵,是那个会冒火、会撒烟幕弹的二师兄!""没听说过,我告诉你吧,是这样的……"

友农君故作神秘地说起,"这个'炒猪',不是一道菜,不是精灵,也不是炒楼、炒股票,是炒……猪!""猪,怎么炒?""是这样的,这是一个骗术,像仙人跳,一伙人,先向养猪场丢弃死猪,也不知道是不是疫情死猪,反正不是这个养猪场的,这就等于给养猪场丢了个火种,埋了个雷。然后这伙人开始制造舆论,散布说,某某养猪场有疫情了! 有猪死了! 这就是撒了个烟雾弹，一则把养猪场主人脑子搞晕，二则吓唬养猪场主人。等到养猪场主人有点慌但还没来得及向上报告，这伙人就上门压价收购，说什么再不卖就会如何、如何。如果养猪场不卖，这伙人就会把火越烧越大，把烟雾越撒越远，不怕你不就范。那莫名其妙冒出死猪的养猪场，心里本来就打鼓，也不知道是不是疫情，要是疫情的话，损失就大了去了，既然有人上门收购，就赶紧卖了吧。于是，养猪场的一点小心思，就让那批奸人得逞了。这就叫'任你精似鬼，喝了老娘的洗脚水！'你说是不是天下之大，何奇不有？你说，这不是诈骗犯罪吗?!"

"友农君莫急。这伙'炒猪'狂徒还真有点像游戏里的'炒炒猪'！会燃火会撒烟，但灭火器来了，农业农村部已经发通知要严打'炒猪'了！"
"你看，通知中说，涉嫌犯罪的要移送公安机关，涉黑的要把线索移交扫黑除恶办。还有有奖举报呢！"

是啊，凡走过，必有痕迹；出来混，终要还的。《动物防疫法》明确规定："国务院兽医主管部门负责向社会及时公布全国动物疫情，也可以根据需要授权省、自治区、直辖市人民政府兽医主管部门公布本行政区域内的动物疫情，其他单位和个人不得发布动物疫情。""炒猪"行为，说起来至少有三宗罪：一是涉嫌妨害动物防疫，严重影响非洲猪瘟防控工作正常开展，二是严重破坏生猪生产秩序，三是严重损害养殖者合法权益。

"'炒猪'不是'炒炒猪'，点火、冒烟，没有用！"友农君最后说，"依我看，'炒猪'是诈骗行为，是黑恶行为，是非法获利，是扰乱经济和社会秩序，一定要严惩！"

也提醒养猪场、养猪户，不要被这伙'炒猪'狂徒骗了，遇到类似情况要及时向主管部门报告。

（2019 年 7 月 13 日）

做基层工作就一定要骂人吗？

前几天看了几条热点新闻,有网友留言:现在"骂人"很流行,基层干部骂贫困户,上级干部骂基层干部。还有网友说:曾在一位获奖农民两米开外,听到农民手机里传出干部的训斥声,当时把正在看展板的她吓一跳。

应该说,责备、批评、教育,是工作中的正常事项,不仅无可厚非,而且很有必要。做基层工作甚至更离不开一些更直接、更接地气的批评教育。

何谓基层工作? 它有多繁、多难、多重? 看这句话就明白了:上面千条线,下面一根针。这"千条线"都要往这针鼻子里挤,都要通过这"一根针"来描花绣朵、缝纫布帛,你想,这"一根针"有多难! 这还不算,"一根针"还要面对"一块布",能不能把这块布缝好,还要看布的质地、厚薄、软硬,走线顺不顺,缝起来搭不搭,线粗布薄会豁,线细布粗会断。这"针线活"看似简单,做起来却是精细活,是一个"磨性子"的活。这就是基层工作。

一直以来有一种说法,就是做基层工作,跟老百姓打交道,就得有"大老粗"样,得有端起碗来吃肉喝酒的豪气、侠气,也得有放下碗来骂娘爆粗口的"霸气",甚至"匪气",说这才是有底气,才是接"地气",才是有血有肉的性情中的好干部,像电视剧《亮剑》中的李云龙那样。现在,吃肉喝酒已经不是基层工作的一部分了,但坊间还是时不时地推崇敢"骂人"的干部,言下这才是真性情,尤其是在为工作问题"骂人"上,更显得干部的可爱、可敬。

应该说，在基层工作，面对繁难险重，偶尔发发脾气，"飙"几句口头禅，也无伤大雅。但在网络技术无远弗届、现代化蔓延辐射的今时今日，粗口和骂人不仅有损干部形象、伤害主流价值观，而且不为权利意识日渐增强的基层新生代所接受。所以，做基层工作在说话方式上，有一个与时俱进问题，也有一个用户思维问题，不能"舟行而剑不行"，受众变了，说话方式不变。与人相处，做人的工作，尊重是一切的基础，没有尊重，即使你存了善心、献了爱心，也不会被认为好心。就像一句话所说，再卑微的骨头也有江河，我也要说，再衰败的草芥也渴望摇曳，尊严是最基础的"获得感幸福感安全感"。

说起这个，想起两件陈年旧事。

一件是 2012 年的事了，是关于那个很火的"火书记"的故事。某日，这个"火书记"眉飞色舞、绘声绘色地给记者介绍情况，正说得兴起，在场的一位市领导咧嘴笑了下。谁知道，这一"咧嘴"的动作竟当场点火了"火书记"，前一秒他还在讲工作思路，后一秒就"切换跑道"，严厉斥责那位市领导："你傻笑什么！一点眼力见儿没有，也不知道给大家倒水！"在座的记者都一时傻了眼，好歹人家也是市领导，怎么能因为人家"陪笑"一下就当众训斥呢！心里不由得"咯噔"一下，大为摇头。其实，对很有"个性"的"火书记"来说，这还不算什么，还有更猛的"料"在后头呢，在他落马后有报道还披露了他"飞脚踹干部"的桥段。但在 2012 年的时候，作为一个外人，看见他的做派、架势，还是吃惊不已。但也"佩服"那位挨骂的市领导，只见他被骂"没眼力见儿"后，立即躬身站起，绕桌一圈依次给客人添茶，然后云淡风轻般欠身落座。看到被骂市领导的"立行立改"，这位"火书记"和缓了一下口气说：别看他没有眼力见儿，联系贫困户时还挺懂事，每次去贫困户家还知道自费拎 2 斤肉。说完这句话，没有任何过门，马上把话题又切回工作，就像刚才那一幕没发生一样。只剩下在场的记者凌乱在昏黄的灯火中。

不是如今马后炮，当时就觉得，这个干部是什么人！对人起码的尊重都没有！但也有观点认为，基层工作嘛，没有点霸气甚至匪气不行，你们在京城，在上级机关，碰到的都是温文尔雅人士，不比基层，千奇百怪，三教九流，不厉害点镇不住场子，不强霸一点也干不了事。我也知道，基层工作需要作风泼辣，但工作风格与是否尊重人是两码事，起码得把干部当平等的人对待，哪怕是保洁，是门卫，是村口的老头，是路边的乞丐，大家都是人，都要予以起码的人格尊重。像"火书记"这样，那是把干部当奴当仆，连封建时代的官老爷都不如。这样的干部是怎么走过来的？他还能走多远、走多久？当时就给人留下了一串问号。

第二件事，是一个比"火书记"还大的干部，那也是一个飞扬跋扈、不可一世的主。那是在 2006 年初，这位更火的干部，在单位的常务会上，因为不大一点事严厉训斥一位下属，一边发飙，一边在主席台上狠敲手上的铅笔，说到气头上，铅笔脱手直飞台下好几米。说起来，这位干部当时是少年得志，作为一把手，比单位大多数中层干部都年轻，许是初来乍到急于立威，但官威如此横溢侧漏，还是让人觉得失态、失仪、可议。还真不是事后诸葛亮，当时就觉得，这样的干部真是少见，难以理解。也纳闷，像这种张狂的个性，能走下去吗？后来的事实证明，虽然他后来还往前跳了几个台阶，但最终还是折戟沉沙。

这都是陈谷子烂芝麻了。如今提它是为了说明一个道理。大家都是来工作的，分工有不同，职务有高低，工作伦理和规矩一定要讲，但无论对谁，都要维持对方起码的体面和尊严。这就要求我们要理一理"四气"。

第一要消火气。可能有人说，你是不知道基层工作有多难，站着说话不腰疼。面对堆积如山的事务，千条线都等着穿进我这一根针，能不烦吗？能不火大吗？事情繁多，矛盾复杂，压力山大，说不上火是假的。对此，治本之策当然在于大力整治形式主义、官僚主义，在于治理体系和治理能力现代化，但作为个人，还得要有正确的问题意识。问题就在那里，不以你火气大小而转移，不是火气大，问题就变小了、转移了、解决了。所以，你火气大无助于问题解决，那又何必火大呢？除了让你流鼻血、长痘痘，受点风容易感冒之外，只会让你心神不宁、精气不凝，心烦意乱，反而使问题更趋复杂难解。反而是，接受问题、理解问题，不带着情绪面对问题，更不把情绪卷进问题甚至成为问题，那问题解决起来可能就顺利多了。至于有些问题一时解决不了，也不要急，等待条件、创造条件、留待条件成熟再解决吧。事物发展本来就是在问题产生、解决的对立统一中螺旋式前进的，虽然问题是"万山不许一溪奔，拦得溪声日夜喧"，但只要我们保持努力、平静对待，我们一定能"待得前头山脚尽，堂堂溪水出前村"。所以，不要有火气。

第二是戒脾气。有了火气就要发出来，否则伤身体。发脾气看起来是身体的自我保护，但实际上你的身体并没有随着脾气的发作而得到修复，反而会上瘾，一发不可收拾，越发越失控，最终是越发越气，不仅伤了自己，更是伤了你发脾气的对象。所谓盛怒之下，寸草难生。发脾气容易让你失去理智，影响你的判断能力，在不知不觉中伤害了周围人，对你的工作能有什么好处？有时候在你来说只是一场脾气而已，事情过去就过去了，但你所处的位置越高，越不敢有脾气，因为你的一点眼色与口气，往下就会层层加码，在你也许只是多云天气，到了最下面可能就是大雨倾盆。试想，你也许只是简单地批评几句，但你考虑到下级的心理吗？作为被批评者的上级，不严厉处理被你批评的干部，既不足以表明他的态度，也不足以撇清他的责任。所以，"官"字有两口，一口向上言，一口对下说，为官者要紧的是管好自己的口，一言可以帮人，一语也可以伤人。现实中也发现，越是大的干部越谦和，是他们的修养好，也是他们明白自己的一言一行的分量有多重。发脾气成事不足，败事有余，所以要戒脾气。

第三是去戾气。把人当人，对群众、对下属，都要打心里有一个尊重。不要太把自己当回事，觉得自己不是一般人，了不得了，其实，没了"一张纸""一顶帽"，你跟别人有多大差别？有的人是把上级当神，把自己当人，把下级当虫，这样的人，就是心中有戾气。戾气不去，正气就不能养成，浩然之气就不能贯通。像"火书记"那样的人，视下属如草芥如奴仆，那下属能不视他如寇仇吗？即使表面上不是，内心里也不知道有多少匹马奔腾而过。你不把人当人，别人自然也不把你当人，哪怕他现在把你当神，他内心也跟你一样，也在把你当虫，甚至是一只臭虫！这样的人即使得势于一时，也不可能得逞于长久，最终必然是：眼看他起高楼，眼看他楼塌了，留下个白茫茫大地真干净！所以，戾气必须去除。

第四是养静气。每逢大事有静气，是古人的睿智。人静下来，则天地万物在心中，古往今来汇眼前。做基层工作，要静下心来对人。大家都是为了一份共同事业走到一起来的，有缘共度一段人生，能有多大的利益冲突？何必要闹得鸡飞狗跳？与其相互猜忌，不如同舟共济，补台不拆台，都有一平台，即使今后离开了，也会留下一个好口碑。要静下心来对事。有了静气才能面对问题、研究问题、处理问题。面对基层矛盾，静下来理一理，看看症结，想想政策，听听民意，理理思路，做做试试，最后总能把事情办好。要静下心来对己。把工作做好，是职责所在；把人做好，是终身大事；工作是一时的，做人是长远的。要想想自己是谁？要做什么？从哪里来？到哪里去？站在哪里？想成为什么？这都需要静下来理清头绪，归置思路,明确目标,选择路径。静能定心,心定生慧。善对人,智对事,严对己,才能把人做好,把事做对。所以,静气是必须的。

做基层工作,可以不骂人。

(2019 年 11 月 12 日)

善政都是从"可以"开始的

在北京经商的乡友友农君这些天很是兴奋,小聚时还忍不住多喝了两杯。无他,心中的一块石头落地了。用他的话就是:"老家那好大一处宅院可以传下去了","你老家的院子今后也不会丢了。"

友农君在老家有一个大宅院,那里有他祖上传下来的老房子,有他父母手上扩大的前后院子,也有他自己翻盖的楼房。宅院总体占地面积虽然多少年没有大的变化,但每一代人的痕迹都在宅院上保留了一些。平时这宅院只有友农君父母镇守着,到了过年的时候,在外的孩子们都回来了,甚至按老辈的说法,连老祖宗都回来过年,看到老宅子,老祖宗也不会迷路。那是友农君一年最高兴、最幸福的时候,他多么希望儿孙们今后也能跟他一样,无论走到哪里,老家的宅子始终在这里,这里也始终是他们的根,等他自己哪一天成了后代的祖宗之后,也始终有一个过年能去的地方。

但他知道这不过是他的奢望。因为,他的儿女都进城了,孩子们努力学习都上了大学,如今都在城里落了户,孙辈们一落地就是城里人。有时他就想,现在老人还在,每逢年边几代人都呼啦啦地回老家过年,等到老人甚至自己也走了,这一片大宅院还会是自己家的吗?虽然子女能继承房子,但宅基地却不能继承。几代人之后,这宅院恐怕就半卖半送地归了旁人,或者就慢慢倒塌、荒废了。

友农君每次一提到这个就唉声叹气,"凭什么我家的宅基地使用权,我的子女不能继承?""城里户口怎么啦? 我的宅院是不合法的吗? 我的宅基地是不合法的吗? 合法的产权怎么不能由合法的继承人继承?""你家的那院子也很不错,今后恐怕也保不住了。"我则安慰他:"你现在还不到担心继承的时候,你家的大宅院现在还不是好好的吗? 以后的事以后再说,说不定政策哪天会注意到你的问题。"

果然,2020 年 9 月 9 日,权威部门在答复人大代表的解释中明确了:农民的宅基地使用权可以依法由城镇户籍的子女继承并办理不动产登记。也就是说,友农君的宅院和宅院的宅基地使用权,他的城里户口的子女可以合法继承了。"不动产登记了,法律会保障我的产权,我的宅院肯定会升值。只要后代不出败家子,这宅院永远是我家的了! 虽然不知道允不允许翻修、重建、转让,但反正不会像以前那样半卖半送,也反正不会墙倒屋塌!"

所以,友农君发起了一个乡友小聚,算是一次小小的庆祝。席间,友农君还对这次政策解释讲了一番大道理,是"城乡两利",有"五大利好"。

"这第一好就是",友农君清了清嗓子:"第一好就是对农民宅基地使用权的历史权利的确认。农民的房子大多是在代代相传的祖宅基础上改建或扩建而来,有的虽然易地而建,大多也是以旧换新。也就是说,我家的宅基地使用权是一项历史权利,它的存在跟我是否是村集体经济组织成员没有直接关系。比如我爷爷的爷爷的爷爷,就住在我家现在的宅基地上,他们并不是我这个村集体经济组织的成员,而且在我爷爷成为村集体经济组织成员的时候,我家的土地、耕牛、农具加入了村集体经济组织,但我家的宅基地并没有加入,始终都是我家在住着。既然我家的宅基地,不是村集体经济组织成员的我爷爷的爷爷的爷爷有使用权,那为什么同样不是村集体经济组织成员的我的儿女就没有使用权呢? 我家的宅基地既然当初没有加入村集体经济组织,儿女继承的时候,为什么一定要与是否是村集体经济组织成员扯上关系呢？所以，这次政策的出台，是对农民宅基地权属的一次厘清，特别是其中的不动产登记，让农民的房产物权和财产权更完整。一个'可以'，就避免了很多权属纠纷，尤其是涉及拆迁的时候。这是不是一大利好？当然，这宅基地使用权始终是与房子一体的，房子没了，宅基地使用权也跟着没了。但同样的是，只要房子还在，宅基地使用权就一定在。"

"第二好呢?"大家都竖起了耳朵。"第二好就是对农民土地权利起点公平原则的重申和捍卫。怎么说呢，就像承包地长久不变一样，有人说，凭什么我家增人了却不增地，他家减人了也不减地？你说凭什么？就凭这承包地权利遵循的是起点公平原则，当初发包的时候是按人口发包的，是大家公认的公平，起点是公平的，所以当然要增人不增地，减人不减地了。"

"举一个不是很恰当的例子，也就是大概齐的比方：这就像几个家庭合伙办公司，公司创办时按户分股份，按人头分股数，李家7口人就分了7股，王家5口人分了5股，大家都没意见。可过了几年，李家儿子上大学户口迁走了、老人去世户籍注销了，李家在籍人口变成了5口，而王家娶媳妇添孙子，户籍人口增加到7口，王家能因为家里增人了，要求公司给他增加两股吗？他能要求李家退出两股吗？显然，这是不可能的。当初公司创办时股票是分给各家庭的，按人口分股数只不过是分配方式，股票始终是这个家庭的，至于这个家庭的股票是家庭集中持有，还是每个家庭成员各自持有，是这个家庭内部协商的事，跟外人无关。这么说吧，肉始终烂在锅里，李家的股份始终是李家的，外人不能有非分之想。王家增人了，家庭总股份不会增加，只是按人头分股份摊薄了。但这不能成为觊觎李家或别家股份的理由。因为，当初分配股票时是公平的，大家当时也是无异议的。"

"承包地长久不变就是起点公平原则的很好实践，那宅基地是不是也该有个起点公平的问题？当初获得宅基地使用权的时候是不是公平的？很显然，起点是公平的。无论是历史权利，还是成为村集体经济组织成员时享受的权利，都是无异议的权利吧？但这就有个问题了，为什么农民合法、公平拥有的宅基地使用权，仅仅因为其子女不是或者不再是村集体经济组织成员，就不能继承了呢？所以，这次政策解释是对起点公平原则的重申和捍卫，也是土地确权的全覆盖。"

"第三好就简单了，它是对城市化历史潮流的顺应，是对你我这样的进城农民的一种鼓励，是对我们后顾之忧的一种解除，让我们放心大胆地进城。就是在告诉我们，我们在农村拥有的权利，不会因为我们进城而失去，我们在城里出生、长大的子女，不仅可以继承我们祖祖辈辈的老宅，也连带着可以继承房子下面的宅基地。这对城市化肯定有推动作用。第四好是让更多城镇户口的人保留跟农村联系的情感脐带。只要祖宅在、祖宅的宅基地权属明确，与祖籍的联系、对祖先的情感、乡愁的根就不会断，这对城乡融合发展是不是也是好事？第五好是有利于城市资源下乡。祖宅在、先辈的宅基地在，家乡就有一个具体的着落，乡愁就有一个投射的物象，告老还乡当新乡贤也好，回乡创业当企业家也罢，都要有个落脚的地方，都要有个情感归属的地方。这个有关宅基地继承的新解释，会鼓励更多对乡村有情感联系的市民，把他们的资源带到乡村、带到父辈和祖先生活过的地方，对城乡融合发展、对乡村振兴都有利。"

"所以，农民宅基地可以由其城镇户籍的子女继承，是一项来得及时的善政。可不要小看这个'可以'，农村改革40多年的成就，就是从'可以，可以，也可以'开始的。""五好"之后，友农君最后画龙点睛。

听了友农君一席话，大家纷纷质疑，"你什么时候成为专家了？说得这么头头是道?"友农君打起哈哈,"我不过是'砖家',别人不知道,你们还不知道,我是搬砖出身,干了几年装潢,卖了几年建材,现在只不过是把专家的话搬来搬去。把专家搬成'砖家',你们就不要取笑我了。"

这个"可以"不寻常!友农君此言,让我对"砖家"也刮目相看了。

(2020 年 10 月 28 日)

煤改气改成电褥子,折射了什么?

寒潮凸显活着的不易

这个冬天有点冷,不是一般的冷,几十年未见的寒潮。晚上开车的时候,从后视镜往后看,路灯下,汽车尾气都似乎冻成了冰体;马路上,车过后,一团团白烟往上蒸腾;打开车门,感觉耳朵立即硬了,一拨楞都怕折断了。第二天早上起来,就听说好多地方水管都冻爆了,随之就听到一阵忙乱,急急地找水暖工的声音。天真冷啊! 人们在感叹的同时,心里还是放松的状态:进水好啊,进水进财,明年要发财了!

也不是所有人都像小康人家这样乐享生活,即使水管爆裂,也只当作生活的一点皱纹,甚至还能在这皱纹里生发出吉祥如意的联想。这真是,幸福的人生,总能发掘出美好的意义,平静是岁月静好,波澜则是生活多姿。这世上,不是所有人都是生活的人生,也有人只是活着的存在。环卫工人在寒潮中还要顶风扫雪,快递小哥在雪夜后还要逆风跋涉,社区菜贩在黎明前还要运回蔬菜,想到他们艰难的人生,也想到他们在艰难中的坚韧,不由得感叹生活真的不易。人生多难,但有的人更难。也曾想,那些白天在街口处、在天桥上、在桥洞里、在马路地下过道中,卖杂货、卖手艺、卖艺术,甚至卖惨的人,那些闻见风吹草动就能卷起东西、拎起包袱撒丫子跑的人,在这个几十年未见的寒潮中,在风吹进骨、冻得掉耳朵的雪夜里,都去哪里了? 当然,凭理智想,他们肯定有自己的住处,但在感觉里,他们好像一直就是这闹市中的存在,他们也一直都在这角落里蜷缩。

没有比寒冷更让人煎熬了。我也曾在数九寒天赤脚下泥塘,知道寒冷是一种怎样的滋味。那种开始像无数根细针同时扎进肌肤的刺痛,那种接着是密集刺痛后的整体麻木,那种后来是失去感觉的沉重和用上躯移动双脚的笨拙,那种最后是温暖回归、知觉恢复时的一碰就痛,这就是想起来就怕的赤脚入寒塘,也就是我对寒冷认识的心理烙印。也正因为有这般经历,对穿着齐腰胶靴在冬天的水塘中挖莲藕、采水芹的农民,我都心生一份悲悯和敬重。那些农民,不是一次两次,是整个冬天,甚至是多年下来,都是整天在深水里作业,低头佝腰,双手入泥,水里跋涉,就为了多挣几个钱,让全家老老少少能活着,也让乐享生活的人们能吃上排骨炖藕、清炒水芹。那些对生活幻灭、对人生悲观的人,最好来感受感受这挖藕采芹的寒冷。也许寒冷后的温暖回归,会医好他们的幻灭和悲观。

克服寒冷是人类一步步从自然走出来的过程,也是人类文明不断进化的历程。从躯体覆盖到洞穴栖身,从草庐庇护到楼宇宿息,从红泥火炉到空调暖气,柴草点火、煤炭燃火、天然气烧火、电力热火,文明的发展,加速了人对寒冷的逃离,固化了人对温暖的依赖,也自然而然地让人觉得,寒冷再也不是什么问题。

煤炉子和电褥子成为大冷天的热词

但是,还真的不能说寒冷再也不是问题。发达如美国,也每年听说有流浪汉冻死街头。随着物质的发展,人对寒冷的抵抗能力只会减弱,对寒冷的敏感只会增强。寒冷将成为幸福感的关键变量。屋外天寒地冻,屋内温暖如春,那是怎样一种幸福! 是不是越冷越好,越有幸福感? 屋外滴水成冰,屋内温度如冰,那又是怎样一种痛苦? 是不是恨不得这日子赶紧过去？哪里还有什么幸福感！难怪说，冷暖是基本民生，幸福从暖和开始。

这个冬天，据说是几十年未见的冷冬，网传某地煤改气没收老百姓煤炭、拆老百姓取暖炉子，导致老百姓挨冻。但这网帖后来被证实所言不实。新华社《半月谈》有报道，"记者实地调查后发现，当地在 3 年前就已经开始实施清洁取暖改造工程，目前已实现镇域全覆盖，收缴煤炉、煤炭工作遵循协商自愿原则，且在收缴前已保证气源接入或电暖设备正常运行，不存在老百姓挨冻的情况。"说煤改气导致老百姓挨冻，肯定不是事实，但从这段报道中，还是可以看出一些问题的蛛丝马迹：虽然是遵循协商自愿原则，但收缴煤炉煤炭的行为是事实；虽然收缴前保证气源和电暖设备正常运行，但使用价格增加也是事实。当地 3 年前就开始煤改气，而且已经实现了镇域全覆盖，按说当时就已经完成了煤改气工程，为什么现在又进行收缴煤炉煤炭工作呢？是不是存在这样一种可能，煤改气之后，当地一些群众因为某种原因又开始烧煤。所以当地就发生收缴煤炭煤炉行为？事实也正是如此。还是《半月谈》的报道：虽然当地对群众有用气用电补贴，但因取暖体验不好，取暖成本高，以致当地村民对清洁取暖项目接受度不高，一些村民开始悄悄燃煤取暖。有网友算了一笔账，天然气价格 2.75 元/立方米，一般的 40 平方米的房间每天需 15 立方米天然气，一个月的价格在 1200 元左右，取暖 4 个月需要 4800 元。烧煤的话，取暖还能延长一个月，但是价格则要便宜得多。还有网友反映，夜里冷醒了，发现室内温度只有 2 度，有的农民只好用起电褥子。

虽然网帖所言与事实不符，不存在群众挨冻的情况，但群众对煤改气项目接受度不高却是事实。我们是不是该想一想，为什么这么好的清洁工程，群众接受度不高？是群众不知道是好事吗？是群众不愿意清洁取暖吗？显然不是！谁愿意烟熏火燎？谁不愿意窗明几净？谁又不想又清洁又暖和？但如果要农民因为清洁多花钱，农民就不愿意了。不是农民抠门，也不是农民只知道活着、不懂得生活，为什么？还不是因为农民缺钱！清洁取暖成本比烧煤高很多，农民当然选择便宜的。清洁固然是人之所想，暖和当然是人之所需，既洁又暖，也自然是人之所愿，但在钱面前，一切都要让位，清洁也只能退后。试想，一个农民在当地打个小工，一个月也就 2000 元左右，你要他一个月付出 1200 元的清洁取暖费，是不是让他很肉疼？烧煤实在是不得已的选择。

农民因为用不起清洁取暖，而不得不用起电褥子，绝不是清洁取暖工程的初衷。电褥子在这里是一个意象和暗喻，它是清洁和暖和兼顾下的某种"两全其美"，或者说妥协。

是不是缺少了点共情心？

收缴煤炭煤炉，虽然是协商自愿，也就是说，跟群众协商了，群众也自愿了，收缴前天然气也接上了，用电设备也是正常的，只要一点或一扭开关，就能取暖。怎么可能导致群众挨冻呢？显然这是不可能的。但为什么群众还要偷偷摸摸地烧煤呢？当初不是协商自愿了吗？用气用电设备都没问题，一点一扭开关就可以的事，群众为什么不呢？如果你想不通这个问题，根子上还在于你缺少共情思维。

没有把自己摆进去。也就是没有把自己代入。跟农民打交道，如果能把自己当农民，或者说把自己当作当事人，凡事从农民的角度想一想，想一想农民会怎么想，想一想农民会怎么反应，想一想农民会承受什么结果，想一想农民能不能承受结果，我们做事就能符合农民的实际，起到好的效果。如果把自己摆进去了，我是一个农民，一个月就 2000 块钱收入，有老人小孩，老人身体还不好，孩子还在上学，原先烧煤，一个月花多少心中有数。虽然也花钱,但冬天取暖跟吃饭是一样的,省不掉的。现在改气改电了,钱一下子多花一大堆,虽然有些补贴,但还是多花钱了,补贴也不是一直补下去,你说我是什么心理? 肯定是不愿意吧,但我是好公民,听政府的话,政府要改气改电,我再不愿意也会服从,但我心里始终是不痛快的。如果政府给我再选择的机会,我肯定还是选择煤,毕竟煤便宜。如果干部都这样把自己当农民,把自己当成工作的对象,感同身受一番,将心比心一下,代入摆进去一通,你的决策会怎么样? 是不是觉得自己之前的想法做法简单了、不符合实际、效果也不好?

没有把自己摆出来。摆进去还得摆出来。一个干部在把自己想象成农民之后,在做涉及农民的决策时,就离符合实际不远了。之所以说不远而不说到达,是因为,光摆进去还不够,还得摆出来。所谓摆出来,就是恢复到决策者的位置,针对农民的想法、农民的实际、农民的愿望,做出让农民满意的决策。当然,有人会说,要那样,是不是就成了农民的尾巴,什么事都听农民的,都让农民满意,那还要我们干部干什么? 农民希望清洁取暖不花钱,甚至还发钱才好,你有那么多钱吗? 这话不能这么说,我们当干部的就是要从农民的需求和实际出发做决策,把农民的事情办好。说农民希望清洁取暖不花钱,这是抬杠! 谁不希望不花钱? 但农民并不是不讲道理,天下哪有掉馅饼的美事? 农民比我们更懂这个道理。把自己摆出来后,就得想方设法解决农民的困难,找到兼顾的办法,采取渐进的步骤,用引导的思路,既让清洁工程不耽误,又使民生大事不影响。一方面,要在稳定现有补贴的同时,尽量延长过渡期;另一方面,要千方百计拓展农民增收的途径,甚至探索清洁工程本身所蕴含的、衍生的增收机会。这才是摆出来的重点,是真的摆出来。

没有把自己摆边上。摆进摆出,最终还要把自己摆一边。所谓摆一边,就是淡化自己的长官意识、主观意识、自我意识,少考虑自己的政绩,少把自己当回事,做工作少考虑自己利弊,多想着农民得失。如果干部做到把自己摆边上,就不会只想着自己的工作进度,而不顾农民愿不愿意、同不同意。

从农民想,帮农民想,为农民想,就是我们的共情心。

都是一根筋吗?

基层工作难做,基层干部难当。上面千条线,下面一根针;上面千把锤,下面一颗钉。这都不假,我们当然要体谅基层干部的难处,理解基层工作的痛点,但这并不表明,基层工作没有主观能动性的潜力,基层干部没有提高的空间。说实在的,基层工作确实存在一些简单化思维,我们也固化了对基层干部的制式认识。那种认为基层工作就只能一刀切,基层干部来不了温良恭俭让的观念,都是缺少系统思维的表现。

做事抓不住重点。做事要有重点,做农村工作更是如此。可能有人说,谁说我抓不住重点?煤改气就是重点,清洁工程就是重点工作,就是重点任务。说我抓不住重点,真是冤枉!为了加快推进煤改气工程,我是五加二、白加黑,遭白眼,被人骂,累得跟孙子一样,你怎么能说我抓不住重点呢?这话听起来很委屈,但我还是要说你没抓住重点。怎么讲?清洁工程当然是重点工作,但这重点再重点,也没有民生重点吧?民生是出发点和落脚点,是初心和归心,是前置和结论,其他的重点当然也是重点,但那重点是做好民生之后的重点。一个是前置重点、根本重点,一个是衍生重点、次级重点,你说哪个重点是重点?就凭这一点,就看出你抓不住重点。任何时候,做任何决策,都不能忘记民生,都要把农民的意愿、农民的利益、农民的意见放在重点位置,作为根本要求。有些事,如果农民有意见,对农民有损害,就不能做;有些事,对农民有益处,但农民难接受,就要缓办,待做通农民工作后再办。这就是做农民工作的重点。

做事顾不了两点。有的人做事知道抓重点,但他抓重点抓成了一点,这就把辩证法的重点论变成一点论。世间只顾一头的事好做,难的是顾两头甚至多头。我们学习的时候,经常看到这样的句式,"既要,也要","既要,又要,还要",看似是制式语言,面面俱到捣糨糊,但其实是辩证法的精义,是我们做每一件事要努力做到的。这每一个"要",都是我们对工作的态度,都是我们对人的看法,进退起伏之间,都关乎不同人群利益的消长,可不慎乎!两点论要求我们,要有统筹协调思维,有纲举目张意识,有包容融合情怀,只有在坚持重点论的基础上做到两点论,我们才能统合利益不同、诉求不同,才能做大共同、共享大同。具体到煤改气工程,我们就要有两点论思维,既要算环保账,又要算民生账;既要算经济账,又要算政治账,归根结底要在算好民心账的前提下,让各类账目在会计簿上都秩序井然、各归其位。

做事做成了焦点。忘了重点,疏忽两点,最后必然是重点成不了重点,两点变成一点,最后还把自己变成了焦点,这是最糟的结点。一些地方、一些人,之所以形成舆情事件,排除客观原因,很多都是辩证法没学好,做事说话,既不讲重点也不顾两点,更谈不上统筹多点。看看这些年的焦点事件,都可以作为活教材来研读。

做人不能一根筋,做事更不能顾头不顾尾。根本之策,就是恶补辩证法、靶补系统论。

说懒政是轻的

这些年有一个词叫"懒政"。其实,所谓懒政,就是形式主义、官僚主义的新说法。"懒政"这个词的亮点在于"懒",这个"懒"字很传神,它把形式主义、官僚主义的形象刻画得入木三分。这"懒"是懒惰,是慵懒,是不想干事,是图省事,是赶紧办完事好歇着,是做事不管不顾只图自己舒服,是不关心做事结果,是我舒服了哪管洪水滔天。就如煤改气改成了电褥子这类事,起码就是懒政。

这懒政是放弃精准,一"切"了之。决策从来都讲从实际出发,讲实事求是,讲与本地实际相结合。这些话我们从上学时就在学,工作中年年都在讲,我们自己写文章谈体会,也都把这些话挂在嘴上,落在纸上,可为什么一做起事来就忘记了呢? 是不是我们只把它当作话术,而没有真正入脑入心? 就说清洁取暖工程吧,政策明明是"宜煤则煤,宜气则气,宜电则电",一个"宜"字就是从实际出发的意思,为什么不按照"宜"字精神来办呢? 还是一个"懒"字作怪。真要落实"宜"字要求,起码得研究什么是"宜",得找到本地的"宜",甚至还要创造自己的"宜",那多费功夫啊,还有很大的决策和施政风险,谁知道我作出的"宜"是不是真的"宜"。如果我决策的"宜"不是"宜",那我不就要承担风险吗? 与其慢慢研究如何"宜",不如一刀下去嘎嘣脆,切不好,好歹落个雷厉风行、执行力强。这就是懒政的一"切"了之。

这懒政是矛盾的上推下卸,是把问题下移、怨气上引。所谓上推下卸,就是当群众有意见时,跟群众说,这不是我要这么干,我其实不想这样干,我其实跟你们的想法一样,是上面非要我这么干,我是没办法;而当上级不满意时,就说我也不满意,我完全赞成坚决执行领导的意见,无奈下面群众不听话,有些干部不配合。如此一来,必然是事情办不好,问题迟迟解决不了,最后都堆积到基层,形成民怨的"堰塞湖";而当群众有情绪有不满,则明里暗里撇清自己,说问题不在我,是上级的要求,从而让群众对上级有意见,甚至有怨气。这种懒政,就不是简单的"懒"字可以形容了。

　　这懒政说穿了,是形式主义、官僚主义的"极品"。它以执行上不打折扣的名义,层层加码,夹带私货,表面上执行力一时无两,实际上是通过把正确的政策推到极端,以反讽的效果,达到其不执行政策的目的。在这过程中,他始终以正确的执行者自居,始终处于四处讨好的位置,你一时还真挑不出他的毛病。这正是这种懒政的危害和可怕。

　　如果要深究这些问题,就不仅仅是懒政可以形容的了。所以说,煤改气改成电褥子,说懒政是轻的。

（2021 年 1 月 24 日）

第五辑

时光何在

家国记忆三十年

一

三十年前的月亮又圆又白,三十年前的太阳也格外明亮。那是 1983 年 9 月的开学季,南方的田野暑气初消,农人们刚从泥水田中挣扎起来,田里的禾苗都转绿了,剩下的只是施肥薅草、灌水打药,两个月后,秋风起时,新禾就可以上场了。

那天上午,我要离开家乡到北京去上大学。半个月来,满脑子都是兴奋,毕竟是全村第一个大学生,而且还上的是北大,家人族人、亲戚朋友都一起兴奋。母亲早早就找出装稻谷的麻袋,给我装了两件行李:一件是母亲当年陪嫁的朱红色木箱,新换了锁扣,另一件是两床新弹好的棉被。听说北京冬天极其寒冷,母亲特意多加了两斤皮棉。弹棉花的是我小学的班主任,他是个民办教师,家传手艺,听说是给我上大学用的被子,说什么也不要工钱,但我父母说什么也不同意,最后老师师傅就特意在弹好的被子上用红色的毛线绕了"1983"和"囍"字,以示纪念和祝贺。这两床满是感情的被子又宽又大,差不多是被、褥一体,虽然这么多年过去了,这被子和那只木箱还一直跟着我。搬家时扔掉了很多东西,但这两样东西始终不离不弃。看到它们,就想起家乡和母亲,想起三十年前离开家乡的情景,想起那时候明亮的阳光。

当时,全村没有一个人到过北京,还没有如今的打工潮。哪像现在,出门买个菜、坐个公交,就能听见桐城乡音,儿时的伙伴也有不少在北京玉泉营、十里河卖建材搞装修。那时候北京到底有多冷?谁都不知道。人托人、保托保,才打听到陶冲驿附近有一个叫刘叶根的人,在安庆农科所当所长,"文革"期间在北大上过学。几经辗转,刘师兄托其老家的族人带过话来,北京其实并不太冷,屋子里有暖气,比我们家还暖和。虽然心里有点底了,但父母不放心,到底还是打了加宽加厚的特体被子。

到了出门的时候了。已是半大小伙子的弟弟挑起我的行囊,竹扁担颤悠着往前走,奶奶带着全家人把我送到村后的高岗上。那个高岗是骑龙岗的余脉。这骑龙岗现在虽然只比平地略高点,但曾经也松涛阵阵。300年前,老祖宗逃水荒一副箩担从江南来此,也正是因为看中了此地遭不了大水。传说这骑龙岗上有一处龙穴,是风水宝地,我一位堂伯就冲这个传说,把我堂祖母葬在这岗上,祈望子孙能发达。后来堂伯的孙女上了同济大学研究生,不知道这算不算显灵?我顺着高岗的背面往下走,过了一片叫汤家畈的田畈,就到了陶冲驿车站,那里每天有两班车到桐城县城。我和父亲一路沉默着,做教育工作的父亲因为要开学,把我送到省城合肥后就要回来,我得独自一人从合肥坐火车去北京。想着千山万水,心里已经没有了兴奋,刚出门就已经乡愁百结。忍不住回头看,奶奶还站在高岗上,苍凉如一棵秋树。想着奶奶临别的话,"过年回来我不晓得还在不在",心里就一阵慌乱。其实,奶奶并没有大病,后来她老人家还活了十年,见到了孙媳妇,知道有了重孙,可惜没等到重孙出世。这是后话了。

陶冲驿古时是一个大的驿站,解放后是陶冲公社的所在地,后来改叫乡,又改叫镇。我们到了车站,弟弟就去上学了,我和父亲站在路边等客车。等车的人很多,陶冲是过路站,桐城每天发两班车到青草镇,往返都要经过陶冲。那时候,车少人多,我们去桐城经常要坐"倒车"。所谓坐"倒车",就是等桐城来的车一到我们就得上车,到了青草不下车接着往回坐。每次当我们坐"倒车"回到陶冲,看见下面的人怎么也上不来时,就庆幸多花的车票钱值得。那场面真是挤破了脑袋,一些有急事的人都试图从窗户往里爬,经常发生为挤车打架的事,弄得车好长时间走不了。因为带着大件行李,我和父亲挤得满头大汗才坐上了"倒车"。看到窗外熟悉的田野、村庄往车后疾逝,刚刚因为挤车而忘却的乡愁又上了心头。

20 公里的路,车子走了一个小时才到桐城。因为在桐城中学上了三年高中,我对桐城的情况还是熟悉的,我们很快就坐上了由安庆开往合肥的客车。这是我第一次离开桐城,从这一刻起,我知道,此后所有的都是陌生的了,忧郁一下子又压倒了憧憬。桐城到合肥 100 公里,现在在合肥一小时经济圈内,三十年前我们一路颠簸了 5 个小时。因为我小姑在合肥,我在合肥小姑家小住了两天。第一次到省城,也是第一次到城市,倒也没有怯阵,在理发馆理了个头发,很短的那种,然后照了大学要的一寸照片,有点傻淳朴那种,逛了逛张辽大战孙权的逍遥津,中午吃了几个包子,办好了行李托运。然后,在一个阴天的傍晚,小姑把我送上了去北京的绿皮火车。一声汽笛,火车咣当咣当,朝我不认识的远方驶去。

就这样,我到了北京。在北京火车站,我坐上北大的新生车,一路向西,下午四点多到了北京西郊的北大。此时此刻,"一塔湖图"还勾不起我的兴趣,灰色的楼群和阴沉的天色,在我眼里是无尽的乡愁。我的宿舍分在 32 楼 416 号,后来知道,32 楼是中文系的老楼,从 1952 年后就是。楼下种了核桃树,道路两侧是银杏,秋天时满地金黄,夏天时则是绿得发亮。在楼前的路上,我曾经挎着经典的绿色帆布包,无数趟去图书馆,也几乎天天拎着全校一色的蓝色热水瓶,到 28 楼楼下热水房打开水。我目睹了 28 楼和 31 楼之间树起了一个民主和科学的雕塑,图案是字母"D"和"S"交互顶着一个球,那时候"德先生""赛先生"还很崇高,还不兴搞笑,"民主与科学顶个球"的幽默还没诞生。最近听说北大要把 29、30、31

楼拆了,不知"DS球"有恙否?

在燕园的四年,我曾经无数次映着青藤的倩影轻轻推开五院的木门,在如洗的青砖地上印下青春的记忆。我也曾踏着吱吱作响的积雪穿过朱光潜、冯友兰正住着的燕南园,朱先生还是我桐城中学的校友,我只远远看过他的背影,那背影我在桐中时也恍惚见过,不过那是与他神似的弟弟。后来有人写文章说他看见朱先生拐杖倒地没人帮,这不过是当时学校里的一个传言,我们都没有目睹。朱先生的《悲剧心理学》是我多次拜读的经典,冯先生的《中国哲学史大纲》,我大半年里去了北大出版社服务部十几趟,就是想买他们不卖的精装大字本,后来终于有一个店员出现了马虎,才让我得了逞。

燕园的岁月是难忘的。我记得在国庆35周年游行后在俄文楼前举充气"和平鸽"照过相、"一二·九"纪念日在五四操场喊过"振兴中华"、毕业前半年的冬夜在未名湖畔调息过心神、在写论文时无数次在图书馆里找过先贤的手迹和孤本影印件。我也记得大三时偷偷地听了哲学系汤一介老师一个学期的课,他讲授的"魏晋玄学"及其流风余韵,燃起了我对浪漫六朝的无限神往。

写到这里得知汤老师已然从嵇康阮籍游,不禁感念当年"偷师"的点滴,默默地向老师敬奉上一瓣心香。我还记得发现黄仁宇先生的《万历十五年》时,曾经是那样震撼,历史还可以这样写。还想起王献唐老先生的《炎黄氏族文化考》,其在中华民族源流上的大胆假设和小心求证,还有那通篇的毛笔小楷,除了让我耳目一新外,也长久地影响了我的文化趣味。

这些,都是从32楼416号开始的。我还记得,走进32楼416号,是周忆军同学帮我拉的行李,沈光同学的父亲忙前忙后地帮我解行李,孔庆东同学也是一副热心肠,当时他侠气未成,"北大醉侠"还未出世,但在入学的第一个冬天就露出了端倪,经常一件黄棉袄上系一根草绳。周忆军当时还不叫阿忆,只是后来大家熟了图省事,就叫他阿忆了,岂料后来他竟以此名行走江湖。沈光当时企图改名沈牧风,但学校不同意,现在在上海经营葡萄酒生意,倒是潇洒。在先到的同学们的帮助下,我很快收拾完毕,开始提笔给家里写起平安信。我知道,我和家乡的联系,以后就靠它了。当时还没有手机,电话也还是奢侈品,只有紧急时才会拍电报。

半个月后,大概是在国庆节前,家中收到了信,听说当时全家人抢着看我从北京的来信。就这样,我的人生在三十年前的那个9月,拐了一个大弯。

二

二十年前的冬天湿冷湿冷的,二十年前的春天来得也晚。1994年的元月,大学毕业后的我,在农民日报社已经工作了七个年头,曾经的理想主义,随着浪漫的八零年代的褪去,也在时代的变迁中销磨几尽。工作生活按部就班,没有什么起色。原以为这一年也像前些年一样如水一般流过。但现在回过头来看,这一年还是有些特别。

那记忆已经烙在我的心头。现在想来,那一年是我奶奶大限之年。"今年你回来过年我还在,明年回来我就睡到骑龙岗头了",奶奶的念叨成了真。一个周一的晚上,我接到报社西区万寿路家委会的电话,说我有一份电报,好像是老家来的,明天早上让班车带去。那年头,电报两个字就像不祥之兆,一拍电报十有八九就是亲人病危了。过了慌乱心焦的一夜,第二天接到电报,是奶奶病危了。怎么回去啊?那时候到合肥还只有一趟车,下午1点多上车,第二天早上到,我计算着,下了火车赶汽车,中午能到家。我简单地背了个小包就上了车,也没穿羽绒服,那几天天气很冷,我心里又害怕,一路上冷得直哆嗦,心里思来想去,祈望奶奶挺住。

后来知道,奶奶确实在挺着,硬是靠意念提着一口气,就是要等着她最疼的大孙子回来见最后一面。难以想象她老人家当时有多痛苦。其情其景,围在病榻边的亲戚族人都不忍,提出要我母亲跟老人说一声:大孙子已经在路上来了,您要忍不住就走吧,别等他来了。母亲哭着说:"我怎么开得了这个口!"就这样,从下午一直坚持到晚上,奶奶就是一口气不咽!最后还是我的二姑跟奶奶祝祷了两句,奶奶提着的一口气才放下来了,那是晚上7点半。此时的我已经过了济南,尚在山东地界,但离安徽不远了。第二天中午我一路小跑到了村头,家门口静悄悄的,我一阵高兴,奶奶可能没事!等到进了大门,赫然看见院墙上靠着几根新砍的长竹竿,心中立时翻起一阵慌乱,我知道那竹竿是为办丧事用的。我三步并作两步跨进屋,屋里顿时哭声震天,这是家乡风俗"接哭",我的眼泪哗地下来了,大叫一声"奶奶,我回来了",就哭倒在奶奶的床前。奶奶的脸已经被盖上了,我再也看不见她老人家了!那个晚上,我悲病交身,火车上受的寒发作了,昏烧了一夜。到办完丧事后,我去村医的小诊所里输了一瓶水,才有所缓解。

当时我一直后悔,后来也多次设想,如果电报早一点送到,如果村里当时能打长途电话,我肯定能见奶奶最后一面。再后来我还知道,奶奶是自然老去的,如果能得到好一点的治疗,肯定还能多活些年,也让我能多尽点孝。如今说起来,这都是"命"。那年春上,村商店附近张家就开通了长途电话业务,按时间收费,打一个长途,说个几分钟,也就几块钱。如果早几个月开通,家里不就可以直接打电话给我,我就可以提前几天知道,早几天到家。一切都已经无可挽回地过去了。之后,陶冲也有了直达北京的大巴。该来的时候没来,该有的时候没有!发展总是那么不如人意,也总是来得那样慢!

回到北京之后,心情一直如那个天气一样阴冷阴冷。直到料峭春风起来时,才慢慢好转。3月的时候,女儿出生了,家族有了下一代。奶奶是知道重孙要出世的,就在她临去那些日子,特别想吃肉,当母亲要杀鸡给她炖汤喝时,她坚决不肯,说要留给孙媳妇坐月子吃。每当想起这些,我心头就一阵酸楚,也深深为奶奶对孙辈的疼爱所感伤。

旧的生命已逝,新的生命来了,生活就是这样。到了而立之年,眼看着年华在指间如流沙一样漏走,为奶奶、为父母、为家乡,为千千万万个在大地上刨食的乡亲们,我能做点什么?作为一个"三农"知识分子,作为一个"三农"记者,除了手中一支笔,还有什么呢?从小到大的经历,耳濡目染的记忆,亲朋故旧的叙说,一齐排山倒海而来。经过半年的沉淀,我决定以农民的生存状态为主题,写一组《乡村观察》。我把这个想法跟所在部门的主任刘震云说了,并说写完后请他审看。震云师兄真是大家风范,大手一挥,"见报以后再看"。他这么说了,我竟也就这样做了。第一篇刊发后,他来到我办公室简单地肯定了几句,我知道这是他的客气。第二篇、第三篇以及后面的陆续刊发后,他的表扬我看着就不完全是客气了。等到排第十篇时,当时的领导有些顾虑,说:"发了九篇就够了,不要十全十美。"他还帮我做领导的工作,也跟我一起愤愤不平,发着牢骚。现在想起来,在作家之外,他还很有一种报人情怀。

这一组文章发表后,社内外反响还不错。在业界也有好的反映。记得央视一位记者专门给我打电话,约我聊聊农村,并且说,她把文章念给家里保姆听了,保姆直说,农村真是这样。十年之后,我把它放到天涯社区时,这些文章还是受到欢迎和共鸣。我只能说,不是文章经受了时间的考验,而是农村的发展太慢了,农民的苦太苦了。

三

十年前的光影恍若昨天，十年前的人和事还在继续。2004 年一如时间中的任何一年，看不出有什么不一样。此时的我，已经告别了愤青的情怀，理性的小火苗在心里顽强地冒着。我记得，有领导曾说，他思想活跃有冲劲，就让他到经济领域来冲吧。就这样，我告别了社会文化采编工作，搞了几年现代农业报道，又干上了"三农"评论。

唐朝诗人贾岛曾赋诗："十年磨一剑，霜刃未曾试，今日把示君，谁有不平事？"侠义之声、豪爽之气，溢于行间、透在纸背。但我等书生一介，唯有磨笔试锋，陈情言实，才不枉十年寒窗，不负乡亲所望。作为一个"三农"评论员，紧贴"三农"时事，评析"三农"话题，探讨"三农"难点，直接为农民鼓与呼，是我的职责和情感所系。我由衷地期望农民的生存在这个时代有所改善，也为农民福祉的每一点增加而欢欣鼓舞，为农民权益的每一次损害而怒火中烧，更期待我的家乡和乡亲能过得好一点。

2004 年，互联网正在快速扩张，上网是那样令人激动。我每天在各大网站游走，也发发评论，并把一些文章在新浪论坛和天涯社区上粘贴。就在这期间，我酝酿着文章结集的想法，书名也想好了，就叫《底层中国》，里面是《乡村观察》打头，再加上一些为农立言的时评，整理了一番后，还把书名和目录都贴到了网上，希望能找到一家合适的出版社出版。也有人跟我联系，但条件总是不理想，还有人提出要买《乡村观察》的文章，我不明白"买"是什么意思，对方说，就是这些文章的作者今后就不是我了。我笑着说，就算你买了，作者也还是我，因为它是 1994 年公开发表的文字。自然，买卖就没成。

但我终究没有出版这本书，即使在我寻求出版社的时候，我也感觉内容与书名相比,还是单薄了。现状的描述和情感的宣泄是有了,但对问题的深入探究和个案的解析还不够,解决的思路也付之阙如。这就像给读者许诺一顿午餐,却只拿了一些茶点。于是就有了此后十年陆陆续续的焦点评析和政策诠释,也有一批关于农政大义的大篇铺陈,提出问题,也尝试给出思路,或者描绘了愿景,也试着勾画路径。至于到底怎么走,那要看历史怎么演进,探索者如何前行。

现在看来是历史的巧合,或者说是历史的好兆头。当 2004 年我有意为我的"三农"文字寻找一个前进方向时,那一年正好发布了新世纪以来第一个以"三农"为主题的"一号文件"。尽管我在文件发表的时候,撰写了《"三农"发展的又一个春天》的社论,但我当时还看不出其深远的意义。其实文章最初的标题叫《喜见十八年后又一个"一号文件"》,但没有后来的标题站位高。这之后连续 11 个"一号文件",特别是取消农业税,不仅受到农民的极大欢迎,也创造了历史。我的乡亲们都说,种地不交公粮,还给我们发钱,是自古以来没有的大好事。后世史家修史,这一段历史无论如何都是要从时间的平面中凸起,这件事也无论如何要记一笔的。钱虽然不多,但暖人心,尤其是对被挤到社会边缘和底层的农民,更是让他们感受到了自己没有被忘记。而且,这还开了一个不可逆转的重农好头。

但尽管惠农的政策不断推出,农民也感受到了,农民心里还是有很大的苦。有一段民谣说,"中央是恩人,省里是亲人,县里是好人,乡里是恶人,村里是仇人",这"五个人"把好政策落不了实说得淋漓尽致、形象生动。最近十年,另一方面是强农惠农富农的黄金十年,一方面又是农民利益空前流失的十年,特别是农民命根子的土地,其权益更是迅速地、大规模地从农村流向城市。很多地方,为了推进城镇化、招商引资、发展地方经济,大量牺牲农民的土地权益。在这些地方,不能说发展完全是旗号和名义,也不能完全不承认其诚意,但确实有不少地方主政者,表面的戏码是追求 GDP 以图政绩、是为了土地财政,真实的底牌却是在土地的腾挪中上下其手,与资本暗通款曲,图谋的是个人或小团伙的私利。这也为后来连续曝光的腐败案件所证明。当然,这样的认识也是我如今的马后炮。但作为一个"三农"评论员,我的思考也力图最大限度地逼近本质,虽然经常只是接触到本质的表皮。比如《警惕以发展的名义侵蚀农地》《发展农村到底以谁为主?》《要城市化,但不要损农伤农的城市化》《"铁本事件"的三重警示》《"嘉禾事件"的负面遗产》,这些个案的解析,也让我对"三农"问题的思考找到了一个新的切入口。

但吊诡的是,我那些兄弟姐妹、手拉手进城打工的乡亲们却不这样看,每当回家过年时,他们总是让我迷惑。他们不觉得苦,或者说,快乐总是大于痛苦。理由是,出去打工,每年能挣个两三万块钱;不出去,在门口个体工厂里干活也能挣个万把块。这日子不是挺好吗? 很多人楼房盖了,有的还到镇上甚至县城买了房,好日子正红火着呢,有什么苦? 至于征地,那是大好事,很多村还巴不得马上地被征了,那些没机会被征地的,失落感还不小。为什么? 一问,还不是马上有十万八万的钱可拿。几亩地拿在手上,种田一年也挣不了几百块,还不如打几天工呢,反正现在收入靠的是打工,土地再是命根子,挣不来钱有什么用? 至于土地的长远权益、子孙后代的权益,眼前是顾不过来了。我的乡亲们手上何曾拿过万儿八千的钱? 如今打工能挣两三万,征地更是上十万,能不半夜笑醒了吗? 行笔至此,心中又是一阵苦涩。

四

2014 年的日月是新的,2014 年的梦想是热的。主流的话语说,"距离民族复兴的目标从来没有像今天这样接近"。中国梦的提出,凸显了人文和激情,一下子击中了人们心中最柔软的部位。因为一直对"三农"念兹在兹,我不由得不期待中国梦怎么在"三农"上落实。很快,新一年的中央农村工作会议创了十年来的最高规格,"三农""强美富"的概念出来了,"三农"中国梦有了一个鲜活的载体。

对美好期待最好的支持,是把挡住期待的问题掰开揉碎,让我们看到要害在哪里。对"三农"问题的解决之道,大家基本上有了共识,那就是农民职业化、权利同等化,农村城镇化、服务一体化,农业现代化、经营企业化。表述虽然不一,意思基本这样。这"六化"要实现得好,土地问题是关键中的关键。历史的教训历历在目,王朝兴替看起来是帝王将相的英明神武,根子上还在于千千万万的小农失去了土地,成群结队、无地就食的流民,成为颠覆的利器。今天我们要跳出历史的魔圈,就要从这"六化"破题。这其中,保持对土地问题的高度敏感,保持对农民工就业的高度重视,保持对复杂不确定因素的高度警惕,非常重要。不能让户籍成为农民工参与城市政治和社会生活的障碍,不能让他们继续在城市纳税,去农村投票,不能让城乡差距和分割在城市在地化、复杂化,更不能让新生代农民工成为城市的"第三元""蝙蝠人"。一句话,千万不能让农民进城没工作,回家又没土地。无处就食,回不了家,那是什么样的局面?

两年前总结新世纪"三农"时,我提出了"黄金十年"的说法。这四个字不是新创,但用在"三农"上似乎是首次。当然,这十年的"三农"也不是没有可议之处,但仅一个免除皇粮国税就足以彪炳史册,所以"黄金十年"的提法还是说得过去的。有了"黄金十年",接下来该是"钻石十年"了,诚所愿也。也正因为此,在写完《改革创造"三农"发展的黄金十年》后,2013 年,我领衔撰写了《七论"三农"中国梦》,报社还为此专门出了一个小册子送给有关人士参阅,"七论"的首篇就是我撰写的《打造亿万农民的共同梦想》。有梦想必须要付出行动,2014年春节第一天上班,《踏上"三农"中国梦的伟大征程》的大块头,就刊发在当天的《农民日报》头版头条,也是新年的一种祝愿和决心。

"谁赢得农民,谁就赢得中国。"我在多篇文章中写过这样一段话:"中国的问题实质是农民问题,革命时期如此,建设时期如此,未来的发展依然如此。抓住了农民问题,就抓住了中国发展的根本;解决好"三农"问题,就找到了中国发展的钥匙。""三农"中国,底层中国,一而二,二而一。实现"三农"中国梦,收获"三农""强美富",该怎么认识"三农"中国?该如何理解底层中国?就像我曾经认为的一样,有人可能只从"苦"一个层面来看待,但我现在以为,其内涵远不止此。何谓底层?从几何意义上说,底层描述的是位置;从价值意义上认识,底层意味着压力;从功能意义上看,底层体现的是支撑。何谓中国?一个"中"字,表达的是天地之间的自信,是均衡中庸的智慧,是对美好状态的向往。《乡愁中国》的本质内涵,是见证底层的庞大和厚实,表现底层的坚忍和顽强,展现底层在梦想中的执着、在艰难中的渴望。

愁者,秋心也。所谓秋,在汉语言文化传承里,就像一个正反面宝鉴,一面是文人的悲秋,一面是农人的金秋。作为一个"三农"知识分子,我眼里的乡愁自然也涵蕴着这两个秋:悲悯大地,欢庆丰收。虽然如此,但我内心其实一直回荡着一个最深沉的呐喊,就是希望我的父老乡亲、我们的农人,永远有一张金秋的笑脸。因此,在这本《乡愁中国》里,我把《踏上"三农"中国梦的伟大征程》作为最后一篇,除了发表时间的客观因素外,还有表达新的起点、新的征程和新的希望的意涵,也是为了与全书第一篇《你使你的犁和耙,我去走天涯》相呼应。我们的农民从甩掉犁耙、进城求生的"走天涯"开始,到"踏上中国梦的征程",其间所反映的内涵之深,所揭示的变革之巨,所经历的艰难之重,以及所面临的转型之险,真正是"三千年之未有"。作为 30 年前怀揣家国梦想负笈京华的农家子弟,我深深地体味到,把握好这个创造历史、改写历史的"变局",我们与"三农"振兴的目标就真正是"从来没有像今天这样接近"!

(2014 年 9 月 20 日于北京八里庄南里一号院)

农民几何

农民几何？何谓、何人、何在、何去、何为？不了解农民，就懂不了中国；不爱惜农民，也治不了一方。须知今日行走庙堂、运筹农策、甚至管理一方的贤人智者，很多都是出身农民、来自农村，家里家外，多多少少都有几门"草鞋亲"。举笔千斤重，一语万人从。岂可或忘，怎可不慎！

这就是，"任何时候都不能忽视农业、忘记农民、淡漠农村"！

愿斯言为铭，永志不忘！

——题记

农民何谓

农民何谓？现在坐在窗明几净的办公室，回想农村和农民，我已经很难找到当时的感觉了。时光是最好的滤镜，把一切不愉快的都滤掉不算，还把往日的困顿美颜了一番。所以，回忆总是美好的，也往往不是真正的真相，但大概还是逼近真相吧。

我出身农家，家族世代务农，翻遍家谱，最近十几代没有读书人。到我爷爷这一辈，才决定要让儿子读书，所以我的父亲才念了师范，成为"脱产"的人，也就是公家人。从此我家一只脚踏上田埂，虽然还住在村里，但相比一般农家，多少还是有点优越感。也正因为此，一只脚站在田埂上的我,对双脚还在烂泥田里的普通农民,心里在庆幸的同时,总有一丝抹不掉的歉疚和悲悯。

农民是什么?最早的印象还是来自我奶奶。

小时候,经常听奶奶念叨爷爷的往事。爷爷年轻的时候,家乡是各种力量拉锯区,国民党李宗仁部队(乡亲们称"广西佬")的一个团曾经住在村里,共产党新四军游击队也在附近活动,日本人也偶尔来走一遭。爷爷在当地有些威望,也曾经给新四军筹过粮食,有一次因为没按时筹到,还让当时只有十三岁的二姑,去给山里的游击队送信。这段轶事,后来全家都是农民的二姑说起来,还被子女开玩笑:您当时要是留在游击队,现在就是老革命了,我们全家都能吃商品粮,不用当农民了!但当时,爷爷确实很难,给新四军筹粮,"广西佬"的部队就在村上,他们能不知道吗?何况还有时不时的"抓壮丁"。没办法,爷爷就逃了。

那些年,爷爷长年在外东躲西藏,不是做苦力,就是推独轮车贩货,或者给人家挑重。说起这挑重,我记得奶奶提过多次,就是在"龙田"里,也就是在淤泥很深的水田里,挑刚脱粒、湿湿的稻谷,也就是"水籽"。

"那淤泥都到大腿了!"

"挑一百多斤的水籽啊!"

"一天挑到晚啊!"

奶奶说起爷爷的辛苦,那场景,多少年了,仿佛还在眼前。

"为了什么?"

"工钱除外,一天还有一罐肉汤。"

"一罐肉汤算什么?"

"你说算什么?那年月,做苦力的人,一年到头也见不到一滴油腥!"

所以,后来,爷爷发狠要让儿子读书,不想儿子再像他那样吃不尽的苦,受不完的罪。

　　这是我的农民记忆的最早片段。

　　爷爷的故事我还只是听说，没有直观感受。真正让我见识到农民的苦和累，还是在我母亲这一辈人身上。

　　母亲在娘家是长女，十三岁时，外婆就去世了，母亲一手带大了当时只有几个月大的小舅，个中辛苦可想而知。嫁到我家时，虽然父亲有工资，但一直到改革开放前，工资一直只有三十四块半，村里分给我们全家的口粮，靠母亲一人的工分，怎么拼命也不够，所以总是年年欠集体的钱，历年下来，记得欠了有一千多块。家里孩子多，每年的五黄六月，我家就面临断炊，往往，不是父亲从自己的"粮食本"上想办法预支一点，就是向亲戚借，承诺等到新粮出来马上还。

　　说起母亲的拼命，我记忆犹深。那时，村里劳力，也就是男工，干一天记一个工，妇女只记六分工，哪怕男劳力干的是轻活，妇女干的是重活，也是这样记工。记得每年夏天"抢收抢种"的"双抢"季节，就是妇女们最苦最累的时候，尤其对像我母亲这样不服输的人。不知道是不是我记忆混了？当时全国还没有搞包产到户，社员还是每天记工分，我村里，那时叫生产队，就开始搞包工。记得是插秧，队里规定，插一亩田秧，记一个工，男女都一样。通常的时候，一天能插半亩田就不错了，集体干活"大呼隆"的时候，男劳力也插不了半亩。

　　但我母亲和她们那一班妇女心气高，凭什么以前只给记六分工？现在就干给你们看看！那真是起早贪黑，天不亮就出门，天很黑了才一身泥一身水的回来，中间就水泡饭，就咸菜。我印象很深，每天晚上，门前场地上坐满了乘凉的人，生产队的记工员和会计围着一盏马灯，在记当天每个社员的工分，马灯周围飞舞着各种蛾子和飞虫，记工员周围是一群关心自己工分的社员，孩子们在追着萤火虫。这时候，总是看见三三两两的人影从田畈里回来，那就是包插秧任务的妇女。就有人问，

“今天插了多少啊?”

“一亩多吧。”

“真厉害,一个工到手了!”

“没多少,累死人了!”

现在想来,那一个工能值多少钱? 当时我隔壁的小队因为有砖窑厂,另一个有鞭炮厂,可以贴补集体,工分的分值最高的达到一块钱,像我小队这样的纯农业生产队,没有任何企业收入,一个工分只有一角多,有的年份只有几分钱。也就是说,从黎明到黑夜,差不多是早六点到晚九点,弯着腰在泥水里干一天活,只有一个工,一角钱! 跟现在的669比,她们就是769了! 可她们哪里有现在白领的空调办公室。

但与现在叫苦的白领不同,母亲那一辈妇女,为挣到跟男劳力一样的工分自豪,为每天有一角钱的收入高兴。苦点累点算什么,不苦不累叫什么农民? 想不苦不累,你就去“脱产”啊!

母亲说,农民苦,最苦有三样,“双抢”、搞柴、挑水库。“双抢”已经不用说了,挑水库也不说了,就单说一个搞柴吧。搞柴也是那时候的一大苦活。现在家乡已经不需要搞柴了,柴都堆在、烂在山里,几乎年年都要起几次山火。不过那时候,柴可是金贵,山里人因为有柴,可牛着呢。记得小时候,搞柴人就是我们的免费钟表。那时候,家家没有钟表,说起时间,奶奶就是,鸡叫头遍、二遍,上山的人——就是上山搞柴的人——都上去了,上山的人都下来了,等等这样说法。因为要当天打来回,搞柴人一般出来很早,大概凌晨三四点吧,他们边走边聊天,夜里声音传得远,老人睡得浅,听见搞柴人的说话声,就知道了大概时间。等到下午两三点,搞柴人就挑柴下山了,经常在我家门前歇息打尖。时间长了就有规律可寻,奶奶就按照这个规律来安排自家的时间。

搞柴人一般都三五个人一起,有个照应,山里路不好走,陡还不算,路上碎石子还多,只能穿草鞋。搞柴分两种,一种是砍树枝,一种是扒松针,松针我们叫松毛,一般的干草不是万不得已不要,既占堆头,又不经烧。树枝、松毛是好柴火,烧起来还发出啸声,乡亲们称之为火笑,说是要来客人的先兆。但对山里人来说,搞柴人就是不受欢迎的客人,经常是连抓带堵,没收柴火,有时候还扣人。我村里就有人被山里人扣了半年,其间,肯定受了不少罪,等到干部通过层层组织出面,放回来时,人都怂了半截。从此,乡亲们对搞柴,尤其是对去"反牌山",就是翻到山的背面搞柴,心存很大的畏惧。

搞柴是男劳力的活,妇女最多就在近山扒点松毛、干草,但近山,搞柴的人多,柴越来越少,所以就越走越远,回来也越来越晚。奶奶说,我才几个月,母亲就要天天去搞柴,一去就是一天,我天天饿得大哭不止,奶奶就抱着我到处找有喝奶孩子的人家讨奶喝,看见路边歇息的搞柴妇女,就问人家有没有奶,给我小团喝口奶。我有一个三伯母,她的孩子跟我差不多大,奶水足,奶奶经常抱着我去讨奶喝。不完全是因为母亲去搞柴了,我吃不上奶,还因为,家里经常吃"白锅",就是没盐没油,母亲根本就没有奶水给我吃。油盐都没有,哪里还有奶粉!奶粉都没听说过!好在那时候人心好,我吃了三伯母好长时间奶。

为了这份情,奶奶念叨了几十年,我小时候就记得她老人家说,以后你出息了,可不能忘记你三姆妈。后来我考上大学,奶奶硬是拽着我,打着礼物去看三伯母,并告诉我当年她怎么到处求人"给我小团一口奶喝",一再叮嘱我,别忘了人家的恩情。奶奶去世后,回老家的时候,陆陆续续地也孝敬了三伯母一些,现在想来还是有些惭愧。

说起这个,想起女儿小时候,一年夏天,天气出奇的热,岳母带着她出去买瓜,卖瓜的是个农村妇女,闲聊中得知,她的孩子跟我女儿一般大,出来一天了,孩子还在家里等着她回去喂奶,正着急西瓜卖不完。岳母很同情,一下子把七八个瓜都买了,叫她赶紧回家喂孩子。天下母亲的心都是相通的。

听了这事的时候,我就想起奶奶抱着嗷嗷哭的我到处讨奶喝的情景。也想到,农民真不容易,农民母亲更不容易。

但真正体验到农民的苦,还是自己直接当农民才能知道。

我是农村的孩子,上大学之前身份是农民。虽然我是应届上的大学,不能说对当农民有多少直接体验,但我毕竟见过农民怎么干活,自己也干过不少农活,有不少方面还算干得好的。大学录取通知书到了的讯息,我就是在插秧时得到的。记得当时正是下午三四点钟的时候,阳光照着水田,波光粼粼的,刚插下的秧苗在微风中摇曳,村支书隔了几条田埂喊:"小兰生啊,明天去学校拿北京大学的通知书!"当时的我,可以说那个意气风发,当即从水田里起身,跳到水塘里洗洗身上的泥水,这活儿,老子今天先不干了!周围插秧的乡亲都高兴地恭喜个不停。是啊,从此"脱产"了,不用当农民了,也不用受农民的苦了。

但我的家毕竟在农村,包产到户后家里也还有田,农活得有人干。我是家中长子,干农活是天经地义的事。到这时候,我对农民的苦才算有了切身的感受。就说"双抢"吧,我干过全套的活。

第一步是割稻,割稻的时候,稻田里密不透风,为了求快,不能一棵一棵地割,得一只手把两三棵拽在一起,另一只手握着镰刀,从前往后一刀过来,这活还有要求,不能把稻桩子留得太高,也就是要贴着地皮一两寸来割,经常手指肚被镰刀割破,我的小指和无名指,因此伤疤连着伤疤,历年下来,足有七八处之多,有几处还是原处反复割破,现在还是伤痕犹在。割稻一般是在大清早,母亲早早起来哄我们起床,趁早上天凉些去割稻,中午多歇会儿。

现在想来,割稻还没什么。接着是打稻,也就是脱粒。最早的时候是用打稻桶,四方形木桶,桶下有两条横木轨道,便于在稻田里拖行。脱粒的时候,可以站四个人,每个人守一个角,手抱稻束往木桶壁上击打,把稻粒打到桶里。这活儿需要力气,稻芒还很扎人,活儿脏就不用说了,出来干活,一天到晚,一身泥一身水,湿了干,干了湿,是标配。脱粒的时候需要有人递稻束,这一般是半大孩子干的活,小学生就可以,不管男孩女孩,他们一边快速把割好的稻子抱起来,一边小跑着递给脱粒人。干完一片,脱粒人就把打谷桶往前拖行一截。等到桶里稻谷满了,就把"水籽"装到稻箩里,挑到晒稻场上晒。一块田打完了,得把打稻桶抬走,这活儿也要劲儿,要把打稻桶倒过来抬,只能两个人,前面人两手抓着桶耳,用后脊背扛着桶边,后面人头伸进桶里,也是用后脊背扛,前面人负责带路,后面人只看地面跟着走。一般情况下,后面的要重,所以后面的人要力气大。开始的时候,是父亲在前面走,我在后面跟,后来就换作弟弟在前面了。

打稻桶时代很快过去了,后来就用打稻机,说起机,却不是电动的,还是人工的,就是脚踩转动式的,比打稻桶效率要高,累也好点。但始终也要人来抬机子。

稻子打完了,就是铡草,把稻秸秆全部用铡刀铡碎还田。等到碎秸秆均匀撒到田里,就赶紧通知犁田的来犁田。双抢季节时间不等人,田翻了一遍,就是老人、妇女和孩子们来锄田,把翻起的泥土锄匀,把碎秸秆踩到泥里。这道工序完了,就放水耙田,进一步把田弄平,之后就是拔秧插秧。

所谓拔秧,就是把秧苗从秧田里拔起,大概齐洗去根部泥巴,够手一握时用一两根稻草系紧,叫作秧把。我拔秧拔得不错,在集体时代,我拔秧还拿过高工分,记得是六十个秧把一分工,我一天就拔了六百个,我当时才十来岁就挣了一个劳力的工分。

拔完秧后,最后一道工序就是插秧了。插秧相比割稻打稻,活儿要轻点,起码没有那么闷热,也没有稻芒扎人,水田里也凉快些。插秧是一手握着秧把,一手掰两三根秧苗插到水田泥下,得弯腰倒着走,腰一刻不能直。当然也不是说完全不能直,问题是直起来容易,再弯下去难。等到最后的时候,那个腰就像断了一样,要好长时间才能缓过来。插秧的活累就累在这里,这可不是什么"低头看见水中天"那么惬意,也没有"退步原来是向前"那么哲思。插秧人低头看见的只是水和泥巴,心里只想着尽快退到田埂,尽快到水田最后一角,收尾的那一刻。

秧插完了,之后除了薅草,就是把稻田新长出来的草用手抓了塞到泥里,也就没有多少活了。中间还要一些管理,有旱的时候,还要用"水车"提水灌溉(这情景我在《乡愁中国》中《蜡炬成灰泪始干》一文有详细描写),没旱的话,就等着秋天收割了。

因为经过,所以懂得;因为受过,所以难受。今天的农民,那些苦,那些累,都远去了。不用搞柴,不用双抢,不用挑水库。都交给机器了。应该说,这四十年来,农民的苦和累是减轻了不知道多少,但农民的活儿会一个接一个,不会有闲下来舒服的时候。农民的苦和累又有了新的形式,累在工业化的流水线上,苦在建筑工地的脚手架上。离乡背井去打工,换来微薄的工资,附带一身的病和伤,一齐又都如山一样压到农村。把青春的激情留在城市,把衰老的身影印在乡村。这是另一个话题了,这里就不说了。

农民何人

农民经受了这么多苦和累,但农民没有在苦和累下垮了。太阳每天升起,农民每天活泼泼地活着。农民最可怜,但农民不卑贱;农民最淳朴,但农民最懂理。农民最重情义,最讲礼数,农民还最敬读书人。读了农民,你才知道中国的样子。读懂了农民,才明白中国的过去、现在和未来。

说起农民的淳朴,别的不说,就说我考上大学的事。按说,这是你家的事,别人客气几句也就行了,乐观其成足矣。但在农村,那时还没有现在的"羡慕嫉妒恨"的说法,那高兴是真诚的,是真诚的"与有荣焉"。不像现在城市里,就跟自己人比,就跟身边人比,就像人家说的"零和哲学",就是你好了,我就不好了,虽然我并没有不好,反正跟你比,我就是不好了。农村人说得好,亲戚朋友好了,对大家来说都是好事,起码以后讨饭也有个讨的地方。这是机智的话,对我的乡亲们来说,还没有想那么长远,他们就是盲目地高兴,纯粹地欢乐,为家族中有人进步高兴,为乡里乡亲的有人出人头地了欢乐。这就是农民的淳朴可爱。

我上了大学,对他们有什么利益?除了把我名下的承包田退给集体、他们有人分了这些田外,也没有得什么好处。门前的三百米路,也没有沾我的光提前得到修筑。但他们就是发自内心的高兴,像一个纯粹的人那样高兴。

我想,这就是农民的一种境界,也是他们对待命运的一种态度,虽然不自觉,但他们顺应的心态,是对命运最好的应对,也是他们一代一代不在命运的重压下放弃的一种心志。因为他们相信,已经有人先出来了,自己家、自己的儿孙,今后也能行。

确实,自此之后,家乡菁英辈出,大学生、研究生都不算什么,穷乡僻壤的桐城西乡,就我们这一届,院士就出了三个,而且还是正当年的年纪。当时,大学通知书到了的时候,全生产队都要送礼,都要请吃饭,有两位同宗远房二伯,还非要送十块钱的礼,十块钱现在不值一提,当时是农村礼金最高的,一般就是两块、五块的,送礼金再搭上一条云片糕,取其"高"的意思。但我们家是收情不收礼,婉谢了全生产队的盛情。但亲戚家的礼是却之不恭的,临走之前,每个亲戚都摆了一桌请我,还有酒,临上车时,乡亲们很多都出来相送,其情其景,至今如在眼前。

我家的家风向来是低调,没有摆酒席,只是在我走后,分别请了我每个学习阶段的授课老师。我的一位高中同学,他家就很放得开,摆了几十桌庆祝。记得他的通知书还是我代取的,我在桐城中学取通知书时,看见他的通知也来了,因为我们住得近,就顺手给带回来了。回来的路上,我看见他站在对面开过来的拖拉机的车斗里,错身时远远看见了彼此,我大声冲他喊:"通知书在我这儿"。可能是风大没听见,他还是白跑到学校一趟。我到家后马上就骑起自行车直奔他家,得把通知书给人送去啊!只见他家正在大宴宾客,几间屋子都摆了酒席,人来人往,他们知道了我的来意,忙招呼我喝一杯,还问,你家摆了几桌?我呵呵过去了。

乡亲们懂理识礼,还在日常。我记得,即使是"臭老九"的那年月,乡亲们每年正月,可以不请大队、生产队干部,但必请儿女的老师,老师们整个正月,一家一家的,吃请都吃不过来。请老师吃饭,无非是希望老师对自己的孩子严一点,抓得紧一点,让孩子学习进步快一点。对生产队里读过书的,不管他现在是不是"脱产"的,都给一份基本礼遇。

我的本家有两位有点文化的长辈,一个人称二先生,一个叫四先生,因为他们在兄弟排行是二和四。两位有初中以上的文化,二先生还经常给小学里代课,虽然讲的之乎者也不符合学校的教学大纲,但偶尔代个课,对学校来说也不要紧,对学生来说,也是新鲜。他有名的是,扯着嗓门喊女儿,女儿没听清反问"啊"时,他会以汉语拼音调侃式训斥,"a什么a,还o呢"!后来还听说,他女儿唱"世上只有妈妈好"时,他质问为什么不唱爸爸好。四先生在反右时受过惊吓,从上海下放回原籍的,一说话先说"好好",所以又叫他"好好先生"。两位是队里的文化人,但干农活不行,身子糠得厉害,但不能不给他们一口饭吃啊,生产队就让他们干些轻活,学校和队里有什么文化活儿,就让他们去干,照给工分,想办法照顾他们一下。他们也不会种菜,谁家菜多,就摘点给他。过年杀年猪,就盛碗肉给送去,有时候还舀盆猪血豆腐,给一刀生肉。甚至是比照村里上年纪的老人待遇,红白喜事酒席,能参加就请参加,不能参加就端碗菜送去。

乡亲们对读书人、对知识的重视和尊重,是浸到骨子里的那种,几乎成为一种习惯和生活方式。"敬惜字纸"这种书面语,也成为老人的口头禅。那种取笑老师的民间故事,在乡亲们那里毫无市场,也引不起兴趣。这个,也许就是,命运虽苦,但心志不衰;生活虽难,但韧性不减。就是始终怀着希望,期待着出头的那一天。哪怕这一天自己可能见不到,也许是三十年、五十年后,也许是孙子、重孙的时候,但想到家族终于翻了身,出了人,祖坟上冒了青烟,自己这辈子就值了!

奶奶曾经说,爷爷当年犁田时气管炎犯了,身子伏在犁柄上歇息,被人嘲笑,"某某人啊,你何苦呢,把你儿子的书歇了,你立马就享福了。"爷爷喘着气,顶了他一句,"你这说的什么话,把他书歇了,他做事,我在旁边看着? 我不还是要做事!""做吧,做吧,不死都要做!""唉! 老母猪拱田埂,一步一步往前拱吧!"像是回答,也是自言自语。

农民何人? 这就是农民,他们身体苦,精神不萎。因为他们始终有希望。只要希望在,一切皆有可能。这就是农民,虽然每行一步都很艰难,但还是"拱"一截是一截,一步一步地,往前"拱"着。

农民何在

农民何在? 撒在大地上的农民,就像满天的星星一样,此起彼落、闪烁于历史的天幕。一茬一茬的,他们的命运、他们的喜怒哀乐,不会被记载,不会被标注,就像从来没有存在过一样。站在祖先们的坟茔前,看到一块块被时光侵蚀的墓碑,看到那些残缺不全的碑文,似乎都在倾诉着一代一代农民卑微如尘土的人生。几百年前,在我生活的地方,曾经也有他们的烟火人生,也有他们的命运悲喜,现在什么都没有了,就像从来都没有一样。

他们,就是历史车轮上粘着的尘土,随轮而走,随风而散。数千年漫漫长途,车轮滚滚,尘土就一直被粘附,被碾压,被抛弃。它没有名字,如果一定要有个名字,它就叫苦难,如果还不直观,就叫它农民。

翻阅中国的历史,从秦始皇到宣统,明面上是帝王将相的相斫相杀,实际上是标的物的不断转手。农民和土地,成为胜利者的奖品。历朝历代,冠冕堂皇的说辞是如何如何重视农民、如何如何爱惜农民,但骨子里始终是如何如何榨取农民、如何如何压住农民。

法国的重农学派曾经说,中国古代是全世界最重视农民的国度。相比欧洲中世纪,中国古代始终是以自耕农为主体的农业社会,没有欧洲那样的大量农奴。这与中国古代的统治者是否仁慈无关,应该与中国的疆域广大有关,与中国较早建立了中央集权制度有关。统一的中央集权制度国家,天然地不允许诸侯割据和尾大不掉,必然要反对土地兼并和大规模蓄奴。

重农,是道义制高点,是实际需要,也是坐稳天下的底线。没有农民,广袤田地谁来种? 官府钱粮谁来供? 工程徭役谁来干? 疆域土地谁来守? 开门七件事,件件要农民来干。所以,士农工商,农排第二,仅次于官员和准官员的知识分子。

这是正面思维。同时,重农还是一种逆向思维。

不重农,皇上的龙椅就坐不住了。我曾在《家国记忆三十年》中说过,"历史的教训历历在目,王朝兴替看起来是帝王将相的英明神武,根子上还在于千千万万的小农失去了土地,成群结队、无地就食的流民,成为颠覆的利器"。皇帝为什么反对土地兼并、反对大规模蓄奴? 历史上大多数时间,政府都是按户籍征粮收税派役,土地、人口都集中到豪强名下,政府的户籍册上人少了,地少了,钱粮哪里来?徭役派给谁?

历史上每次赋税改革,都是为了强"干"弱"枝",都是为了中央财政和集权制度正常运转。当然,农民开始时是得利的,但历史总是有怪圈,就是明人黄宗羲总结的,每次赋税"算法"的调整,到最后都加重了农民的负担。今人将之称为黄宗羲定律。

但赋税"算法"毕竟压不过政权"算法",所以,赋税制度的弊政总是在累积到不能不改时大改一下,以给政权和农民吸一口氧、缓一口气。唐朝的"租庸调",明朝的"一条鞭",清朝的"摊丁入亩",都是这样。相反,漠视或者政权"算法"不成功,就会付出王朝覆灭的代价。东汉压不住土地兼并,流民蜂起,刘氏天下归了三国;明朝皇帝把负担都集中在农民身上,所以刚刚从驿站失业的李自成登高一呼,"闯王来了不纳粮",流民云集,最后让满洲得利。所以,为了龙椅,皇帝决不能自己破了底线,怎么着都要给农民一点喘息的机会。这就是封建皇权重农的终极目的。

什么时候农民能够翻身?什么时候重农是为了农民?什么时候黄宗羲定律不灵了?中国共产党人擎起了历史的火炬,发誓要实现历史的翻转,完成农民的夙愿。

中国共产党与中国农民天然的血脉相连。革命、建设、改革和新时代,各个时期农民都是主体主力,一部二十世纪的中国史,某种程度就是共产党与农民良性互动的历史。中国共产党之所以能,能就能在她破译了中国历史前行的密码,深刻认知了中国农民问题,始终把农民问题作为解决中国问题的枢纽和总开关,尤其是在解决好农民与土地关系问题上。

中国革命就是从"打土豪,分田地"开始的,发动农民,尤其是没有土地的穷苦农民到革命队伍里来,是共产党成功的最大因素。新四军当年在我的家乡高呼的口号就是,"万贯家财我有份,光蛋痞子跟我混",就是要动员被地主老财瞧不起的"穷光蛋""痞子"参加革命。这些直指贫苦农民人心的口号,其动员力可想而知。只要还想改变一下自己命运,只要还有一点不甘现状的念头,甚至只要还有一点自尊心,反正已经沦落到社会最底层了,反正失去的只是锁链和贫困,为什么不跟共产党走呢?搏一搏,前面可能就是一片天。

共产党依靠农民打下了天下,也确实帮助农民实现了"耕者有其田"的梦想,土地改革是中国历史上前所未有的土地革命,真正让每一个农民都拥有了自己的土地。这也是共产党领导中国农村的第一场革命!这场革命的巨大历史贡献还在于从土地改革开始,把曾经一盘散沙的农村社会,塑造成一个充满活力、有块状力量的社会;把原先犹如散乱存放的土豆一样的农民,组织为一个有归属、有力量的群体,彻底改变了封建时代"皇权不下县"的历史;甚至也出现了把传统小农业向互助合作、统一经营的农业转型的苗头和趋势,虽然后来走偏了、极端化了,但组织、合作、集体的意识,还是深深植入中国农业的发展血脉,这也为改革开放后中国农业的现代化转型,某种程度上累积了一些经验,起码提供了负面的教训。

如果说,土地改革是中国农村的第一场革命,那"大包干"就是第二场革命。在国家博物馆举行的庆祝改革开放四十周年大型展上,展厅开篇第一个就是小岗村大包干18位农民群雕,这既是历史的见证,也是对农民的一种肯定和铭记。说大包干是一场革命,现在的年轻人可能难以理解,但若他们看到当时的中国社会是一番什么光景,他们就明白了。当时,"文革"刚结束,各行各业百废待兴,百姓生活极其匮乏,农村人穷得叮当响,城里人也好不到哪里去。直到小岗村18个农民搞起了"大包干",才拉开了中国改革开放的大幕。

如今,改革已成为全社会共识,改革的历史地位也早已确定。但我们不要忘了,改革是谁启动的? 是农民!"粮票、布票、肉票、鱼票、油票、豆腐票、副食本、工业券等百姓生活曾经离不开的票证已经进入了历史博物馆,忍饥挨饿、缺吃少穿、生活困顿这些几千年来困扰我国人民的问题总体上一去不复返了!"这一宣言,彰显的就是农民的历史性贡献!

但农民的贡献还不仅在此。40 多年来,中国工业化城市化迅猛发展,也离不开农民的巨大贡献。从早些年的工农产品价格"剪刀差",到后来的城乡土地价格"双轨制",是农业农村农民支撑了中国工业化城市化。全球高楼大厦一半以上在中国,大多是农民工建的;大广场、大马路、高速公路、高铁管网,也多半是靠农民的土地、靠土地收入支持建起来的。农民创造了一度被称为"半壁江山"的乡镇企业,如今,脱胎于乡镇企业的民营经济,是国家发展不可或缺的重要力量。

农民还贡献了大部分人口红利,用辛劳和汗水有力支撑了中国制造、中国奇迹和中国崛起。抛开宏大叙事,单从人们的切身感受来说,现在城里人每天吃喝拉撒睡,日用器具哪一件离得开农民? 他们的重要性对时下城市来说,就像空气一样,有之不觉,失之难存。

如今,中国农村正迎来了第三场革命。乡村振兴开启了中国农村千年未有之变革。这场革命以三权分置为核心推动中国农业走上现代化道路,以学"千万工程"为契机推进城乡融合发展,以取消户籍制度限制促进人口城镇化。乡村振兴将着力塑造一个农业强农村美农民富的"三农"历史新纪元。如今,这场革命正方兴未艾地在古老大地上迤逦展开。千年梦想将在新时代得以实现,这是历史重塑的时刻! 我与农民一起期待。

正确处理农民问题,是中国共产党领导革命、建设、改革的一条重要成功经验,也是新时代的重要政策指向。从领导农民搞土改,到支持农民大包干;从保障农民的物质利益和民主权利,到实行"多予少取放活"、取消农业税,到实施乡村振兴战略,增加农民的获得感幸福感安全感,始终是出发点和落脚点。

我们必须始终牢记,过去,共产党靠农民打天下、搞建设、兴改革,现在,奔小康、抓振兴、谋复兴,同样离不开农民。任何时候都不能忘记"勤劳善良的父老乡亲""同甘共苦的父老乡亲"!

农民何去

乡村振兴是中国农村的第三场革命!但振兴不是一句话的事,等不来,盼不来,到底还是要靠干出来。

"三农"怎么干? 农民向何处去?

中国的"三农"是典型的东亚小农,先天不足,后天失调。农业的根本问题是人多地少,劳动生产率长期在低水平徘徊;农村的根本问题是农村公共服务滞后,投入和投资严重不足;农民的根本问题是权利落实滞后,社会保障不力。

如何建立农业增效、农民增收和农村繁荣的内生机制? 怎样形成"三农"持续发展的长效机制? 更具体地说就是,建立新型城乡关系从何处入手? 保障农民的财产权利怎么落实? 工业化城镇化信息化与农业现代化同步发展又怎样同步? 深化改革的突破口到底在哪里? 这是"三农"改革发展亟须回答的重大课题。也正因为此,农村改革无可避免、不容回避地逐渐进入深水区。

推进城乡居民权利同等化是应有之义。努力形成城乡一体化发展格局、构建新型城乡关系,是中国现代化进程不能"甩"的重要一站。同顶中国天,同踏中国地,同为中国人,城乡居民之间在权利上不应该有区别。因此,破除二元结构,加快户籍制度改革,推进城乡居民权利同等化是构建新型城乡关系的重要关节点。在当前,一方面要在硬件上让"硬的更硬"。把加强农村公共服务和社会事业发展摆在更加突出的位置,重点抓好农村公共服务体系建设特别是教育医疗社保等农村民生建设,坚决打破交通、能源、水务、环保各自为政的体系,实现统筹规划、统筹衔接,逐步健全覆盖城乡的基础设施网络。另一方面要在软件上让"软的更软"。把维护和发展农民的权利作为推进城乡居民权利同等化的重大要求,努力扩大农民政治上的参与权、经济上的自主权、文化上的共享权,大力保障农民进城务工经商的合法权益,促进农民工和谐融入城市,最终使农民与市民的权利趋于同一。

落实农民土地财产权利是当务之急。当前农村改革发展中存在的许多问题都与农民的土地财产权利保障不力有关,都与农村产权关系不清晰关联。如何探索改革农村产权制度,切实保障、落实并扩大农民对集体所有土地的权利?如何妥善解决集体所有权利主体的虚置、避免集体所有变相成为乡村干部所左右的问题?最终都回到了农民的土地财产权利这个核心点和关键处。由于财产权利无法完整地落实到农民手上,农地流转缺少完备的法律基础,制约了规模经营和农业现代化的发展;也使农村发展的主要资源——土地要素激活不起来,农村经济的发展难以实现更大的飞跃;还使农民最大的财产用不起来,进城农民也无法带着自己最大的财产在城市就业创业。因此,需要进一步解放思想,坚决冲破观念上的自我束缚,破除体制弊端的阻碍,让农民的法赋土地财产权利切实回归农民。这方面,土地确权给农民"确实权颁铁证",开了好头。

发展新型市场主体是必由之路。工业化城镇化的深入发展为农业现代化创造条件的同时,对农业发展也提出了新的挑战。一方面,农村资金、劳动力和市场大规模向城市聚集,造成了农业"失血"和"谁来种地"、"如何种地"的困扰;另一方面,农业的分散经营和小农户的弱势,在趋于全球化的市场竞争中更加凸显,在当前各种传统和非传统影响农业的因素不断增多的情况下,由"老弱妇孺"为主的农业经营主体,在处置和应变能力上严重滞后。面对这两方面的挑战和要求,我们要持续加大对农业的支持保护,不断转变农业发展方式,大力激活农业农村内部改革发展的活力和动力,形成农业农村发展的内生机制,切实让农业现代化与工业化城镇化同步发展。与此同时要大力提高农民的组织化程度,发展农民专业合作社,建立健全农业的社会化服务体系和农产品市场营销体系,着力培训新型职业农民,大力发展新型市场主体。

农民何为

当今世界,关起门来过日子已经不可能了。一个中国山里的农民,他的喜怒哀乐可能不取决于他的邻居,甚至不是村长县长,反而有可能是远隔重洋的一次农业丰歉,或者是一场股市崩盘、又或是一次关税的突然调整。这就是影响经济的"蝴蝶效应""黑天鹅事件""灰犀牛效应",对普通中国农民来说,这三只动物,可能他只见过蝴蝶,但没见过的可能更可怕,它们现在都有可能深刻地影响着他的生活。全球化正改变着农业的世界版图,中美贸易摩擦,美国农民,中国农民,甚至全世界农民,不管你关注不关注,都会因结果的不同,而不同程度地影响着自己的钱袋子,影响着脸上的笑容曲线。

短期的贸易摩擦,是不是狼来了,对于饱经沧桑的中国农民来说,算不上什么。毕竟加入 WTO 时也嚷嚷过,但中国农民不是挺过来了吗?不是还干得更好了吗?但真正谈得上历史影响的是,中国农民正处于一场重大的历史变动之中。说千年未有的变局,绝不是夸大其词。

数亿人从农村进入城市就业、居住、生活,这场史无前例的大迁徙,始于改革开放初期,或将稳定在乡村振兴实现之日。在此之前,农民进城恐怕始终是一场历史洪流。这也正是中国现代化的应有之义,一方面通过城市的聚集功能,更好发挥公共服务的效能,产生聚集经济的效应,需要更多人口向城市聚集。另一方面,减少单位土地的承载人口,提高农业土地的集中效应,使留在乡村的人口经营更多的土地,通过减少农民来富裕农民。这就是城镇化和乡村振兴的双轮驱动,目的是为农民创造美好生活,为中国打开全新的局面。

于是,一场伟大的历史运动就创造了"两个农民":进城农民和留乡农民。

对于进城农民来说,关键还是如何维护他们的权益问题。这就需要帮他们算好三笔账,一笔是进城账,一笔是离农账,还有一笔是后路账。

首先是进城账。

对于进城农民来说,融入城市,非不愿也,是不易也。进城农民和他的家人要想在城里住下来,成为新市民,有四个问题必须得到满意的回答:有没有稳定的就业? 这就业不是打游击的街头活,也不是今儿有明儿无的,摆摊做小买卖也行,但最好不要被城管追得满街跑;有没有住的地方? 建筑工地的简易工棚、塑料板房不算,能与当地居民一样享受公租房、廉租房才算;社保怎么样? 在医疗、养老等方面最好是与当地居民享受同城同保待遇;还有子女能不能在城里就学? 得像当地人孩子一样就近上学,不要任何额外费用。就业、住房、社保和子女上学这四大问题不解决好,他们是不会轻易退出老家的承包地的。所以,促进农地适度规模经营,实现在农村,功夫在城市,最终还是体现在城镇化的水平上,体现在农民工市民化的进展上。

其次是离农账。

农民进城了,他家里的承包地怎么办? 要不要退出? 但若要退出,是有偿退出吗？退出机制怎样？标准是什么？含金量多大？包不包括进城的安家成本？是永久性退出，还是退出承包期内的权益？如果只是退出承包期内的权益，下轮承包时，是否还有承包权？这些问题，都是现实中绕不开的问题，需要给农民讲清楚说明白。另外，进城农民原本享有土地承包经营权、宅基地使用权和集体收益分配权的法赋"三权"，承包地有偿退出后，他们的宅基地使用权还在不在？集体收益分配权是一次性算给他们？还是在承包期内继续享有？据有关方面调查，目前，80%以上愿意进城定居的农民工希望保留承包地，2/3 的农民工希望保留在农村的宅基地和房产。这也说明，维护和发展进城农民离农时的合法权益，让他们高高兴兴离开农村、心甘情愿退出土地，做好"有偿"这篇文章是关键。

最后是后路账。

农业转移人口市民化是一个漫长的历史过程，起码需要几代人的迁延演变，其间所经历的利益博弈、情感纠结、文化撕裂和命运起伏，都不是"风过水无痕"那样简单，一定是只有当事人才能体味到其中的甘辛。我国农民深受传统文化影响，深爱土地，安土重迁。应鼓励一部分进城农民在条件成熟时积极融入城市，也应该抱有一份施政的耐心，允许一部分进城农民哪怕是少数，有一个较长的犹豫过程，哪怕可能会迁延一代人的时间。对那些在城市就业和收入都不十分稳定、对未来预期也不十分确定的进城农民，对那些适应不了城市而想回乡的进城农民，要充分尊重他们对进退有路的坚持，防止他们进退失据两头空。这不仅仅是给进城农民留一条后路，也是给可持续发展多一个思路。

对于留在农村的农民来说，怎么办呢？

从大的方面来说，就是投身乡村振兴。从小的方面来说，就是怎么过上美好生活。这过好日子谁都想，问题是不是光想就行的，要干才行。农民会说，我有的是力气，你说怎么干吧？这怎么干就是问题的关键。对大多数人来说,还真是不知道怎么干,都知道了不都发财了吗? 也不要紧,自己不知道怎么干,就跟着干就行了。跟对了有时候是一种智慧,实际上也是大多数人最正确的选择。

怎么跟呢?

要跟组织。组织的决策一般都是经过论证谋划的,对了,你就发财了,出了问题,组织会想办法解决,你就有损失,组织也会考虑善后。

要跟能人。这能人,要么是干部,要么是老板,他们的盘子大,做事往往能有先机,也不容有失,跟着他走,你就不会吃亏。

跟趋势。新闻上突出说什么,组织上、干部们整天吆喝什么,就是大趋势。

要是跟你还是不会,那你就干脆加入算了。在能人手下干活总会吧? 在企业里打个工,在大户田里搞个管理,在村上跑跑腿还是行吧?

再不济,就把土地流转出去,要么进城打工,要么在村里当个保洁员、护林员等的。总之,只要干,都还是有出路。

这说的是具体的农民,那对整个农民、整个乡村来说,到底怎么干才行呢?

美环境是突破口。

农村发展滞后最集中反映在农村人居环境脏乱差上,这是农村被认为落后的一个突出因素,是最为人诟病的一个槽点,也是农民最焦虑的一个痛点。此事是农民最关心、最直接、也是反映最强烈的现实问题,理所当然地成为国家关注和着手解决的重要课题。这也是乡村振兴的头一炮为什么选择人居环境整治的原因。这是从必须干的角度来说的。但要说她是突破口还是有两个原因,一是,这个问题解决了能马上改善农民生活,让农民见到振兴的希望,尝到振兴的甜头,有利于聚人气、提士气、鼓力气。二是,这个问题是农村问题的综合反映,是农村落后的大病灶,这个外科手术成功了,不仅把病体切除了,而且有利于其他器官健康,输送给其他器官营养,提高整个身体的免疫力。

所以,环境问题是环境的问题,但又不是单一环境问题,它其实是综合问题,是经济、政治、文化、社会各方面环境状态的集中反映。所以,环境工程会逐渐演变为小康工程、产业工程、社会工程、民心工程,最终都凝聚到振兴工程,成为"乡村振兴的试验田,中国梦的起手式"。

强产业是基本功。

环境好了,本身就会形成产业,为绿水青山成为金山银山打下基础。环境好了,依托城市庞大中产阶层的消费实力,凭借乡村田园风味和城里人乡愁情结,乡村旅游休闲度假产业就会应运而生。人来了,市场就来了,资本跟着就来,为资本服务的产业也挤进门了,相关人才也会陆续到位。这还会产生正向溢出效应,衍生新的产业,带活一方经济。

环境好了,农业也会面临新的机遇,随着美丽经济的发展,农业本身的内涵会深挖,外延被拓展,功能变丰富,认识更深刻,市场化程度会加深加快,不仅会因为人的增加直接带来新的销售,而且会随着中产阶层的多样化、个性化、高端化消费需求,对农产品特色化、绿色化等原生值的需求更强烈,对依托其中的文化、风味、品牌等附加值的趣好也更明确,而这还会从旅游休假消费延伸到日常消费,从个体蔓延到阶层乃至更广人群。因为有了这个送上门的市场需求的直接刺激,加上农民天生具有的眼见为实的经验性思维,农业的市场化转型就会有风过无痕的美丽转身和顺畅升级。

建善治是落脚点。

环境友好了,经济成长了,人自然会对自己的生活提出更高要求。古人讲"仓廪实而知礼节",信哉斯言。生活好了会产生文化需求,对己对人会有更高的道德期许,会对社会形态有调优的需求,政治参与意识、权利权益意识、法律法治意识都会增强,获得感幸福感安全感的渴望更强烈。谁也不想,家族村社出坏人,周边环境不安全,个人权利被侵害,建设善治社会就成为顺理成章的公共需要。而这个不仅是农民自己美好生活的基本因子,也是发展产业、建设美丽经济的基础,物理环境的脏乱差只是让人厌恶,社会环境的脏乱差就会让人害怕。俗话说和气生财,让人害怕哪还有什么和?和气没有,戾气高涨,怎么发展美丽经济?

所以,要抓善治,健全三治合一,以自治为基础,毕竟村民自治是乡村社区的基本框架;以德治为支撑,道德伦理是农村社会的传统治理方式;以法治为保障,乡村归根结底是现代乡村,再怎么强调乡村特性,也要符合法治社会的基本理念。因此,三治合一,就是三治都要有。这才是真正的善治,一个富强、民主、文明的现代乡村该有的社会治理。这也是中国农民千百年来梦寐以求的美好生活。

农民几何?农民几何!地球上最古老的职业,世界上最辛苦的人群,勤劳是你的本性,朴实是你的基因,你为民族受了最大的苦,你为国家作了最大的贡献。当2021年,我们实现了全面小康;当2049年,我们跨入现代化强国行列,请不要忘记,如泥土一样深沉的中国农民,如草根一样坚韧的父老乡亲!真诚地祝愿你们,从今走向坦途,世世幸福,代代无忧!

让我们谨记——

大国崛起,根基是农业!

复兴梦想,起航在乡村!

国运昌隆,最该谢农民!

(2019年11月3日)

最是风骨忆桐城

说来也是一个历史的异数,一个大别山东麓的小县,有山不大,有水无名,田地谈不上多肥沃,物产也不怎么珍特,但最近五百年来,她的精神的覆盖范围却突破了自己的疆界,成为一种文化现象。有一个数据可以说明一切,明清两朝科考,桐城一县的及第人数是安庆府其余七县之和的两倍,有清一代,桐城子弟堪称"占了半部缙绅录"。及至现时代,桐城出的院士也比左邻右舍多很多,在各行各业的精英中,也总能看到桐城人的身影。

是什么让这样一个平平凡凡的丘陵平原相交的小县,一个先秦时期早早亡国的古桐国,一个在唐朝才从同安县改名桐城的小县城,一个经历了数百年历史动荡后终于扎下根来的移民社会,突然在明朝中叶以后焕出异彩,此后竟大放光华? 这里面有没有什么历史的奥秘? 有没有什么文化的因子? 有没有什么精神的指引? 不管怎么说,这桐城,不会全是一种偶然,即使是历史的误打误撞,一定也有她误打误撞的理由。

立世重修身:小花茶的澄澈与柱石碑的屹立

桐城人,尤其是读书人,从小得到的教育是要有人样。不攀不援,不苟不且,凭本事立身立世,是一个读书人,尤其是准备在社会上做大事的人,从起点上就要塑造的人格。让子弟清清白白地走出去,让自己干干净

367

净地走出去,是桐城文化的基本要求。绝不能让子弟出去以后名节有亏而连累家乡,也绝不能因为自己失德而让家乡蒙羞,是桐城对子弟的期许,也是子弟对桐城的承诺。几百年来,桐城很少出现贪官恶官,就是一个明证。这些年来,也很少有桐城子弟因为贪腐而身败名裂,桐城文化绝不容许子弟因为物质利益而因小失大。

有两段桐城掌故有助于加深对这一点的理解。清朝康雍乾时期的重臣张廷玉,曾经对桐城小花茶有两句意味深长的评价。这两句话就是,"色澄秋水,味比兰花"。对中国文化有认知的人都知道,秋水、兰花,在中国传统文化中具有特别的符号意义。茶本是君子的象征,又以澄澈的秋水、幽香的兰花来形容,其叠加强化的意义就更加凸显。与其说这是对桐城小花茶的认可,不如说是对君子人格的期许,对桐城文化的定评。君子立世如小花茶,既要有秋水般澄澈的心灵,不染一点世俗的尘埃;也要有兰花怡然独处的品格,不为无人识而哀怨,不因在空谷而不放,兰花只为自己而香。

另一个掌故来自桐城派晚期领袖吴汝纶先生。吴先生字挚甫,曾经供职曾国藩、李鸿章幕府,后在教育大臣张百熙恳求下出任京师大学堂总教习。但在生命的最后岁月,先生敏锐地认为,中国教育的根本不在大学,而在中学,遂毅然辞去大学堂总教习一职,东渡日本寻求他山之石。1902年,先生延请了5名日本教师和一些桐城派文人,回家乡桐城创办了包括数学、物理、化学、外语在内的新式学堂——桐城学堂,这就是桐城中学的前身。作为首任校长,先生为学堂题写的校训和楹联,至今还激荡着桐城中学学子的血气。校训是"勉成国器",表达的是对桐城学子的最高期许;楹联是"后十百年人才奋兴胚胎于此,合东西国学问精粹陶冶而成",则是对学堂的祝愿和办学路径的擘画。与挚甫先生的校训楹联相呼应,是后来矗立在桐城中学校园的柱石碑。这根长数米、瘦削挺直的麻条石上,集刻了六朝人的名句,正面是陶弘景的"高峰入云,清流见底",背面是丘迟的"杂花生树,群莺乱飞"。当年在柱石碑旁来来去去的时候,我只是觉得集句文采斐然,对其意并没有什么理解。如今结合挚甫先生的校训楹联和张廷玉对桐城小花茶的歌以咏志,对这柱石碑,就有了一番自己的理解和领悟。

这柱石碑传承的君子风,蕴含张廷玉的茶品,凸显吴挚甫的器格。学子们要像柱石般傲然立世,有"高峰入云"般的上进之心,有大树般的挺立之志,但始终不可改"清流见底"般人格特质;要像秋水文章,像空谷幽兰,可淡如菊,亦可清似茶,任凭红尘"杂花生树"的繁盛、"群莺乱飞"的诱惑,我自屹然傲立,一心只为修成"国器"。想当年先贤立这柱石碑的深意,尤其是石碑上面的集句,既是对后世学子的要求、嘱咐和警诫,也是在说明一个道理,那就是,要想真正地"高峰入云",就必须持久地"清流见底";要想成为名副其实的"国器",就要克服"杂花""群莺"的诱惑,这是做大事者必须经受的考验,而且是终身的考验。

身不修德不厚,欲为国器,难矣哉!

刚烈有风骨:戴名世的不服与严凤英的不屈

说了这么多红尘秋水、人品如茶的话,好像桐城文化就是一个修身养性的温和派。其实,真正的温和不是软弱的良善,他一定有铮铮风骨的支撑。桐城文化,看起来只是"六尺巷"那样的温文尔雅,那样的谦和敦厚,但他骨子里自有一股傲然的气概,有一种不服的精神。这在左光斗的身上,在戴名世的遭际,在吴芝瑛的故事,在施剑翘的传奇,在严凤英的悲情,在一代代桐城先贤的薪火相传中,都有淋漓尽致的投射。这精神,这气概,这风骨,在民间的口耳相传中,不断演绎,不断凝聚,不断放大,并生成一个自在的生命体,活在每一个桐城子弟的心中和梦里。

左光斗的故事我们在中学课本上都学到过。这里就不说了,至今桐城还有左氏读书楼。但我久久难以忘怀、想起来又"到底意难平"的是戴名世的遭遇。

说起戴名世,我就想起上初中时,老师在课堂上抑扬顿挫地讲戴的故事的情景。老师讲的都是民间的版本,不涉及戴名世后来的不幸。所以,起初的时候,戴名世在我心目中就是一个快乐的、机智的形象。我印象深刻的是两个故事,一个是他嘲笑康熙皇帝的,他有四句话讥讽康熙的麻脸,"雨打尘灰地,靴钉踩烂泥,园里虫吃菜,翻转石榴皮",四句话虽然没有说麻脸,但句句都是暗指有"坑"。另外一个是关于他在安庆科举考场外的故事。话说安徽科考当天,戴名世打扮成叫花子,在去考场必经的桥上对走来的非桐城籍士子们说,你们都不要白忙乎了,你们根本考不过桐城考生。士子们当然不服,他就说,你们连我这样的桐城叫花子都考不过,怎么可能考得过桐城学子!不服我们就比一比,你们要能把我说的几句话写出来就算你们赢,你们就去考,如果写不出来就老老实实地回家吧,别瞎耽误工夫。众人当即说好,比吧。当时时值冬天,天气寒冷,戴名世穿着破棉袄,手上拿着一个断了柄的手炉,一说话,手炉里的灰就扑出来了。他念出第一句:"断柄火坛gei",桐城方言叫手炉为火坛,这"gei"是拎在手上的意思,读古汉语的"入声";第二句话是"我一天要三kei",这"kei"也是读"入声",是吃的意思。这"gei""kei"两个字,非桐城籍的考生怎么会写!就是桐城子弟,也是说得出写不出。但当时的场景是,众考生都垂头丧气,自感连桐城的叫花子都考不过,怎么可能考得过桐城士子呢!于是都放弃考试,灰头土脸地回家了。这当然是民间笑话,当不得真。说到这里,文章开头说,明清两朝桐城科考及第的人数冠绝诸县,这里面有没有戴名世假扮乞丐的功劳?开个玩笑。

戴名世这两个故事大概率是民间的附会，嘲笑残疾、欺负不会方言的人，断不会是戴先生这样的君子所为。之所以他被桐城民间演义为这样的智者形象，我认为与他的惨烈遭际有很大关系。

戴名世，史称桐城派初祖，晚年号南山先生，他由于在《南山集》中对南明小朝廷有记载，而遭到清廷迫害。这起清初有名的文字狱，涉及一大批人，连方苞也受株连入狱，这就是我们中学课本学到的《狱中杂记》的由来。戴名世因此被康熙皇帝残忍地腰斩。我想，民间关于戴名世讽刺康熙皇帝麻脸的故事，他的一系列快乐机智的故事，实际上都是百姓在曲线表达对戴先生的巨大同情和精神胜利，这种同情甚至在某种程度上让人遗忘了他的悲剧角色，而让他始终以一种反讽的喜剧形象，呈现在民间的虚拟历史中。这恐怕是历史的某种公平吧。

但民间的虚拟历史毕竟只能在风中飘荡，真实历史则如血般深深浸透了这块土地。戴名世在北京被杀害的消息传回桐城，戴氏满门老幼妇孺一百多口，都投门前的清水塘而死，连他两位出嫁的姐妹都赶回来一起赴水。他们不甘心戴名世惨虐之死，生则同乐，死则同行，阖家呐喊着对无情命运的控诉；他们不愿意被流放宁古塔给披甲人为奴，不愿意让生命的尊严蜷缩在强权脚下，不愿意苟且于一时，以这种极端的壮烈，无声地表达着生命的抗议，申述着灵魂的不服。清水塘的水幽深无波，怎么载得动这一百多个生灵的悲情重压？又怎么压得住这一百多张嘴的深沉呼喊？又怎么盛得下这一百多副灵魂的无尽血泪?！三百年后，这清水塘还像一个噩梦一样，萦绕在历史的天空；成为一个悲惨的坐标，标注了一群不屈的魂灵；也是一个魔幻的符咒，冷酷地圈禁着一块真理的无人区。

多年来，我一直想去现场凭吊这悲情的遗存，去看看清水塘，看看戴氏家族"以笔代耕，以砚代田"的砚庄，但一直不忍前往，哪怕是凭吊，也怕历史的伤口重新撕裂。听说戴名世墓已被确定为安徽省文物保护单位,也算是对那段历史的"立此存照"。但令人伤感的是,由于戴名世一族的绝嗣,历史与现实之间失去了血缘与情感的连接,戴氏坟地如今只是以"榜眼坟"的俗称,成为他人眼里无关的存在。

不服的不止是戴氏,还有黄梅戏名演员严凤英。

严凤英是桐城罗岭人,她以黄梅戏《天仙配》《女驸马》而名噪一时。民间传说,"文革"中她因为对江青有微词而遭到迫害。在造反派的凌虐下,她愤而吞安眠药自尽,年仅38岁。据严凤英的侄女回忆,当时,严凤英的丈夫拉着平板车,一路哭喊着救命,把气若游丝的严凤英往医院送。但是,造反派在她的病床前还在审讯,诬称她是装死、演戏。更丧尽天良的是,在一代名伶死后还逼迫医生打开她的肚腹,要寻找所谓的反动证据。结果,在她的胃里,除了安眠药,什么都没有!"文革"结束后,严凤英平反,黄梅戏《天仙配》重新放映时,据民间传说,她的两个孩子往银幕上扑着叫妈妈。而她深情的丈夫,后来还活了四十多年,至死都未再婚。问他,他说:"世上再无严凤英"。柔弱而又刚烈的严凤英,以生命的尊严,划下了尊严的底线:不能尊严地活,就不如尊严地死!令人悲愤莫名的是,不知道什么原因,那些行恶作孽的造反派,逃过了正义的惩罚。但我希望,午夜梦回的时候,他们能听到凄厉的呼喊,那是严凤英不屈和不服的灵魂来了。

回顾历史,不是为了撕开愈合的伤疤,是希望历史不再重演。在桐城的文化和精神地图上,还有无数的悲情呐喊,无数的灵魂不服,无数的道义守护。在这之中,有冒着朝廷杀头风险为秋瑾收尸的女英雄吴芝瑛,她是鉴湖女侠的朋友,是吴挚甫先生的侄女;有舍身成仁的革命者吴樾,有为报杀父之仇而暗杀军阀孙传芳的女侠施剑翘,他们都把生死置之度外,只为了生命的尊严得偿所值。

这就是桐城,这就是桐城人的性子。

尚学不尚官：退休的张宰相不过是邻家老头

在桐城的传统中，读书做学问是人生的大境界。读书人当然应该志在治国平天下，但在人们心目中，当官再好，也只是人生的一个阶段，不是最终目标。在宋朝大儒张横渠的四境界中，桐城知识分子更推崇"为往圣继绝学"。为官为宰，当然要追求功在朝廷、利归百姓，但只有在学问上有所成就，才称得上是真正的功成名就，才入得了桐城百姓的口碑。

时至今日，桐城子弟，谁当了书记省长，谁当了市长厅长，百姓也就说说而已，最多是说某某人家儿子当大官了，就像说不相干的人一样。但如果谁家孩子当了院士、教授，四里八乡就传得沸沸扬扬，连他小时候的故事都被演义得很传奇，而且都一副"与有荣焉"的样子。这种社会心理和文化示范效应，对桐城学子的文化人格的塑造，起到了打地基的作用。所以，桐城的孩子们，从入学开始，都以所在学校的学长为标杆，力争考上桐城中学；等上了桐城中学，进入国内外名牌大学就成了下一个目标；这之后，就以院士榜上的学长为偶像，梦想着踵武前贤、鱼跃龙门。

说起来好像矫情。在桐城人的世界里，你当了再大的官跟我何干？我巴结你，沾你的光发财吗？我胆小得很，不敢发这种财。与其冒险求富贵，不如在书本中求一份保障和自在。你张英虽然是大学士，大家叫你张宰相，但那又怎么样？你不就是他老张家的那个儿子嘛，以前住在我家附近的那个人嘛，你家老头子跟我家老头子自小一块儿长大，你现在发达了，当大官了，那你当你的大官就是了，你挣的钱也不给我花，我犯得着巴结你吗？！这些年大家都知道"六尺巷"的故事，都知道张英谦让的美名，但大家为什么不想一想，吴家为什么不惧宰相家的权势，敢于与宰相家争宅基地？也许有人说，吴家也不是一般人家，但吴家再不一般，也高不过宰相,不是吗?也许还有人说,是张英的人品好,对利益看得透。不错,张英确实是这样,但根本上还是,他明白,他的乡亲们从心里没有把他这个大官当怎么了不起,吴家是这样,其他人也是。如果因为自己干预,让自家在宅基地争议中获胜,吴家势必不会干休,说不定还要上告。到时候犯到言官手里,来个风闻奏事,或者被政治对手抓住把柄,急急地上折弹劾,也未可知。罢了,犯不着为三尺宅基地冒这个风险。这是张英了解桐城文化的心理,所以,"六尺巷"的故事固然是美德,但更是政治智慧。

张英致仕后,隐居桐城龙眠山里,从朝廷显宦恢复到农村老头,经常在山间小路上与樵夫农人话家常,说说今年的气候年成,问问日子怎么样,儿子进学没有,女儿有婆家了吗,在那当口,聊天的人只知道他是附近的老头,不知道他最近还去南京,接受南巡的康熙皇帝召见。但这老百姓不关心,就是知道了,也没多大惊讶,那有什么?你的老东家召你问个话有啥了不起。再说,你再了不起,现在还不是跟我一样?都是一个乡下老头子,说不定身体还不如我呢,也没有我幸福呢,我的儿孙都在我眼前,日子虽不富裕,但起码我有儿孙满堂,你呢?宰相又怎样?儿孙都在京城,说不定哪天皇帝生气了,还有抄家灭族的危险呢!别看你当官的时候门庭若市,一旦你罢官时就门可罗雀啦。老百姓虽然不懂政治,但张家后来确实被乾隆皇帝抄过家。

说来也是奇怪,张英、张廷玉父子宰相这样的佳话,按说该传得唾沫横飞才是,但在桐城的民间传说中,好像没有桐城派的地位高、影响大、口碑好,若不是二月河的作品拍成电视剧,《康熙王朝》《雍正王朝》火爆,又若不是"六尺巷"因为某种机缘上了央视春晚,张家的故事在桐城并不十分热门。反而是桐城派诸位作家的故事更为人津津乐道。

桐城知识分子对曾国藩的感情复杂,他曾经与太平军在安庆桐城一带激战,被称为"曾剃头",对他的残忍有认识,在挂车河一带的古战场上,据说阴雨天还能听到当年的厮杀声。但桐城知识分子对曾氏的"天下文章其出桐城乎"很受用。曾氏服膺桐城派文章理念,自称桐城派,被称为桐城派中兴领袖,他在姚鼐按桐城派理论主编的中国历代文选《古文辞类纂》基础上,主持了一个规模更大的《经史百家杂钞》,成为桐城派理论的一个重要实践成果,他也因此成为学、作、教一体的桐城派重要作家。

是啊,张英、张廷玉官再大,也不过是张氏一族的荣耀,对桐城子弟又有何益呢?不如桐城派,有理论、有教学、有师承、有体系,培养教育了无数桐城子弟习圣贤之道。在桐城派的教化之下,桐城子弟,或进学入仕,或为文入幕,或以讲学为业,把桐城派的文章和理念广为传播,所以也就有了桐城派文章"一统清代文坛二百年"的说法,也有曾国藩的"天下文章出桐城"的感慨。张氏一族虽然在有清一代仕宦不绝,门阀清华一时无两,但在张廷玉之后,也未再有闪光时刻。倒是桐城派,在历史的天空中,时有文星闪烁。戴名世、方苞、刘大櫆、姚鼐之后,有方东树、姚莹、吴汝纶、马其昶、方东美、方令孺、朱光潜、马茂元、舒芜等。

桐城派虽然只是清代文坛的一种文化现象,但桐城派精神却一直活在桐城人的心里。桐城派理论坚持"义理、考据、辞章"三者融合,从最初教学子们怎样写出一篇好文章开始,在历史的激荡下,逐渐由文学理论演变为文化符号,进而,转化为一种精神——一种质朴的科学与美学相结合的精神,一种对真知的不懈探索和坚持精神。这种精神激励着桐城子弟,在每一个时代都以追求真知为使命。不管是深耕人文社科,还是精研自然科学,桐城子弟都心中长有桐城派精神,并以之自励自期。这也是吴汝纶先生"勉成国器"的期许。朱光潜的战场在书房,去世前三天,他还在书房校订典籍;舒芜虽然曾在动乱年代意志薄弱,但晚年一直在深耕学问,不断进行灵魂的拷问;吴曼青院士为中国国防科技事业作出重大贡献,在此次新冠肺炎疫情大数据应用研究上,又有新作为。此外,无论是程和平院士痴迷于医学研究、方复全院士沉浸在数学世界,还是浪漫的航天人毛万标对星辰大海的追逐,都深深烙上了桐城派精神的印记,传承了桐城派精神绵绵不息的根脉。

权力是一时的,学问是永远的。读书是桐城人的最乐,也是桐城子弟人生快乐的源头。

讲礼重吃相:畏神畏道畏人心

有人讲桐城人胆小。这话也不完全是瞎话。但这胆小与性格无关,与敬畏之心相关,因为尚文,因为懂理,所以为人处事讲究礼数、重视吃相。这桐城人的敬畏之心说起来有三畏:畏神,畏道,畏人心。

所谓畏神,是泛义的,包括天地、鬼神、祖宗,是一切超自然的力量。这之中,祖宗崇拜最突出。桐城人基本上是明清时期从江西移民过来的,移民社会的特点是各自保留原生文化,又相互激荡,并形成一个新的群体文化。时至今日,桐城一地方言风俗都还有区别,有一个显著不同是,在春节拜年风俗上,北部的人初一、初二拜新灵,所谓拜新灵,就是去头一年有白事的亲戚家拜年,向亡灵牌位行礼。而南部的人是初一不出门,初二拜丈人。如果不懂风俗差异,你初二跑到北部去拜丈人,不把你打出来才怪。

桐城人的祖宗崇拜从老人去世开始。发丧、出殡、厝放、下葬,中间有一系列仪式,之后就是正常的时令祭祀。说起来这个移民社会有一个特别的风俗,人死后,要先在野外厝放三年,之后才择土下葬。这风俗来源据说是当初移民的暂时之计,移民们认为自己还是要回到家乡,到时候也要把死去的人一起带回去,所以暂厝在野外,但时间长了,回去无望,只好让亡者入土。这先厝后葬的行为就演变为风俗。不过这风俗在重视祖宗崇拜的桐城人来说,客观上也使他们有了三年时间,精心为亡人选择万年之地。三年是一个最低之数,但一般不超过五年,再长,舆论就不好了,人家会说这家人不孝。桐城人特别重视祖宗墓地的风水,认为那关系到子孙的兴旺与福禄,风水好,子孙发达出人才;风水坏了,不但出不了人才还会有灾祸。所以,每年过年,子孙们都要到祖坟祭祀并接祖宗回家过年。如果发现祖坟石碑出现水的流淌痕迹,坟头有塌陷,就要提醒自己和家人,记得第二年清明时带个锄头箩筐来把坟头"挑高"一下,这"挑高"也是取其吉利的口彩,必要时还得请风水先生看一下。这些年,由于很多家庭或外出打工、做生意,或在外面工作,平时家里没有人,祖坟也缺少照顾,不少家庭就采取治本之策,找那种手扶拖拉机把石头水泥拖上坟山来,再辅以人工,把祖坟整修一番。这样一来,既解决了春天流水侵蚀问题,也避免了野生动物钻洞打穴的破坏。在这方面,家家户户都很用心,都很虔诚。谁敢对家宅平安和子孙后代不负责任?!

桐城人的畏道,指的是天理良知。"凭良心"是桐城人的一句口头禅。做人做事得要摸摸良心,不合天理的事不能做,不合良心的东西不能要。历史上很少有桐城的贪官,桐城人在外地为官的口碑和风评也都不错。姚莹当过台湾知县,鸦片战争时是台湾最高长官,他为抗英保台和发展台湾的民智民生都有贡献;吴挚甫先生在深州、冀州知州和主持保定莲池书院时,大力兴修水利、兴办新式学堂,功德在一方百姓。当然,桐城人的畏道,并不能保证每一个子弟都能"凭良心"做人做事,但如果你丧了天理、亏了良心,就会祖宗不认、家族除名。

明末的桐城人阮大铖就是一个例子。阮大铖本与同乡左光斗一样是东林党人,但他后来却为利益投靠阉党,以致不齿士林、乡党和族人。阮大铖在崇祯年间短暂失意,后赶上天崩地解,在南明弘光小朝廷有一段瞬间的荣华,当他衣锦还乡,官船进入桐城与怀宁的界河时,却被其家族鸣锣而攻,不让他的官船靠岸,不许他回家,不认他为族人,他只得停靠河的南岸,去他在怀宁的舅舅家。这段历史后来还演变为一段掌故,就是阮大铖到底是桐城人还是怀宁人,两县为此争执不休。按说,阮大铖是桐城人无异,但是桐城人认为他丧尽斯文,耻与为伍。但据说桐城人张廷玉纂修《明史》时假公济私,大笔一挥,把他划为怀宁人,从而坐实了一桩历史冤案。但这也足见桐城人对天理人心的看重。

桐城人的畏人心实际上是畏道的衍生品,指的是对舆论风评、人言口碑的在乎。桐城人尤其是桐城派文人,自幼受桐城派文化熏陶,对天道人心烂熟于心。他们在外地为官,一定会做两件事,一件是关系民瘼的水利,一件是关系民智的教育。兴修水利可以改善农业生产条件,提高农业产量,直接带来民生获得;兴办学堂能够培养百姓子弟,改变一个家庭的命运,是造福一方的善举。这两件事对一个地方的百姓的福祉增加是实实在在的,也自然反映到百姓对主政官员的口碑。这与其说是他们对人心的争取,不如说就是他们敬畏人心的结果。

而对桐城的普通老百姓来说,这也是一个交互感染的过程。"六尺巷"的故事中,全县人都看在眼里,看你县太爷会不会偏向张宰相家,看你张宰相会不会以权压人,民心、舆论之下,谁都不敢忘了吃相。县太爷怕舆论,张宰相也怕谏议,还有一众士子、秀才们在睁大眼睛,等着张宰相、县太爷出昏招,然后好一纸文章名动天下,形成一大波猛烈舆情。所以人心不可违,人言须敬畏。

氛围之下,小老百姓面对自家的一举一动,也少不得要提醒自己,别让人说闲话。这闲话,是人言,是四里八乡的舆情,也会影响一个普通人的生存环境。不可不慎!

达观乐天命:道不行就回家耕读

"外示儒术,内崇黄老",是桐城文化现象的一大特征。作为儒家士子,读书一定是为治国平天下作准备。"学成文武艺,货与帝王家",让满腹经纶转化为施政表现,让知识创造一个美好的社会,是知识分子的初心使命。但桐城知识分子有一种傲然气概,其实这也不是桐城知识分子的发明,"达则兼济天下,穷则独善其身",本是儒家的名言,桐城知识分子只是践行而已。

合则留,不合则去;有缘就共同干事,无缘就各自珍重。断不可要死要活,效"一哭二闹三上吊"那一套。一事成不成自有遇合,一时兴不兴要看机缘,岂可强求!

姚鼐的故事就很有启示。姚鼐先生四十岁前都在做官,他做官时的政绩还有谁知道?我们这些桐城的子弟都不知道,姚氏后人如果不找资料谅也不会知道。但我们今天知道他的《古文辞类纂》,这是他按照桐城派"义理、考据、辞章"的理论编纂的中国历代文选,在文言文时代,曾经是风靡大江南北士林的必备书,现在依然是文学史上的重要地标。

姚鼐先生是桐城派的大家,他的《登泰山记》进入了中学课本,我们这些桐城中学出来的人对先生又别有一番感情。先生的惜抱轩就坐落在桐城中学校园内,我们当年上学时,天天在先生手植的银杏树下经过。亭亭如盖之下,我们感受到先生的精神福荫,更受到一种无形的激励。每当金秋季节,我们仰视着阳光下的金黄闪烁,吮吸着植物似有似无的幽香,也不自觉地想起先贤的厚泽。

作为沐泽了先生的后学,我们曾经不明白先生为什么四十岁就借疾辞官归里?但他回乡以后并没有养病,而是先后主持南京钟山、扬州梅花、徽州紫阳、安庆敬敷四大书院,把桐城派的理论在更广地域开枝散叶,使桐城派弟子遍及大江南北。这不能不说是先生的睿智。毕竟朝廷和历史不缺他这一个小官,何况就是位高如张宰相父子,对历史又有多大的稀缺性呢?倘若先生不在四十岁辞官,他当真能做到张宰相父子的位置吗?大概率上,一个文人没有特定的机缘,不可能封侯拜相。话说回来,如果他继续为官,能不能活到后来的 85 岁高寿,就不知道了。官场里的尔虞我诈,朝廷里的风波险恶,稍一不慎就大祸临头,怎比这各地书院的生涯来得潇洒。书院里讲的是古圣先贤的道理,看的是朝气蓬勃的学生,有名山大川为证,与清风明月相伴,好不自在逍遥,学生写出好文章,考上功名,还有实实在在的成就感。姚鼐的四十五年讲学生涯,最好地诠释了"道不行,不如乘桴浮于海"的真谛,不过先生乘的是先贤的桴,浮的是智慧的海。此处难展凌云志,归向江南黄叶村。读书人最好的归宿,就是寻一处山水佳地,把圣贤的哲思与大自然相印证。如果再传灯有人,那就是读书人最大的开心了。如姚鼐先生,可以说是最幸福的读书人。

其实,张英也是一个幸福的读书人。说实话,他在政治上不如其子张廷玉作为大,但这也有历史机缘和君臣遇合,张廷玉如果没有赶上康熙雍正的交接,也不会有那么大的作为。但张廷玉比其父就缺了那么一点黄老之心,三朝元老还不够吗?为什么在乎雍正遗诏的那一句"配享太庙",与年轻气盛的乾隆争那一点虚名?陷入对"名"的执着,结果招来乾隆的暴击,抄家!张廷玉也在惊悸中去世,并留下一个无字碑表达无言的悲愤。这就不如其父张英了,张英能够在"六尺巷"故事中灵台清明,也及时告老还乡,在山间隐居与百姓和光同尘,还经常为饥寒的百姓施舍棉衣,天气好的时候在山中小道上散步,与人话桑麻。这是一种真正的放下和回归,是真正的与官场的告别。他的回归,是回到人生的出发地,是生命与灵魂最安然的栖息。张英在龙眠山的山水与樵夫农人中间找到了他的归宿。

"先辈声名满天下,后来兴起望吾曹"。五百年的传承与实践,五百年的精神与现实,在历史的夹缝中磨砺,在时空的风云下激荡,桐城文化终于聚沙成塔般地形成了一种集体人格,让每一个桐城人都成为一个行走的文化符号、一个移动的精神坐标。这可能就是桐城文化现象的偶然中的必然。

这就是桐城,一个平凡小城的传奇。

（2020 年 6 月 3 日）

勉成国器桐溪堨

桐溪堨又通水了！

记忆中,桐溪堨在 1998 年前后堙塞,其时距首次通水正好是 600 年。

600 年前的 1398 年,明王朝开国已 30 年,其时天下底定,朝廷劝耕农桑,偃武修文,桐城知县胡俨将城外的桐溪水引进城中,自此有了桐溪堨。所谓堨,就是引水堰的一种。因为桐溪堨源自"山尽山复起,宛若龙眠形"的龙眠山,回响着"诸山何处是龙眠"的"黄庭坚之叹",桐溪堨,一出生就自带一缕灵气。

600 年白云苍狗,山河仍在,人事早已成烟。待我等一睹桐溪堨时,已差不多是她最后的芳华。那是生机勃勃的 1980 年代初始时光,我们这些桐城学子,一根竹木扁担挑着书箱和被褥,从东西南北四乡的田野汇聚到桐城中学校园,沾了黄泥点的布鞋,怯生生地踏上桐溪堨滑溜溜的麻石小桥,偷偷照一下桥下的清波,就是我们与桐溪堨的初次见面。从此,三年中,我们与桐溪堨一起迎朝阳、送晚风,在她的碧波秀眸中映下我们的青涩青春。

所以,当我们后来听说桐溪堨堙塞废弃的消息时,是何等的伤心、痛心！又所以,当今天我们得悉桐溪堨堙塞 20 余年后重生,又是何等的开心、庆幸！

因为,这桐溪堨不是一般的溪流水渠,从大的方面来说,她就如古老桐城的文脉,激荡着桐城 600 年的文风习习、人才奋兴;她也如近代桐城的镜鉴,映照了桐城中学 120 年的赓续文统、胚胎国器。从个人方面来讲,她就是我们青春的一部分,是我们命运改变前那段时光陪我们吃苦、陪我们打拼的人。

所以,世人爱山水,我更爱桐溪塝;桐溪塝长三里,我只爱 200 米——那是桐溪塝流经桐城中学校园的那一段。

桐溪塝之美,美在器用

我们说桐溪塝美,完全是我们的情感投射。一段只有三里长的水渠,虽然这清流来自李公麟隐居的龙眠山,虽然那里相传着张英归老林泉的民间掌故,虽然她润泽了方以智、方东美的哲思,浇灌了姚鼐、朱光潜的文心,也讲述了一代代桐城子弟走出大山、成为国器的传奇,但她毕竟只是一段宽不过两米的引水渠。她何以 600 年不衰? 是什么让她永远成为桐城中学子弟心头的白月光? 除却青春记忆的因素外,一定还有她自身的价值所在。

物之所以存,首在其有用。桐溪塝之美,美在器用。想当初桐溪塝开凿,是为了灌溉城西农田,在城里转一大圈,也是每一段有每一段的用处和妙处。真正做到所在皆可心、人人都喜欢。

当其入城之始,就进入城北世家府邸,成为世家花园的池沼活水,可以曲水流觞,也可以种荷养鲤;随后进入府衙官署,水性喜平乐下,故平则如镜,凹则就低,恰好象征公平和扶弱的为政本意;待到流经文庙学宫,正是体现圣人大德如水,学子问学的不舍昼夜;而当流到寻常巷陌、市井人家,又是庶民洗菜浣衣的绝好所在;待之出城,归于塘堰小河,回到灌溉农田的实处。桐溪塝最后的落脚点正是盛产桐城水芹的泗水桥。水芹如今是京城徽菜馆的招牌,桐城水芹更是其中翘楚。有民谣为证:"泗水桥,地低凹,水芹田里是泥沙,香灰泥下流泉水,冬暖夏凉水芹长"。这里说的泉水,就是桐溪塥水。

进入 20 世纪,桐溪塥入城的那一段,成为桐城中学贯穿校园的生命之水,学子们每天早晚从桐溪塥打水洗漱,每顿饭后打水洗碗,食堂的厨师则用硕大的笤箕在桐溪塥的清流中淘洗白米,用大竹篮装满菜蔬在溪流中冲洗,惹得成群的小鱼围着竹篮啃食。如果要问桐城中学的历届学子,你们还记得当初校园的什么景观? 我想,除了"勉成国器"的校训,每个人都会说到桐溪塥。

这正是桐溪塥的器用之美。桐溪塥 600 年历史,大规模疏浚也只有 3 次,其顽强的生命力就在于其有用。因为有用,所以各方爱护。我想,吴汝纶先生把桐城中学选址在桐溪塥畔,除了客观因素外,有没有临溪观流而思育才的考虑? 有没有以清流激荡文思的想法? 当其书下"勉成国器"的校匾,受没受到桐溪塥器用价值的启示?

人才如水,不导引难以成才;不以渠规范之,才必难以久;水渠因有器用得以长兴,人才也因成器方可称才。"成器"是桐城文化的底色。儿郎没出息,父母就骂他"不成器的东西";长辈期望后代小子成才,就恳切地嘱咐:"要成器哦""你成点器哦"。挚甫先生也不例外,他更寄望后学子弟都成为"国器"。"后十百年人才奋兴胚胎于此,合东西国学问精粹陶冶而成",这是先贤的期望,也是后学的标杆。

这标杆激励了一代一代的学子从四乡的稻田来到桐溪塥两旁,在桐溪塥的水波相逐中接续先贤的奋兴之志,又从桐溪塥的无言哲语中,读出星辰大海的鸿途远望,然后,就像三年前初来时那样,又是一根扁担挑走书箱和被褥,在桐溪塥润泽如玉的石桥上,再看一眼桐溪塥。从此,带着成为"国器"的梦想,踏上星海之途。虽然大多数人实现不了先贤的梦想,不能成为国器,但只要心中有"成器"之志,就一定能成器,不必介怀

"器"之大小和成色。我想,这肯定也符合挚甫先生的初衷。

就如桐溪塥,在江河溪流中,她的大小成色如何呢?我们当学桐溪塥,不求大,不求名,只求对一方烟火的器用。这是桐溪塥给我们展示的器用之美,这也是桐城经世致用文化的展现。

桐溪塥之美,美在绵勉

桐溪塥之水没有大江大河的怒涛,也不似池沼水塘的静谧,几乎听不见流动的声响,却始终在奔向前方。桐溪塥水有两个特点,一个是绵,一个是勉。所谓绵,这是水的基本特性,水,你抓不住、捏不动、拿不起、放不下,要想留她,只有用"器"才能盛下。桐溪塥的水也秉持了水的特性,但她比一般的水更绵柔。她没有山间溪流的喧噪,没有田间沟水的迟缓,也没有屋檐下滴水的漫流,更没有老宅阳沟水的死寂。她是鲜活的、流动的,是清静的、活力的,她是水波相逐相随,一波接一波的,绵绵用力,波波向前。

别小看她的柔若无骨,别看轻她的绵若无力,她能把溪底的石头磨圆,把食堂的菜叶和银杏树的落叶带走,把我们洗碗洗脸的碎屑冲走,这就是绵柔所具有的力量。桐溪塥水的第二个特性是勉。小小水渠,宽不过两米,水流不舍昼夜,不管阴晴,无论冬夏,就是这样绵绵不绝的流啊流,一流就是 600 年,水流无限,水流不尽啊。这是怎样的执着,又是怎样的不舍,是什么炼就了她永不停息的竞逐之志?小小桐溪塥,以她无声的誓书,又以她有形的榜样,给学子们以活泼泼的启示。挚甫先生让学子们在桐溪塥畔求学,颇有让流水教人的雅思高致。

学子欲成国器,也当学桐溪塥之水,一要绵,二要勉。看那些国器,一路走来,没有一个是早早就敲锣打鼓自诩国器的。事实上,敲锣打鼓只能为别人,自吹自擂成不了国器,只能成为"过气"。古人讲,"峣峣者易折",学子的成器之路,不可能一路顺风顺水,一定会伴随种种艰难险阻;用力不够不行,用力过猛更不行;惟有如桐溪塥水一样绵绵用力,下足笨功夫,不显山,不露水,遇到困难越过去,面临拦阻绕过去;不为鲜花而停留,不为非难而止步;星光只照有心人,君子当效桐溪塥,不分昼夜往前奔。

姚鼐先生当年肯定观摩过桐溪塥的流水。他的惜抱轩就曾立在桐溪塥畔,他当年手植的银杏,如今已经如盖如抱。金秋时节,闪闪发亮的银杏,在桐溪塥的水光中映照出满树金黄,溪中的银杏与岸上的银杏浑然一体。但纵使银杏风光好,桐溪塥也没有淹留,好风景看过就够了,让我们把一片金叶留在心里吧,这是生活给人生的礼物。惜抱先生四十岁顿悟,毅然辞官,之后四十五载主持多家书院,致力培养后学。既然难成国器,那就成为国器的造就者吧。惜抱先生树帜杏坛,让桐城文派的理论传播大江南北,育才之盛,一时无两。国器千万种,如姚先生者,焉能不称国器?

又如朱光潜先生,当年求学桐城中学,桐溪塥的清波一定也睹过他清秀的脸庞。朱先生讲观照事物的三种态度:实用、科学、美感,朱先生推崇美感的态度,但我想,朱先生面对桐溪塥时,会不会三种态度都有呢? 他当年在桐溪塥肯定有过掬水留月影、溪畔观银杏的经历,也肯定享受过桐溪塥的实用价值,说不定也研究过桐溪塥的建造之巧。其实,观照事物的三种态度,可以同时出现,也可以在同一个人身上发生。朱先生虽然后来走过万水千山,但他不会忘记桐溪塥,在武汉上学期间,还想着桐城中学。朱先生一生追求美,晚年在北京大学燕南园折花赠人,去世前几天还在书房校书,言曰:战士倒在战场,书房就是我的战场,我只能倒在我的战场。

如朱先生者,践行了桐溪塥之水的绵和勉,一生绵绵用力,勤勉努力,只为要做一个独赏花不如与众人共赏花的美者。

桐溪塥之美，美在清澄

桐溪塥流经不同社区，遇过不同人群，沿途既有高门大户、官衙府署，也有市井人家、寻常巷陌，洗菜洗衣洗碗，菜叶树叶草叶，百物横加，为什么桐溪塥水却始终不改清澈见底呢？外界的污垢，我没有办法消除，但我始终保持清澈的本性，不为污垢所玷，不与污垢同污，纵是污垢横来，我亦毅然处置，始终清流不变。这正是桐溪塥让人心动、让人始终难以忘怀的美。

水生来就是洁净的。一条被污染的河，也不是一开始就是脏的；再臭的河流，源头都是一泓清泉。她被污染，都是行进途中遭到的厄运。人也如此，立世修为，当坚守清澄本性。尤其是那些志在国器、有鸿鹄之志者，更要守好自己的一泓清水。前进道路上，遇到困难可能还并不可怕，因为成国器者早就有将困难踩在脚下的豪气，也有经受磨难的勇气，甚至有绕过难关的方式方法。最可怕的是，会遇到无数诱惑，会碰见种种伪装成鲜花的毒草。往往一滴墨水滴下不觉得，两滴墨水落下也能自我净化，三滴、四滴，一瓶、两瓶，就会无法收拾。很快，一泓清流终被污，再回头已经没机会。

当然，桐溪塥的水始终保持清澄，固然有类似"溪长"制的分段保护，但桐溪塥自身的鲜活和流动才是根本原因。事实上，也因为桐溪塥水的持续清澄，让人们有决心和信心永远保护好这份清澄。如果桐溪塥水不干不净，一般人也会以不干不净对之，桐溪塥水也就失去了她固有的美和价值，断不会成为人们的什么白月光。

人也是一样，必须从一开始就保持自己的清澄，别把沿途滴进来的一两滴墨水不当回事,不要过于自信自己的自净能力,那几滴墨水你可能不在意,但在众人眼里,染了几滴墨水的你已经不干不净了。既然你已经被视为不干不净,别人也就加码视你为不干不净,最后你真的就是不折不扣的不干不净,就是验明正身的不干净。这时候,纵使你有比干之才、张良之志,又有何用!历史上哪个贪墨之辈不是有一些过人之才!只是可惜了你的寒窗苦读,浪费了父兄辛苦供养,也辜负了师友的殷殷期盼,糟践了桑梓文化的哺育。所以,欲为国器,当自守身始。

桐城文化教人慎独慎微、慎初慎久,也给别的地方人留下胆小的印象。事实上一定程度也影响了桐城子弟的仕进,但放在更长的时间段上来看,这未必是坏事。张英清廉自守,留下"六尺巷"的家风,其子张廷玉更是谨遵家教,虽位列宰辅,始终保持清流本色。电视剧《雍正王朝》对这一点有很生动的描写——

年羹尧送给张廷玉四样礼物:几篓橘子、几把竹扇、几匹蜀锦和一包天麻。年羹尧说,"中堂,我知道您一清如水,从不收受别人的礼物,因此我也没敢带别的东西来。""您看这几篓橘子,只不过是让您尝尝鲜。""这几把竹扇,也是读书人之间经常馈赠的雅物。""只是这几匹蜀锦和一包天麻,是我孝敬太夫人的一点心意。中堂,我没有把您当上司看,就看在您是前辈的翰林,我是后辈的进士,如果这点不像样的东西您都不收下,也太扫我的脸面了吧。"

在炭敬、冰敬、程仪几乎是明规则的当时官场,这可能是再寻常不过的场景。但张廷玉只收下了年羹尧的一包天麻,因为这是年羹尧孝敬张老太太的补药,也不能太驳送礼人的面子,但他还是顺势回赠了年羹尧一盒湖笔,算是全了廉洁,顾了人情。张廷玉清廉得看似不近人情,甚至被一些人认为矫情,但张廷玉在康熙雍正那段动荡岁月得保全身,而且还有所作为,除了时势的因缘际会外,他的干事和干净,也不能不说是一个重要因素。

方宗诚是桐城派后期名家,学宗程朱,深受曾国藩、李鸿章赏识,当了10年枣强县令,政声颇佳,晚年辞官归隐,宦囊只有四大挑子书。回到家里,儿子守彝替他整理书籍,发现父亲文稿里夹着许多金银箔片,大惊失色,忙问父亲,方宗诚顿时满脸愧色,支吾不能语,见儿子伤心落泪,乃说出原委:"为父做官十年,未曾贪污半点钱财。这些银两都是朋友临别赠送的,我想用作印书的费用。"守彝听了,说:"父亲差矣。用受礼金银来印自己的道德文章,不仅使文章黯然失色,而且污染铜臭味,儿子今后还能读父亲的文章么? 请父亲三思而行!"方宗诚幡然醒悟,忙问儿子这些金银怎么处置? 守彝果断地说:"父亲有志兴学,培养人才,何不送回枣强,助资办学!"方宗诚喜曰:"方氏后继有人,护清门之家风有望矣!"

在"三年清知府,十万雪花银"的大气候下,方宗诚一个十年县令,只是为了印书收了一些临别馈赠,完全可以自安,何至于呢! 但君子清如水,不染一点世俗尘埃,岂能滴进来"墨水"! 如方氏父子,可谓得"水"之本意、识"清"之真趣,是"清"在骨子里的一泓"清水"。

四十年前,桐城中学桐溪塥旁边住了一位老师叫李水清,住在桐溪塥旁边,叫水清,当时就觉得他的名字不一般。他的宿舍是学生从教室到食堂的必经之地。现在想起来,恍惚还觉得,这或许是命运冥冥中的一种安排和象征,是对桐溪塥内涵和桐城文化精神的一种隐喻,更是对志在国器的桐溪塥学子的一种提醒。

君子能干事是本事,但能干净是本钱;不干净,再有本事也没有干事的本钱。君子志在国器,干净是一辈子的事。桐溪塥的水教我们做人做事。

桐溪堨之美,美在灵韵

有人说,桐溪堨打通了县城的地脉、气脉,把灵气灌入了"金龟永寿"的"铁打桐城",从此桐城文风大炽。自洪武三十年开通桐溪堨以后,明代中叶起,桐城开始文星灿烂,到清代更是文教鼎盛。井喷一样出现了张姚马左方、盛吴何赵叶等文化家族。据《桐城耆旧传》载,桐城一县明代进士80人,举人165人;清代进士153人,举人628人。不能说桐溪堨开通与文教事业大盛有直接的因果联系,但也许是历史的机缘凑巧,桐溪堨开通后,桐城的文风确实是迥异前朝,时至今日,流风余绪还弦歌不绝。

但不管怎么说,桐溪堨从一出生就与文教交织在一起。桐溪堨水从城北入城,首先经过的就是桐城世家的府邸,最有名的就是桂林方氏和麻溪姚氏两大家族。富贵而重文是人之常情,子弟读书是君子立世扬名的主要途径,两大家族开枝散叶,终于学有所成,方以智、方苞、姚鼐等就是杰出代表。世家子弟的成就也鼓舞了地方其他家族,甚至小门小户。沿着桐溪堨流经的方向,以文庙学官为中心,近代又加入了桐城中学,形成了桐城文化的地域坐标群,而桐溪堨就是这文化坐标最鲜活、最生动的一条流动浮标。

时间一长,人们也就把桐溪堨理解为这座文化名城的文脉所在。桐城历史文献记载,桐城古城是一个圆形城池,形如一只金龟,称为"金龟永寿"。所以有好事者演绎,桐溪堨就是金龟的龟肠,正因为有了这龟肠的运化,金龟才能吸收营养,排弃废物,金龟的灵性才得以发挥。这当然只是戏说和一个文化故事。

但从城市建设来说,一座城市的灵气确实离不开水。人类文明也都是从河流旁边开始的。人没有水不能活,一个规模人口的聚集地,当然离不开水,这是城市从河流旁边开始的生存原因。很难想象,一个没有水的城市能有多大灵性。古人讲智者乐水,不是没有原因的。智者从水的流动和灵动中感悟事物的变化,寻求变化的妙要;从水的至柔至坚中,体悟事物的辩证,求得智慧的升华。所以,从这个角度来说,桐溪塥能冲击学子的思维定式,让他们在水流无限中证得人生的正解。

科举时代的佳话增加了桐溪塥的灵韵,但真正让桐溪塥大放异彩的,其实是120年前桐城中学事实上的入主桐溪塥。桐城中学握住了桐溪塥的入城首段,其时,昔日世家的府邸已经零落,姚鼐的惜抱轩成为桐城中学的一景,姚先生的银杏成为桐城中学的一个精神和文化图腾。也就是说,桐城中学成为桐城派文化象征的守护者,某种程度上成为桐城文统的继承者。要问桐城派的遗存何在,就得到桐城中学去瞻仰姚鼐的银杏,桐城中学也当仁不让、义不容辞地担起接续桐城文统的历史重任。

这不是桐城中学的自封,这是桐城派末代领袖的期许。桐城派末代领袖吴汝纶先生是桐城中学的创校校长,桐城派最后一位作家马其昶先生是桐城中学第二任校长。吴汝纶先生1902年书下的"勉成国器",就是对桐城中学子弟最深沉的期望和永恒的鞭策。

1925年,方宗诚先生之子方守敦先生,集六朝文句,为桐城中学诗碑书下"高峰入云,清流见底""杂花生树,群莺乱飞"十六个字。学子勉成国器,既要高峰入云、大树挺立,更要清流见底、不受诱惑。守敦先生是教育家、诗人和书法家,有父兄洁身好义遗风,当年力助吴汝纶先生创办桐城中学,也曾支持陈独秀先生在安徽兴办公学,对桐城中学和传承桐城文脉有特殊感情。这诗碑至今还矗立在桐城中学校园,成为桐城先贤对后学永远的要求和警示。

昔日文脉今在否?桐溪塥畔思国器!

　　承载了先贤精神的桐溪塝,运化了桐城文脉的桐溪塝,在废弃了20年之后,终于在桐城中学120年华诞之际,清流复水、再现碧波。希望这是一个象征和契机,从此,桐城复兴的不仅是文教,还有那古老的乡土大地和那大地上的人们。

　　愿桐溪塝永在,愿文脉绵长!

　　愿桐溪塝两岸,一切如先贤所望!

(2022年2月7日)

空房子，空镜子

友农君自家乡返京，说二伯的老房子又倒掉了一间。

二伯的房子在路口边，是二伯从上海退休回乡养老时新盖的，算起来也有近四十年了。唯一的儿子顶替去了上海，二伯老两口就在这房子里快乐生活了十几年。后来二伯去世了，二嬷在这房子和上海儿子家断断续续住着。后来二嬷也走了，这房子就成了空房子，也有十多年了。

起先，二伯在世时，农村还比较穷，二伯的侄子们还稀罕这房子，彼此间还为此争风吃醋。到后来侄子们打工也挣了些钱，侄子们的儿女或上学或打工，都进城了，自家的老房子都看不上眼，哪里还在乎二伯的几间房呢。侄子们都给儿女在县上或镇上买了房，再不济也把自己的老宅拆了建楼房。二伯的房子就一直空着，没人住，没人管，前些年一场春汛，后排的角屋塌了。这次听友农君说，今年春上又倒了一间，"角屋和边墙都塌了，只剩下堂屋还在，大门洞开，破败不堪，看来再来一场大雨，这房子就要没了。"也难怪友农君感伤，二伯的房子是我们当年上学、去车站必经之地，每次经过门前，都看见二伯老两口跟我们打招呼。如今人去屋塌，让人感觉时光收走了一切。

二伯的老房子太老了，塌了是迟早的事。友农君说起堂弟家的楼房却是连连摇头，"太可惜了，三层楼房，七八间房子，一年到头都锁着门，就过年时住半个月。"堂弟一家子在沈阳打工买了房子，儿子上了蓝印户口，女儿女婿在合肥买了房子，老家的楼房就这样闲着，让老鼠住着。

"空房子太多了。前些年,有儿子的人家都一窝蜂建楼房,没有楼房,儿子找不到媳妇啊! 如今又时兴到镇上、县城买商品房了,不然又找不到媳妇。"友农君感叹,"乡亲们打工挣的血汗钱,都交给房地产老板了! 可是这么多楼房都空着,让老人住? 老人腿脚不好,宁愿住以前的老平房。""这么好的楼房不住,能不能卖了?"我问友农君。"谁买啊? 家家都有房,年轻人又不稀罕你村里的楼房。这次回家我倒是听说小伯家儿子的房子卖掉了。好大的一处房子,有前后院,两层楼,又在路边,六万块卖给了一位退休回乡的,听说,人家买后把房子里面装修得跟城里一样。"

"这买卖有没有房契合同? 退休回乡的又不是村集体成员,怎么可以买这个房子?"我连珠炮地发问。"都是乡里乡亲的,要什么合同? 支书村长和左邻右舍做个见证就行了。再说,小伯的儿子卖完房进城了,全家都走了,也不会回来耍赖。至于不是集体成员,这倒是实情。但话说回来,人家去世的父母是村集体成员,祖祖辈辈都住村里,人家也是曾有祖传老宅的,是以前的历史把人家的老宅搞没了,现在人家叶落归根,你好意思拒绝吗? 大家都是光屁股一起长大的,这点情分还是有的。再说,人家回来对家乡还是有帮助的,修桥补路的事没少干,也有见识,我们搞乡村振兴,他们还真有用。"友农君情真意切、侃侃而谈。

听了友农君之言,我又问:"二伯那老房子都塌得差不多了,为什么不给拆了? 遇到刮风下雨多危险。"友农君答道:"我听说,拆也不是不可以,可是谁去做这个主呢? 二伯的侄子也老了,不愿意管。再说,二伯的儿子在上海也退休了,说不定哪天回来要翻盖,你现在把他的房子拆了,他要回乡养老谁给他批宅基地? 他又不是村民。可是,只要这房子还在,他回来就不用批宅基地指标,人家只是老屋翻修。"友农君所言,也确实是这么回事,这也是农村这些年房子只增不减的一个因素。无论是农民工还是工作人士,都不愿意把老家空房子处理掉,毕竟,房子的那一堆砖瓦不值什么,宅基地就很重要。房子卖不了几个钱,留着宅基地将来说不定有大用场,即使将来真没用,再处理也不迟。像小伯儿子那样卖院子的人少,像二伯家留着空房子的人多。

"农村空房子这么多,怎么办啊?"友农君向来以业余"三农"专家自居,这回也唉声叹气了。"你看过最近一个新闻吗?《日本冈山空房成患,政府头疼:联系不上146岁户主》,看这标题党!日本农村人口锐减,到处都是空房。我担心日本农村的今天就是我们老家的明天。现在很多人家,老人住老平房,分家的儿子也有自己的楼房,有的在镇上、县上甚至大城市都有房,喜新不厌旧。为什么?不说房子本身,就说这宅基地,就值钱。说不定将来房子不值钱,房子下面的地值钱。你说,谁愿意丢这个呢?就说小伯家儿子的那院子,卖了六万块,你说是多还是少呢?六万块很快就花完了,院子还要升值呢。现在老家农村正在确定集体成员资格,集体产权改革就要搞了,将来成员就能分红,这老房子说不定还是下蛋的母鸡呢!"友农君畅想一番又转忧为喜。"老房子太多,也不用像日本那样发愁。""我去浙江和皖南看过,人家那里把老房子流转过来,就是租过来搞旅游,搞民宿。"

发展乡村旅游,是一些地方的好经验。但,搞旅游民宿要有配套设施,你得有水电路气房讯,得有山水林田湖草,得有自然和人文资源,得有品牌和经营。像我们老家,水电路气房讯还处于低水平,山水林田湖草还很粗放,自然和人文资源还没有开发,品牌和经营还付诸阙如,什么、什么都缺,就只有一些空房子,而且还没有适应旅游需求的装修,怎么发展民宿?"友农君,你有何高见?"

"高见没有。这事不能拧着来,要顺大势,附骥而行。"友农君拽起文来，"像我们老家，经济不发达，也没什么大企业，也没挨着大城市，一时半刻要发展乡村旅游，确实难。但难不能不干，弱也不能一直弱下去，总得一步一步往前走。现在就有一个'大势'，国家在抓脱贫奔小康，在搞乡村振兴，有一系列的政策、资金下来，谁抓住了，谁就发起来了。也有一个'附骥'的机遇，现在正在搞农村人居环境整治，包括村庄清洁行动、厕所革命等，国家投了 100 个亿。我们能不能借这个东风，争取点项目，把基础设施建好、把村容村貌整好？试想，水电路气房讯跟城里差不多，山水林田湖草规划设计好了，自然人文资源激活了，就差经营和品牌了。这不要紧，政府做完了她的职责，剩下的就交给市场。梧桐树栽下了，不愁凤凰不来。只要有钱赚，不信企业家不来，不信品牌和专业人士不到。"

友农君信心满满："我看，只要基础建设好了，我都想回家搞民宿。我要把农民工在老家的楼房流转过来，把在城里工作人士的老宅租过来，把农民的土地流转一些来搞生态农业，经营一个新农庄，再讲出一个故事，打造一个概念，一个集旅游、人文、乡愁的故事，一个演绎产业、资本、营销的概念。至于还有村民不愿意流转，也不要紧，度假游客和村民混在一起住，还有原生态的生活气息，有淳朴的烟火气，这种融入式的休闲度假，对城里来的客人，说不定更有吸引力呢。这样，农民工闲置的房子新增了收入，反正闲着也是闲着，房子有人住、有人养、有钱赚，还有人气，何乐而不为。城里工作人士的老宅子更是如此了。像二伯家的空房子，如果有人管护，何至于墙倒屋塌？你想，二伯的儿子孙子如果回老家，看到祖宗老屋倒塌了，该怎样伤感！所以，我把空房子流转过来，也是为你们这些人守护一片乡愁。你们城里人得感激我才是。"听了友农君的话，好像他真的回家流转空房子搞民宿了，好像他真的替我、替你守护着一片乡愁。

　　二伯的空房子倒塌了,那洞开的大门,就像一面空镜子,照见了时光的无情,照见了我们每个人昏黄月影下浮动的乡愁。也期待友农君的畅想能够实现。

(2019 年 9 月 2 日)

"穷不丢书"不会输

　　友农君在北京做建材生意,他手下一个农民工,经常晚上在工棚外的路灯下看书。"白天累成狗,晚上还不好好歇着,看什么书?"友农君感叹,"后来我改变了想法,看书总比打牌、出去惹事强! 好歹还能陶冶性情,学到点知识。说不定哪天就有用。"

　　听了友农君所言,我也想起小时候我奶奶老念叨的话,"人真不能把话说早了,陈婉珍当年在月亮下一边纺线一边看书,我还笑她,你都这年纪了,看书还能看出什么名堂? 哪知道还真让她看出名堂了。"这段话我听奶奶说都耳朵起茧子了,每当听奶奶说陈婉珍,我就眼前浮现一团昏黄的月影,一个纺线的中年妇女,一本摆在纺车前的书,一个活灵活现的励志故事。这陈婉珍,是我发小的母亲,她家原在外村,土改时分了地主的房子来到我村。当时,她男人在外当兵,家里家外靠她一人操持,只能用纺线的时间看扫盲本。后来,她男人在部队提了干,脱盲的她随军后还当了会计,所以我奶奶笑话自己把话说早了。奶奶的后悔,成为我童年的深深印记,也使我小小的心灵记下了一句话,到什么时候,读书都不迟,读书都有用。

　　这陈婉珍现在想来也有七十多岁了,我奶奶作古也二十五年了。想起奶奶当年的念叨,此刻,正值中秋佳节的深夜,推窗向外,惟见天上月圆,碧空如洗,一轮清辉照海晏河清,童年的记忆开始随月影载浮载沉。四十年如白驹过隙,陈婉珍这个人我已经没印象了,陈婉珍这个名字,却在我心里扎了根。她已经成了读书的代名词。

吾乡桐城,自明代以来就崇文重教,民间俚语有"穷不丢书,富不丢猪",《桐城耆旧传》载有"城里通衢曲巷,夜半诵声不绝,乡间竹林茅舍,清晨弦歌琅琅",有人还以"户户翰墨馨香,家家灯火书斋",来形容桐城读书的盛景。不知是受到奶奶念叨的"陈婉珍"故事影响,还是为风气所染,我从小也爱清晨在家中小院诵读,及至如今,评价文字优劣,也以诵读顺不顺口为标准。文风所及,桐城山间野老、农夫渔樵,都能说几句文,论几句理。一位曾经主政安徽的长者,就开玩笑地说:"桐城挑担砍柴的,到我们老家都可以当教师。"足见桐城读书之盛。

读书为吾乡一时之景,富人手不释卷,穷人忙里偷闲也要沾一沾书香墨味。当然,读书可以改变命运,多少人因此梦想着"朝为田舍郎,暮登天子堂",畅想着"学成文武艺,货与帝王家",这也是千年来社会阶层流动的主要通道,但独木桥上怎跑得了千军万马?幸运者总是少数,大多数人最终还是"泯然众人也"。

"指望靠读书大富大贵,靠读书改变命运,性价比并不高,"友农君感慨,"我们桐城是出了不少人才,像你这一届就出了三个院士,但三个院士后面有多少人没成名呢?就一个桐城中学,一届毕业生三五百人,改革开放四十年了,毕业生有一两万。你说读书重要,是很重要,但不能这么算账,不能以是否成名成家、是否升官发财来衡量。成名成家、升官发财的能有多少?再说,读书好,也不一定就能成名成家,不一定就能升官发财,有好多读书不好的人也照样成名成家,照样升官发财了。你看那些富豪榜上的人物,有几个有高学历的?很多还是农民企业家出身,有的只是初中、小学毕业。所以,讲读书重要,不能仅从改变命运这一点来谈";

"我觉得啊,读书最重要的还不是改变命运!我们好多人可能都误解了读书的意义,如果这么狭隘理解读书,那是不是命运没有得到改变,读书就没意义呢？像前些年的新读书无用论就是这么想的，他们认为，农村孩子念了大学拼不了爹、拼不了家底，找不到好工作，有的一个月工资跟农民工差不多，读了书、上了大学，有什么用？与其整个家庭含辛茹苦陪着寒窗苦读，还不如早早停学出去打工挣钱，好将来盖房子娶媳妇。这是不是事实呢？是有这种情况，但由此得出结论说读书无用，也肯定不是事实，这是对读书价值的片面理解"；

"'穷不丢书'的好处是让人明理懂礼、增广见识，让人与生活、与社会、与命运乃至与自己和解、和谐，让人活得更好、更愉悦。正如古人所讲，'天下第一件好事，还是读书'，'为善最乐，读书便佳'"；

"'穷不丢书'的第一个好处是，修炼自己的心境。读书改变了命运、向上流动了，当然好，但如果没挤过独木桥，也不是什么大不了的事，在家务农、办厂、做经纪、搞合作社，进城打工、经商、跑推销，丢书与不丢书，还是不一样。不丢书的，他能从书中汲取营养，平和心态，自己虽然生活困窘，但看别人的富贵、看外面的繁华，可以羡慕，但不嫉妒恨，没有不平，没有戾气。面对反差，要么淡泊淡然，要么励志奋起，总之是搞好自己的心理建设，让自己活得更好。不丢书让心境健康"；

"'穷不丢书'的第二个好处是，拓展自己的视境。读书让人看得更远更高、更深更透，眼前的苟且终究是眼前，唯有诗能引领你去远方。有一幅画画得好，读书少的人被眼前的障碍物所遮蔽，看到的只是黑暗和阻碍，读书多的人则站在摞起的书上，视野超越了障碍物，看到的是明霞满天，之前的昏暗浑浊，变成了脚下的浮尘。读书让人'一览众山小'，视野不一样，格局就不一样，目标也不一样，看到的路径自然不一样。曾经汲汲于心的，现在可能只是浮云；曾经沾沾自喜的，现在可能不值一提；曾经山重水复、千回百转的，现在可能就柳暗花明、豁然开朗。不丢书让视境更广"；

"'穷不丢书'的第三个好处是,改善自己的环境。不丢书的人,明理懂礼,有格局,有目标,有路径,读书让他知道,自己是个肩负责任的人,对家庭、对家族负有义务,岂可与人较一日短长,又何必生一时闲气,要留有用身做有益事,为自己创造未来,为家人遮风挡雨,所以他待人和气、处事大气、遇事静气,虽是乡下人,不失书卷气。桐城六尺巷的故事就是个好例子,张吴两家盖房争宅基地,张家向大学士张英求援,但张英回以一首诗,'千里来书只为墙,让他三尺又何妨。万里长城今犹在,不见当年秦始皇'。张家惭愧地让了三尺,吴家则感动地后退三尺,就形成了一个六尺巷。这就是格局的作用。明事理、讲礼仪、知进退,好格局能改善人际生态、优化周遭环境。这都是读书的作用。"

友农君的一席话,给"穷不丢书"下了新注解。读书,原本就是一代一代的人汲取前人智慧的过程。从其原本意义上看,读书是优化人生、提升心灵的利器,而不是获得富贵荣华的敲门砖。所以,改变命运不是读书的终极目的,更不是唯一目的。打开向上通道,只是读书的一个副产品、一个衍生品,读书终究还是教人学会生活、教人愉悦人生。

对穷人来说,不丢书,能够因此向上流动,当然是好事,但留在原地,也不怕,让自己平心、顺心、开心地生活,最重要。这该是"穷不丢书"的终极价值吧。

(2019 年 9 月 16 日)

"富不丢猪"不丢人

在猪肉价格汹汹的前些天,友农君恰好从家乡返京,给我捎来母亲亲手做的火烘肉。当天晚上,我就在饭上蒸了一小碟,真个是:开锅满屋香,一块半碗饭。

吃上香喷喷的红烧肉,自古以来就是一件很有幸福感的事。苏东坡在黄州时,因当地肉贱而发明了著名的红烧肉——东坡肉;台北故宫镇馆之宝的肉形石东坡肉,也是因形似红烧肉而得名;毛主席爱吃红烧肉的故事,更是关于红烧肉最耳熟能详的佳话。华夏民族对猪有一种特殊的感情,汉字"家",就从"宀",从"豕",意味着"有房有猪"就叫家,这与现在都市白领的"有房有车"相比,只有一音之转。亚圣孟子曾经描绘了理想的农耕生活:"五亩之宅,树之以桑,五十者可以衣帛矣。鸡豚狗彘之畜,无失其时,七十者可以食肉矣。"让老百姓在房前屋后种桑养猪,老人就穿得上绸缎,吃得上红烧肉,王道社会就有基础了。这也足见,猪在中国人的生活中真的是上得了餐席,进得了典籍。

我的家乡安徽桐城,民间相传一句俚语"穷不丢书,富不丢猪"。"穷不丢书"这句话好理解,就是再穷也要读书,读书不仅是改变命运、向上流动的途径,也是穷人安身立命、与社会和解的触媒。但"富不丢猪"就有点费解了,想一想,养猪可不是什么雅致的事,猪的形象是黑乎乎、臭烘烘、哼哼哼,光一个粪污问题就是大麻烦。普通农民没办法,养猪是生存的需要,顾不得那么多,臭就臭点吧,富裕人家为什么还不能"丢猪"呢?

有钱可以买肉,何必还要自己养?何必要让猪坏了宅院环境、打扰清雅生活?试想一下,当绅士淑女正在赏花逗鸟时,突然"哼哼"跑出几头大黑猪来,是何等的煞风景。说起这个就更对"富不丢猪"想不通了。

我曾经试着解释:"富不丢猪"并不是真的不丢猪,只是一种比喻和象征,表示富裕了不忘本,是为了言传上与"书"押韵顺口,重点还是不忘本。就像现在很多人,穷时爱穿皮鞋,阔了就穿布鞋;不发达时爱谈世界、城市和庙堂,发达了却爱谈家乡、泥土和农民。那些自称"农民的儿子"的人,都是成功人士或者曾经成功过;反而是那些现在还是农民的"农民的儿子",很少说自己是农民的儿子,而是爱说自己祖上曾经如何、如何。所以,"富不丢猪"就是先贤告诫富裕人士:人不能忘本,不能忘记了你曾经也是养猪人士,曾经也靠着猪养家吃肉;不能忘记了你曾经也在贫困泥沼中摸爬滚打。这也是先贤对富裕人士的警告:若不知珍惜,说不定哪天就被打回原形,回去接着养猪吧。

但友农君嘲笑了我的解释,他说我的解释虽然也说得通,但理解得过于刻意。家乡先贤的话是对老百姓讲的,不可能那么深奥。"那怎么讲?"我问。友农君笑道,"就是字面意思"。

"且听我道来,"友农君整衣危坐,说东海水,却从昆仑山发脉:"我们小时候家家都养猪,虽然养得不多,少的一两头,多的两三头,再多就是开养猪场的了。"

是啊,那时候一般人家一年也就养两头猪,一头年中的时候卖给食品站换点钱,一头过年时杀年猪。说是杀年猪,大部分肉都在杀猪现场卖给左邻右舍了,留了点过年吃的鲜肉,只有少量的做成腊肉,以备五黄六月时馋馋嘴,但好歹还落个猪头猪脚猪下水,有一大盆血豆腐。那时候谁家猪养得好都远近闻名,我奶奶每年都养两头肥猪,连路过的砍柴人都纳罕:"那老奶奶,年年养大肥猪!"

友农君接着说:"农民养猪就是捎带着手。从小环境来看,养猪臭,不卫生;但从大环境来讲,养猪却是最环保、最循环的。古人讲好媳妇的标准是宜室宜家,但什么是家? 有房有猪才是家,起码对农民来讲是这样。猪吃的是剩饭剩菜,喝的是洗锅水,啃的菜叶菜帮,现在城里人爱吃的野菜、红薯藤、萝卜缨,那时候人都是猪饲料。家里养了猪,人吃剩下的就浪费不了,猪养起来也不太费劲。南方吃米,稻谷脱壳的米糠,和上水加上菜叶,就是上好的猪食。我们小时候谁没剁过猪菜、喂过猪食、放过猪? 说起放猪,猪一天大部分时间关在圈里,只有早晚放出来透透风,这一则是防止它到处拉撒,一则是养膘。放猪少年的一个重要任务就是跟着猪后面拾粪,这猪粪是菜园的好朋友,稻田也很欢迎。现在讲有机,养猪才是从头到尾的有机。猪消耗的是废料,排出的是肥料,生产的是食料,源头、过程、结果都是有机。所以,家乡先贤的'富不丢猪',就是他们对"家"这个字最本真的领悟。"

友农君侃侃而谈:"猪是农耕生活、农耕文明密不可分的一部分,'富不丢猪'就是农耕文明的理想生活方式。这是从汉字形成、从孟夫子那里就开始了的。先贤的'富不丢猪'如果一定要引申,我觉得还有一层意思,就是由俭入奢易,由奢入俭难。一个人、一个家族、一个地方,从养猪农耕两不误到富裕发达之后,嫌猪臭不再养猪很容易,不养猪后,家里家外的环境美起来了,家风文雅起来了,家族档次也高起来了,地方的环保名气也大了,这原本也是正常的事。但如果哪一天,人生遇到逆风,富裕不再,想回头再养猪、重过平凡农耕生活,恐怕自己心里这一关就难过。倒不如,一直坚持养猪,一直保持平凡农耕生活,就没有了那些波澜起伏。就像先贤张英张文端公,曾经是康熙皇帝的文华殿大学士,致仕归隐后,就在龙眠山里过平凡农家生活,也在山间小道上跟樵夫野老话桑麻,他没觉得有什么不同,乡民们也不觉得老宰相有什么不同。为什么,就因为他的人生态度、生活方式始终没有变化。他就是'富不丢猪'。"

"倒是有的人、有些地方,小富即骄。"友农君接着说,"刚挣了点钱,就讲究生活的品味,当然过更好的生活是没错的,但一定要实际,不能脱离现实。日子稍好点,就不愿意养猪了,觉得养猪档次低,丢人,说猪污染环境了,不利提高生活质量了,养猪比较效益低了,让我们去搞IT、去搞AI,搞金融房地产,搞比较效益高的,让那些种粮多的人、产粮多的地方多养猪之类,有的还把限养禁养推到极端,一头也不许养,要打造无猪县无猪市,又以产业升级等理由,不让农户养猪,把小猪场拆了,在用地、环保等方面出难题,总之是把猪赶得越远越好,最好是眼不见为净。至于吃肉,那他是一点不含糊,我有钱,哪儿买不到肉,我多吃肉就是帮你们养猪的人、帮你们养猪的地方,我多吃肉就是扶贫,傲娇得很呢!有条件养猪却不养猪,都指着别人养猪,指着几千里外的人养猪,那猪千里奔波,沿途有风有雨,不算运输成本,一旦有疫情,长途运转,防疫灭疫多难啊!当然,养猪污染问题确实是老大难,但也不是没办法,像搞沼气、搞循环农业,具体技术上有自然养猪法、生态养猪法、封闭养猪法,只要干,总有办法。关键是,这种小富即骄的心态要不得,用我们家乡的话就是,才穿了几天大裆裤,就笑别人裤开裆。这样的态度、这样的做事方式,到了刮北风的时候,生理和心理都很难撑住。"

友农君一发不可收:"大猪场、规模化养猪是好,在生产、防疫、环境等方面都有很大优势,但一旦出问题,风险也是很大的。一头猪死了,其余的一万头、两万头都悬了。小农户养猪,效益是没那么大,在防疫上也没有规模猪场完备,但小农户有小农户的好处啊,市场再波动,影响也不大,合算就卖,不合算就自家吃,反正也是厨房、菜园喂大的,又不需要专门买饲料;发生疫情,猪死了,也就一头两头的,及时处理了,风险范围可控,虽然有损失,但补贴到位了,也能挺过来。所以,我们做事不能搞一刀切,一方面肯定要搞适度规模经营的猪场,一方面也应允许小农户搞点庭院经济,养几头猪换点钱、过个年,但要结合好人居环境整治,把小农户养猪的环保和粪污问题解决好。这个很重要。"

"当然,'富不丢猪'不是让城里人、住楼房的都来养猪,这也不是先贤的本意。"友农君最后亮明自己的观点:"'富不丢猪'说的是农家、农村,'富不丢猪'对个人说是生活的态度、方式和智慧,对地方来说,是一种生态观、发展观和民生观。这是我的一点理解。"

友农君言之,于我心有戚戚焉。

(2019 年 9 月 9 日)

300 米村路与贸易战

父亲又为村里的路来电话了。说起村里的路就话长了,这段路是我村乡亲们出门必经之路。曾听老人讲,当年新四军浩浩荡荡地从这儿走过,一路走一路高呼:"万贯家财我有份,光蛋痞子跟我混",动员财主眼里的光蛋痞子,也就是穷人,到革命队伍里来。足见这条路还不小。

新中国成立后,这条路拓宽了,儿时的印象,这条路曾经跑过车。后来随着时间和风雨的侵蚀,路越来越窄,路基也塌了,坑坑洼洼的,偶尔走个车,不是轱辘滑到路边的沟里,需要找劳力来抬;就是轮胎陷进路面的坑洼,得用石头垫一下才能开出来。记得,我春节回家,有好几次赶上阴雨天,地湿漉漉的,轮胎在泥浆中打滑,溅得泥点四处飞,每次都是父亲搬来大石头垫到轮胎下,才勉强开出来。还有几次把朋友的车溅了一车泥,很是难为情。当时就想,这段路,什么时候能修一下。问起村干部,说村里没有钱。还说,不修也没关系,不影响走路。

后来,不少在外打工经商的乡亲买了车,春节时都纷纷开回来。一时间,很多人家门前都停着外地牌照的小汽车,堵车也成了乡村的一景。我村自然也不例外。于是,村里的这段路就成了头疼的大问题,修路的念头开始在乡亲们心头浮起。

之后,每年春节前后,乡亲们都热火朝天地说修路,父亲打电话也兴高采烈地说,今年肯定修,你过年回来时,水泥路肯定修好了。但一年一年过去了,从 2006 年新农村建设那年开始说起,路始终没修起来。开始时,听说隔壁村修了从村到镇政府四五里长的水泥路,都是政府出的钱。大家很兴奋,心想,我们村不用修那么长,到乡道只有 500 米,中间还经过一个村,实际我们村这一截只有 300 米左右,应该很快就会轮到我们村。但是这好消息传着、说着,过了四五年,还是没见修路。再后来听说,隔壁村的水泥路,是因为村里出了名人,市委书记特批的项目。这是别的村不能攀比的。乡亲们一下子像泄了气的皮球,谁叫你村没出名人呢。

去年春上,父亲又打电话说起修路的事,这回是有鼻子有眼。说市政府有政策,只要村里把路基打好,石头、沙子备好,交通部门就免费提供水泥。虽然是"公私合营"式地修路,毕竟是政府的一大惠农利好。怎么办?各家集资吧,算算大概需要四五万块钱。当时村里有位山西煤老板,当即表示他家出 1 万块,其余的各家集资。按说事情到这就很简单了。但谁知,偏有几户不同意,理由是,我家又没有车,没必要出这个钱。其他人也不好强出头多出,显得你多有钱似的。这事就这样搁下了。但是我们的村路经过的那个村提出来,他们村修路,我们村每户也要出 200 块钱,不然,以后我们村的车不许走他们村修的路。没办法,大家虽然悻悻然,但也只得出了。但自己这 300 米路始终寒碜地摆在那里,一直没修起来。

今年春节,村里再次打定主意修路,那几户不愿意出钱就算了,就其他人多出一点吧。但新情况又出来了,原先答应出 1 万的煤老板,因家中老人去年下半年故去了,一家子都搬到城里生活,不愿意再出钱了。怎么办?听说,市里有单位有小型扶贫项目可以资助修路,村干部开始往市里跑,开始时听说有些眉目,但后来听说又出了技术上的困难,再后来,就没再有后来。那段 300 米的路还是老样子。

前些天,有位做生意的乡亲从老家来京,说起那 300 米村路,在摇头叹气的同时,说,政府既然出了水泥,为什么不好人做到底,干脆连路基、石头、沙子都出了?为什么农村做点事就要农民出钱出力?你们城里的路,你们城里人出钱了、还是出工了?我说,可能是当地政府为了强化村民主人翁意识,免费的东西可能就不太爱惜。乡亲当即反驳,我们自己的路,我们凭什么不爱惜?你们城里路也是免费的,为什么不担心你们不爱惜?我无语以对。

这位乡亲接着说,新闻上说美国人要跟中国打贸易战,给我们出口美国的东西加税。要我说,这没什么可怕的,虽然出口有困难,农民在工厂打工受些影响,但坏事也能变好事啊,现在不是正在搞乡村振兴吗?把农村发展起来,还怕他们美国人?我们农村的市场那么大!好多东西都缺,路没修好,房子没盖好,像我们村那条说了十几年都没修成的路,农村不知道有多少呢!现在好了,他美国人不是为难我们吗,我们就发展农村,把农村的路修好,自来水、宽带给接上,把农民的房子装修装修,把村里环境整整,厕所修修,就照着电视里说的浙江的标准,叫千万工程的,都来一下,这是多大的生意啊!村里环境搞好了,再把农家乐、民宿搞起来,吸引城里人来体验游、观光游、度假休闲,让城里孩子来看看我们的稻田麦地,看看我们的油菜花,让他们在稻田麦地边支起大阳伞,一边看风景,一边吃农家菜。乡村游搞起来了,农民种一份粮食就有好几份收入,庄稼本身有收入,让人看、让人拍照又有一份收入,粮食加工做成小吃、做成糕点也是一份收入,就是粮食收获后的秸秆都能做成旅游纪念品,也会有一些收入。农村的各种产业发展起来了,农民挣到钱后也会买很多城里好东西,城里人、农村人,你买我的,我买你的,各取所需,还愁经济不火?听说,乡村振兴搞起来就是几万亿、几十万亿的市场,这么大市场,一旦活了,那还得了啊!我就不信离了美国人我们就不发展了!

这位乡亲的话听起来确实让人热血沸腾。中国的农村发展确实严重滞后。但滞后有滞后的后发优势啊,中央提出乡村振兴,正是号准了国家发展大势的脉,抓住了未来 30 年发展的要劲处。但是乡村振兴千头万绪,要干的事太多了,要花钱的地方也太多了,从哪儿下手啊,又哪里有那么多钱啊!

我的这位乡亲笑了:你这是瞎操心!中央已经说了搞乡村振兴,肯定早盘算好了,肯定早就有安排,肯定有的是办法。就你瞎操心的那几件事,我这个农民都知道。乡村振兴从哪儿下手?我看就该从我们农民最难最烦的事干起,我们农民最难最烦的就是村里的环境,晴天一身土,雨天一身泥,污水横流,臭气熏天,苍蝇蚊子满天飞,我看从这个做起,准没错。这事政府出一点钱当"药引子",钱多的档次搞高点,钱少的档次就低点,只要干,都能干出点名堂,还可以吸引社会资金进来,我们农民为自己的事,出力不在话下。这事干好了,是积了大德的事,我们农民几辈子都要感谢政府,都会打心眼里感谢共产党。这事办好后,接着还有好多事可以帮我们农民做,可以派一些城里的好老师到农村学校来,把城里好医生调到乡镇医院来,不用他们长期在农村工作,每个人来干个两三年,政府给支援农村的老师、医生多发点补贴,干得好的提拔。那样的话,我们农民,孩子上学有好老师,病了有好医生,再加上我们农村的环境也变好了,吃的喝的又新鲜,到时候,我们农村生活比你们城里一点也不差。

那要多少钱啊,国家财力允许吗?针对我的疑惑,乡亲斜了我一眼:有法子!一号文件说了,农业农村优先发展。什么叫优先?不就是凡事先紧着的意思吗?说到底,不就是,别的都可以放一放,让我们农村先发展一会儿、多发展一下子,有钱先紧着农村用。这些年你们城里发展得太快了,几年不来都不认识你家的路了,这发展是谁出的钱?不是你们城里人自己集资的吧?还不是国家出的!现在国家搞乡村振兴,就是要让农村先发展发展,就像龟兔赛跑,你们城里兔子可以先找棵树歇会儿,让我们农村乌龟多爬一会儿,我们也不想超过你们,就来个友谊赛,到时候我们一起跑到终点,怎么样?当然啦,农村太大了,人多花钱的地方也多,以前发展得慢,自己也没什么积蓄,大头还得靠国家。如果国家没有那么多钱,我觉得也不是没办法。可以发债券啊,我看国家以前发过国库券,电视里也经常播国外发行这债券那债券的,我们也可以发行乡村振兴债券啊,我看你们城里有钱人很多,买房子、炒股票的,国家发的债券,多可靠啊!可以在北京上海香港发,还可以到国外发,不愁没人买。当然,自己有钱还是用自己的钱好。我是说万一钱不够再发债券。

听了乡亲的话,我为他的眼界和思考感动,为他对国家发展和乡村振兴的主人翁意识而佩服。虽然他的想法有些理想化,甚至还有些简单化,但从大历史的视角看,从整个伟大复兴的进程来看,也不是毫无道理。当前的贸易战虽然有困难,终究只是一时的困难和茶杯里的风波,我们复兴的大势是谁也逆转不了的。我们要做的始终是,做好自己的事!而我们自己的事,头一件就是乡村振兴。这件事,从长远上看,办成了、办好了,中国的事就好办了。到农村找答案,始终是我们党出奇制胜的法宝,未来某种程度上,也一定会是我们应对复杂问题的关键一招。

但是乡村振兴不是一蹴而就的。办好这件事,需要国家聚精会神地投入,矢志不移地引领,但归根结底还是要靠农村的内生动力和能力。关键是要把农村的产业兴旺起来,让农民腰包里更有钱,只有这样,农村大市场才会从潜在大市场成为现实大市场,我们才有更大的底气和能力应对各种挑战。我们有理由期待,在产业兴旺基础上的乡村全面振兴,不仅会让农业强起来、农村美起来、农民富起来,也必将在关键的历史节点把整个中国的发展带入新的境界。

我期待着,老家那段 300 米村路这回真能修起来!我的乡亲们脸上不再有愁,不再有泪!

(2019 年 6 月 13 日)

为什么头一炮是她？

君自故乡来，

应知故乡事。

来日倚窗前，

马桶冲水未？

同乡友农君早年在京搞装潢，后来熟来生巧做起建材生意，一来二去也积攒了一些财富。人言饱暖思精神，友农君亦然，经常在网上发些忧国之言、爱农金句。近日，友农君自家乡返京，相聚之余，言及老家村庄环境，很是慷慨激昂，一副恨铁不成钢的表情。用他的话就是，都什么时候了，装了抽水马桶跟没装没有两样！还不如茅坑方便！

说起家乡村庄环境，难怪友农君长吁短叹。老家头一件头疼的事就是方便问题。方便的严重不方便，凸显了小问题需要来一场大革命的道理。记得二十年前去西北农村驻村采访，向陪同的村干部打听方便的地方，村干部大咧咧地指着农家院的东南墙角：就那儿。东南墙角就是一块沙土地，哪有什么厕所？我回头再问，得到的答案：那就是厕所。走近细看，果然有些方便的结果，堂而皇之地在那里。当时就想起自己家乡茅坑的可爱，毕竟还是上有顶，下有坑，晒不着，淋不着。心里泛起一丝羞惭的自豪。

其实，茅坑的水厕与沙地的旱厕，就是五十步跟一百步，谁也没有高明多少。西北缺水，旱作农业区，哪有水来冲厕所？方便时被雨淋着？那雨就是甘霖,淋着有啥! 沙地厚积了肥料,铲到地里还省了买化肥。茅坑好? 城里孩子方便时,不给恶心死? 摆着一大堆,绿头苍蝇嗡嗡嗡,最可怕的是春夏雨季,各种阳沟、阴沟里的水,不知道从哪儿冒出那么多,村里村外都是水,建在低洼处的茅坑都被水漫了,不是谁家的鸡在茅坑里淹死了,就是哪个淘气的孩子一脚踏空了,陷到茅坑里。鸡淹死了就顺水漂了,也有老人舍不得扔,洗洗用辣椒炒炒;孩子则被大人捞起,大呼小叫地在水塘边冲洗,惹来一片围观。

后来我一直在想一个问题,这各种水混在一起,最后都流到村口的水塘里,人们在水塘里洗衣洗菜,鸭子在水塘里划水,牛在水塘里打滚,这人倒是跟自然、跟各种生物和谐相处了,可不知道老乡们想没想起卫生两个字? 当然,乡亲们是不吃门口塘的水的,一般都去稍远的田畈中的水塘挑水,那里远离人畜,水还是干净些,有讲究的就打水井吃井水。当时觉得挺好,现在想来,那田畈里的水塘,人畜是远离了,但与稻田沟渠是相连的,庄稼打完化肥、浇完粪水,一下雨,残留物都流到水塘里。水井又怎样? 还不都是地表浅水层的水渗到井里? 唉! 只能说眼不见为净了。

友农君这次回乡,很是"愤青"了一下:现在虽然有了自来水,很多人家都盖了楼房,装了抽水马桶,能跟城里人一样在屋里方便了,晚上也不用去茅坑了,大冬天也不用晾着方便了,但是! 但是! 但是! 屋里的抽水马桶只能小便,大的不行! 为什么? 你问为什么? 因为,马桶虽然能冲水,但马桶的排水管只是从屋里延出去,延到房前的阳沟里,最后还是要流到水塘里。所以,能冲水的马桶也只能小的,不能大的! 村里没有污水处理设施,装了抽水马桶,有什么用? 还不是"污水靠蒸发,垃圾靠风刮"!

我忙说,友农君莫急! 厕所问题现在已经不是小问题了,国家都把它上升到革命的层次了。乡村振兴的头一炮,你说是什么? 就是包括厕所革命在内的农村人居环境整治啊！而且，这头一炮已经打响了，老家环境会改善的。友农君缓了口气说，希望吧！但就怕上面的好政策，在我们那里一时还落不了地！你看看，就你老家那 300 米的村路，多少年了，不还是杵在那里寒碜人吗？这厕所可是家家户户的事，搞沼气、建污水处理，上面是有要求、有政策，但架不住在下面落实成问题啊。我安慰他说，基层事情多，家乡人多地域大，地方上做事也需要时间。友农君苦笑道，是需要时间，我们在城里住着，是有时间等。但乡亲们等不及啊，现在在外闯荡的人多，对国家政策了解得多，对别的地方的经验知道得多，对村庄环境的期待也多啊。环境脏乱差，是我这次回去听得最多的问题，乡亲们反映很强烈，怨气很大啊！我把话撂这儿，这个问题不解决，乡亲们心里都过不去。你是媒体人，可得反映反映。

友农君走后，我陷入沉思。厕所革命、环境整治开展一年来，有不少好典型好经验，也有不作为案例，但政府决心很大，已经把这项工作作为乡村振兴的当头炮打出去了，在取得初步成效后，又提出了三年目标。我既为整个农村环境整治终于大干起来而高兴，也对家乡环境的改善充满期待。

包括我的家乡在内的广大乡村，这几十年来虽然取得长足进步，但毕竟积重难返，底子太薄，欠账太多，发展太滞后。不仅农民群众意见很大，也与国家的发展期许有很大落差。但是振兴不是一日之功，不可能一蹴而就。但再难，万里长征也需要迈出第一步。这第一步是什么？怎么迈？选好她，非常关键。

这乡村振兴是未来三十年的大事情，目标是要实现产业、人才、文化、生态和组织的"五个振兴"，涵盖农村生产生活生态的方方面面。千头万绪的，怎么干呢？整体推进当然最好，分进合击也不错，但振兴就是攻山头，虽然最终要把红旗插到山顶，但第一击很重要，唯有瞄准最薄弱的环节,才能迅速取得成效。农村人居环境整治相比产业提质、农民增收、社会治理等,更容易形成突破口,也更容易扩大战果,产生更大的涟漪效应。一个理由是,环境问题是农民群众反映最强烈、也是他们最现实最直接的利益问题,在这个问题上率先突破是人心所向,能极大获得群众拥护支持。再一个理由是,环境问题是不管有钱没钱,只要干就能见成效,只不过,有钱有有钱的干法,没钱有没钱的办法,最不济,把村庄清扫清扫、搞干净,总可以吧？所以说呢,在这方面做了实事、办了好事,能较快打动农民的心,较快提升农民的幸福指数,较快提振干部群众的士气,也能较快激起方方面面投身振兴的热情和合力。

而且,说它是突破口还不仅仅在这儿,它还是"提衣提领子"的"领子",是"牵一发而动全身"的"一发"。就是说,这个问题解决了,可以带动方方面面问题的解决、推动各方面工作的开展。为什么这样说呢？环境搞好了,不能光活在风景如画中吧？得想办法挣钱,想办法把绿水青山变成金山银山;得把村庄再规划规划吧,把产业布局搞一搞吧,把村庄发展和城乡融合对一下接吧;还要看看,怎么把社会治理理一理,把村庄文化抓一抓,把大家伙儿的素质提一提？这些问题会一个接一个地冒出来,解决一个又来一个。于是,在一次次摸着石头过河中,一揽子综合解决方案会慢慢浮现,也正是在这不断取得胜利又不断产生问题的循环往复中,不知不觉地向前迈了一步又一步,不断地逼近乡村振兴的目标。

其实,国家已经这么干了。以农村人居环境整治为突破口,从改善农民的生活环境起步,逐步推进农村全方位振兴。这方面浙江的"千万工程"已经形成了成熟的经验,十六年来,浙江从治理"污水靠蒸发,垃圾靠风刮"开始,由点及面,由里向外,从单一到综合,从局部到整体,把农村人居环境改善的环境工程,拓展为扩大农民增收的小康工程、探索城乡融合发展的龙头工程、融化农民心灵的民心工程,最重要的,还升华为一个融合农村产业、重塑农村社会的筑梦工程、振兴工程。这也是我曾经提出的一个观点的思考原点——浙江的"千万工程"实践，是"中国梦的起手式，乡村振兴的试验田"。

这也是我对家乡人居环境改善有信心的根本原因。我由衷地期望，很快，乡亲们的抽水马桶就能全功能使用，小的，大的，都可以！这真是——

马桶能小不能大，

方便之事怎堪提？

厕所革命炮声响，

大小问题还是事？

（2019 年 6 月 20 日）

35年前的国庆，我从天安门前走过

2019年10月1日是新中国70华诞，我不由得想起自己参与的1984年国庆庆典。那年10月1日上午，我曾在天安门前走过，是北大游行方阵的一名仪仗队员。那年的国庆之所以经常被人提起，很大的原因是，正在行进的游行队伍里，突然举出了一条"小平您好"的横幅。这个北大学生写在床单上的横幅，把改革开放后人们的共同心声，以一种朴素的情怀和方式，告诉了全世界。

以现在为基点往回看，1984年正是新中国成立70年的中点。那个时候，正是热火朝天、生气勃勃的1980年代，人人充满希望、充满干劲，特别是我们这些天之骄子般的大学生，仿佛给一个支点，我们真能撬动地球似的。那个精气神，跟1950年代的人有一比，生活充满阳光，希望照耀田野，人们的心灵跟透明的空气、明亮的阳光一样澄澈。记得大概是"五一"前后，学校通知，我们全校学生要参加国庆35年庆典，在中文系和经济系选拔仪仗队员，要求男生身高175公分以上。我很幸运入选，没达标的同学则很沮丧。其实后来一看，当不了仪仗队员，还可以参加群众游行，参加不了游行，还可以参加晚上的联欢，反正大家都有份为国家庆生。

反而是仪仗队员，走步的时候风光，训练时则很辛苦。记得每天下午下课到晚饭之前，我们都要到东操场练习正步走、分列走，连暑假我们都比别人提前一个月返校，踏踏实实、扎扎实实地冲刺了一个多月。刚开始训练时，我对走正步还不习惯，加上我是左撇子，举手投足，都是以左为先，在练习后转身和迈腿动作时，我不是与两侧的同伴脸碰脸，就是迈出的腿跟别人不一样，总是成为队伍里的另类，也很快引起教练的注意。记得有一次还被叫出了队列，被当众纠正。这段往事，之所以多年后浮出记忆，还是因为我的同学周忆军的一篇文章，哦，他如今叫阿忆，他在文章中绘声绘色地讲，叫我出列的是他。据他自己说，他当时带领我们组在练习。所以他洋洋得意地说，是党教会我做人，他教会我走路。

说实话，这个片段连我本人都记忆模糊了。是不是这么回事，也由得他说了。毕竟他说的也没错，哪个人不是党教会做人？又有哪个人不是向别人学习走路的呢？何况，当时我刚从农村出来，上大学之前没出过县城，除了在小县城里夜郎自大地为桐城派自豪、为桐城中学得意外，所见终究只有巴掌大一片天，目力所及就是远处的山连着山。北京，天安门，那是多遥远的地方啊，是我们想都不敢想的远方。那时到北京还不到一年，各方面的频道转换还没有完成，一下子又碰到这样一件大事，出现种种手忙脚乱的状况，也是意料之中的事。想起有同学到宿舍第一件事就打听哪儿有河可以洗衣服时，我甚至还有点五十步笑百步的小阴暗。现在想来，也无所谓同学们在种种回忆文章里演义彼此，特别是有话语权的同学为了写文章的需要，爱抖个"包袱"，好添点"佐料""味精"，也在所难免。但这都不要紧，往日的笨拙难堪，在当时可能是面上不好看，但今天就是宝贵的青春青涩，是可以品味的苦后回甘。

这也正是那个时代，在我们身上的点点投射。我们也正如那个时代，跌跌撞撞地往前走，初生牛犊般横冲直撞，眼睛里都是蓝天蓝图，脚下皆是征途坦途，迈出的也是正步阔步，一个个心里想着，中华正在等着我们来振兴，现代化要靠我们来实现。虽然现在看来很幼稚很肤浅，也很不真实，但年轻人冒点傻气，谁不原谅呢？不冒傻气还叫青春吗？傻气侧漏横溢，真的就是傻气；但傻气顺着管道走，就是建设性的力量。有时候这种力量还真成了事,就像那年国庆,没机会当仪仗队员的北大生物系同学,不就在我们仪仗队方阵后面闹出了大动静?虽然是违规携带自制横幅进场,但其青春的激情、朴素的情感打动了全国人民,包括领导人,使其成为那年国庆的一大亮点,也成为 1980 年代的生动注脚。现在时过境迁,他们当初的冒险被历史记住了,倒是我们这些走正步的仪仗队,只能被我们自己偶尔过一下电影。

记得训练到 9 月底的时候,我们曾经多次夜里集中到天安门广场彩排。那时候,我们已经练得滚瓜烂熟,正步走得整整齐齐,踢腿也很专业,几乎达到条件反射的程度。国庆当天凌晨 4 点,我们穿上一种叫"特利灵"的尼龙衬衫、长裤,一水的天蓝色,戴着同色的戴高乐式小帽,乘着学校的大巴车前往东皇城根,然后下车步行 5 公里,天亮前在东长安街集合。上午 10 点,游行开始了,我们把三分之一的春天、整个夏天和半个秋天的汗流浃背,化成了天安门前 1 分多钟的飒爽英姿、正步通过,中间还高呼了几句和平口号,对了,我们每个人手上还拿了一只白色的充气和平鸽,喊口号时,有节奏地举起和平鸽。走过广场后,我们在西长安街集合,那里有大巴车把我们送回学校。至此,我们的任务就完成了。倒是晚上参加联欢的同学,在广场"嗨"了半夜。回到学校后,连日来的紧张放松下来,加上几乎一夜没睡,很快就沉入梦乡。

第二天,我们穿着仪仗队服,举着和平鸽,在北大俄文楼前照相留念,把这段历史定格下来。之所以选俄文楼前照相,是因为那个角度能把北大的博雅塔的翘角和俄文楼的飞檐同时纳入背景。现在看这张留影,其实翘角飞檐都没什么意义,这些东西现在仍然还在那里,唯有那青春的脸庞、激扬的年代,沉到时间的深处,再也捞不回来,所以才更显得珍贵。

那年我们庆祝新中国成立 35 年,如今,又过了 35 年,时代变迁如白云舒卷,不说天翻地覆,却也是慨而慷。国家从当初的小富小成走到现在的国运正隆、复兴在望,由衷感恩历史给了我们民族跌倒了爬起来的机会,更庆幸这一机遇被我们民族稳稳抓在了手上。作为个人,我们感怀赶上了民族的否极泰来、有机会见证并参与历史,也感叹在被时代赋能定型中,我们的命运虽有起起落落,但始终是向前向好。这也该是国泰民安、国运昌隆的应有之义吧。

（2019 年 10 月 1 日）

后记

四十年来家国心

我是一个半拉子农民,干过农民的活,所以知道农民的累;见过农民过活,也就感受到农民的苦。也正因为此,我对农民有一种特别的情结,加上职业的"天然农",凡事总是要先问一声:利农否?

这听起来像是一种道德的自我标榜,但我从来认为这不干道德的事,甚至与悲悯无关,这只与生活经历有关。我因为吃过农民苦,如今又走出农民苦,所以对农民的苦,才感受更真切,对农民早日不苦才期待更强烈,这最多只是将心比心、设身处地,也是人性该有的样子,哪里谈得上道德标榜?

一

说起农民的苦,即使有时间的大浪淘沙,但总还有一些断影残片不时浮上记忆之海,就像某种熟悉的气味和味道,不管多久,一旦闻见尝到,与之相关的种种,都会如在眼前。时至如今,有两个情景总是应时应景地让我记取。

多少年过去了,每当想起北风初来的那个夜晚,奶奶坐在床头喃喃自语"风刮得作水响",我的眼前就浮现出一个条件反射的想象:门前水塘里正凝固起一棱一棱的波澜,北风整夜在屋瓦上来来回回翻找缝隙。风声、水声、檐瓦的破碎声、窗纸的瑟瑟声,活画了一幅苦寒将至的图景,也象征了那个时候农民的苦。天冷农苦,从此,这个印象就刻进我的记忆。

也还是那个七十年代,乡下的时间由公鸡做主。每每鸡叫头遍的时候,大概凌晨三四点,门前大路上就会传来由远而近、由近而远的脚步声和人声,奶奶总会例行地嘟囔一句:"上山的人上来了"。那个时候,农民秋天都有一个上山搞柴季,因为经常要翻到山背面才能搞到柴,为了天黑之前能挑柴回家,就必须天不亮上山,由此形成了固定的上山时间。所以每当听到鸡叫头遍的时候,奶奶就知道上山的人快上来了;每当听到上山的人声,听到奶奶的嘟囔,我也就知道天还没亮,还可以睡一大觉。那个时候,觉得上山搞柴的农民,真的是很苦。虽然后来没有了搞柴,再也听不到天没亮时的上山声,但搞柴农民的苦,算是永久把我的回忆锁定在那个年代。我虽然干过农活,但没有上山搞过柴,一想到农民在伸手不见五指中靠手电筒指路、或者就着弦月的稀疏月光上山搞柴,我的心底就涌起一阵一阵的悲凉和酸苦。当时心里就想,农民什么时候不用搞柴?我以后是不是也要像农民那样上山搞柴?

我不用搞柴的时光来了。

1983年8月的一个下午,我正在水田里弯腰插秧,突然听见远远的塘埂上,有人正扯着嗓子叫我,是村支书通知我去领北大通知书!我兴奋地跳到田埂上,脑子一片空白。后来我分析了当时的心理,我想起当时脑子并非真的一片空白,虽然什么也没想,但清晰地知道我要告别这水田了!那刚插上的秧苗,已有微风中的绿意;水田的波光中,时现蓝天的片影,一个事实是,我已经站到了田埂上。那一刻,家乡、老屋、乡亲,包括奶奶坐在床头的呢喃和鸡叫头遍时的嘟囔,都将过去了,我也将带着对农民之苦的记忆,从此告别农民之苦。

但过去了四十多年,我发现,我告别不了农民的苦。每当我享受城市福祉,我就不由自主地想起我的乡亲,想起他们的苦;即使我在经受生活的苦累和人生的烦恼时,我也马上想起农民,跟农民相比,我这点苦累烦恼又算得了什么呢?不过是强说愁而已!我所谓的苦累烦恼,是农民日思夜想、盼而不得的!吃得好,喝得好,到月有工资,出门被人尊重,老了退休金还能拿不少,你还有什么不知足?还有什么可唉声叹气?

二

这是一种忍不住的记取,消不了的记忆。这种情绪和思考也从此成为我的气质和心灵的一部分。兹摘录我在一些文章中的絮语——

农民何谓?

因为经过,所以懂得;因为受过,所以难受。今天的农民,那些苦,那些累,都远去了。不用搞柴,不用双抢,不用挑水库。都交给机器了。应该说,这四十年来,农民的苦和累是减轻了不知道多少,但农民的活儿会一个接一个,不会有闲下来舒服的时候。农民的苦和累又有了新的形式,累在工业化的流水线上,苦在建筑工地的脚手架上。离乡背井去打工,换来微薄的工资,附带一身的病和伤,一齐又都如山一样压到农村。把青春的激情留在城市,把衰老的身影印在乡村。

农民何人?

农民经受了这么多苦和累,但农民没有在苦和累下垮了。太阳每天升起,农民每天活泼泼地活着。农民最可怜,但农民不卑贱;农民最淳朴,但农民最懂理。农民最重情义,最讲礼数,农民还最敬读书人。读了农民,你才知道中国的样子。读懂了农民,才明白中国的过去、现在和未来。

这就是农民,他们身体苦,精神不萎。因为他们始终有希望。只要希望在,一切皆有可能。这就是农民,虽然每行一步都很艰难,但还是"拱"一截是一截,一步一步地,往前"拱"着。

农民何在?

撒在大地上的农民,就像满天的星星一样,此起彼落、闪烁于历史的天幕。一茬一茬的,他们的命运、他们的喜怒哀乐,不会被记载,不会被标注,就像从来没有存在过一样。站在祖先们的坟茔前,看到一块块被时光侵蚀的墓碑,看到那些残缺不全的碑文,似乎都在倾诉着一代一代农民卑微如尘土的人生。几百年前,在我生活的地方,曾经也有他们的烟火人生,也有他们的命运悲喜,现在什么都没有了,就像从来都没有一样。

他们,就是历史车轮上粘着的尘土,随轮而走,随风而散。数千年漫漫长途,车轮滚滚,尘土就一直被粘附,被碾压,被抛弃。它没有名字,如果一定要有个名字,它就叫苦难,如果还不直观,就叫它农民。

农民何去?

中国的"三农"是典型的东亚小农,先天不足,后天失调。农业的根本问题是人多地少,劳动生产率长期在低水平徘徊;农村的根本问题是农村公共服务滞后,投入和投资严重不足;农民的根本问题是权利落实滞后,社会保障不力。

如何建立农业增效、农民增收和农村繁荣的内生机制?怎样形成"三农"持续发展的长效机制?更具体地说就是,建立新型城乡关系从何处入手?保障农民的财产权利怎么落实?工业化城镇化信息化与农业农村现代化同步发展又怎样同步?深化改革的突破口到底在哪里？这是"三农"改革发展亟须回答的重大课题。也正因为此，农村改革无可避免、不容回避地逐渐进入深水区。

农民何为？

数亿人从农村进入城市就业、居住、生活，这场史无前例的大迁徙，始于改革开放初期，或将稳定在乡村振兴实现之日。在此之前，农民进城恐怕始终是一场历史洪流。这也正是中国现代化的应有之义，一方面通过城市的聚集功能，更好发挥公共服务的效能，产生聚集经济的效应，需要更多人口向城市聚集。另一方面，减少单位土地的承载人口，提高农业土地的集中效应，使留在乡村的人口经营更多的土地，通过减少农民来富裕农民。这就是城镇化和乡村振兴的双轮驱动，目的是为农民创造美好生活，为中国打开全新的局面。

三

中国以农立国，漫漫封建时代，主流价值都把农民排在阶层排行榜的首页，把为农立命立言作为道德文章的头条。为什么？不是对农民有多爱，是因为农民太重要、离不开。没有农民，太仓之粟谁来供？没有农民，率土之滨谁来守？没有农民，皇权天下终是空。农民理论上被抬到天上，但现实中却卑如尘土、贱似草芥，任人踩、任人割。荒年衰岁，是"老羸转乎沟壑，壮者散而之四方"的生死无常；世乱兵凶，则是"白骨露于野，千里无鸡鸣"的至暗至惨。农民是治世的刚需，是乱世的负担，常世是养育者，末世是掘墓人。所以，历朝历代需要农民，也嫌弃农民、害怕农民，从不会真正为农民着想、真正对农民负责。农民不论是被"嘴上"供着，还是被"脚下"踩着，其命运始终脱不了一个"贫"字，离不了一个"困"字。

什么时候农民能摆脱"贫"、离却"困"？这是中国数千年解不了的难题、走不出的死局。每一个朝代都在这难题中深陷,在这死局中挣扎,唯一的不同是程度的深浅。如果没有开天辟地之力,没有惊天动地之举,则数千年的治乱循环、因果相连,旧局依然是旧局,戏码到底还是戏码。而农民,则始终蜷缩在泥泞中,成为被践踏的对象。

正确处理农民问题,是中国共产党领导革命、建设、改革的一条重要成功经验,也是新时代的重要政策指向。从领导农民搞土改,到支持农民大包干;从保障农民的物质利益和民主权利,到实行"多予少取放活"、取消农业税;从统筹城乡一体化发展,到全面实施乡村振兴战略,增加农民的获得感幸福感安全感,始终是出发点和落脚点。我们必须始终牢记,过去,共产党靠农民打天下、搞建设、兴改革,现在,奔振兴、抓共富、谋复兴,同样离不开农民。任何时候,我们都不能忘记"勤劳善良的父老乡亲""同甘共苦的父老乡亲"!

正如我在《农民几何》的同名文章的题记中所言——

农民几何?何谓、何人、何在、何处、何为?不了解农民,就懂不了中国;不爱惜农民,也治不了一方。须知今日行走庙堂、运筹农策、甚至管理一方的贤人智者,很多都是出身农民、来自农村,家里家外,多多少少都有几门"草鞋亲"。举笔千斤重,一语万人从。岂可或忘,怎可不慎!

四

农民几何?农民几何!地球上最古老的职业,世界上最辛苦的人群,勤劳是你的本性,朴实是你的基因,你为民族受了最大的苦,你为国家作了最大的贡献。当2049年,我们跨入现代化强国行列,请不要忘记,如泥土一样深沉的中国农民,如草根一样坚韧的父老乡亲!真诚地祝愿你们,从今走向坦途,世世幸福,代代无忧! 让我们谨记——

大国崛起,根基是农业!

复兴梦想,起航在乡村!

国运昌隆,最该谢农民!

我们都要感谢农民,感恩农民! 作为作者,我今天能够坐在这里谈三农问题,谈对农民、对乡土的一点肤浅思考,也都受恩于农民和乡土的哺育。也正是数十年与三农的血肉粘连,使我的思考和情感寄托得以与地气民气相应,不敢说于人有多少裨益,起码这是一个"三农"知识分子心灵的声音。

我要感谢农民日报,感谢农民日报的历届领导和前辈,正是他们对我的教诲和帮助,使我养成服务农民的情怀和职业修为,特别是农民日报四十年如一日地传承"为乡亲们办一份一个鸡蛋就能换的报纸"的初心使命,使我得以在"为农民说话,让农民说话,说农民的话"的氛围中,始终坚守事业的价值。可愧对先贤的是,如今一个鸡蛋换不了一份报纸。

我要感谢我的家乡桐城,那是一个六百年文风习习的小县城,近代以来更注入了"勉成国器"的梦想,2022年更是母校桐城中学120年华诞。那是我人生塑形铸魂的开始,是我情感和思考的源头,是我的父母之邦,是我的根之所在。时至如今,我的父母还不时地把他们的人生经验和乡村见闻输入我的知识体系,我也从桐城文化中感知社会、触摸乡土,并在与自然和前贤的对话中,校正人生的航向,汲取善上的力量。

我要感谢震云师兄,感谢他在著述名山大典的间歇,还拨冗为拙作命序。震云师兄是我的老领导,曾经不仅为我的《乡村观察》一路绿灯,在我的文章编辑过程受阻时,也与我一起愤愤不平。这些美好回忆在我的《家国记忆三十年》中有细致的描述。今年,我在农民日报续办停刊20多年的《名家与乡村》专版,我请师兄无论如何要由他开篇,师兄欣然允诺，很快撰写了一篇《延津与延津》，为这个专版标下了一个高起点。我把这视为北大情、农报情、朋友情的见证，更视为我们共同的三农情、乡土情的外溢。

我要感谢曼青老同学，感谢他在履新中国工程院领导之际，还忙里偷闲为拙作为序。我与曼青相识相交于少年时代，我家在何老屋，他家在严家畈，相距不过三四里路，天朗气清的时候，站在我家屋后的骑龙岗，还能看见严家畈的炊烟。我们先在一个叫放牧场的陶冲初中同班就读，后来又一同考入桐城中学。此后他南下我北上，现在又相聚在京城。作为院士科学家，曼青还有一副公义心肠，有一腔浓厚的"三农"情怀，我们的同学情、家乡情，也都因为希望乡土更好、希望农民更好的共同情感，而日益纯粹深化起来。

我要感谢人民出版社的领导和编辑，特别是孔欢同志，他为本书的出版付出了辛劳和心血；感谢农民日报的美编刘念同志，她的颇有韵味的插图，让我的文章沾上了一点文艺气。

最后，我特别要感谢我的夫人和女儿，正是她们对我全心全意的支持和鼓励，使我在不到两年的时间内，工作之余顺利完成了这本书绝大多数文章的写作，并陆续在我的微信公众号"农见度"上发布。不仅如此，她们还经常成为我文章的第一读者。我秉承桐城乡学，相信好文章一定要经得起朗读，因此，我的很多文章，都是要大声念出来给她们听，她们认可了我才会定稿。

何兰生

2022 年 6 月 6 日于北京凉水河畔